海岱丝语

“一带一路”与山东研讨会论文集

山东省水下考古研究中心　编

齊鲁書社

本书编辑委员会

主编

王守功

副主编

王泽冰　楚鲁鹏　魏泽华

前 言

2014年6月，习近平总书记在中国—阿拉伯国家合作论坛第六届部长级会议上正式提出共建“一带一路”的倡议，并首次对丝路精神和共建“一带一路”应该坚持的原则做出系统阐述。“一带一路”即“丝绸之路经济带”和“21世纪海上丝绸之路”理念的提出，蕴含了历史时期以来中国人的世界情怀，是新时代中华民族构建人类命运共同体的世纪宣言。

1877年，德国地理学家李希霍芬在其《中国——亲身旅行和据此所作研究的成果》中，首次将中国长安与中亚之间的交通往来路线称为“丝绸之路”，这是早期“丝绸之路”的概念。2014年丝绸之路申遗时，时任国家文物局局长的单霁翔认为，“丝绸之路”是沟通古代东西方之间经济、文化交流的重要桥梁，它把古代的中华文化、印度文化、波斯文化、阿拉伯文化和古希腊、古罗马文化连接了起来。沿着这条通道，中国的造纸术、印刷术和火药传到西方，西方的数学、医药和天文传入中国。2014年6月，联合国教科文组织第三十八届世界遗产委员会会议审议通过丝绸之路项目列入《世界遗产名录》，认为丝绸之路见证了公元前2世纪至公元16世纪期间亚欧大陆经济、文化、社会发展之间的交流，尤其是游牧文明与定居文明之间的交流，也反映出佛教等宗教文化的传播。世界遗产委员会指出，这一线路是丝绸之路交通与交流体系中具有突出特点的段落，而不是陆路和海上丝绸之路的全部。

目前，广义的“丝绸之路”已经成为东西方之间政治、经济、文化交流的代名词，她所涵盖的是不同背景下不同时代、不同人群、不同路线、不同内容的多层次交流，地域上不仅包括亚欧，还包括非洲、美洲、澳洲；线路上既有陆上丝绸之路，也有海上丝绸之路。

山东地处中国东部，有广阔的海域和漫长的海岸线，从新石器时代早中期开始，山东半岛就通过渤海、黄海建立了与朝鲜半岛、日本列岛的文化交流线路，这条线路自大汶口文化时期开始出现间接、偶发和局部的文化交流，到战国末期至秦汉时期，随着战争、势力扩张和人群迁移，尤其是燕将秦开破东胡、徐福东渡、乐浪四郡建立、“东夷王渡大海奉国珍”等标志性事件的发生，沿渤海、黄海、东海海岸的“环黄海之路”完全形成。近年来，考古发掘的利津铁门关遗址、垦利海北遗址、蓬莱小海沉船遗址、荣成成山头遗址、青岛琅琊台遗址、板桥镇遗址，都是山东半岛海上丝绸之路重要的实证。在半岛的腹心地区，“齐纨”“鲁缟”是周代及汉代丝织品中的精品，通过汉代中央王朝所在地长安，从陆上丝绸之路运往中亚及欧洲。鲁北地区以青州龙兴寺、博兴龙华寺为代表的大量寺院，反映了北朝以来佛教文化的传播与交流。

汉唐以来,登州港作为日本和朝鲜半岛使者到中国中央王朝的登陆港口,凸显了山东地区作为连接西安、洛阳、北京经济、文化交流通道的重要地位。大量文献及考古资料表明,自古以来山东半岛与东北亚、东南亚、西亚、欧洲等地区有着广泛的交流,这种交流自一万年以前的新石器时代就已经开始,并随着时代的发展越来越广泛和深入。山东地区与海内外的交流是多方面的,既有族群的迁徙、民族的融合,也有贸易往来、文化交流;山东地区与海内外的交流是多渠道的,三千多公里的海岸线及沿线的港口码头是“环黄海之路”的重要组成部分,腹心地区自古以来形成的胶济铁路文化廊道是连接中原、西安乃至西亚、欧洲的重要通道,是陆上丝绸之路起点之一;山东既有海上丝绸之路通道,也有丰富的陆上丝绸之路遗产,在中外交往和文化交流中有着不可替代的独特地位和作用。

为加强山东半岛“丝绸之路”课题研究,山东省水下考古研究中心在山东省委宣传部、山东省文物局支持下,召开了“一带一路”与山东研讨会。会议邀请各地专家学者对山东地区“一带一路”的相关资料进行梳理研究,探讨山东半岛在古代丝绸之路中的地位和作用。会后,我们根据专家提交的论文编辑了这本论文集。论文集分为上下两编,上编为会议论文,收录论文23篇,下编为资料汇编,介绍山东地区海上丝绸之路遗产点的概况。

“一带一路”研究就是要挖掘古代丝绸之路的文化内涵,唤醒丝绸之路所蕴含的和谐大同、拼搏奋斗的精神,打造当今“政治互信,经济融合,文化包容”的利益共同体、命运共同体和责任共同体。我们将以此为契机,加强丝绸之路文化研究,积极推动海上丝绸之路申遗,促进丝绸之路沿线国家政治、经济、文化的互通互享、互尊互信、交流互鉴、合作共赢,彰显中华文明在现代社会互利合作的勃勃生机。

王守功

2020年2月

目　录

下编　资料篇

上编
论文篇

东北亚海上丝绸之路的史前通道

——黄渤海两岸史前文化交流与古族关系

山东省文物考古研究院　王永波

东北亚即亚洲东北部地区,根据美国外交关系协会的定义,东北亚包括中国的东北地区和华北地区、日本、韩国、朝鲜,在某些情况下还包含蒙古国以及俄罗斯的远东联邦管区。本文讨论所涉及的范围限于山东半岛、辽东半岛、朝鲜半岛、日本西南部(图一)。作为毗邻地区,河北、天津地区亦略有涉及。

本区有案可查的交流可追溯至商末周初的箕子奔朝鲜、汉代朝鲜四郡的设立,直接将朝鲜半岛北部乃至大部纳入古代中国版图。秦代的徐福东渡则是古代中国与日本交流的一个高峰。事实上,这种交流在史前时期曾频繁发生。本文试就这一问题进行大略的探讨,以期有助于东北亚海上丝绸之路相关通道的确认。

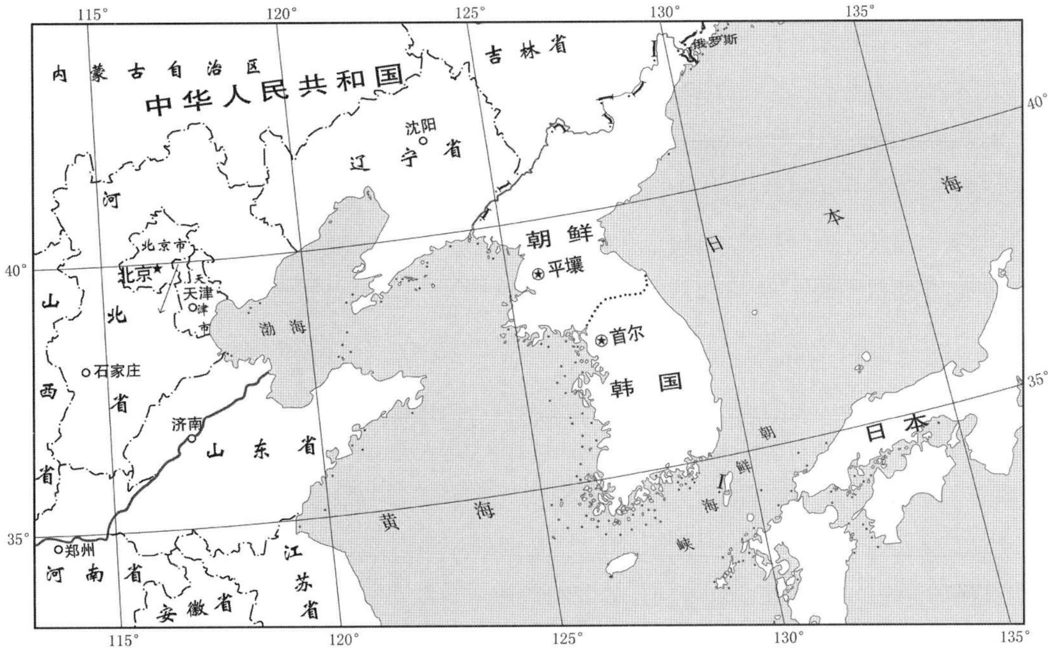

图一　黄渤海地区略图

一、辽东考古学文化揭示的古族关系

20世纪七八十年代，特别是1976年以来，辽东地区的考古工作取得了突破性的进展，先后发掘了旅顺郭家村、广鹿岛小珠山及吴家村、大长山岛上马石等新石器时代遗址，对该地区相关考古学文化的面貌、性质和谱系有了比较清楚的了解；初步确认了辽东半岛南部地区的考古学文化与海岱大汶口、龙山文化有着密切的关联，更有不少学者将辽南纳入海岱文化区。因此，“环渤海考古”成为苏秉琦在考古学文化“区系类型理论”之后，于1986年提出的又一重大考古课题①。1988年5月，在山东临淄召开了第一次“环渤海考古”座谈会②。

海岱史前文化与黄渤海彼岸的文化交流，主要是经由庙岛群岛和渤海彼岸的辽东半岛、长山群岛实现的。孙守道、郭大顺认为，“两半岛的文化交流和关系是相互的”，但“这种关系并不是对等的……辽东半岛古文化对山东半岛的影响还只限于山东岛屿，尚未见有登上半岛进入内陆的迹象，而山东半岛对辽东半岛的影响则要强烈、深厚得多”③。就目前所知，辽东半岛的考古学文化序列从早到晚依次为小珠山一至三期(含郭家村上层)文化、双砣子二期文化，相对年代分别相当于山东地区的北辛文化、大汶口文化、龙山文化和岳石文化。至少在大汶口文化早期，即小珠山二期，大汶口文化的影响已相当明显，如小珠山、郭家村出土的平底、矮三足或圈足觚形杯、盆形鼎、实足鬶等均为大汶口文化早期的代表性器物，其他如郭家村、吴家村出土的短柱状、羊角状把手陶鬶和以三角形为母题的彩陶纹样等④，都直接源自大汶口文化。而辽东半岛的某些文化因素也经由庙岛群岛传入山东半岛内陆，如大黑山岛北庄、北城隍岛山前、烟台白石村、蓬莱紫荆山等遗址中发现的小珠山中层文化的平行斜线纹、叶脉纹、网格纹，以及牟平照格庄遗址中发现的横排压印之字纹等，均为辽东半岛新石器时代文化的典型纹饰。

小珠山遗址三期出土的陶器，如袋足鬶、蛋壳黑陶、罐形鼎、盆形鼎、镂孔豆、三环足器和器盖等，均具有浓郁的海岱龙山文化风格。旅顺老铁山、郭家村、于家村、四平山等同类文化的积石冢出土的随葬品，受海岱龙山文化的影响更为明显。老铁山积石冢出土的随葬品主要有袋足鬶、环足盘、单耳杯、三足杯、高圈足豆和玉环、玉璇玑等，均属海岱龙山文化的典型器类，约占随葬品总数的58%⑤。王青将辽南龙山时代的陶器分成三组。其中，甲组属于海岱龙山文化中的常见器类；乙组属于受海岱龙山文化影响而产生的、与海岱龙山文化同类器相似但又有明显的自身特点的器类；丙组属于辽宁地区的特色陶器。在三组陶器中，乙组数量最多，甲组的数量与乙组相差无几，这两组陶器的总量占辽南地区同期陶器总数的90%以上，丙组陶器所占比例很小，不及10%⑥。因此，不少学者将小珠

① 徐光冀：《环渤海考古及其相关的问题——1988年5月在临淄环渤海学术讨论会上的发言》，《文物春秋》1992年第S1期(增刊)。

② 常兴照：《“环渤海考古”座谈会在临淄举行》，《考古》1989年第1期。

③ 孙守道、郭大顺：《辽宁渤海地区的考古发现与研究课题》，《辽海文物学刊》1991年第1期。

④ 辽宁省博物馆等：《长海县广鹿岛、大长山岛贝丘遗址》，《考古学报》1981年第1期；辽宁省博物馆、旅顺博物馆：《大连市郭家村新石器时代遗址》，《考古学报》1984年第3期。

⑤ 贺伟：《关于辽东半岛早期墓葬的探索》，见《纪念城子崖遗址发掘六十周年国际学术讨论会文集》，齐鲁书社1993年版。

⑥ 王青：《试论山东龙山文化郭家村类型》，《考古》1995年第1期。

山三期文化视为海岱龙山文化的北方类型①。

龙山文化之后,辽南为岳石文化的分布区。1927 年、1933 年,日本人发掘的单砣子、双砣子遗址中就出土了一批岳石文化遗物②。1964—1965 年,中朝联合考古队再次发掘双砣子遗址,划分出依次叠压的三期堆积,其中双砣子二期属于岳石文化。类似的遗存在羊头洼、高丽寨、望海埚、小黑坨子等遗址也有发现③。

这些现象表明,至少在距今 7000—6000 年前后,山东半岛和辽东半岛的相关古族已有了一定程度的文化交流;到大汶口、龙山和岳石文化时期,它们已逐步融合为具有共同价值观念和风俗习惯的文化共同体,构成了海岱民族的北方分支。

二、圜底筒形器提出的问题

如果说,辽东半岛小珠山一至三期(含郭家村上层)文化和双砣子二期文化的发现和确立,使人们相信辽南地区的同时期考古学文化与海岱地区的大汶口、龙山和岳石同期文化分别属于同一古族集团,那么,扁扁洞·后李文化新石器时代早期遗存的发现,则为黄渤海北岸相关考古学文化的族源关系提供了更有力的证明。

20 世纪 90 年代初,后李文化的发现和确立④进一步完善了海岱地区的考古学文化序列,将该地区新石器时代考古学文化提早到 8500 年以前。2005 年,山东沂源北桃花坪的一处岩厦遗址——扁扁洞(图二)内,又发现了距今 1 万年左右的新石器时代早期遗存,并于 2005 年、2006 年、2011 年进行了三次发掘,笔者曾两次到现场进行观摩考察。扁扁洞遗址出土的陶片较为破碎,数量也很少,没有能够复原的个体;陶质均为未经淘洗的夹砂陶,以红色和红褐色为主,有少量褐陶、黄褐陶和灰褐陶;陶器烧成火候较低,陶胎较厚,普遍接近 1 厘米,有的厚达 1.5 厘米。陶器装饰比较简单,均为素面,个别器物口沿下有附加泥条堆纹,或器口外卷;有的外卷翻折,捏附在口沿上,形成叠沿;器口下常附有外缘饰齿状按压纹的横式錾耳。能够辨识的陶器器类只有釜、钵两类,器底造型只见圜底、平底两种,以圜底器较多。另有石磨盘、磨棒、石核、石片、骨锥、骨针等。

据出土陶片观察,其陶器的质地、造型风格,如烧成火候较低、陶胎较厚、未经淘洗的夹砂陶,以及圜底、叠沿、口沿下有附加泥条堆纹和横式錾耳等,均为后李文化的典型特征。发掘者总结说:扁扁洞遗存与后续的后李文化存在很大的相似性,器类组合比较简单,都以陶釜为主,多红陶或红褐陶,器表基本为素面;不仅器形上已粗具后李文化釜、钵两种主要器类,就是器表装饰上的素面风格,也开启了海岱地区注重器物造型而较少着意于器物表面装饰之先河。这不仅在线索上找到了海岱新石器文化的源头,也在具体文化特征上找到了后者的渊源⑤。经北京大学检测,扁扁洞遗存的年

---

① 郭大顺、马沙:《以辽河流域为中心的新石器文化》,《考古学报》1985 年第 4 期。

② (日)滨田耕作:《貔子窝》,见《东方考古学丛刊》第一册,1929 年;江上波夫等:《旅顺双台子山新石器时代遗迹》,《人类学杂志》第 49 卷第 1 期,1934 年。

③ 刘俊勇、王玳:《辽宁大连市郊区考古调查简报》,《考古》1994 年第 4 期。

④ 王永波等:《我省考古有重大发现》,《大众日报》1991 年 8 月 15 日第 1 版;王永波:《海岱地区史前考古的新课题——试论后李文化》,见《纪念城子崖遗址发掘六十周年国际学术讨论会文集》,齐鲁书社 1993 年版。

⑤ 孙波:《扁扁洞初识》,见《文物研究》第 16 辑,黄山书社 2009 年版。

图二 扁扁洞遗址远景

代为距今11000—9600年。济南张马屯遗址发现的后李文化遗存测年为距今9000年，与扁扁洞遗存已相当接近。这些现象显示，后李文化是扁扁洞遗存的直接继承者，故可将扁扁洞遗存与后李文化视为同一文化共同体，甚至可以将扁扁洞遗存视为后李文化的肇始阶段，故可称之为"扁扁洞·后李文化"。诚如是，可将后李文化的年代上限提早到距今1万年左右。

尤为重要的是，扁扁洞·后李文化的发现和确立，不仅为山东地区新石器时代考古学文化找到了源头，也为探索黄渤海北岸圜底器文化遗存的起源提供了重要线索。

距今7000—6000年前后，在黄渤海北岸朝鲜半岛的西南部，继"平底栉目纹"（刻划或压印的几何纹样）陶器之后，突然出现了一种以"圜底栉目纹"陶器为代表的考古学文化遗存；在日本列岛西南部的九州一带，包括本州和四国的西南部，也分布着一种传承关系不明、以圜底筒形釜和圜底折腹釜为特征的"轟式""曾畑式"陶器，其造型风格与年代较早的、距今8000—7500年左右的九州流行的"贝壳纹系""塞丿神～平栫式"平底筒形器完全不同。长期以来，有关学者在当地苦苦追寻其先渊而不得。因此，弄清楚山东地区最早的圜底筒形器文化遗存——扁扁洞·后李文化遗存与黄渤海彼岸相关考古学遗存的相互关系，就显得十分重要。

三、扁扁洞·后李文化的基本特征

扁扁洞·后李文化是山东省乃至全国迄今发现的年代最早的新石器时代考古学文化之一，也是迄今最早的以圜底筒形陶釜（图三）为主要炊具的考古学文化。如前所述，扁扁洞遗存虽然只发现了零碎的陶片，陶器的整体造型尚不清楚，但其表现的所有文化特征都十分明确地显示出其作为后李文化源头的地位。

后李文化的陶器陶系单一，均为夹砂陶，未见泥质陶。陶器的胎质与地层土的成分基本一致，表明当时主要是利用未经特别处理的自然土来制作陶器的，个别器胎可见羼云母、蚌壳和粗砂石颗粒的现象。

图三 后李文化陶釜

制陶工艺比较原始，多为分段手制。圜底器的底部多为泥饼地模成形，厚度较大。上部为泥条盘筑，再经拍打涂抹。部分钵类施有不甚典型的红陶衣，少数器物的内外器壁上留有刮抹痕迹和陶拍凹坑。平底器的制法有两种：一种是先分别做出器底和器身，然后将两者对接，底径较大者多属此类；另一种是将圜底器的底部压成小平底。圈足多见于小型器皿，是由圜底附加泥条捏抹而成的。陶器整体器形不甚规整，器口圆度较差，较大的器类口部都用双层叠沿或泥条堆纹加固，流行横式鋬耳。粗砂陶和夹蚌陶多见于器盖，表面极为粗糙。

陶器的烧成温度较低、火候不匀，相当数量的陶器特别是盛器遇水即溃。有的遗址中出土的火候较高的陶片稍多。陶色以红褐陶和红陶占绝大多数，另有极少的灰褐陶和黑褐陶。由于火候不匀，陶色斑驳，红褐陶的器壁内外呈现不同程度的灰、橙、黄、黑等色，未见彩陶和彩绘陶。陶片上常见修补遗留的穿孔。

陶器的装饰，除极个别器物腹部有一至三周并列窄泥条堆纹外，仅见于器物的口部，种类有匕戳纹、压划纹、指甲按压纹和手捏纹等，主要施于叠沿器的外唇、附加泥条堆纹以及横式器鋬的外缘上。绳纹极少，多见于敞口器的口沿部。

陶器的种类单调，造型厚拙古朴，个体一般较大，相当一部分器物的口径和高度分别可达40—50厘米。根据对后李遗址出土陶器的统计，深腹或浅腹的圜底器占陶器总数的90%左右；平底器较少，见于部分罐、钵和碗类；有少量的圈足器、乳丁足器和弧足器，乳丁足器通常有3—8个乳丁。在小荆山遗址①和西河遗址②中还发现了提梁式匜形器以及猪和小型面像等陶塑，具体器类有釜、盆、钵、碗、罐、盂和极少量的高领束颈瓶、小口壶、陶支脚等，后李、西河遗址中还发现了圈足较高的原始陶豆（图四、图五）。

圜底叠沿釜是后李文化唯一的炊具，也是这一文化最具代表性的器物，出土总量占全部陶器的2/3以上。这些陶釜与其相配套的支脚一起，构成了鼎类三足器产生与发展的造型基础。其他如深

---

① 山东省文物考古研究所等：《山东章丘市小荆山遗址调查、发掘报告》，《华夏考古》1996年第2期。

② 山东省文物考古研究所：《山东发现八千年前居址聚落》，《中国文物报》1998年1月21日第1版；山东省文物考古研究所：《山东章丘市西河新石器时代遗址1997年的发掘》，《考古》2000年第10期。

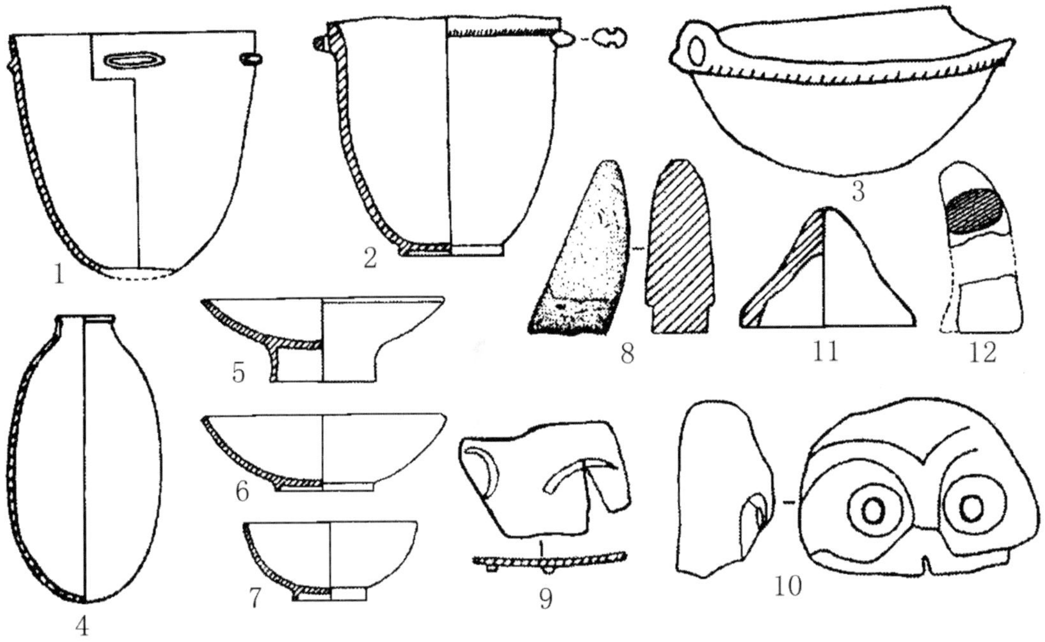

图四 后李文化的部分陶石器

1. 釜 2. 罐 3. 匜形器 4. 壶 5、6、7. 圈足器 8. 石支脚 9. 弧足器 10. 陶塑面像 11、12. 陶支脚(1. 后李,2、4、9. 小荆山,余为西河)

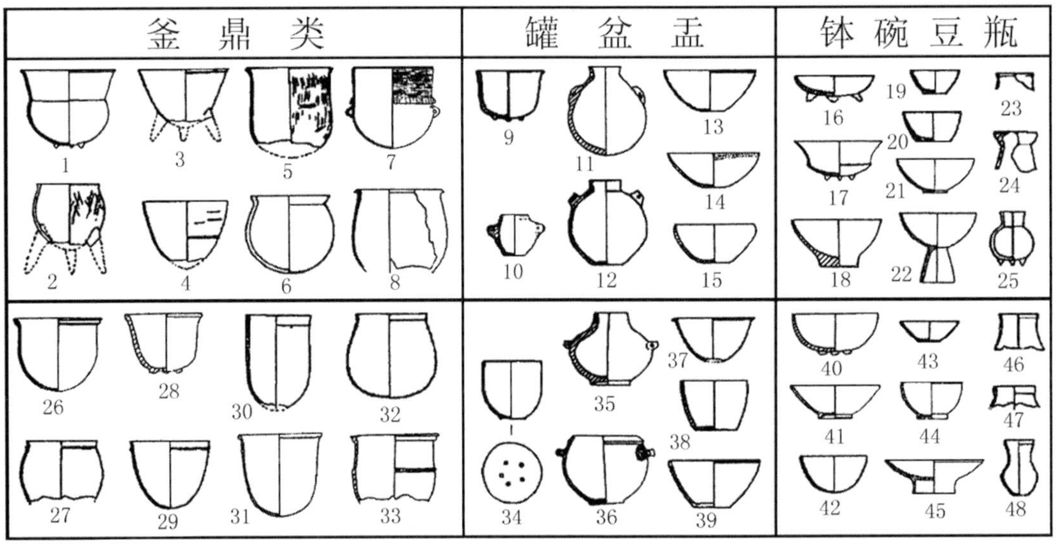

图五 后李文化与北辛文化陶器比较

上栏北辛文化:1—7、10、12—14、16、18—20、23、25. 北辛(H601:20、H706:23、H32:18、H401:24、H501:14、H604:7、H1001:21、H1002:12、H501:2、H713:28、H711:30、T604②:6、H708:3、T605④:33、H32:12、T605④:40、H601:31) 8. 张官 Sc16:01 9、17. 大尹山 M22:4、M39:2 11. 大汶口 15. 东贾柏 21、22. 张山 24. 北福地 H30:3

下栏后李文化:26、31、33、35、36、41、44、45. 西河,28、32、34、40. 小荆山,余为后李

腹圈足碗、较高圈足的原始陶豆对后续的北辛文化器物造型也产生了深远影响。

经过发掘的后李文化各遗址都发现了经过严格挑选的用于支垫陶釜的天然石块和略经修整的石质支脚(图四,8),在西河和小荆山遗址发现的居住址中,许多灶坑上还原封不动地保留着支脚支垫陶釜的使用状态(图六)。有的遗址还出土了相当数量的陶质支脚。

图六　西河遗址房址内的成组灶坑

四、黄渤海北岸圜底筒形器的渊源

北辛文化是继后李文化之后发展起来的一支考古学文化,距今约7300—6100年,是目前已知最早的以尖圜底深腹鼎为代表性器类和主要炊具的考古学文化。后李文化的典型器类圜底筒形釜在北辛文化时期仍大量存在。滕州北辛遗址出土陶鼎37件,均为夹砂陶实用器[①],个体一般较大,多为深腹、圜底或尖圜底,鼎足多为高圆锥形,出土总量占全部陶容器的50%左右,成为北辛文化面貌的特征性器物(图四;图七,上栏),为同期考古学文化所罕见或不见。而北辛文化与扁扁洞·后李文化的传承关系[②],可为我们探讨黄渤海地区以圜底筒形器为基本造型的相关考古学文化渊源提供极为重要的参考。

① 中国社会科学院考古研究所山东队等:《山东滕县北辛遗址发掘报告》,《考古学报》1984年第2期。

② 王永波:《关于后李文化的谱系问题——兼论北辛文化的内涵和分期》,见《青果集——吉林大学考古专业成立二十周年考古论文集》,知识出版社1993年版;王永波:《再论后李文化与北辛文化的关系》,《故宫学术季刊》第12卷第2期,1994年。

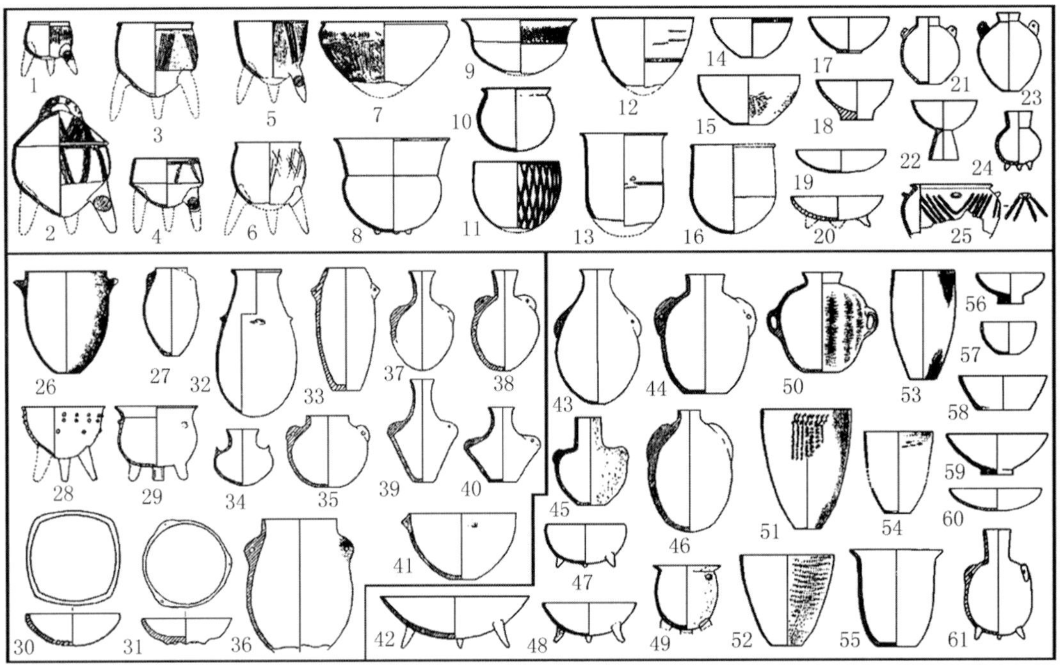

图七 北辛文化与裴李岗文化陶器比较

上栏北辛文化:1—16、18—21、24. 北辛 17、23. 张山 22、25. 西南庄
下栏裴李岗文化:26、27、29—41. 贾湖 28、60、61. 裴李岗 42—59. 莪沟

(一)华北地区

河北易县北福地①和镇江营②遗址中发现了类似北辛文化的遗存,后者的 C14 测定年代早于北辛文化,但是出土遗物显示的相对年代则与北辛文化大致相当。吾师张忠培在对比了此类遗存与北辛文化的异同之后指出,“这种众多文化因素的接近,反映了两者的关系很可能不仅限于年代的相近”,“至少可以认为它们之间的联系,已远非年代相近的缘故,而是文化属性的相同性所决定的”,并把北福地甲类遗存和北辛文化视为后岗一期文化的直接先源③。笔者在有关文章中也曾将北福地甲类遗存归于北辛文化早期后段④。以上均表明,北福地甲类遗存很可能为北辛文化在河北境内的一个分支,而不可能成为北辛文化的先源。

天津地区的史前文化与海岱地区的文化具有一定程度的联系。1991 年,天津蓟县下埝头遗址中发现了一种以圜底器为炊器、不见三足器的考古学文化遗存,其年代约在距今 6000 年以后。

下埝头遗址位于蓟县(今蓟州区)邦均镇东南约 500 米处的山前坡地上,遗址面积约 1000 平方米,文化堆积厚度仅 30 厘米,揭露面积 750 平方米,发现了单室和两室相连的半地穴式房址。陶器均为手制,以圜底为主要造型,典型器类有釜、罐、钵、盆等,还有少量的器座、陶豆等。陶系以夹砂红

① 拒马河考古队:《河北易县涞水古遗址试掘报告》,《考古学报》1988 年第 4 期。
② 北京市文物研究所:《镇江营与塔照》,中国大百科全书出版社 1999 年版。
③ 张忠培等:《后冈一期文化研究》,《考古学报》1992 年第 3 期。
④ 王永波:《关于后李文化的谱系问题——兼论北辛文化的内涵和分期》,见《青果集——吉林大学考古专业成立二十周年考古论文集》,知识出版社 1993 年版。

褐陶为主,泥质陶次之,前者器表多不平整,内壁一般都打磨光滑,后者则质地细腻,器表光滑。夹砂陶以素面为主,有少量的凸弦纹、指甲纹和压印纹等①。

在天津及其外围地区,时代与下埝头遗址接近的早期考古学文化只有后李文化、镇江营一期文化、磁山文化和裴李岗文化,因此,下埝头遗址的渊源便成为值得关注的问题。裴李岗文化分布于河南中部伏牛山以东的冲积平原和淮河上游,与下埝头相距太过遥远,器物造型以平底器为主,其筒形角把罐、双耳罐形壶、横鋬深腹钵和装饰纹样(图七,下栏)在下埝头类型中找不到任何线索;磁山文化亦以平底器为其造型特点。因此,裴李岗文化和磁山文化不可能成为下埝头类型的先源。

在距今1万年前后的地球"洪水"肇始期,华北地区的低地平原并不适宜人类居住。唯有海岱地区的低山岗地、河原地区的土原山地才是早期先民赖以躲避洪水、繁衍生息的家园。正是这种特定的地理态势,造就了远古文化发展的基本格局。考古发现和迄今的研究已经证明,黄河下游的海岱地区和黄河中上游的河谷盆地是远古中国域内族群发展程度最高、交争最激烈、融合程度最深的地区,对周边地区形成了强烈而深远的影响。镇江营一期文化流行圜底器和三足器(陶鼎),但其年代明显晚于后李文化。从大地理单元的角度考察,镇江营一期文化、下埝头类型与后李文化共处于华北平原环渤海地带的山前冲积坡地上,地理环境大体一致,陶器的种类和装饰风格也存在较多的共性,它们很可能是后李文化向北传播的结果。

北辛文化时期,陶鼎已成为海岱地区的代表性器物,此时海岱史前文化的影响已到达河北中部的易水流域。大汶口文化时期,该地区的文化面貌不甚清楚。但在历年的考古调查和发掘中,渤海西岸的河北唐山和天津地区发现了相当数量的出土有海岱龙山文化遗物的遗址。如唐山丰润韩家街村发现了龙山文化的鬼脸式陶鼎、高圈足豆等遗物②,同类遗存在唐山大城山③、滦南东庄店④也有发现,"表明山东地区龙山文化因素已插足唐山地区"⑤。1989年发掘的河北任丘县哑巴庄遗址中出土了大量龙山文化遗物,"为大范围的环渤海考古提供了实物资料"⑥。有的学者倾向于把河北中部地区同类遗存划为海岱龙山文化的一个地方类型。据河北省文物研究所的发掘资料显示,保定地区的白洋淀以南似乎也可纳入岳石文化的分布范围。

(二)朝鲜半岛

朝鲜半岛较早的新石器时代文化大致可分为两种类型,即以"平底栉目纹"陶器为代表的文化和以"圜底栉目纹"陶器为代表的文化,后者或称为弓山文化。

有意义的是,平底栉目纹陶器分布在朝鲜半岛的北部地区,恰与中国吉辽地区的平底筒形罐分布区相邻,其文化传承关系极为清楚。以尖圜底栉目纹陶器为特征的弓山文化主要分布于朝鲜半岛中南部西南海岸,相对年代晚于后李文化,而与北辛文化大致处于相同的发展阶段。除了山东地区

① 梁宝玲:《蓟县下埝头、弥勒院新石器时代遗址》,见《中国考古学年鉴(1989)》,文物出版社1990年版。
② 北京大学考古实习队:《河北唐山地区史前遗址调查》,《考古》1990年第8期。
③ 河北省文物管理委员会:《河北唐山市大城山遗址发掘报告》,《考古学报》1959年第3期。
④ 河北省文物研究所:《河北滦南县东庄店遗址调查》,《考古》1983年第9期。
⑤ 北京大学考古实习队:《河北唐山地区史前遗址调查》,《考古》1990年第8期。
⑥ 杨凤仪:《任邱发现龙山文化遗址》,《中国文物报》1989年6月23日第2版。

的后李文化，这种圜底栉目纹陶器在当地和周边地区较早的遗存中找不到任何线索，表明两地史前时期的考古学文化可能存在某种程度的交流。

弓山文化可分为四期，早期以智塔里第一地区1号房址为代表。陶胎中夹有石棉和滑石，器表装饰以刻划和压印的各种几何形纹样为主，器物造型除了个别为平底外，绝大多数为尖圜底筒形釜，也有少量圜底盆形器。从总体造型和装饰手法上看，弓山文化与海岱地区的后李文化有着相当程度的一致性，主要体现在弓山一期文化与后李文化都属圜底筒形釜系统，陶器的整体造型相似，与后李文化的继承者——北辛文化的石器种类、陶器造型和装饰手法相似。如陶器表面都流行不连续的刻划折线纹、人字纹装饰，唯北辛文化以横排为主，弓山文化则以竖排为多；弓山文化在器腹刻划菱形网格纹的做法，也见于北辛文化。此外，朝鲜半岛南部地区的“朝岛期”和“牧岛期”遗存中，在陶器颈部或腹部附加一周堆纹的现象，与后李文化陶器的装饰手法也很相似（图八）。

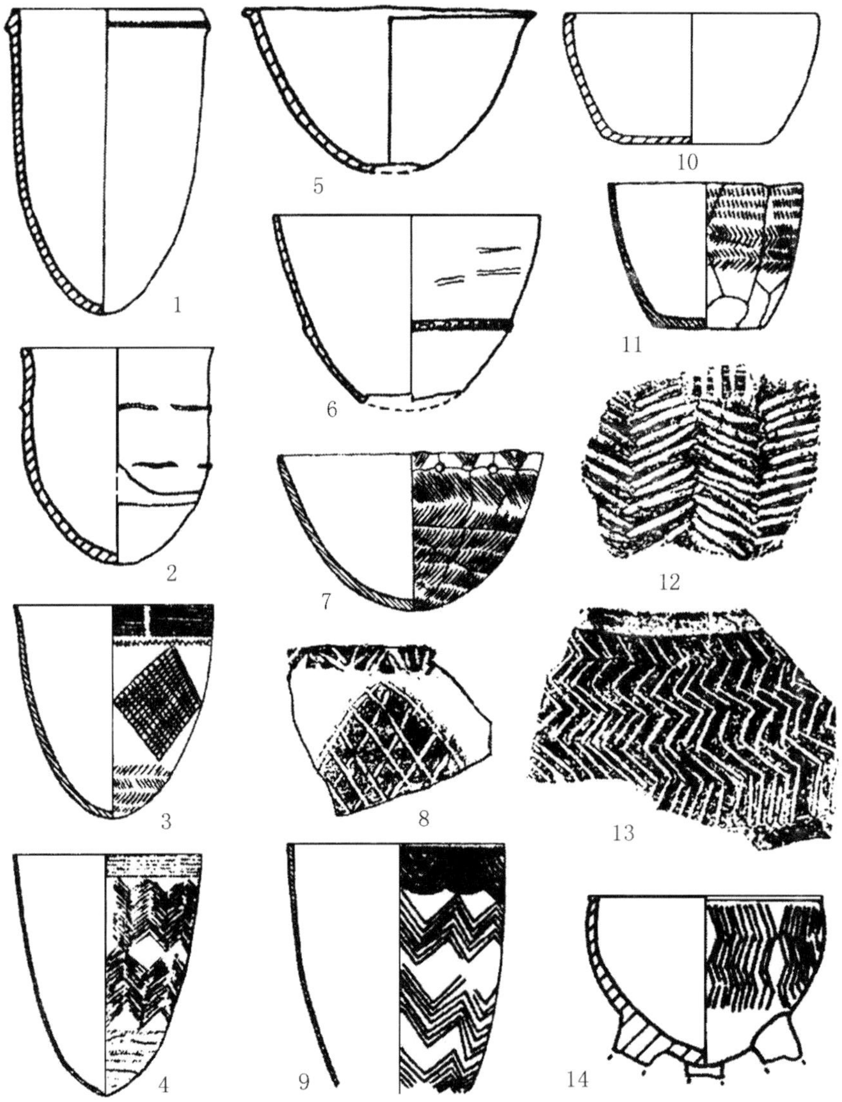

图八 后李、北辛文化与弓山文化陶器比较

1、10. 小荆山 2、12—14. 西南庄 3、4、7、9、11. 智塔里 5. 后李 6、8. 北辛
（1、5、10. 后李文化，2、6、8、12—14. 北辛文化，余为弓山文化）

（三）日本九州

日本列岛西南部的九州及本州和四国的西南部一带，也分布着一种传承关系不明、以圜底筒形釜和圜底折腹釜为特征的“轟式”“曾畑式”陶器①，年代距今约7000年。其中“轟式”陶器的粗筒形圜底釜，总体特征与后李文化和北辛文化早期数量最多的同类圜底釜近似；其敞口折腹圜底釜在造型上也与北辛文化的同类釜相同，基本特征为上部斜直、下部微外鼓、大圜底，两者的演化趋势即由上腹小而下腹大向上腹大下腹小演变的趋势也基本相同②（图九）。

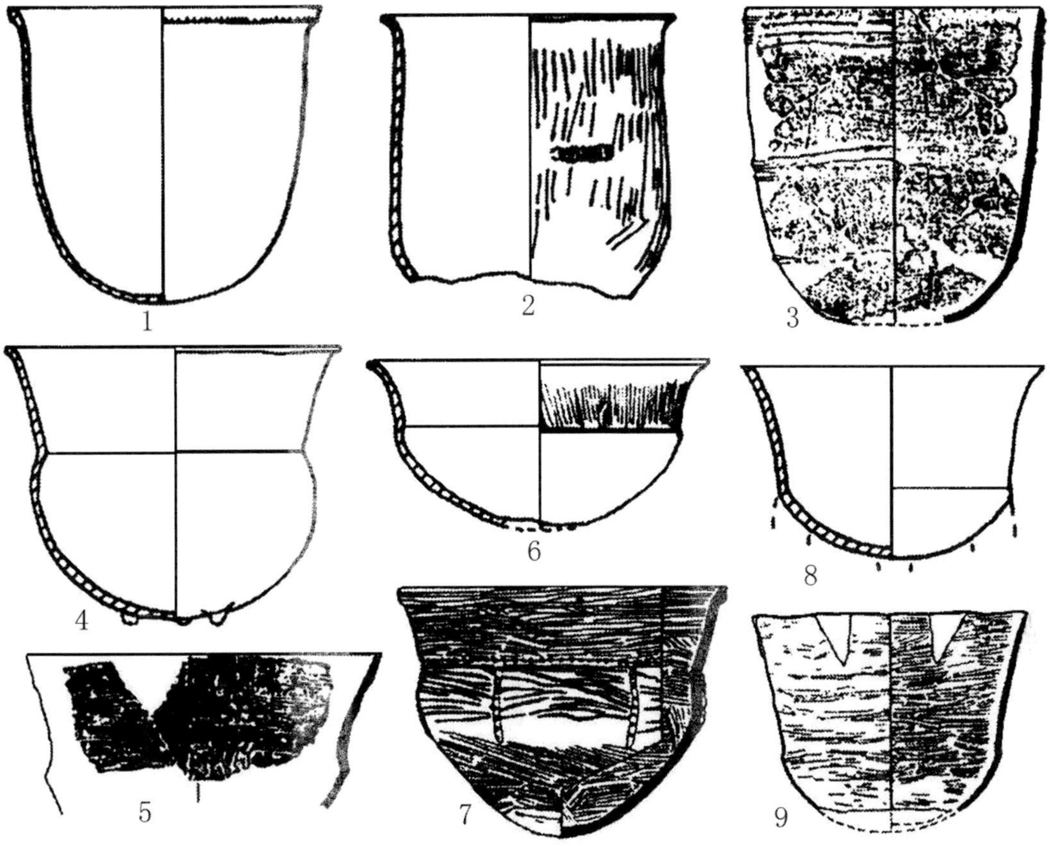

图九　后李、北辛文化与日本九州地区陶器比较

1. 西河　2、4、6. 北辛　3、5、7、9. 九州　8. 白石村（1. 后李文化，2、4、6、8. 北辛文化）

“曾畑式”陶器也是九州地区的重要文化遗存，分布区域与“轟式”陶器基本相同而略小。陶器以粗筒形圜底釜为主，有少量圜底钵或碗。这类陶器最早出现于前曾畑式时期，亦可与后李文化、北辛文化相比较。

更为重要的是，“轟式”和“曾畑式”圜底陶器与当地较早的、距今8000—7500年左右的九州“贝壳纹系”“塞丿神～平栫式”陶器中流行的平底筒形器的风格完全不同，从而失去了当地起源的可能

① （日）小林达雄：《绳纹土器大观》，1991年。

② 栾丰实：《海岱地区考古研究》，山东大学出版社1997年版，第22页。

性。因此，“轟式”“曾畑式”主要陶器与山东半岛年代较早的后李文化、年代相当的北辛文化的相似性，具有十分重要的意义。

五、黄渤海两岸文化交流的海陆通道

朝鲜半岛与山东半岛隔海相望，直线距离较之山东半岛与辽东半岛略远，约 180 公里；日本九州岛与朝鲜半岛之间的海峡更宽一些，但海峡中间有较多较大的岛屿(济州岛、五岛列岛、对马岛、壹岐岛等)存在，所以两地间的文化交流较之朝鲜半岛与山东半岛更为方便。黄渤海在距今 2.3 万年至1万年前后的大面积海退造成的超低水位以及冰河期的大面积冰原，为这种交流迁徙提供了客观依据。

史前时期，海平面曾有过几次超低水位，早期先民完全有可能利用海洋环流，通过漂流的方式到达彼岸；或者凭借黄海北岸的东向沿岸流，抵达朝鲜半岛，然后渡过朝鲜海峡(对马海峡)抵达日本列岛。山东长岛海域发现的史前石锚，表明当时的沿海居民已具备相应的航海技能。当然，以辽东半岛为跳板，通过陆路亦可完成同样的交流。现在的黄渤海存在着以黄海暖流和近海沿岸流为主的环流系统，黄海暖流向西经过渤海海峡进入渤海，其主流可直接涌到滦河下游区海域，并形成两支沿岸流：一支向南，汇入黄海沿岸流东去(胶东半岛北岸蓬莱以东)，一支沿辽西海岸北上辽东湾[①]。依海流形成的一般规律分析，当黄海暖流进入渤海海峡时，受辽东半岛南端“犄角”的阻挡，必定还会形成一股沿辽东半岛东岸、长山群岛、西朝鲜湾东流的回路。进入渤海的暖流，受到庙岛群岛的阻挡，也会形成南北分流的涡流，汇入黄海沿岸流。东去的沿岸流，就是庙岛群岛阻隔的结果。如此，海岱地区的先民便可以庙岛群岛南北排列的诸岛为跳板，借北向流动的涡流直达辽东半岛或长山群岛，再沿黄海北岸东流的沿岸流向朝鲜半岛进发。总之，这种交流是以庙岛群岛、辽东半岛和长山群岛为陆桥，通过陆地和海上漂流两种方式实现的，辽东半岛的部分文化因素也通过这样的通道传播到海岱地区。6000 年以来，海岱大汶口文化邱家庄类型、北庄类型，与辽东半岛的小珠山中层、上层文化持续不断的密切交往，可为这一推论提供有力佐证。后李文化仅见的一件具有黄渤海北岸土著文化风格的平底筒形罐(图十)，则是距今 8000 年前后黄渤海两岸交流的另一实物证据。

图十 后李遗址出土的平底罐

---

① 中国科学院《中国自然地理》编辑委员会：《中国自然地理 · 海洋地理》，科学出版社 1979 年版。

朝鲜平安北道美松里洞穴遗址中发现的压印席纹和之字纹陶器①,咸镜北道屈浦里、西浦项等遗址中发现的刻划平行斜线纹筒形罐②,韩国庆尚南道蔚山新岩里、釜山东三洞、东莱大浦等遗址中发现的压印席纹直口筒形罐③,均与小珠山、后洼遗址的同类器相同或相近,可作为辽东半岛与朝鲜半岛之间存在"文化通道"的直接证据。位于山东半岛最北端的蓬莱紫荆山遗址④、庙岛群岛中部大黑山岛上的北庄遗址⑤及辽东半岛南端的郭家村遗址⑥,则可视为渤海两岸史前居民海上交流的桥头堡;而咸镜北道西浦项遗址中发现的刻划双勾涡纹与山东蓬莱紫荆山遗址中发现的双勾涡纹彩陶图案相同⑦,可作为大汶口文化的影响抵达朝鲜半岛的实物证据。

值得注意的是,辽南地区以北紧邻的丹东、本溪、鞍山一带存在着以后洼遗址为代表的,以压印席纹、压印之字纹平底筒形罐为基本特征的同期文化遗存⑧。这类遗存与沈阳新乐及辽西地区的同期遗存关系较为密切,而与小珠山遗址的丙组遗存近似,从类型学的角度证明,小珠山、老铁山、郭家村遗址等以海岱大汶口、龙山文化风格为主体的相关遗存,应属于舶来的"外来文化"。

距今 7 万年前后,第四纪冰川迎来了末次冰期——玉木冰期(在中国为"大理冰期")。冰期在经历了 3 万年至 5 万年的微幅波动之后,于距今 25000 年前后开始加剧,并于距今 18000 年前后达到峰值。冰期最盛时,海平面达到 -100 米至 -150 米的低位。调查表明在 23000 年前,海水已完全退出渤海,形成了辽阔的"渤海平原"⑨,沿海的大陆架广泛出露,日本、中国台湾和南海诸岛因此而直接与东亚大陆连成一片。北半球中高纬度陆地平均气温比现在低 10℃至 15℃,最多可达 20℃;气候干冷,降水量显著减少,仅有现代的 30% 左右。此后,末次冰期开始缓慢消退,在距今 13000 年前后温度骤然升高 4℃,接着是持续 2000 年左右的冷暖交替,在距今 11000 年(或 11500 年)前后温度又在数百年内突然下降 6℃,史称"新仙女木事件"。此后温度迅速回升,于距今 10000 年左右达到现代水平,形成了距今 9000—5000 年期间(或以东亚为 8500—3000 年,或止于 4000 年)的大暖期⑩。

新中国成立以来的海洋地理、地质和环境研究,积累了众多宝贵的海相、陆相及海陆过渡相交

---

① (朝鲜)金用玕:《美松里洞穴遗址发掘简报》,朝鲜《文化遗产》1961 年第 1 期,转引自许玉林《辽东半岛新石器时代文化初探》,见《考古学文化论集(二)》,文物出版社 1989 年版。

② (朝鲜)朝鲜民主主义人民共和国社会科学院考古研究所:《朝鲜考古学概要》,转引自许玉林《后洼遗址考古新发现与研究》,见《中国考古学会第六次年会论文集》,文物出版社 1990 年版。

③ (日)有光教一:《朝鲜栉目文土器的研究》,见《东方考古学丛刊》第三册,1962 年;斋藤忠:《庆尚南道蔚山郡西生面出土的"栉目文样"土器片》,《考古学杂志》25 卷 6 期,转引自许玉林《辽东半岛新石器时代文化初探》,见《考古学文化论集(二)》,文物出版社 1989 年版。

④ 山东省博物馆:《山东蓬莱紫荆山遗址试掘简报》,《考古》1973 年第 1 期。

⑤ 北京大学考古实习队等:《山东长岛北庄遗址发掘简报》,《考古》1987 年第 5 期。

⑥ 辽宁省博物馆等:《大连市郭家村新石器时代遗址》,《考古学报》1984 年第 3 期。

⑦ (朝鲜)朝鲜民主主义人民共和国社会科学院考古研究所:《朝鲜考古学概要》,转引自许玉林《后洼遗址考古新发现与研究》,见《中国考古学会第六次年会论文集》,文物出版社 1990 年版。

⑧ 丹东市文化局文物普查队:《丹东市东沟县新石器时代遗址调查和试掘》,《考古》1984 年第 1 期。

⑨ 山东半岛正东水深 68.5 米处的古土壤层 C14 测年为 23250 ± 150 年。参见王永吉等《黄海陆架晚第四纪沉积物中的古土壤》,《海洋学报(中文版)》1986 年第 4 期。

⑩ 有关冰期气候,参见张兰生等《全球变化》第六章、第七章,高等教育出版社 2000 年版;施雅风等《中国全新世大暖期气候与环境》,海洋出版社 1992 年版。

替沉积地点的取样资料和C14测定数据，为了解黄渤海海域的变迁史提供了难能可贵的科学依据：今黄海北部水深50米处，沼泽相沉积(陆相或海陆过渡相)泥炭层的C14测定年代为距今12400±200年；在今渤海水深27.5米处的泥炭，C14测定年代为距今10300±200年[①]。这些现象表明，在距今12000年前后，黄海北部还处于陆地的边缘地带；到距今10000年左右，海水开始重新进入渤海。

在此期间，“渤海平原”中部地势低洼处，形成了由黄河、辽河、滦河汇集而成的“渤海湖”[②]。在今渤海海湾西岸约200公里的现代渤海海底曾采集到一枚未经搬运磨损的披毛犀臼齿化石[③]，表明当时的“渤海平原”，因河水的长期冲洗和浸泡，原来的海相盐碱土逐步脱盐淡化，“渤海湖”畔的不毛之地也随之变成了草木茂盛、动物出没的沃野[④]。滦县、黄骅等遗址或所在地点的位置显示出，“渤海湖滨”遗址成为旧石器时代人类栖居的场所[⑤]。天津静海四党口海相层的C14测定年代为距今7920±655年[⑥]，辽东半岛东沟县(今东港市)前阳海相淤泥层的C14测定年代为距今7700±150年[⑦]，表明距今8000年左右，海水大致已抵达今渤海海岸的位置[⑧]。

扁扁洞·后李文化肇始于1万年以前，是东北亚滨海地区唯一以圜底筒形器为基本器类的早新石器时代考古学文化。或者，扁扁洞·后李文化的居民就是凭借着末次冰川时期黄渤海大面积海退，穿越黄渤海干涸后形成的“低地沼泽平原”或封冻的冰原北上、东徙朝鲜半岛乃至日本九州地区，从根本上改变了当地原始文化的发展方向。朝鲜半岛、日本九州一带年代略早的“平底栉目纹”陶器和平底“贝壳纹系”“塞丿神～平栫式”陶器，为此提供了强有力的证据。

2002年5月，笔者应韩国国立文化财研究所的邀请到韩国讲学时，对沿海地区曾做过走马观花式的考察，并作了题为山东早期新石器文化对朝鲜半岛和日本南部地区史前文化的影响的讲演，得到了大多数与会韩国学者的赞同。韩国国立中央博物馆相关陈列的文字说明，也认为朝鲜半岛的原始文化是由中国新石器时代文化传入的。总之，黄海彼岸传承关系不明的、以尖圜底器为主要特征的史前文化，与后李、北辛文化之间应具有某种程度的传承关系，至少也应是接受了后李、北辛文化的影响而发展起来的。

六、古史传说显示的古族关系

《左传》昭公十七年，鲁昭子问郯子，少暤(少昊)为何以鸟命官。郯子讲述了黄帝、炎帝、共工、太暤(太昊)、少暤的世代兴替，以及少暤因凤鸟适至而“为鸟师而鸟名”的情况。孔子向郯子请教

---

① 祖文辰等：《我国泥炭的主要特征及其区域差异》，《地理科学》1985年第1期。

② 中国科学院海洋研究所海洋地质研究室：《渤海地质》，科学出版社1985年版。

③ 中国科学院海洋研究所海洋地质研究室：《渤海地质》，科学出版社1985年版。

④ 徐家声：《东海百万年》，海洋出版社1987年版。

⑤ 尤玉柱：《史前考古埋藏学概论》，文物出版社1989年版。

⑥ 张业成等：《全新世以来渤海海岸变迁历史及未来发展趋势的初步分析》，见《中国地质科学院562综合大队集刊(第7、8号)》，地质出版社1989年版。

⑦ 中国科学院贵阳地球化学研究所第四纪孢粉组等：《辽宁省南部一万年来自然环境的演变》，《中国科学》1977年第6期。

⑧ 王青、李慧竹：《环渤海环境考古探讨》，《辽海文物学刊》1992年第1期。

后，发出了“吾闻之，天子失官，学在四夷，犹信”的感慨。其基本意思就是说，某些在发源地失传的东西，有可能在周边相邻地区继续流行。天津地区、朝鲜半岛、日本九州地区在较晚的时候仍然流行圜底筒形器，甚至中国唐代的某些习俗仍不同程度地被保留在韩国、日本的现代风俗中，都属于这种情况。

海岱史前文化特别是扁扁洞·后李文化、北辛文化对黄海彼岸的传播和影响，还得到了相关文献的支持。众所周知，海岱先民是崇拜日神的部族，其先祖分别以炎帝、少昊、太昊亦即太阳神为称，有着浓厚的崇日、尚鸟习俗。有趣的是，黄渤海彼岸的相关部族也有类似的传说。

《论衡·吉验》篇：“北夷橐离国王侍婢有娠，王欲杀之。婢对曰：‘有气大如鸡子，从天而下，我故有娠。’后产子，捐于猪溷中，猪以口气嘘之，不死；复徙置马栏中，欲使马藉杀之，马复以口气嘘之，不死。王疑以为天子，令其母收取，奴畜之，名东明，令牧牛马。东明善射，王恐夺其国也，欲杀之。东明走，南至掩淲水，以弓击水，鱼鳖浮为桥，东明得渡。鱼鳖解散，追兵不得渡。因都王夫余，故北夷有夫余国焉。”

《魏书·高句丽传》：“高句丽者，出于夫余，自言先祖朱蒙。朱蒙母河伯女，为夫余王闭于室中，为日所照，引身避之，日影又逐。既而有孕，生一卵，大如五升……有一男破壳而出。及其长也，字之曰朱蒙，其俗言‘朱蒙’者，善射也。夫余人以朱蒙非人所生，将有异志，请除之，王不听，命之养马。朱蒙每私试，知有善恶，骏者减食令瘦，驽者善养令肥。夫余王以肥者自乘，以瘦者给朱蒙。后狩于田，以朱蒙善射，限之一矢。朱蒙虽矢少，殪兽甚多。夫余之臣又谋杀之。朱蒙母阴知，告朱蒙曰：‘国将害汝，以汝才略，宜远适四方。’朱蒙乃与乌引、乌违等二人，弃夫余，东南走。中道遇一大水，欲济无梁，夫余人追之甚急。朱蒙告水曰：‘我是日子，河伯外孙，今日逃走，追兵垂及，如何得济？’于是鱼鳖并浮，为之成桥，朱蒙得渡，鱼鳖乃解，追骑不得渡。朱蒙遂至普述水……至纥升骨城，遂居焉，号曰高句丽，因以为氏焉。”

《高丽好大王碑》：“惟昔始祖邹牟（朱蒙的谐音）王之创基也，出自北夫余，天帝之子，母河伯女郎，剖卵降出。生子有圣□□□□□□命驾巡车南下，路由夫余奄利大水。王临津言曰：‘我是皇天之子，母河伯女郎，邹牟王，为我连葭浮龟。’应声即为连葭浮龟，然后造渡于沸流谷忽本西城山上而建都焉。永乐□位，因遣黄龙来下迎王，王于忽本东冈黄龙负升天。”

《三国史记·高句丽纪》、朝鲜《旧三国史·东明王本纪》的记载与此大致相同，唯朱蒙之母为河伯之女“柳花”，“为日所照，因而有孕”。朱蒙为避祸而“远适以有为”，至卒本川，结庐于沸流水上居之，国号高句丽。是时为汉元帝建昭二年（前37）。2012年7月，在集安市麻线沟盆地高句丽墓群附近的麻线河右岸发现一通约为东汉时期的残碑，其文曰“□□□□世必□天道自承元王始祖邹牟王之创基也，□□□子河伯之孙”云云①，进一步印证了上述传说。

高句丽亦作高夷、高丽、句骊，最早见于《逸周书》和《汉书》。

---

① 集文：《吉林集安新见高句丽石碑》，《中国文物报》2013年1月4日第2版。

《逸周书·王会解》:“北方台正东,高夷嗛羊。”

《汉书·地理志》:“玄菟、乐浪,武帝时置,皆朝鲜、濊貉、句骊蛮夷。”

“高夷”即为高句丽;“濊”即“秽”,与貊族连称为“濊貊”,均为东北地区的古老民族。目前,学界对高句丽的起源主要有以下几种意见:(1)起源于濊貊①;(2)起源于夫余②;(3)起源于高夷③;(4)起源于炎帝④;(5)起源于商人⑤;(6)多源说⑥。总之,夫余、濊貊、高夷是有着共同族源的古老民族。综观上述传说,有以下三个与海岱先民创世纪传说相同或相似的显著特征。

其一,感气卵生。如前述《吉验》篇中感“有气大如鸡子”而娠、《高句丽传》中朱蒙母河伯女“为日所照”既而有孕、《好大王碑》中“母河伯女郎,剖卵降出”,以及《东明王本纪》中的“河伯女怀牖中日曜,左腋生一卵”等,与海岱先民各部始祖诞生的情况极为相似,实为同源异流之不同版本。

《山海经·大荒南经》:“北旁名曰少和(皞)之渊……有羽民之国,其民皆生毛羽。有卵民之国,其民皆生卵。”

《山海经》:“昌意……取俘子曰河(伯之)女,生帝颛顼。”(《太平御览》卷七十九引)

《春秋元命苞》:“大星如虹,下流华渚,女节梦接,意感,生白帝朱宣。”宋均注:“朱宣,少昊氏。”

《史记·秦本纪》:“女脩织,玄鸟陨卵,女脩吞之,生子大业。”

其二,崇日尚鸟。昊字本为太阳的写意,黄渤海彼岸创世纪神话中的卵生始祖多与日光照射,亦即与太阳崇拜有关。而卵生始祖“朱蒙”“东明”则是太阳的别称。《高句丽传》中“朱蒙告水曰:‘我是日子……’”明确道出了朱蒙为太阳部族传人的身份。

《山海经·大荒南经》:“羲和者,帝俊之妻,生十日。”

《海外东经》:“朝阳之谷,神曰天吴,是为水伯。”

《拾遗记》:“帝喾之妃……常梦吞日,则生一子,凡经八梦,则生八子。”

《广雅·释天》:“朱明、曜灵、东君,日也。”

《广雅》:“日名耀灵,一名朱明,一名东君,一名大明,亦名阳乌,日御曰羲和。”(《太平御览》卷三引)

不难发现,“河女”与“河伯之女”、“白帝朱宣”与“朱蒙”、“朱明、东君”与“东明”出现了耐人寻

---

① 张博泉:《东北地方史稿》,吉林大学出版社1985年版,第10、79页。
② 王健群:《高句丽族属探源》,《学习与探索》1987年第6期。
③ 薛虹等:《中国东北通史》,吉林文史出版社1991年版;傅朗云等:《东北民族史略》,吉林人民出版社1983年版。
④ 李德山:《高句丽族称及其族属考辨》,《社会科学战线》1992年第1期。
⑤ 耿铁华:《中国高句丽史》,吉林人民出版社2002年版,第44~48页。
⑥ 刘子敏:《高句丽族源研究》,《社会科学战线》2002年第5期。

味的巧合。所谓“朱蒙”,实为太阳之子。“蒙”“明”一音之转,而“东明”“邹牟”又是“朱蒙”的音转。伴随“朱蒙”出逃的也是三个人性化了的太阳鸟——“踆乌”:乌引、乌违、乌伊。不同之处仅在于,黄渤海彼岸的神话将太阳之母“羲和”改成了“河伯之女”。诚如是,则黄渤海彼岸创世纪神话中的始祖朱蒙及其生母,极有可能是由海岱居民始祖少昊以及在少昊部孺养成人的颛顼等相关神话传说衍化而来的。

其三,善射。黄渤海彼岸民俗中称善射者为东明、朱蒙。朱蒙生未经月,便能“射纺车上蝇”,射技达到出神入化的地步。而这一特征又恰与东夷部族的重要首领和射神“夷羿”“后羿”及其弟子“逢蒙”有关。

> 《荀子·解蔽》:“羿精于射。”
>
> 《山海经·海内经》:“帝俊赐羿彤弓素矰,以扶下国。”
>
> 《淮南子·修务训》:“羿左臂修而善射。”
>
> 《孟子·离娄下》:“逢蒙学射于羿,尽羿之道,思天下惟羿为愈己,于是杀羿。”
>
> 《荀子·王霸》:“羿蠭门者,善服射者也……射远中微,则莫若羿蠭门矣。”

王先谦集解:“蠭门,即蠭蒙,学射于羿……郝懿行曰‘蠭门’,它书或作‘逢蒙’,蒙、门音转,实一人耳……汉艺文志作‘逢门’,‘逢’即‘蠭’字之省。古读蠭、蓬同音,故逢蒙之逢亦读如蓬。”后羿、逢蒙作为同出一门的“射神”,在春秋战国时期已广为人们所信奉。

黄渤海两岸古史传说的这种高度相似性,很难用“巧合”来解释。尤为值得注意的是,黄渤海彼岸的创世纪神话还有一个最为重要的、完全不同于海岱地区同类神话的自身特征。海岱地区创世纪神话中的早期始祖,如少昊、太昊、大业都在自己部族的属地诞生,他们的母亲华胥、女节、女脩等多没有明确的配偶;羲和所生的十个太阳则是帝俊之子。而黄渤海彼岸创世纪神话中的始祖之母,要么是婚外生子(如前引《吉验》篇北夷橐离国王侍婢),要么是被“闭于室”的“河伯女”感日照而有孕(如前引《高句丽传》《高句丽纪》《东明王本纪》所记“朱蒙”之母),他们的共同遭遇是因不为当地原住民所容而屡遭迫害,只能逃往他处立国。

要之,北方创世纪神话中精于射技的“朱蒙”,正是海岱地区的传说人物夷羿、后羿和逢蒙的化身,其所代表的部族实为海岱地区少昊、帝喾、帝舜(帝俊)和有穷后羿之族北迁的一部。其深层背景则是,后李、北辛文化向北传播,以及后续的大汶口、龙山文化向北方拓展并在当地建立了早期国家。由于年代久远和缺乏文字记录,这一史实随着迁入者子孙的世代流传,加之后世的刻意润色,才变成今天的模样。

“领地意识”是高级动物与生俱来的本能,人类作为群居的万物之灵,其“领地意识”更为强烈。不同的是,“文化”的人类,往往通过内涵更为宽泛的“血缘群体”或“拟血缘群体”(民族或国族)而不是群居动物的“血亲种群”来凝聚“我群”并排斥异己,以达成对“领地”和资源的控制。“至少从新石器时代晚期以来,人们使用各种的文化符号(与相关记忆)来强化‘群体认同’。以文字书写历史合理化——血缘群体之凝聚及其领域资源”,“以共同的血缘传承关系,凝聚一个人群(族群或民族)”,“追溯族群起源至一位英雄祖先的历史叙事”,作为一种“根基历史”。[①]

黄渤海彼岸创世纪始祖的这种“外来者”身份,揭示了更为深刻的历史背景,即这些外来的“太阳之子”,应是海岱崇日民族“跨海”北上、东迁者的后裔,当其发展到一定程度,“领地空间”和自然资源等方面的冲突是不可避免的,故而受到当地土著的排挤。《吕氏春秋·音初》所载“有娀氏有二佚女,为之九成之台,饮食必以鼓。帝令燕往视之,鸣若谥隘。二女爱而争搏之,覆以玉筐,少选,发而视之,燕遗二卵,北飞,遂不反。二女作歌一终,曰:‘燕燕往飞。’实始作为北音”,就是这一史实在神话传说中的反映。夫余、高句丽古族则将这种“历史记忆”作为“族群认同”及“凝聚”的文化符号。

黄渤海彼岸创世纪神话与海岱文化的渊源关系和衍化轨迹示意:

海岱地区{ 朱宣→颛顼→帝俊→后羿→逢蒙 / 日御→阳乌→朱明→东君→大明 / 羲和→虙妃→河女→雒嫔→河伯女 }东明→朱蒙(黄渤海彼岸)

辽东半岛龙山文化时期的积石冢可为此提供民俗方面的佐证,如旅顺老铁山积石冢中随葬的袋足鬶、环足盘、单耳杯、三足杯、高圈足豆、玉环、玉璇玑等[②],均属海岱龙山文化的典型器类。积石冢是以石砌棺椁和积石成冢为特征的墓葬形式,最早见于辽西地区兴隆洼—红山文化系统,也常见于辽南地区至吉林柳河、通化一带。其基本结构,如牛河梁第五地点 M5、M7[③]。有意义的是,海岱地区北辛文化时期也发现了较多的石棺墓[④]。山东半岛东端文登旸谷山(图十一)[⑤]和江苏等地发现的大汶口文化石棺墓基本一致,主要区别在于地表有无堆砌的石块,以及前者的多墓组合[⑥]。结合黄渤海两岸史前文化的交流与传播情况观察,黄渤海两岸的这类积石冢(或石棚墓)应存在某种程度的传承关系。而积石冢正是高句丽墓葬的主要形式,在5世纪时期的高句丽墓葬中还可以看到积石冢的孑遗。从这个角度观察,虽然年代久远,立国于公元前37年的高句丽还是遥承并保留了辽南海岱龙山文化居民的某些习俗。

概言之,东北地区高句丽古族,应是海岱史前文化时期的先民跨海北渐之后,继续向北迁徙,深入东北腹地,与当地土著交流融合,并与夫余族有过某种程度的交结,最终衍化出的新部族。朱蒙之母托于夫余、朱蒙南逃后创立高句丽国等传说,应是这一历史衍化过程在神话传说中的反映。或者,伯益后人“去夏归商,以佐殷国”的“其氏”代表人物箕子,在周武王剪商后不肯臣周,被周武王“流

① 王明珂:《羌在汉藏之间》,中华书局2008年版,第171、231页。

② 贺伟:《关于辽东半岛早期墓葬的探索》,见《纪念城子崖遗址发掘六十周年国际学术讨论会文集》,齐鲁书社1993年版。

③ 辽宁省文物考古研究所:《辽宁凌源市牛河梁遗址第五地点1998~1999年度的发掘》,《考古》2001年第8期。

④ 山东省文物考古研究所:《大汶口续集——大汶口遗址第二、三次发掘报告》图二二,科学出版社1997年版,第34页;南京博物院等:《江苏灌云大伊山遗址1986年的发掘》,《文物》1991年第7期。

⑤ 烟台市博物馆2012年发掘,经发掘领队同意,使用此照片。

⑥ 栾丰实:《论辽西和辽东南部史前时期的积石冢》,见《红山文化研究——2004年红山文化国际学术研讨会论文集》,文物出版社2006年版。

图十一　文登旸谷山大汶口文化石棺墓

放”东北的事件①,对黄渤海彼岸创世纪神话的最终形成也有一定影响。

上述结论表明,早在史前时期,即距今10000—5000年,黄渤海两岸便存在着一条可以到达彼岸的通道,为商代、汉代黄渤海两岸的密切交流乃至以后海上丝绸之路的形成奠定了基础。

① 王永波、张光明:《益都得名与伯益古族新证》,《管子学刊》1992年第1期。

“环黄海之路”的提出及其要义

中国社会科学院考古研究所　白云翔

在人类历史上，人群的移动和人员的往来是一种常见的现象，与之相伴随的是文化的传播和交流，以及人类文明的进步和发展。人群移动、人员往来和文化交流的通道多种多样，如山谷通道、河流通道、草原通道、沙漠绿洲通道等，而海洋通道无论如何是最重要的通道之一。这里所说的“环黄海之路”就是古代一条重要的海上通道，也是东北亚各国古代交往和交流的最重要的通道。

一、“环黄海之路”的提出

古代东北亚各国之间的交往和交流是学术界长期以来关注的课题之一，因而东北亚各国之间的交通路线也备受学术界关注。一般认为，古代东北亚各国之间的交往通道和交流路线无非两条，即辽东半岛连接朝鲜半岛北部的陆上交通路线，以及以黄海乃至东海连接中国大陆、朝鲜半岛和日本列岛的海上交通路线，这是毫无疑问的。然而，学术界长期以来对这两条路线缺乏系统论证和科学而具体的说明，尤其是关于海上交通路线，往往以横跨黄海连接中国大陆和朝鲜半岛、横跨东海连接中国大陆和日本九州岛而言之，但实际上并非如此。

我们在研究中发现，黄海沿岸不同地区之间的文化交流早在史前时代就已经存在，古代东北亚各国之间的诸多相似或相关的文化现象或文化因素，往往首先发生或扩散于黄海沿岸地区，暗示出黄海沿岸各地之间存在着密切的联系。海上交通路线无疑是古代东北亚各国之间交往和交流的一条重要通道，但在航海技术尚不够发达的古代，横跨黄海乃至东海连接中国大陆、朝鲜半岛和日本列岛的海上交通几乎是不可能的。于是，探索古代东北亚各国之间的海上交通路线，就成为古代东北亚交往和文化交流研究的关键一环。

2001 年，笔者在关于汉代中国与朝鲜半岛关系的考察中注意到，朝鲜半岛西北部同汉王朝联系的通道主要是辽东半岛陆路；而朝鲜半岛南部同汉王朝的联系，一方面是通过半岛西北部地区，而不容忽视的另一方面是以黄海为海上通道同中国渤海及黄海沿岸地区的直接联系①。

2010 年，笔者在论及秦汉时期的中国与弥生时代的日本交流路线时进一步提出，其主要路线还是以朝鲜半岛为跳板、经由对马岛和壹岐岛跨越朝鲜海峡和对马海峡而到达九州岛。至于朝鲜半岛

① 白云翔：《汉代中国与朝鲜半岛关系的考古学观察》，《北方文物》2001 年第 4 期。

与中国大陆之间的联系，主要的通道是从渤海或黄海沿岸出发，穿越渤海海峡沿辽东半岛南部的黄海沿岸到达朝鲜半岛西海岸的“渤海水路”①。

2013年9月，为纪念日本北九州市建市50周年，笔者应邀在北九州市立自然史·历史博物馆举办的公开纪念学术讲演会上进行讲演，讲演题目为《考古学所见战国秦汉时代/弥生时代的中日文化交流及关系》。其间，笔者明确提出中国大陆与日本列岛之间的交往和文化交流路线尽管有多条，但“环黄海之路”海上交流路线最为重要——“黄海—渤海—黄海”的“环黄海水路”或者说“环黄海之路”水路，是中国大陆同日本列岛之间交流最主要的路线。

2013年11月，笔者在韩国召开的“考古学视野下的东亚文物国际学术研讨会”上的讲演《从韩国完州上林里到日本福冈平原村：中国古代青铜工匠的东渡之路》②，以及后来正式发表的《从韩国上林里铜剑和日本平原村铜镜论中国古代青铜工匠的两次东渡》③中进一步指出：在中国大陆与朝鲜半岛和日本列岛的交流中，“黄海—渤海—黄海”的海上之路是最主要的交通路线，并进行了具体的描述和说明。

2017年12月，笔者在韩国“东亚视野下的韩国上古史——韩国上古史学会创立三十周年纪念学术大会”的纪念讲演，以及在后来正式发表的《公元前一千纪后半中韩交流的考古学探究》④中，对“环黄海之路”进一步做了系统的论述。

所谓“环黄海之路”，是指沿黄海近海北上、东进、南下、东进又南下的倒“U”字形海上交通路线（图一），主要由苏鲁段、庙岛群岛段、渤海支线、辽东段、朝鲜半岛段以及对马群岛段等构成：“苏鲁段”，即江苏和山东地区黄海近海的南北海上交通路线，其南北连接苏鲁，东西连接山东半岛的东南沿海和东北沿海；“庙岛群岛段”，即以庙岛群岛为通道、穿越渤海海峡连接山东半岛和辽东半岛的海上交通路线；“渤海支线”，即环渤海近海（或跨海）的海上交通路线，其东端分别连接苏鲁段、庙岛群岛段和辽东段；“辽东段”作为辽东地区黄海近海的海上交通路线，是连接和沟通辽东黄海沿岸地区以及辽东和朝鲜半岛西北部的重要海上通道；“朝鲜半岛段”，即朝鲜半岛西海岸和南海岸的黄海近海交通路线，沿黄海的西朝鲜湾、江华湾（京畿湾）和群山湾近海南下至黑山群岛转而向东，穿越济州海峡东至朝鲜半岛东南部的巨济岛和釜山一带，是沟通半岛西部之南北和半岛南部之东西的海上交通路线；“对马群岛段”，即从朝鲜半岛东南海岸近海穿越朝鲜海峡和对马海峡、经由对马群岛和壹岐岛、连接朝鲜半岛和日本九州岛西北部的海上交通路线。

这里需要说明的是，按照现代海洋地理的海域划分标准，黄海与东海以长江口北岸的启东角与韩国济州岛西南角的连线为分界线，但在古代尚无如此科学、严格的划分。因此，环黄海之路在黄海西岸近海的起点，向南可延伸到东海西岸的杭州湾一带。同样，按照现代海洋地理的海域划分标准，日本的九州岛西临东海，但从海上交通和古代文化交流来看，由朝鲜半岛东南部至日本九州岛北部的海上交通路线实际上是环黄海之路的延伸，即环黄海之路的对马群岛段。

---

① 刘庆柱、白云翔主编：《中国考古学·秦汉卷》，中国社会科学出版社2010年版，第1008页。

② 白云翔：《从韩国完州上林里到日本福冈平原村：中国古代青铜工匠的东渡之路》，见《考古学与东亚文化遗产》（韩国东亚细亚文化财研究院成立十周年纪念讲演集）第411页，韩国东亚细亚文化财研究院，2013年。

③ 白云翔：《从韩国上林里铜剑和日本平原村铜镜论中国古代青铜工匠的两次东渡》，《文物》2015年第8期。

④ 白云翔：《公元前一千纪后半中韩交流的考古学探究》，《中国国家博物馆馆刊》2018年第4期。

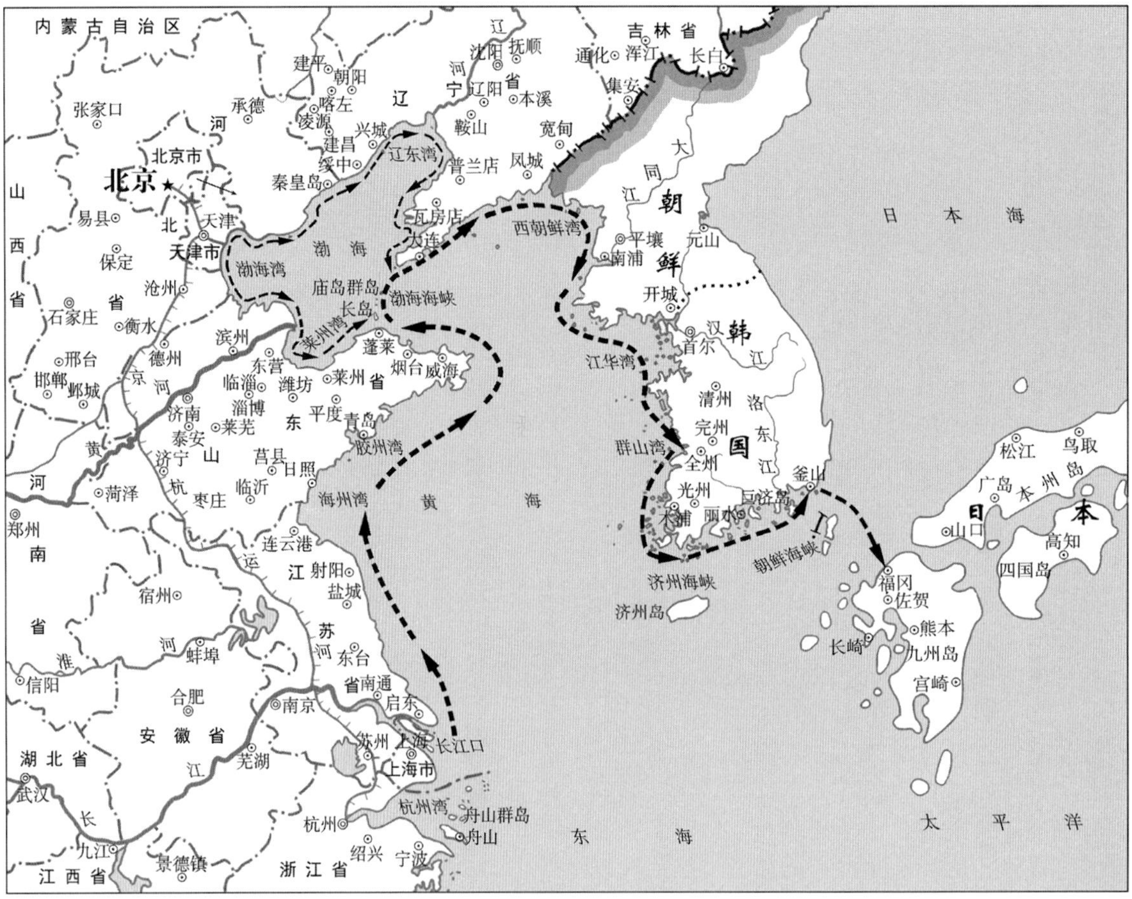

图一 环黄海地区示意图

这里还应当指出的是，从海上交通路线来说，自山东半岛东北端穿越黄海直达朝鲜半岛西北部的白翎岛一带或西南部的珍岛一带距离最短，因此，以往学术界往往以为古代从中国大陆到朝鲜半岛的海路是横跨黄海的海上之路，但实际上，古代的航海技术尚未达到穿越黄海的水平。因为，在山东半岛与朝鲜半岛之间的“黄海水域终年有南北走向的海流，流速为 0.2—0.6 节不等，对东西向航船影响甚大”；秦朝徐福东渡时，从黄海沿岸出发后，并不是“横渡黄海直驶朝鲜半岛，而是借助于海岸及沿途岛屿，取北上沿渤海海峡诸岛前进的航路”①。从山东半岛横穿黄海到达朝鲜半岛西南部的黄海航线，是迟至于 5 世纪南朝刘宋时开始的②。至于从中国东部的黄海沿岸或东海沿岸出发穿越黄海和东海抵达日本九州岛的海上交通路线，在古代更是不存在的③。

① 庄维民主编：《山东海上丝绸之路历史研究》，齐鲁书社 2017 年版，第 85 ~ 86 页。

② 牟元珪：《古代山东在中韩关系史上的地位》，见《第三届韩国传统文化国际学术讨论会论文集》，山东大学出版社 1999 年版。

③ 据日本有关新闻媒体报道，1998 年夏天长江发生特大洪水的一个月之后，在九州岛以及本州岛以南的太平洋沿岸发现了从长江入海口漂流过去的物品。这是可能的，但这是自然的海上漂流，并不意味着古代存在着从中国大陆横渡东海到日本九州岛的海上交通。因为物品在大海上远距离、长时间漂流是可能的，而古代人们在大海上长达数十天的连续漂流是难以为继的。

二、"环黄海之路"的形成

环黄海之路是在一个漫长的历史过程中逐步形成的。根据考古发现并结合文献记载来看，其形成过程大致经历了前奏、序幕和形成期的三次浪潮三个阶段。

(一)环黄海之路形成的"前奏"

这里是指史前时代和青铜器时代长江下游地区、山东半岛、辽东半岛、朝鲜半岛和日本九州岛之间的文化交流阶段，其年代大致为公元前3千纪至公元前6世纪。

首先，是稻作农耕技术和文化的传播。考古发现和研究表明，东亚地区的稻作农耕首先发生于12000年前的长江中游的江南地区，然后向周邻地区扩散。就黄海沿岸地区来说，江苏东北部、山东半岛沿海地区以及辽东半岛等地的多处遗址都发现有稻作遗存，如江苏省的连云港市藤花落、赣榆后大堂、盐仓城等遗址，山东省的日照六甲庄、日照尧王城、日照两城镇、五莲县丹土、胶州赵家庄、栖霞杨家圈、牟平照格庄等遗址，辽宁省的大连大嘴子遗址等。这些遗址内都发现了公元前5世纪之前的稻作遗存①。在韩国，京畿道河南市渼沙里遗址发现了青铜时代早期的稻作遗存②，忠清南道扶余郡松菊里遗址、忠清南道论山市麻田里遗址、光州市新昌洞遗址等发现有青铜器时代至初期铁器时代的稻作遗存③。在日本九州岛，最重要的是佐贺县唐津市菜畑遗址、福冈县博多区板付遗址等绳纹文化晚期之末稻作遗存的发现。很显然，朝鲜半岛和日本列岛的稻作农耕技术无疑是从中国大陆传播过去的，进而言之是以黄海沿岸或近海水路为通道传播过去的。

其次，是黄海沿岸地区的古代文化交流。考古发现和研究表明，环黄海之路相邻区段之间沿岸地区的文化交流早在新石器时代晚期就已出现，尤其山东半岛与辽东半岛之间的交流更是相当发达④。早在公元前3000年前后，一些胶东本地的以及由鲁西南先影响胶东而后再影响到辽东的文化因素，开始出现在辽东郭家村下层文化的早期遗存中，如具有胶东文化特色的陶盆形鼎、彩陶器等曾发现于郭家村下层、小珠山中层以及吴家村遗址等地；而辽东半岛郭家村下层、小珠山中层和吴家村遗址等地出土的陶觚形器、陶鬶、复色彩陶器和羊角状把手等大汶口文化因素，无疑是通过胶东的间接媒介而出现的。与此同时，具有辽东半岛文化特色的陶筒形罐，曾发现于庙岛群岛的大钦岛东村、大黑山北庄、北长山岛北城等遗址中，而北庄遗址出土的刻划有斜线三角纹的陶筒形罐，与小珠山T43∶59筒形罐完全相同⑤。到了公元前3千纪后半的龙山时代，山东半岛和辽东半岛之间的文化交流进一步增强，陶盆形鼎、环足器、袋足鬶、黑陶杯、鼓腹罐和豆等具有胶东龙山文化

---

① 栾丰实：《海岱地区史前时期稻作农业的产生、发展和扩散》，《文史哲》2005年第6期；靳桂云、栾丰实：《海岱地区龙山时代稻作农业研究的进展与问题》，《农业考古》2006年第1期。

② (日)中村大介：《弥生文化形成と東アジア社会》，塙书房2012年版，第169～170页。

③ (日)西谷正：《東アジア考古学辞典》，东京堂2007年版，第266、287、503页。

④ (日)冈村秀典：《辽东半岛与山东半岛史前文化的交流》，见《环渤海考古国际学术讨论会论文集》，知识出版社1996年版，第111页。

⑤ 佟伟华：《胶东半岛与辽东半岛原始文化的交流》，见《考古学文化论文集(二)》，文物出版社1989年版，第85～91页。

特色的典型陶器,在辽东半岛的多处遗址中都有发现。山东半岛与辽东半岛史前文化交流的总体态势是,胶东对辽东的输出影响是那时南北交流的主要趋向,辽东对胶东的影响是居次要位置的,而连接南北两个半岛的桥梁正是庙岛群岛①。据有关学者对出土陶器的统计,辽东半岛的小珠山三期文化中,具有胶东半岛特点的大汶口文化因素占13%—28%;小珠山四期文化中,海岱地区大汶口文化和龙山文化占22.22%;小珠山五期文化中,“海岱区龙山文化以更为强势的态势影响着辽东半岛南端”;青铜器时代,“从双砣子一期文化到双砣子二期文化,辽东半岛南端逐渐纳入海岱区文化系统”②。总体上看,进入青铜器时代,以庙岛群岛为海上通道的南北交流进一步发展,尤其是双向交流更为明显。譬如,山东乳山市南黄庄发现的西周中晚期至春秋前期的石棺墓③乃至胶东半岛地区史前时代末期的石棺墓,与辽东半岛广泛分布的石棺墓及其他类型的石构墓葬,无疑存在着密切的联系。

环黄海地区交流的另一个值得注意的文化现象是支石墓(又称为“石棚墓”)的扩散。支石墓这种墓葬广泛分布于辽东半岛、朝鲜半岛和日本的九州岛,在山东半岛也有一定的分布,其类型主要有“桌子型”(又称为“北方式”)和“棋盘型”(又称为“南方式”)两大类。研究表明,东亚各地的支石墓最早出现于我国的东北地区,其年代上限约为公元前1200年,其下限在公元前500年前后④;在朝鲜半岛,支石墓分布广泛,但尤以黄海沿岸地区分布最为集中,其流行年代为公元前10世纪至公元前3世纪的青铜器时代⑤;在日本九州岛,支石墓分布于福冈、佐贺、长崎以及熊本等九州西北部地区,出现于绳纹时代晚期后半(约为公元前6世纪),至弥生时代中期后半(约为公元前1世纪末)趋于消失⑥,并且九州支石墓所葬之人与韩国移民及其子孙有密切关系⑦。很显然,支石墓出现于我国东北地区之后,迅速向朝鲜半岛以及九州岛传播,并且主要分布于黄海沿岸地区,暗示出其扩散同样是以黄海沿岸地区以及近海水路为通道。

总体上看,这一时期环黄海各地之间的联系具有两个突出的特点:一是相邻地区间的交流是主要的,如江苏和山东的黄海沿岸之间、山东半岛与辽东半岛之间、辽东半岛与朝鲜半岛之间、朝鲜半岛与日本九州岛之间等,于是形成了文化的渐次传播,如稻作农业、支石墓等文化因素的扩散,山东半岛史前文化经庙岛群岛向辽东半岛的北进等;二是这种相邻地区之间的交流通道,可能是沿海地区陆上通道和海上通道并存,其中,苏鲁沿海地区的交流可能主要以陆上通道为主而兼有海上通道,山东半岛与辽东半岛、朝鲜半岛与日本九州岛之间的交流无疑通过海上通道。这两个特点表明,当

---

① 佟伟华:《胶东半岛与辽东半岛原始文化的交流》,见《考古学文化论文集(二)》,文物出版社1989年版,第90~94页。

② 徐昭峰:《辽东半岛南端考古学文化编年与谱系》,《考古学报》2019年第2期。

③ 北京大学考古实习队、烟台市文物管理委员会:《乳山南黄庄石椁墓》,见《胶东考古》,文物出版社2000年版,第244页。

④ Bai Yunxiang, Megalithic Monuments in the Northeast Area and Eastern Coast of China, *Meeting on Megalithic Culture: Comparing Prehistoric Ruins of the East and Europe*, 2003, Nara, Japan.

⑤ Chao Hyunjong, Megalithic Culture of Korea, *Meeting on Megalithic Culture: Comparing Prehistoric Ruins of the East and Europe*, 2003, Nara, Japan.

⑥ 王仲殊:《从东亚石棚(支石墓)的年代说到日本弥生时代开始于何时的问题》,《考古》2004年第5期。

⑦ (日)中山清隆:《北部九州の初期の支石墓——最近の発掘例から》,2003年。转引自《考古》2004年第5期。

时中国大陆与朝鲜半岛、日本九州岛之间的交流是间接性和偶发性的,形成了文化的渐次传播和单向扩散,环黄海之路尚未形成。尽管如此,黄海沿岸地区间的文化交流为环黄海之路的形成奠定了基础。正因如此,我们可以将这一时期看作环黄海之路形成的"前奏"。

(二)环黄海之路形成的"序幕"

这里是指黄海沿岸各地区之间的交流进一步发展和黄海近海水路的真正形成阶段,其年代大致为公元前5世纪至公元前4世纪末。公元前5世纪,我国社会历史逐步进入列国争霸的战国时代,青铜文化由盛而衰的同时,铁器文化进入一个快速发展时期;在朝鲜半岛,青铜文化逐步发展到鼎盛期;在日本,真正进入以稻作农业为经济生活基础的弥生时代。在这样的背景下,黄海沿岸各地之间的交流在此前的基础上进一步发展,庙岛群岛和对马群岛作为海上通道进一步畅通,与此同时,以黄海近海水路为通道的交流迅速发展,并且开始出现以黄海近海水路为通道的远距离人员流动。

首先,是苏鲁黄海近海水路的真正形成。如果说公元前5世纪之前环海近海水路还是一种基于考古发现的推论的话,那么到了这一时期,苏鲁黄海近海水路的存在已经是一种史实。据史料记载,春秋末年,吴王夫差多次用兵伐齐,其中公元前485年的伐齐是从海上进行的,结果大败而归,即《左传·哀公十年》所载:鲁哀公十年(前485),"齐人弑悼公,赴于师。吴子三日哭于军门之外。徐承帅舟师,将自海入齐,齐人败之,吴师乃还"①。类似的记述还见于《史记》②。这是史书中对有关苏鲁一带黄海近海水路的明确记载,并且是大规模的军事行动。

史书又载,越国上将军范蠡辅佐越王勾践灭吴国、雪会稽之耻(前473)之后,"乃装其轻宝珠玉,自与其私徒属乘舟浮海以行,终不反……范蠡浮海出齐,变姓名,自谓鸱夷子皮,耕于海畔,苦身戮力,父子治产。居无几何,致产数十万。齐人闻其贤,以为相"③。很显然,当时的黄海近海水路,已经是一条通达南北的海上交通线。

苏鲁一带黄海近海的水上通道在考古学上也有所反映。譬如,春秋战国时期的铜器中,有一种在极薄的器壁上用锋利的刀具刻划或錾刻出细线状图案花纹的青铜器,其制作工艺、纹样内容及表现形式等与常见的铸造成型或铸出花纹、镶嵌花纹、错出花纹的青铜器迥然有别,具有明显的独特风格,被称之为"刻纹铜器"。考古发现和研究表明,这种刻纹铜器最初产生于春秋晚期的吴地,后来随着越国灭吴而成为具有越地特色的一种铜器,并因种种原因传播到其他地区④,包括山东半岛沿海一带。1960年,山东平度东岳石村发掘战国墓20座,其中16号墓内出土刻纹铜器残片1件(M16:60),器形不明,墓葬的年代为战国早期⑤。1973—1975年间,山东长岛县王沟发掘清理东周墓19座,其中2

① 〔晋〕杜预:《春秋左传集解》第二十九,上海人民出版社1977年版,第1766页。

② 〔西汉〕司马迁:《史记》卷三十一《吴太伯世家》,中华书局1959年版,第1473页:春秋末年,"齐鲍氏弑齐悼公。吴王闻之,哭于军门外三日,乃从海上攻齐。齐人败吴,吴王乃引兵归"。

③ 〔西汉〕司马迁:《史记》卷四十一,中华书局1959年版,第1752页。

④ 白云翔:《辽宁东大杖子墓地出土的刻纹铜器及相关问题》,见《李下蹊华——庆祝李伯谦先生八十华诞论文集》,科学出版社2017年版。

⑤ 中国科学院考古研究所山东发掘队:《山东平度东岳石村新石器时代遗址与战国墓》,《考古》1962年第10期。

号墓出土鎏金刻纹铜鉴 2 件(M2:1、M2:2)、鎏金刻纹铜匜 1 件(M2:3),均已残破,墓葬的年代为战国早期偏早[①]。这两地发现的 4 件刻纹铜器,无论其形制还是花纹,都与吴越地区的一致,显然是从吴越地区流传过来的,其传播路线很可能是黄海近海水路。

其次,以庙岛群岛为海上通道的南北交流,在考古学上也可见到某些迹象。譬如,在地处渤海北岸的辽宁省建昌县东大杖子战国早期墓葬中发现的吴越风格的刻纹铜器[②],可能先是从吴越地区沿苏鲁黄海近海水路北上,然后经由庙岛群岛和渤海北岸近海水路传过去的。又如,山东栖霞杏家庄2号墓内出土的春秋战国之际的东北系琵琶形铜剑[③],应当是经由庙岛群岛"从海北的辽东半岛辗转输入的"[④]。

以苏鲁黄海近海水路的形成和庙岛群岛通道的畅通为基础,公元前 4 世纪末叶吴越地区青铜工匠的东渡拉开了环黄海之路远距离人员流动的序幕。如果说公元前 5 世纪之前环黄海地区的交流还限于相邻地区之间的交流和文化的渐次传播的话,那么到了这一时期,则出现了远距离的人员流动,即吴越青铜工匠东渡朝鲜半岛。

1975 年,韩国西南部沿海地带的全罗北道全州市完州郡上林里在地表下约 60 厘米处一次性出土捆扎成束的 26 件铜剑。这批铜剑除个别略有残缺外,保存基本完好,形制基本相同,属于我国东周时期典型的"圆首双箍柱茎剑"。韩、日学者将其称之为"中国式铜剑",并认为它们并非实战用器,而且是从中国大陆传入的[⑤]。后来,有中国学者认为,上林里铜剑的年代应在战国中期前后,"很可能是从齐国传入的"[⑥]。但是进一步的研究发现:上林里铜剑在形制上属于中国东周时期典型的吴越系铜剑,其年代为公元前 4 世纪后半的战国中期;它们虽然具有鲜明的东周时期吴越铜剑风格,但两者之间无论在细部形态还是材质上都多有差异;铅同位素比值的测定表明,其铸造所用矿料中的铅是朝鲜半岛当地所产;它们是采用陶范技术铸造的,但当时朝鲜半岛流行的是石范铸造技术。由此得出的结论是,上林里铜剑虽然是在当地制作的,但它们不是由当地工匠采用泥土范或陶范铸剑技术制作的"中国式铜剑"的仿制品,而是由掌握陶范铸剑技术的中国大陆的工匠东渡朝鲜半岛后在当地制作的,并且这些铸剑工匠来自吴越地区[⑦]。在公元前 334 年[⑧]楚威王兴兵伐越而灭之[⑨]的社

---

① 烟台市文物管理委员会:《山东长岛王沟东周墓群》,《考古学报》1993 年第 1 期。

② 辽宁省文物考古研究所等:《辽宁建昌县东大杖子墓地 2001 年发掘简报》,《辽宁建昌县东大杖子墓地 2002 年发掘简报》,《辽宁建昌县东大杖子墓地 M40 的发掘》,《辽宁建昌县东大杖子墓地 M47 的发掘》,均刊载于《考古》2014 年第 12 期;《辽宁建昌东大杖子墓地 2000 年发掘简报》,《文物》2015 年第 11 期;《辽宁建昌东大杖子墓地 2003 年发掘简报》,《边疆考古研究》第 18 辑,科学出版社 2015 年版。

③ 烟台市文物管理委员会等:《山东栖霞县占疃乡杏家庄战国墓清理简报》,《考古》1992 年第 1 期。

④ 王青:《山东发现的几把东北系青铜短剑及相关问题》,《考古》2007 年第 8 期。按:该文还称,"杏家庄剑很可能是通过贸易途径从辽东辗转过来的",可能并非如此。

⑤ (韩)全荣来著,(日)后藤直译:《完州上林里出土中国式銅劍に関して》,见《古文化談叢》第 9 集,九州古文化研究会,1982 年,第 69 页。

⑥ 王青:《山东发现的几把东北系青铜短剑及相关问题》,《考古》2007 年第 8 期。

⑦ 白云翔:《从韩国上林里铜剑和日本平原村铜镜论中国古代青铜工匠的两次东渡》,《文物》2015 年第 8 期。

⑧ 关于楚灭越的年代,这里据李学勤说(参见李学勤《东周与秦代文明》,文物出版社 1984 年版,第 12 页)。另有一说楚灭越是在公元前 306 年(参见徐喜辰等主编《中国通史》第三卷,上海人民出版社 1994 年版,第 1036 页)。

⑨ 〔西汉〕司马迁:《史记》卷四十一,中华书局 1959 年版,第 1751 页:公元前 334 年,"楚威王兴兵而伐之,大败越,杀王无彊,尽取故吴地至浙江,北破齐于徐州。而越以此散,诸族子争立,或为王,或为君,滨于江南海上,服朝于楚"。

会动荡中，原本隶属于越国王室的青铜工匠开始逃散，其中一部分铸剑工匠离开会稽（今绍兴市）、姑苏等吴越故地奔向大海，寻找新的生活，最终到达遥远的朝鲜半岛南部的西部沿海一带，并在当地铸造了铜剑。吴越地处江南水乡，吴越居民善于水上交通和海上活动。吴越铸剑工匠从长江入海口沿东海西岸和黄海西岸的近海一路向北，到达山东半岛；然后，从山东半岛北端蓬莱一带入海，沿庙岛群岛北上，穿过渤海海峡到达辽东半岛南端；其后，沿黄海北岸的近海向东转而向南到达黄海的西朝鲜湾，再由此沿近海南下，经由江华湾、群山湾，最终落脚在今韩国全罗北道完州郡的上林里一带。

无论是文献记载还是考古发现和研究都表明，在公元前5世纪至公元前4世纪末的近200年间，各地之间此前的交流在继续的同时，随着苏鲁地区黄海沿岸近海水路的真正形成和吴越铸剑工匠沿黄海近海水路北上、东进、南下到朝鲜半岛西南部沿海地区，环黄海之路形成的"序幕"终于被拉开。

（三）环黄海之路形成期的"三次浪潮"

这里指的是环黄海之路在史前时代晚期和青铜器时代的基础上的完全形成阶段，其年代大致为公元前300年至公元前1世纪末，历时约300年。这一时期是东亚地区社会大动荡、大变革和大发展的时期：在我国，社会历史由王国时代演变到帝国时代，多民族统一的中央集权国家建立并形成第一个发展高峰；在朝鲜半岛，由青铜器时代发展到早期铁器时代，半岛北部地区经历了从早期国家到郡县制统治的跨越，半岛南部地区进入前三国时代的三韩古国时期；在日本列岛，弥生文化获得迅速发展，逐步进入早期国家阶段。在这样的历史大背景之下，环黄海之路在东亚各地交流的三次浪潮中逐步形成。

第一次浪潮，发生在公元前300年前后至公元前3世纪中叶的战国晚期。

一方面是在当时列国争霸的大背景之下，地处渤海西岸和南岸的燕、齐两国之间多次争战。简言之，齐威王在位之时的公元前332年前后，齐国曾趁燕国丧乱之际夺取燕国十余城，后在苏秦的劝说下又归还给了燕国；公元前314年，燕国发生了由燕王哙让位引发的内乱，齐宣王乘机以帮助燕国平定内乱为由派兵伐燕，齐军占领燕国二年后而退①；公元前284年，燕国联合秦、赵、魏、韩四国联军进犯齐国，在燕将乐毅的统率下，燕军先是在济水以西大败齐军，后又率燕国军队深入齐境，直逼齐都临淄，最后不仅攻占了临淄，而且又兵分五路攻打齐国各地，在短短半年之内就占领齐国城邑70余座，齐国境内除了莒城和即墨两城，其余全部被燕军占领达五年之久②；公元前279年，齐将田单率即墨军民巧用"火牛阵"收复即墨，随后开始了收复齐国的战争，最后把燕军全部赶出齐境，当年被燕军占领的70余城最终全部被收复③。燕、齐之间的争战当然主要是发生在陆上的，但渤海近海的海

---

① 〔西汉〕刘向：《战国策》卷二十九《燕策一》，上海古籍出版社1998年第2版，第1061页：齐宣王"令章子将五都之兵，以因北地之众以伐燕……燕王哙死，齐大胜燕，子之亡。二年，燕人立公子平，是为燕昭王"。

② 〔西汉〕司马迁：《史记》卷八十《乐毅列传》，中华书局1959年版，第2429页："乐毅留徇齐五岁，下齐七十余城，皆为郡县以属燕，唯独莒、即墨未服。"

③ 〔西汉〕司马迁：《史记》卷八十二《田单列传》，中华书局1959年版，第2455页："燕军扰乱奔走，齐人追亡逐北，所过城邑皆畔燕而归田单，兵日益多，乘胜，燕日败亡，卒至河上，而齐七十余城皆复为齐。"

上交通也是燕、齐之间的重要通道。同时,为躲避战乱,燕、齐等地的居民通过海上交通向辽东半岛、朝鲜半岛乃至日本九州岛流徙。

另一方面是燕将秦开击破东胡。早在公元前4世纪末之前,燕国的势力范围和文化影响就不断向辽西地区扩展,与之相伴随的是燕地居民向东北地区的流动。燕昭王时期(前312—前279),燕将秦开击破东胡,燕国在东胡故地设置上谷、渔阳、右北平、辽西和辽东郡①,其势力范围迅速扩展到辽东半岛乃至鸭绿江流域一带,燕地居民大规模向东迁徙。燕地居民向东北方向的迁徙可能以陆路为主,但渤海西北海岸的近海水路和辽东半岛黄海的近海水路,也应当是其重要的通道。

在上述历史背景下,以燕地和齐地为代表的中国大陆文化随着人群的移动迅速向朝鲜半岛和日本列岛传播,其中最具代表性的是铁器文化和瓮棺葬文化。譬如,在朝鲜半岛北部,位于鸭绿江中游渭原江支流汉柏江边的慈江道渭原郡龙渊洞遗址内出土了空首斧、横銎镢、锄板、刮刀、镰刀、铚刀、矛和三棱镞等燕国铁器,并伴出有大量燕国的明刀币;位于清川江中游北岸的平安北道宁边郡细竹里遗址第三期文化层居住址内出土了铁空首斧、横銎镢、竖銎镢、削刀、戈形器等燕国铁器,并伴出有燕国明刀币2500余枚以及布币等;位于图们江南岸的咸镜北道茂山郡虎谷洞遗址第Ⅴ期和第Ⅵ期居住址内出土有铁空首斧、凿、竖銎镢、直口锸、镰刀、铚刀、小刀和鱼钩等燕国铁器②。韩国学者金想民指出,在朝鲜半岛南部,忠清南道扶余郡合松里、唐津郡素素里、全罗北道长水郡南阳里、完州郡新丰遗址等地都出土了这一时期的燕系铁器③,并且这些铁器的出土地点都位于半岛西南部的黄海沿岸地带,属于三韩古国时代马韩的范围,暗示出它们是从黄海近海水路传入的。与此同时,随着燕、齐居民的东徙,流行于燕地和齐地的瓮棺葬这种儿童埋葬方式也传播到朝鲜半岛,朝鲜半岛的横置式两器或多器瓮棺墓于公元前3世纪前叶随之出现,并且主要在半岛西北部、半岛南部锦江流域之外的西南和东南沿海的全罗地区、庆尚地区以及济州岛等地流行开来④,显示出这种埋葬方式是从海外传入的,其传播路线可能既有陆路,更有海路。

第二次浪潮,发生在公元前3世纪末叶至公元前2世纪中叶的秦代和西汉前期。

公元前221年,秦统一六国,结束了长期列国争霸的局面,建立了我国历史上第一个多民族统一的中央集权国家。但秦王朝国祚短暂,公元前207年秦朝灭亡之后,即出现了楚汉争霸、社会动荡的局面。在秦代和西汉早期,中国大陆尤其是环渤海地区燕地和齐地的居民因种种原因多次向朝鲜半岛和九州岛流徙,对此史书中有明确记载。

《史记·朝鲜列传》载:“朝鲜王满者,故燕人也。”又,汉惠帝元年(前194)“燕王卢绾反,入匈

---

① 〔西汉〕司马迁:《史记》卷五十《匈奴列传》,中华书局1959年版,第2885~2886页:“燕有贤将秦开,为质于胡,胡甚信之。归而袭破走东胡,东胡却千余里。与荆轲刺秦王秦舞阳者,开之孙也。燕亦筑长城,自造阳至襄平。置上谷、渔阳、右北平、辽西、辽东郡以拒胡。”

② 白云翔:《燕地铁器文化的起源与演进及其扩展》,见《无限悠悠远古情——佟柱臣先生纪念文集》,科学出版社2014年版,第608页;白云翔:《铁器与古代东亚的文化交流》,见《考古学视角下三韩时代东亚文化交流国际学术研讨会讲演集》,韩国釜山博物馆2017年,第69页。

③ 参见《2013东亚古代铁器文化研究学术论坛文集》(韩文),韩国国立文化财研究所,2013年,第136页。

④ 白云翔:《公元前一千纪后半环黄海地区的瓮棺葬及其历史文化阐释》,见《瓮棺葬与古代东亚文化交流研究——瓮棺葬与古代东亚文化交流(中国·黄骅)国际学术研讨会论文集》,科学出版社2018年版,第27~58页。

奴,满亡命,聚党千余人,魋结蛮夷服而东走出塞,渡浿水,居秦故空地上下鄣,稍役属真番、朝鲜蛮夷及故燕、齐亡命者王之,都王险"①。由此可知,西汉初年燕人卫满聚众千余人向东迁徙到朝鲜半岛西北部,自立为王。同时,在卫满聚众东迁之前,已有燕、齐等地的居民亡命至此。对此,《后汉书·东夷列传》也有记载:"汉初大乱,燕、齐、赵人往避地者数万口,而燕人卫满击破准而自王朝鲜,传国至孙右渠。"就其东徙路线来看,无论是汉初还是西汉之前,燕地和赵地居民可能既走陆路也走海路,但齐地居民的东徙无疑主要靠海路。

关于中国大陆居民向朝鲜半岛南部的流徙,史书中也有记载。《后汉书·东夷列传》载:今朝鲜半岛南部三韩时代有三个古国,马韩在西,辰韩在东,弁辰在辰韩之南,"辰韩,耆老自言秦之亡人,避苦役,适韩国,马韩割东界地与之……相呼为徒,有似秦语,故或名之为秦韩"②。由此可知,辰韩的"秦之亡人"的登陆地是马韩,而马韩又地处朝鲜半岛西南部沿海一带,说明他们无疑是经黄海近海水路流亡到朝鲜半岛南部的。

秦始皇之时徐福东渡,更是为世人所长期关注。《史记·秦始皇本纪》载:秦始皇二十八年(前219)"于是遣徐市(福)发童男女数千人,入海求仙人"。唐张守节《正义》引《括地志》云:"亶洲在东海中,秦始皇使徐福将童男女入海求仙人,止在此洲,共数万家,至今洲上人有至会稽市易者。"又《史记·淮南衡山列传》载:"秦皇帝大说,遣振男女三千人,资之五谷种种百工而行。徐福得平原广泽,止王不来。"③关于徐福入海求仙的出发港和具体的滞留未返之地众说纷纭,但一般认为史书所说的"平原广泽"在日本的九州岛④,说明徐福或其所率众人之一部到达了日本的九州。正因如此,从日本九州到本州地区,有20多处与徐福登陆有关的传说或"遗迹",甚至出现了所谓的"徐福学"⑤。至于徐福东渡的具体海上路线,在当时尚不具备横渡黄海能力的情况下,无论是从渤海沿岸还是从黄海沿岸的某地出发,都只能是沿黄海或渤海的近海水路绕道北上、东进、南下,直至九州岛北部沿海登陆后定居下来。

随着秦代和西汉前期中国大陆尤其是燕地和齐地居民的多次东徙,秦朝和西汉前期中国大陆的文化也大规模向朝鲜半岛和日本列岛扩散。在稻作农耕技术、铁器文化和瓮棺葬文化继续东传的同时,更多的中国大陆文物传播到朝鲜半岛和日本列岛。在朝鲜半岛南部全罗北道益山市平章里出土的蟠螭纹铜镜⑥,是流行于战国晚期至汉初的一种铜镜;全罗北道完州郡葛洞4号墓内出土的铁竖銎镢、2号墓和3号墓内出土的铸造铁镰刀⑦,全罗北道长水郡南阳里3号墓内出土的铁竖銎镢以及2号墓内出土的铁刮刀⑧,庆尚南道密阳市校洞3号木棺墓内出土的铸造梯形铁锄板⑨等,都是战国晚

① 〔西汉〕司马迁:《史记》卷一一四,中华书局1959年版,第2985页。

② 〔南朝宋〕范晔撰、〔唐〕李贤等注:《后汉书》卷八十五,中华书局1965年版,第2819页。

③ 〔西汉〕司马迁:《史记》卷一一八,中华书局1959年版,第3086页。

④ 刘凤鸣:《山东半岛与东方海上丝绸之路》,人民出版社2007年版,第69页。

⑤ (日)内藤大典编:《虹を見た》,海援社1998年版,第3页。

⑥ (日)高仓洋彰:《韓国原三国時代の銅鏡》,见《九州歴史資料館研究論集》第14集,九州历史资料馆,1989年,第53页。

⑦ (韩)湖南文化财研究院:《完州葛洞遗迹》(韩文),湖南文化财研究院,2005年。

⑧ (韩)全北大学校博物馆:《南阳里发掘调查报告书》(韩文),全北大学校博物馆,2000年。

⑨ (韩)密阳大学校博物馆:《密阳校洞遗迹》(韩文),密阳大学校博物馆,2004年。

期至汉初流行的铁器,显然均来自中国大陆;全罗南道罗州市龟基村德谷1号木棺墓内出土的铸造圆穿梯形铁锄板①,是西汉时期流行于齐国故地的一种铁器,很可能是西汉前期从齐国故地传入的。在日本,以九州岛北部为中心的九州地区及其邻近的山口县等地,来自中国大陆的属于这一时期的“舶载”文物多有发现。譬如,福冈县御床松原遗址和山口县冲之山遗址中出土的半两钱,其共存遗物的年代虽然是弥生时代中期后半,但它们传入当地的时间应当是五铢钱铸行之前,即公元前118年之前;出土的铜剑,有福冈县中寒水遗址、福冈县立石遗址和佐贺县鹤崎遗址中出土的“中国式”铜剑,以及长崎县对马岛出土的圆形铜剑首和福冈县春日市平若遗址中出土的凹字形铜剑格等②;福冈县三云南小路瓮棺墓内出土的彩绘镜、四乳云雷纹镜以及须玖冈本D地点瓮棺墓内出土的草叶纹镜,都是西汉前期流行的镜类;熊本县斋藤山贝丘遗址、福冈县石崎曲田遗址、下稗田遗址、比惠遗址以及北九州市长行遗址等出土的铁斧及其残片等,虽然关于其年代有所争论③,但不晚于弥生中期之初是共识,可见它们是在公元前2世纪初之前传入的;弥生时代前期之末和中期之初的舶载铁器,还可见北九州市中伏遗址的铸造铁斧残片、山口县下关市山之神遗址的铸造铁直口锸残片、山口县下关市绫罗木乡遗址的用铸造铁片制成的刮刀,以及广岛市中山遗址的铸造铁斧残片等④。这些舶载器物无疑是随着中国大陆居民流徙到日本九州等地而流入的。当然,这一时期流入日本列岛的中国大陆文物还有限,并且主要限于九州北部及其邻近地区,这也从一个侧面反映出当时的交流规模和程度都有限。

第三次浪潮,发生在公元前2世纪末,直至公元前1世纪末的西汉末年,是伴随着汉王朝对朝鲜半岛北部的经略而形成的。

据史书记载,汉武帝元朔元年(前128),汉王朝在朝鲜半岛北部的秽貊之地设沧海郡⑤。虽然两年之后的元朔“三年春,罢沧海郡”,但拉开了汉王朝直接经略半岛北部的序幕。据《史记・朝鲜列传》载,汉武帝元封二年(前109),汉王朝水、陆两路大军征朝鲜讨伐右渠、夹击王险城⑥。又据《汉书・武帝纪》载:汉武帝元封三年(前108),朝鲜斩其王右渠后降汉,汉王朝在其地设置乐浪、临屯、玄菟、真蕃四郡⑦,半岛北部由此开始了汉王朝的郡县统治。虽然26年之后的汉昭帝始元五年(前

---

① (韩)全南文化财研究院:《罗州龟基村・德谷遗迹》(韩文),全南文化财研究院,2016年,第150~153页。

② (日)柳田康雄:《日本・朝鮮半島の中国式銅劍と実年代論》,见《九州歴史資料館研究論集》第29集,九州历史资料馆,2004年,第38页。

③ (日)春成秀尔:《炭素14年代と鉄器》,见《弥生時代の実年代》,学生社2004年版,第148~160页。

④ (日)野岛永:《弥生時代における初期鉄器の舶載時期とその流通構造の解明》,基盘研究(C)研究成果报告书,2008年;(日)武末纯一:《日本の燕系或いわ前漢代関連鉄器の時期比定問題》,见《2013东亚古代铁器文化研究学术论坛文集》,韩国国立文化财研究所,2013年,第169~185页。

⑤ 〔东汉〕班固:《汉书》卷六《武帝纪》,中华书局1962年版,第169~171页:元朔元年“东夷薉君南闾等口二十八万人降,为沧海郡”。元朔“三年春,罢沧海郡”。服虔注曰:“秽貊在辰韩之北,高句丽沃沮之南,东穷于大海。”

⑥ 〔西汉〕司马迁:《史记》卷一百一十五《朝鲜列传》,中华书局1959年版,第2986~2988页:元封二年“其秋,遣楼船将军杨仆从齐浮渤海;兵五万人,左将军荀彘出辽东:讨右渠……左将军破浿水上军,乃前,至城下,围其西北。楼船亦往会,居城南”。

⑦ 〔东汉〕班固:《汉书》卷六《武帝纪》,中华书局1962年版,第194页:元封三年“夏,朝鲜斩其王右渠降,以其地为乐浪、临屯、玄菟、真蕃郡”。

82),"罢临屯、真番,以并乐浪、玄菟"[①],即撤销真番、临屯、玄菟三郡的行政建置,将其人口与辖区皆并入乐浪一郡之下,也就是由乐浪郡对四郡之地进行统一管理[②],但终有汉一代乃至魏晋,半岛北部始终实行的是汉王朝的郡县统治。在这样的背景之下,从郡的太守、部的都尉到县的令、长、丞、尉等大批由朝廷委任的官吏,从汉朝内地到乐浪四郡赴任,汉朝内地居民也随之大量流入朝鲜半岛北部,尤其辽东乃至内地的商人更是"为利"而纷纷进入半岛北部[③],以至于"都邑颇放效吏及内郡贾人"[④]。以此为契机,乐浪四郡在政治、经济和文化上同汉朝内地融为一体,汉文化大规模向半岛北部扩散。从考古学上看,以平壤土城里土城为代表的汉式城邑的建造以及瓦和瓦当等陶建筑材料的制作和使用[⑤],木椁墓、砖椁墓、砖室墓等汉式墓葬的流行[⑥],无一不是汉朝内地官吏、贾人、普通居民及其文化进入乐浪一带的实物例证;半岛北部广泛发现的西汉钱币、铜镜、铜器皿、铁器、漆器、玉石器以及某些陶器[⑦]等,都是从汉朝内地传入的。

关于这一时期汉王朝与朝鲜半岛南部的联系,史书无载。当时,官方的交往可能尚未建立起来,但民间的交往和联系无疑是存在的[⑧]。无论如何,乐浪四郡的设置极大地拉近了汉王朝与三韩古国的距离,以乐浪四郡为桥梁,中国大陆和朝鲜半岛南部的联系进一步密切,各种交流进一步加深。从考古学上看,仁川云北洞遗址出土的五铢钱和铁铤铜三棱镞[⑨],济州岛山地港、庆尚南道昌原市茶户里、庆尚北道永川区龙田里等地出土的西汉五铢钱,昌原市茶户里、密阳市校洞等地出土的星云纹铜镜,永川区渔隐洞、庆州市朝阳洞、大邱市池山洞等地出土的连弧纹铭带铜镜,大邱市坪里洞、金海市会岘里、济州岛山地港等地出土的四乳四虺纹铜镜[⑩]等,都是伴随着人员流动和贸易往来而传过去的,这从侧面反映出西汉王朝与三韩古国交流的状况。

关于这一时期汉王朝与日本列岛的联系,文献记载中有所反映。《汉书·地理志》载:"乐浪海

---

① 〔南朝宋〕范晔撰、〔唐〕李贤等注:《后汉书》卷八十五《东夷列传》,中华书局 1965 年版,第 2817 页:"至元封三年,灭朝鲜,分置乐浪、临屯、玄菟、真番四郡。至昭帝始元五年,罢临屯、真番,以并乐浪、玄菟。玄菟复徙居句骊。自单单大岭以东,沃沮、濊貊悉属乐浪。"

② 苗威:《乐浪研究》,高等教育出版社 2016 年版,第 149 页。

③ 〔东汉〕班固:《汉书》卷二十八《地理志下》,中华书局 1962 年版,第 1657 页:"上谷至辽东,地广民稀……东贾真番之利。"

④ 〔东汉〕班固:《汉书》卷二十八《地理志下》,中华书局 1962 年版,第 1658 页:"玄菟、乐浪,武帝时置,皆朝鲜、濊貊、句骊蛮夷……其田民饮食以笾豆,都邑颇放效吏及内郡贾人,往往以杯器食。郡初取吏于辽东,吏见民无闭臧,及贾人往者,夜则为盗,俗稍益薄。"

⑤ 白云翔:《汉代中国与朝鲜半岛关系的考古学观察》,《北方文物》2001 年第 4 期。

⑥ 王培新:《乐浪文化——以墓葬为中心的考古学研究》,科学出版社 2007 年版,第 12 ~ 38 页。

⑦ 乐浪一带出土的汉代陶器中,绝大部分是当地制作的,但有些陶器显然是来自内地,如王培新所说的灰白色 B 型瓮(王培新:《乐浪文化——以墓葬为中心的考古学研究》,科学出版社 2007 年版,第 61 页),可能是从山东半岛传来的。

⑧ 据《魏略》记载:新莽地皇年间,乐浪汉人户来等 1500 人到辰韩采伐林木而被扣押,后在辰韩右渠率的帮助下返回乐浪(参见〔曹魏〕鱼豢撰、张鹏一辑《魏略辑本》卷二十一《朝鲜》,陕西文献征辑处 1924 年刊),从一个侧面反映出乐浪等汉郡居民同三韩古国之间存在的种种联系。

⑨ (韩)汉江文化财研究院:《仁川云北洞遗址》(韩文),学研文化社,2012 年。

⑩ 白云翔:《三韩时代文化遗存中的汉朝文物及其认识》,见《东亚文化》第 8 号,东亚细亚文化财研究院 2010 年刊,第 92 页。

中有倭人,分为百余国,以岁时来献见云。"[①]又《汉书·王莽传》载:"东夷王渡大海奉国珍。"[②]可见,这一时期中日交流的性质发生了重大变化:如果说前一时期中日之间的交流是自发的"民间"活动的话,那么这一时期的交流已经出现了"官方"行为;如果说前一时期的交流主要是中国大陆居民东渡日本列岛的话,那么这一时期已经发展成为"你来我往"的双向交流。从考古学上看,福冈县守恒遗址、福冈县元冈遗址和山口县冲之山遗址等地发现的五铢钱,九州岛北部及其邻近地区发现的星云纹镜、连弧纹铭带镜、四乳四虺纹镜等铜镜,福冈县三云南小路墓地出土的谷粒纹玻璃璧等[③],无一不是从中国大陆传过去的西汉后期文物,可见日本倭地诸国同汉王朝的交往空前高涨。当然,这一时期日本列岛通过朝贡同西汉王朝直接建立外交关系的还主要限于九州的倭地诸国,本州等地大多是以九州为桥梁同汉王朝发生联系的。

至于这一时期山东半岛和辽东半岛之间以庙岛群岛为通道的交往和联系则更加畅通。据《史记·朝鲜列传》载,元封二年(前109)秋,汉武帝发水、陆两路大军征朝鲜讨伐右渠之时,杨仆所率水路汉军正是以庙岛群岛为通道"从齐浮渤海"直至王险城南,与来自西北的辽东陆路汉军形成夹击之势[④]。又如,产自山东半岛的白陶器[⑤],也正是从这一时期开始向北渡海传到辽东半岛乃至朝鲜半岛西北部的乐浪地区[⑥]。

毫无疑问,汉沧海郡尤其是乐浪四郡的设置对于古代东亚各国之间的交流来说,是一个具有划时代意义的大事件;乐浪等汉郡作为汉王朝与三韩古国、倭地诸国交往和交流的"桥头堡",发挥了不可忽视的桥梁和纽带作用。但就交通路线来说,乐浪等汉郡设置以后,中国大陆同朝鲜半岛、日本列岛之间的交通路线,依然是既有辽东陆路,也有黄海水路,而对于朝鲜半岛南部的三韩古国和九州等地的倭地诸国来说,朝鲜半岛西海岸和南海岸的黄海近海水路更是主要的交通路线,直到魏晋时期依然如是。正如《三国志·魏书》所载:"从(带方)郡至倭,循海岸水行,历韩国,乍南乍东,到其北岸狗邪韩国,七千余里,始度一海,千余里至对马国。"[⑦]带方郡系建安十八年(213)前后析乐浪郡南部七县所置[⑧]。从考古学上看,韩国庆尚南道南部咸安、固城、泗川等地沿海及岛屿多个遗址中出土的公元前1世纪的韩系文物、半两钱、乐浪式陶器、弥生式陶器等,以及日本对马岛和壹岐岛弥生式文

---

① 〔东汉〕班固:《汉书》卷二十八,中华书局1962年版,第1658页。

② 〔东汉〕班固:《汉书》卷九十九,中华书局1962年版,第4077页。

③ 刘庆柱、白云翔主编:《中国考古学·秦汉卷》,中国社会科学出版社2010年版,第984~1004页。

④ 〔西汉〕司马迁:《史记》卷一一五《朝鲜列传》,中华书局1959年版,第2986~2988页:元封二年"其秋,遣楼船将军杨仆从齐浮渤海;兵五万人,左将军荀彘出辽东:讨右渠……左将军破浿水上军,乃前,至城下,围其西北。楼船亦往会,居城南"。

⑤ 鉴于这种汉代白陶集中发现于山东半岛地区,并且在龙口市埠下王家遗址中发现了生产这种白陶的作坊(闫勇:《龙口市埠下王家汉代遗址》,见《中国考古学年鉴2003》,文物出版社2004年版,第220页),故可认为其产地在山东半岛,尤其是山东半岛的东北部一带。

⑥ 杨哲峰:《环渤海地区汉晋墓葬出土的白陶器及相关问题》,见《海岱考古(第七辑)》,科学出版社2014年版,第432页。

⑦ 〔西晋〕陈寿:《三国志》卷三十《魏书·乌丸鲜卑东夷传》,中华书局1959年版,第854页。

⑧ 李晓杰:《东汉政区地理》,山东教育出版社1999年版,第122页。

物、韩系文物、乐浪式陶器等汉朝文物的发现[①],无疑是倭地诸国、三韩古国和乐浪地区以海上交通为通道与汉王朝发生联系的实物例证。

从上述考古发现并结合文献记载不难看出,历经公元前300年前后以来的三次浪潮,到公元前1世纪末,环黄海之路终于完全形成。其主要标志在于:在环黄海近海水路各区段之间交流的同时,整个环黄海近海水路完全贯通;人员流动和文化交流在以沿黄海近海水路北上、东进、南下为主的同时,反向的流动和交流终于出现,即形成了双向的人员流动和文化交流;人员流动及其所伴生的文化交流在继续的同时,真正的商贸活动逐步出现;在民间的、自发性的交往继续深入的同时,以乐浪四郡同内地的官方往来和倭地诸国"遣汉使"朝贡汉廷为主要标志的官方交往形成。

三、"环黄海之路"的评价

在漫长的历史进程中形成的环黄海之路,作为连接中国大陆、朝鲜半岛和日本列岛的水上通道,在古代东亚交流史中具有不可或缺的地位和作用。通过对其形成的历史过程的梳理,可以对环黄海之路的历史地位及其作用获得以下初步认识。

环黄海之路是以黄海沿岸各地区之间的文化交流为基础而逐步形成的,因此,它首先是一条文化交流之路。从史前时代晚期开始的稻作农业技术北进、东传以及山东半岛史前文化向辽东半岛的扩展,到青铜器时代支石墓的扩散,都主要是相邻地区之间文化的渐次传播;铁器文化、瓮棺葬文化、木椁墓文化等向朝鲜半岛和日本九州岛的扩散,也是随着人群移动而形成的中国大陆文化的扩散;铁器、以铜镜为代表的青铜器等种种大陆文物的东传,并不仅仅是物品的流传,更是一种技术和文化的传播。譬如,正是以中国大陆铁器制成品的传入为先导,最终引发了朝鲜半岛和日本列岛铁器的制作和使用。

环黄海之路是在人员流动和人群移动的过程中逐步形成和贯通的,因此,它是一条人群移动之路。公元前5世纪的吴王夫差从海上伐齐大败而归,是大规模的人员流动;越国上将军范蠡与其私徒弃越往齐,是一次有一定规模的人群移动。公元前4世纪末叶吴越铸剑工匠远渡黄海直至朝鲜半岛西南部,是一次远距离的人群移动。公元前3世纪前叶至公元前2世纪初,燕、齐、赵等地居民多次向朝鲜半岛流徙,并且规模巨大。公元前3世纪末徐福率童男童女三千人及百工东渡,更是一次远距离、大规模的人群移动。公元前109年汉朝水军渡海讨伐朝鲜王右渠,是汉王朝组织的一次大规模人员流动。乐浪等汉郡设置之后,朝鲜半岛北部与中国大陆之间的人员往来更是持续不断,其通道之一便是海上水路。西汉后期,倭地诸国的遣汉使节"以岁时来献见""渡大海奉国珍",也都是先走水路,后走陆路。

环黄海之路还是一条政治、军事和外交之路。汉武帝时期在朝鲜半岛北部先设沧海郡、后置乐浪等四郡,实现了对这一地区的有效管辖和郡县治理,成为汉王朝经略东北边疆地区最重要的一环。春秋末年吴国军队从海上攻齐,走的是黄海近海水路。汉武帝时期汉朝水军渡海讨伐朝鲜王右渠,走的是庙岛群岛和辽东黄海近海水路。甚至唐朝贞观十九年(645)征高句丽,其四万水军走的仍然

① (韩)李清圭著,李慧竹译:《青铜器时代至铁器时代中韩交流的考古学探索》,见《东方考古》第3集,科学出版社2006年版,第213页。

是这条水上通道[①]。汉武帝灭朝鲜以后,日本列岛的倭地诸国通过朝贡等方式同汉王朝建立起外交关系[②],其遣汉使节等外交人员往来于中国大陆和日本九州岛之间,主要的交通路线是环黄海水路。

环黄海之路形成之后,逐步成为一条商贸之路。正如黄海沿岸各地之间存在着文化交流一样,黄海沿岸相邻地区之间自古以来也存在着物产的传播、流通和交换,但在相当长的历史时期内,这种物产的传播、流通和交换还不是真正意义上的商品贸易。根据《管子·揆度》中“发、朝鲜之文皮,一策也”[③]等记载,学者认为地处朝鲜半岛北部的发和朝鲜在东周时期已经同齐国进行贸易;根据《史记·平准书》中“彭吴贾灭朝鲜,置沧海之郡,则燕齐之间靡然发动”[④]等记载,学者认为是巨商大贾彭吴同朝鲜、秽貊进行贸易而导致汉王朝置沧海郡。但无论从文献记载还是考古发现来看,以环黄海之路为通道的商品贸易微乎其微。至于中国大陆与朝鲜半岛南部、日本九州岛之间的跨海商贸活动尤其是官方商贸活动,即使到公元前 1 世纪末的西汉末年,都还几乎不存在,只是在环黄海之路完全形成之后,商贸活动才逐步发展起来。至于“(今)蓬莱、龙口、牟平、芝罘、海阳、崂山、石臼所一带是当时齐国南北海上出口贸易港和贸易重地”[⑤]之说,更是毫无根据的臆测。总之,对环黄海之路在西汉末年(公元前 1 世纪末)之前的商贸活动,根据史料和考古发现客观地做出符合史实的评价是十分必要的。

当今之时,丝绸之路研究方兴未艾。在这样的时代背景之下,将环黄海之路称之为“北方海上丝绸之路”[⑥]未尝不可,但是,无论其动因、形成过程还是其特点和作用等,环黄海之路与南海海上丝绸之路都有很大的不同,与沙漠绿洲丝绸之路也很不相同[⑦]。但无论如何,环黄海之路不仅把中国大陆、朝鲜半岛和日本列岛串联了起来,而且北与亚欧草原通道的东端相连、南与东海和南海海上丝绸之路相接,因而在古代中外交往和交流史乃至整个东亚古代社会历史发展进程中具有独特的地位,发挥了不可替代的作用。

---

① 〔后晋〕刘昫等撰:《旧唐书》卷一九九《东夷列传》,中华书局 1975 年版,第 5322 页:贞观“十九年,命刑部尚书张亮为平壤道行军大总管,领将军常何等率江、淮、岭、硖劲卒四万,战船五百艘,自莱州泛海趋平壤”。

② 〔南朝宋〕范晔撰、〔唐〕李贤等注:《后汉书》卷八十五《东夷列传》,中华书局 1965 年版,第 2820 页:“倭在韩东南大海中,依山岛为居,凡百余国。自武帝灭朝鲜,使驿通于汉者三十许国。”

③ 《管子》卷二十三《揆度》,中华书局 1954 年版,第 387 页。

④ 〔西汉〕司马迁:《史记》卷三十《平准书》,中华书局 1959 年版,第 1421 页:“彭吴贾灭朝鲜,置沧海之郡,则燕齐之间靡然发动。”《索引》:“彭吴始开其道而灭之也。”

⑤ 李英森等:《齐国经济史》,齐鲁书社 1997 年版,第 566 页。

⑥ 徐昭峰:《我国北方海上丝绸之路的产生》,《光明日报》2017 年 4 月 24 日第 14 版。

⑦ 齐泽垚、杨阳:《考古学要在“海丝申遗”过程中扮演好自己的角色——中国社会科学院考古研究所原副所长白云翔研究员专访》,《中国社会科学网》2016 年 11 月 8 日。

东部沿海地区在中国早期海洋文明发展中的地位[①]

山东师范大学齐鲁文化研究院　燕生东

本文所述东部沿海地区指河北沧州东部、山东和江苏淮河以北滨海区域。这里海岸线长约4000公里,约占全国海岸总线的五分之一。从地质构造上看,这一地区分为淤泥淤沙质的古今黄河三角洲、莱州湾南岸、盐城沿海地区以及沙质基岩质的胶东半岛、鲁东南与连云港沿海地区。胶东半岛凸出于黄海、渤海之间,北部有链条状分布的庙岛群岛连接辽东半岛,东部与朝鲜半岛隔海相望,东南同日本列岛也相距不远,很早就有人员往来和文化交流。东部浅海地区鱼虾类资源非常丰富,有“百鱼之乡”之称,在新石器时代就出现了近海渔业文化;古今黄河三角洲、莱州湾与苏北沿岸地区海滩平坦、广阔,有适合大规模盐业生产的海水和地下卤水等制盐原料,历来为我国海盐生产的重要基地并形成了发达的盐业文化;胶东半岛、鲁东南与连云港海岸线蜿蜒曲折,港湾岬角交错,岛屿罗列,为天然优良港口的集中地,是古代人口迁徙、文化交流和物资流动的重要枢纽之一。这里还属于黄河下游、古济水下游和淮河下游地区,与商周王朝控制的核心区域黄河中游、济水中上游、渭河流域距离最近,甚至与之连成一片,因而这里成为商周王朝最早接触海洋和开发利用海洋资源的地方。胶东半岛山岛相间、海滨空阔、天地无际、易生缥缈幻觉的环境,成为中国海上仙人思想的起源地;出现于战国晚期、位于山东沿海的齐国四时主、阳主、阴主、月主、日主神祠[②]还成为秦汉帝国祭祀的重要场所。这些均构成了中国早期海洋文明的主体。

一、中国早期近海渔盐文化发祥地之一

近海渔业文化与盐业文化是我国新石器时代海洋文化的主要内容。东部沿海地区为中国早期近海渔盐文化重要发祥地。

东部临海地区目前发现的最早的新石器时代遗址属于7000年前的青莲岗文化大伊山类型,已在连云港大村遗址、朝阳遗址、二涧村遗址、藤花落遗址以及灌云大伊山遗址中发现了这一时期的聚

① 本文属教育部人文社会科学重点研究基地重大项目“齐鲁文化与中华文明传承创新”阶段性成果,受泰山学者工程专项经费(NO. tsqn20161024)资助。

② 王睿:《“八主”祭祀研究》,北京大学2011年博士学位论文,第27~47页。

落，或可说明当时的居民对海洋已有了一定认识。来源于青莲岗文化大伊山类型①、距今7000—6000年的胶东半岛地区白石村文化至大汶口文化早期②已属于典型的近海渔业文化，出现了一批具有海洋文化特质的生产和生活用具。居民以粟类种植为后盾，捕捞、采集浅海水域的鱼类、牡蛎、蛤、螺和扇贝类作为蛋白质的主要来源。就全国沿海地区而言，这一时期胶东半岛沿海地区高地和河流入海口的河汊子两侧散布着上百处村落，是同时期人口最多、村落最为密集的区域之一，也是近海渔业文化最为发达的地区③。

大汶口文化晚期至龙山文化早中期，胶州湾和日照等地的滨海渔业文化得到了充分发展。北至胶州三里河、南至连云港藤花落等范围内出现了一批与海洋文化有关的聚落遗址。沿海居民依托发达的水稻种植业④，从近海捕捞鳓鱼、黑鲷、梭鱼、蓝点马鲛，在滩涂地上采集牡蛎、毛蚶、文蛤、青蛤、四角蛤蜊、脉红螺、中国耳螺、疣荔枝螺、纵带滩栖螺、锈凹螺、海胆等作为生计的补充。在三里河遗址大汶口文化时期的墓葬中发现随葬海鱼（骨）、疣荔枝螺和蛤壳习俗，反映的是与海洋有关的某种信仰⑤。此时，鲁东南滨海及相邻内陆地区经济社会文化快速发展，聚落数量和人口规模急剧增加，出现了日照两城镇、尧王城及连云港藤花落等高等级的大型聚落，社会分化严重，还出现了玉制礼器和图像文字。这里成为海岱地区史前文明形成和发展的核心区之一。显然，该地区社会文化的快速发展离不开海洋资源（很可能包括海盐）的开发。

目前，莱州湾南岸滩涂地上考古发现了近30处4000年前的龙山时期遗址，这些遗址规模都不大，堆积薄，所见遗存主要有烧土、草木灰和白色块状物堆积，出土陶器主要有夹砂陶罐和鼎。学者认为这些遗址属于当时的制盐聚落。滨海滩涂地上数量较多的制盐聚落及与之相关聚落的同时出现，显示出龙山时期的盐业生产已初具规模化、专业化。滨海地区规模化的盐业生产，促进了内陆腹地如潍淄河流域聚落分化、人口数量增多、社会分工及原始文明的出现⑥。就目前盐业考古资料而言，早期规模化的滨海制盐业最早出现于龙山时代的渤海南岸地区。

二、跨海与海外文化交流的重要枢纽

跨海与海外文化交流为海洋文明的重要特质，东方沿海地区很早以来就是文化交流的枢纽。主要表现在以下四个方面。

（一）史前稻作北传海外的重要一环

朝鲜半岛和日本列岛居民历来以稻米为主食，其稻作来源问题一直受到海内外学界的关注。世

---

① 燕生东：《顺山集文化与大伊山类型》，《东南文化》2018年第1期。

② 烟台市博物馆：《烟台白石村遗址发掘报告》，见《胶东考古》，文物出版社2000年版。

③ 李步青、王锡平：《胶东半岛新石器文化初论》，《考古》1988年第1期；中国社会科学院考古研究所：《胶东半岛贝丘遗址环境考古》，社会科学文献出版社1999年版。

④ 靳桂云：《龙山文化居民食物结构研究》，《文史哲》2013年第2期。

⑤ 成庆丰：《三里河遗址出土的鱼骨、鱼鳞鉴定报告》；齐钟彦：《三里河遗址出土的贝壳等鉴定报告》。均见《胶县三里河》，文物出版社1988年版。

⑥ 燕生东：《莱州湾南岸地区发现的龙山时期制盐遗址》，《考古》2015年第12期。

界水稻种植起源于万年前的长江中下游以南地区，这一认识已得到学界认可。关于水稻如何传播到朝鲜半岛和日本列岛这一问题，国内学者曾提出了从长江下游→山东半岛→辽东半岛→朝鲜半岛→日本九州再到本州以陆路为主，兼有短程海路的弧形路线①；日本学者认为，始于公元前1500年以后的朝鲜半岛稻作农业是从山东半岛直接传播过来的，而公元前300年之后的日本列岛弥生时代稻作农业来自朝鲜半岛②。由此看来，东部沿海地区应为史前稻作农业北传的重要一环。

近几年来，考古工作者在苏北、鲁东南以及胶东半岛沿海地区，如连云港二涧村、藤花落，日照尧王城、两城镇、东海峪、前水沟，胶南丁家柳沟，五莲丹土，诸城薛家庄，莒县陵阳河、马庄，胶州赵家庄、西庵，栖霞杨家圈等大汶口文化和龙山文化遗址中通过浮选发现了大量稻米、稻秆、稻叶遗存，并在这些遗址文化堆积层中发现了大量水稻植硅体③。此外，辽东半岛龙山时期的多个遗址内也发现了稻米遗存和水稻的植硅体④。在胶州赵家庄等遗址中清理出了包含蓄水坑、水沟、田块、田埂的稻田遗存⑤，显示了当时的水稻种植情况。据研究，龙山时期鲁东南沿海居民的饮食结构中，食用稻米的比例远高于内陆地区⑥。这些为稻作农业从山东半岛经海路到辽东半岛、朝鲜半岛，再经海路传入日本列岛提供了考古证据。

（二）史前岫岩玉南下之桥头堡

先秦时期，人们就把玉器作为美德、财富、权力和宗教信仰的载体。产自辽宁省鞍山市岫岩满族自治县的岫岩玉，为我国古代的四大名玉之一。岫岩玉分为透闪石玉和蛇纹石玉，颜色丰富多彩，有黄白、深绿、灰绿、浅绿、黄绿、黄褐、棕褐、暗红、蜡黄、白、绿白、灰白、墨绿等⑦。辽东半岛文家屯等多个地方还发现了史前制玉作坊遗存。

在距今5000—4200年的大汶口文化晚期和龙山文化早中期，东方地区玉文化发展进入了鼎盛阶段，形成了海岱区玉文化圈，与以东南地区良渚为代表的太湖玉文化圈以及以山西芮城清凉寺、襄汾陶寺为代表的中原玉文化圈，形成了三足鼎立之势。东方即海岱地区十多个中心聚落内出土了数量较多的代表身份、地位和社会等级的玉器，玉器种类主要有钺、刀、圭、璇玑、镞形饰、瑗、环等。其中，胶东半岛、鲁东南沿海及相邻地区出土玉器数量最多，质量最为精美，形体也硕大。这些玉器颜色以黄绿、墨绿和黄白为主色调，与岫岩玉基本色调完全一致。看来，海岱地区的玉料主要来自辽宁中东部的岫岩玉⑧。岫岩玉是如何传播到山东各地的呢？山东沿海地区的遗址如烟台桃村、龙口薛家、栖霞杨家圈、海阳司马台、招远老店、胶州三里河、五莲丹土、日照两城镇和尧王城等都出土了大

---

① 严文明：《东亚文明的黎明——中国文明起源的探索》，见《农业发生与文明起源》，科学出版社2000年版。

② （日）宫本一夫：《东北亚地区农耕的形成与扩散》，《东方考古》第1集，科学出版社2004年版。

③ 靳桂云：《山东新石器时代稻遗存考古的新成果》，《东方考古》第5集，科学出版社2008年版。

④ 靳桂云等：《辽东半岛南部农业考古调查报告——植硅体证据》，《东方考古》第6集，科学出版社2009年版。

⑤ 燕生东、靳桂云等：《山东胶州赵家庄龙山时期稻田遗存的发现及意义》，《中国文物报》2007年11月16日第7版。

⑥ 靳桂云：《龙山文化居民食物结构研究》，《文史哲》2013年第2期。

⑦ 王时麒等：《中国岫岩玉》，科学出版社2007年版。

⑧ 燕生东、高明奎等：《丹土与两城镇玉器研究——兼论海岱地区史前玉器的几个问题》，《东方考古》第3集，科学出版社2006年版。

量玉器。从传播路线看，玉器或玉料从辽东半岛经海运进入胶东半岛和沿海地区，再向西传播，沿途在昌乐袁家、临朐西朱封和济南焦家等地形成当地的制玉中心；向南流动到鲁中南地区，在泰安大汶口、邹城野店、新沂花厅等地发展成当地的制玉中心；由胶东半岛沿海地区直接向西南传播，在莒县陵阳河、杭头、大朱村，临沂湖台、大范庄等地发展成当地的制玉中心。而江苏和安徽等省份出土的岫岩玉器(料)也多是由山东沿海流通过去的。

(三)古代居民跨海迁徙与文化互动之地

辽东半岛与胶东半岛隔海相望，很早就有人群和文化往来，史前稻作文化的北传和玉料南下肯定包含着人员迁徙。辽东半岛的郭家村、吴家村、小珠山等遗址出土的距今6000年前后的部分陶器和石器制品来自胶东半岛的大汶口文化，而在胶东半岛沿海岛屿上的众多遗址，如北庄、大钦东村和北城等，也发现了来自辽东半岛的拍印几何纹饰筒形罐。由此可见当时辽东半岛与胶东半岛的文化交流状况。辽东半岛发现了距今4600—3500年的大汶口文化晚期、山东龙山文化早中期及岳石文化时期的聚落和积石冢，说明这一阶段胶东半岛曾有大批移民跨海迁居辽东半岛。

东部沿海地区还是周汉时期吴国人、越国人大规模北迁和南方吴越文化向北传播之地。早在东周时期，吴国、越国等东南临海国家已在鲁东南沿海一带活动。如吴之“舟师”自海入齐，被齐国部队打败(《左传・哀公十年》)；范蠡曾“浮海出齐”，耕于海畔(《史记・越王勾践世家》)。东汉以来的文献如《越绝书》《水经注・潍水》《后汉书・郡国志》等还记载了越国勾践由海上徙都于琅琊，后历八主二百四十(四)年[①]。东周、秦汉时期，东海、黄海至渤海一带有一条著名的“并海”航道，秦始皇、秦二世、汉武帝沿海东巡、祭祀、寻不死之药就是走的这条航道，其中，胶南琅琊还是著名海港之一。秦始皇曾四次东巡至海边，如二十八年“于是乃并渤海以东，过黄、腄，穷成山，登之罘……南登琅邪”，三十七年“还过吴，从江乘渡。并海上，北至琅邪……自琅邪北至荣成山……至之罘……遂并海西”。秦二世元年东巡郡县，“到碣石，并海，南至会稽，而尽刻始皇所立刻石”(《史记・秦始皇本纪》)。汉武帝九次行于东部海上，如元封元年“上遂东巡海上，行礼祠八神”，元封五年“巡南郡，至江陵而东……浮江……过彭蠡……北至琅邪，并海上”(《史记・孝武本纪》)。

在江苏连云港、赣榆，鲁东南日照、胶南、胶州、黄岛沿海地区与胶东半岛东部地区的青岛城阳、即墨、海阳等沿海县市，及相邻的东海、新沂、诸城、五莲、莒县、莒南、沂南、栖霞、莱西等内陆地区，还发现了上千座西汉中晚期的“土墩墓”[②]，尤以胶南琅琊周围、日照和连云港地区数量最多，分布最为集中。这些墓葬多位于丘陵和矮山上，呈连续状排列。一个“土墩”封土内掩埋墓葬几座甚至几十座[③]。这些墓内随葬了来自江浙闽地区的通过海洋运输而来的数以万计的原始瓷器(南方釉陶)、印纹硬陶、漆器以及丝绸等物品。这类土墩墓与江浙一带东周时期越人的土墩墓结构完全相同，其墓主人很可能是经“并海”航道迁来的越人后裔。这次跨海大移民不仅促进了沿海社会经济的发展，也丰富了汉代海洋文化的内涵。

---

① 蒙文通：《越史丛考》，人民出版社1980年版；辛德勇：《越王勾践徙都琅琊事析义》，《文史》2010年第1期。

② 燕生东：《山东沿海地区早期历史文物资源与相关问题》，见《齐鲁文化研究》第9辑，泰山出版社2010年版。

③ 山东省文物考古研究所：《山东日照海曲西汉墓(M106)发掘简报》，《文物》2010年第1期。

（四）我国海外文化交流的最早区域之一

《管子·揆度》提及齐国利用“发(族)、朝鲜(族)之文皮(虎豹之皮)”,《管子·轻重甲》还说把发族和朝鲜族所产的文皮与㲠服作为币帛使用,若齐国用铜金购买文皮,八千里之外的发族和朝鲜族就会前来贸易。栖霞金山、昌乐岳家河、新泰周家庄还出土了来自朝鲜西北部和我国东北部的战国时期曲刃短剑①。由此看来,东周时期,齐国就同朝鲜半岛就有贸易往来。《史记·秦始皇本纪》等文献还记载了秦代(可能早至战国末期)“齐人徐福东渡”的史实。以徐福为代表的东部沿海居民应到达过韩国西部海岸、济州岛与日本九州,以至于这些地区留下了相关文献记载和故事传说,徐福因此曾在日本被奉为农耕神、医药神、桑蚕神。山东周—汉时期与日本弥生人骨体质人类学和牙齿人类学研究也表明,日本北部九州及山口县发现的弥生人来源于中国大陆包括山东地区②。位于东部沿海地区的居民较早开启了中国大陆跨境海外文化交流和远洋贸易的大门,也标志着中国早期海外文化交流进入了新阶段。基于此,有学者提出在周—汉时期山东半岛与朝鲜半岛、日本列岛存在着“东方海上丝绸之路”③。

三、商周王朝最早直接接触海洋和开发海洋资源的区域

夏王朝与商王朝早期的控制范围以河南中西部、晋南陕东为核心,最强盛时势力范围可达周边地区。但整个东方沿海地区为东夷和淮夷族群,夏王朝和商王朝初期未能直接触及海洋和开发海洋资源。

至商代中期,商王朝势力向东扩张达到最高峰,东北部已至渤海南岸内陆腹地,东部至山东潍河、白浪河、沭河东岸,向南至连云港海岸以及淮河下游南侧的盐城一带④,苏北连云港、盐城一带以及鲁东南沿海黄海之滨成为商王朝中期唯一通向和直接接触到海洋的地方⑤。这一阶段在商王朝控制范围内所见的贝螺类,大部分应来自这一带。晚商即殷墟时期,商文化和商王朝势力在鲁南苏北退缩,而在古今黄河三角洲和莱州湾南岸地区涌现了大量晚商文化聚落。周初,周王朝把翦商第一功臣、姻亲姜姓太公望分封到古济水下游地区和淄河中下游地区,建立齐国。此外,周王朝分封在这一地区的邦国还有姜姓纪、逄等。在周王朝的诸多封国中,只有齐、纪、逄以及燕国疆域濒临渤海西岸和南岸。

商周王朝势力为何来到滨海滩涂地上呢?古今黄河三角洲和莱州湾南岸地区为我国著名的“鱼盐之地”。这里不仅有海水、潟湖之水、盐碱土,还有储藏丰富、盐度远大于海水、容易获取的浅层地

① 王青:《〈管子〉“发、朝鲜之文皮”的考古学探索——兼论东周时期齐国与海北的贸易和交通》,见《东方考古》第11集,科学出版社2014年版。

② 韩康信、(日)松下孝幸:《山东临淄周—汉代人骨体质特征研究与西日本弥生时代人骨比较概报》,《考古》1997年第4期。

③ 刘凤鸣:《山东半岛与古代中韩关系》,中华书局2010年版,第57~58页。

④ 燕生东、丁燕杰:《商文化前期在东方地区的发展特点》,《中原文物》2016年第6期。

⑤ 燕生东:《江苏地区的商文化》,《东南文化》2011年第6期。

下卤水制盐原料[①];这一带光照充足,风多且大,降水稀少,蒸发量很高;滩涂地上生长着柽柳、茅草、芦苇等煮盐使用的燃料,非常有利于盐业生产。这里属泥沙质海底,海水浅,盐度低,水温高,加上河流从内陆地区带来的腐殖质,十分有利于浮游生物生长,这些浮游生物又是鱼虾的天然饵料,因此,这里成为鱼虾和蛤螺贝类优良的洄游、索饵、栖息和繁殖场所[②]。

近年来,文物考古部门在黄河三角洲和莱州湾沿岸发现了十多处规模巨大的晚商和西周早期盐业聚落群、数百处单个盐业聚落,清理出盐井、盐池、盐灶以及煮盐工具陶盔形器等。来自殷都及周边地区的王室成员、官员、军队如醜、薄姑、戎、并、卤等氏族或首领居住在沿海及相邻内陆地区。这里成为商王朝晚期重点拓展和经略的区域,也成为商王朝的统辖区和控制区。据调查,在渤海西岸和南岸地区,形成于距今6000—4000年间的贝壳堤上堆积着成千上万吨海贝壳,浅海和滩涂地上生长着青蛤、文蛤、毛蚶、海扇、笋螺科(杜氏笋螺、近平点笋螺)、纵带锥螺、纵肋织纹螺、脉红螺、托氏琩螺、扁玉螺、多形滩栖螺等[③]。海贝螺类因其质地坚硬、光泽鲜亮、纹理多样深受商周时期人们的喜爱,包含螺类、蛤类、蚶类等海贝在商周王朝被视为贵重物品,可作为货币,同时也是重要的装饰品。安阳殷墟等地出土了数万件以上的海贝类,据鉴定和研究,除了做货币使用的宝贝科外,其他螺类、蛤类、蚶类均见于渤海湾和莱州湾及沿岸[④]。此外,安阳殷墟出土的鲸鱼(骨)和鲻鱼[⑤],也应来自鲁北和冀东沿海地区。

通过对海盐和渔业资源的开发和利用,鲁北和冀东沿海地区连接了中央王朝,并形成了与中原地区商周王朝连为一体的社会经济网络[⑥]。由此看来,古今黄河三角洲和莱州湾南岸地区不仅成为晚商王朝控制的唯一通向和接触到海洋的地方,也是能直接开发利用海洋资源的区域。而西周王朝通过东封齐、纪、燕等邦国于此,认识、了解海洋并开发利用沿海的盐业和渔业(含贝螺类)资源。

四、商周时期海盐生产中心

盐是人们必需的生活和生产物资,中国古代还将盐视为国家控制的一种重要战略物资及赋税的最主要来源。古代人们利用海水和卤水熬制食盐并向内陆地区输送,这是早期海洋文明的主要表现之一。传说中的炎黄时期,宿(夙)沙氏就在东部沿海发明了煮海为盐技术。先秦《禹贡》《战国策·齐策》《战国策·赵策》《管子·轻重》《管子·地数》《管子·海王》等就提到了东部沿海地区的“青州贡盐”“幽州鱼盐”“北海之盐”“渠展之盐”“东莱鱼盐”“齐国鱼盐之地三百”“齐之海隅鱼盐之地”等名称。齐国、燕国富国强兵依靠的就是这些资源。考古发现表明,龙山时期,莱州湾南岸出

---

① 韩有松等:《中国北方沿海第四纪地下卤水》,科学出版社1996年版,第13~20页。

② 燕生东:《商周时期渤海南岸地区的盐业》,文物出版社2013年版,第32页。

③ 苏盛伟:《渤海湾西岸全新世贝壳堤古环境重建》,吉林大学2012年硕士学位论文,第5~6页;刘志杰:《鲁北贝壳滩脊沉积及发育演化研究》,中国海洋大学2004年硕士学位论文,第21页;山东大学东方考古研究中心等:《山东寿光市北部沿海环境考古报告》,《华夏考古》2005年第4期。

④ 钟柏生:《史语所所藏殷墟海贝及其相关问题初探》,“中研院”《历史语言研究所集刊》1993年第3期。

⑤ 杨钟健、刘东生:《安阳殷墟之哺乳动物群补遗》;伍献文:《记殷墟出土之鱼骨》。均见《中国考古学报》第四册,1949年版。

⑥ 燕生东:《商周时期渤海南岸地区的盐业》,文物出版社2013年版,第277页。

现了规模化制盐;商代晚期,莱州湾南岸和古今黄河三角洲还成为商王朝的盐业生产中心;齐国的盐业生产基地是中国最早的食盐官营之地。

(一)古今黄河三角洲和莱州湾南岸是商王朝晚期的制盐中心

晚商时期,商王朝政治、经济、文化中心固定在豫北安阳一带。与其前一阶段相比,商王朝势力和文化在西、北、南部大范围退缩。其控制范围,西部仅至郑州、荥阳一带,西北部太行山以西至浮山、灵石等,北部退缩至晋东南及河北唐河、定州一线,南界仅至河南信阳罗山县、安徽颍上县一带。唯有山东地区,成为商王朝发展最为稳定、聚落和人口数量急剧增多、中心聚落和高等级聚落大量出现、文化面貌与殷墟文化关系最为密切的地区,并且成为商王朝后期重点经略的地区①。

近年来,文物考古部门在东至昌邑、西至广饶、北至河北盐山及海兴滨海平原横跨250余公里的范围内,发现和确定了昌邑东利渔,潍坊滨海开发区央子,寿光巨淀湖、双王城、大荒北央、王家庄子,广饶东赵、东北坞、南河崖、坡家庄、刘集、刘庄,利津洋江、南望参,沾化杨家以及庆云齐周务等近20处晚商时期大型盐业聚落群,单个盐业聚落总数近500处。每一处盐业聚落群的面积从上百平方公里、数十平方公里至十几平方公里不等,规模非常宏大。经过详细发掘和钻探,每一处盐业聚落规模一般在4000—6000平方米之间,为一个制盐作坊;个别聚落规模在1万平方米左右,包含2—4个制盐作坊。这些聚落的规模非常有规律,显然存在着统一规制。考古工作者已清理了由地下卤水坑井、沉淀池、蒸发池、储卤坑、盐灶、盐棚等组成的多个完整制盐作坊单元,所见单体盐灶面积就达三四十平方米,每灶一次煮盐就达上千斤。整个渤海南岸地区年产盐量在数十万斤以上,数量是相当惊人的②。

考古研究表明,环绕盐业聚落群内侧的咸、淡水系两侧及内陆腹地的同时期聚落为盐工夏季、冬季定居地及生产煮盐工具的地方。内陆腹地尤其是古济水、古黄河、古漯水、徒骇河两岸出现了400多处晚商时期聚落,这些聚落负责为盐工提供生活和生产物资并承担盐制品向内陆运输工作;那些出土青铜容礼器的几十处高等级聚落则负责盐业生产的管理以及生产和生活物资的调配与运输。总之,鲁北、冀东沿海及相邻内陆地区晚商时期聚落数量多、分布密集,人口空前增多,社会、经济与文化繁荣发展,这些均与滨海大规模盐业生产密切相关;来自商王朝的一些王族、族群和封国驻扎该地,由他们组织、管理、操作着盐业生产和相关物资的物流。这充分说明,古今黄河三角洲和莱州湾南岸地区为殷墟时期商王朝直接控制的盐业生产中心③。

(二)中国最早的食盐官营之地

古今黄河三角洲和莱州湾南岸地区素以盐业发达闻名于天下。《左传》《战国策》《管子》等文献从不同角度记录了周代该地区的著名产盐之地、制盐方式、盐业生产规模、盐业管理制度及制盐业在

---

① 燕生东:《晚商文化在东方地区的分布态势与周初东封》,《考古与文物》2016年第5期。

② 燕生东:《商周时期渤海南岸地区的盐业》,文物出版社2013年版,第101~106、116页。

③ 燕生东:《商周时期渤海南岸地区的盐业》,文物出版社2013年版,第256~261页。

当时社会发展中的地位。据《管子·轻重》诸篇记载，东周时期，齐国还发生了中国盐政史上的一次革命：齐国率先实行了“食盐官营”，包括食盐的民产、官征收、官府专运专销、按人口卖盐征税等制度。食盐除了在本地消费，还通过黄河和济水源源不断运向中原地区的梁（魏）、赵、宋、卫等国进行贸易①。

近年来，文物考古部门在莱州海仓、西大宋，昌邑唐央、火道、辛庄、廒里、东利渔，潍坊滨海开发区西利渔、烽台、固堤场、韩家庙子，寿光单家庄、王家庄、官台、大荒北央，广饶东马楼、南河崖、刘集，利津南望参、洋江，沾化杨家，无棣邢家山子，海兴杨埕，黄骅郛堤等长达300多公里的范围内发现了30多处东周盐业聚落群及上千处制盐作坊。每处制盐作坊均有成组的地下卤水盐井和盐灶，所见煮盐工具陶圜底罐（瓮）形态较大、数量极多。就制盐规模、年产盐量、制盐原料、制盐工艺、制盐季节、生产管理和食盐运销区域而言，齐地北部沿海地区的考古发现与周—汉文献所记载的齐国盐政和盐业情况是基本一致的。这些考古发现为认识齐国盐业生产、食盐官营制度以及中国沿海早期盐业文化内容提供了依据②。

五、中国仙人思想的起源地与秦汉王朝野祀中心

周—汉时期流行的海上方术仙人思想曾是我国早期海洋文明的内容之一。胶东半岛与连云港一带为中国海上仙人思想的起源地和主要信仰区。胶东半岛山海相连、岛山并一，海滨空阔、天地无际，浩渺碧波、烟雾缥缈，还常出现神奇变幻的海市蜃楼场景，因此催生了海上方术仙人思想。人们还由此建构出神仙居住的海外神山蓬莱、方丈和瀛洲，齐威王、齐宣王曾派人到这三座神山求仙（《史记·封禅书》）。战国时期，齐国邹子阴阳学说与海上方术仙人思想相结合，开启了天师道之先河③。东部沿海地区的方术仙人思想还深合秦始皇、汉武帝之心意，这里成为他们东巡求仙、寻找不死药的主要目的地和场所④。秦始皇于二十八年“南登琅邪，大乐之，留三月”，迁黔首三万筑琅琊台、修御道、刻石颂德，遣徐福出海寻仙、求长生不老药（《史记·秦始皇本纪》）；汉武帝于元封元年“令言海中神山者数千人求蓬莱神人……宿留海上，与方士传车及间使求神仙人以千数”，元封二年“公孙卿言见神人东莱山……遂至东莱……复遣方士求神人采药以千数”（《汉书·郊祀志》）。汉武帝为见东莱山神人，于元封元年、元封二年、征和四年亲临东莱；为冀遇海上仙人，在元封元年、元封五年、太初元年望祀蓬莱⑤。汉武帝在胶东半岛一带还建立了一批仙人神祠。

东部沿海地区在战国晚期及秦汉时期成为国家野外祭祀的重要场所，阴阳五行学说中关于天、地、人的宇宙构建同海上方术仙人思想的结合还导致齐国对八主神的信仰和祭祀⑥。其中有五个神主祠位于沿海地区，如胶南琅琊台的四时主祠、荣成成山头的日主祠、烟台芝罘岛的阳主祠、龙口莱山的月主祠、莱州三山岛的阴主祠。秦始皇三次亲临阳主词、日主祠、四时主祠等祭祀，并在芝罘岛、

---

① 郭正忠：《中国盐政史（古代编）》，人民出版社1997年版，第26～28页。

② 燕生东、田永德等：《渤海南岸地区发现的东周时期盐业遗存》，《中国国家博物馆馆刊》2011年第9期。

③ 严耕望：《战国学术地理与人才分布》，见《严耕望史学论文选集》，中华书局2006年版，第39～40页。

④ 周振鹤：《假如齐国统一了天下》，《秦始皇东巡探踪》，见《随无涯之旅》，生活·读书·新知三联书店2003年版。

⑤ 田天：《秦汉国家祭祀史稿》，生活·读书·新知三联书店2015年版，第190～191页。

⑥ 王睿：《“八主”祭祀研究》，北京大学2011年博士学位论文，第45～47页。

成山头、琅琊台刻石颂德;汉武帝元封元年“东巡海上,行礼祠八神”,太始四年“东幸琅邪,礼日成山,登之罘,浮海,用事八神,延年”(《汉书·郊祀志》)。秦始皇、秦二世、汉武帝还在这些神祠庙山上大兴土木,兴建了许多祭祀建筑。文物考古部门在这些神主祠遗址内发现了秦汉时期高大夯土台、建筑基址、大型建筑构件(瓦当、板瓦、筒瓦、铺地砖、地下水管道等)、祭祀场所以及成组玉质祭器(玉璧、圭、觿)等遗存①,其中板瓦和瓦当均属目前所见中国秦汉时期同类器中较大者②。西汉时期,武帝和宣帝在东部沿海地区建立了一批新神祠(包括仙人神祠),如万里沙祠、芝罘山祠、参山八神祠、莱君祠、海水祠、莱王祠、崂山太一祠、凡山祠、环山祠、天室山祠、三户山祠③等,在胶东半岛沿海地区形成了一个祭祀圈。这些场所成为国家野外祭祀的重要组成部分。秦汉时期位于东部沿海地区的国家级野外祭祀如对日、月、天、地、神的崇拜与祭祀,还最终成为国家宗教郊祀制度的组成部分④。

① 烟台市博物馆:《烟台市芝罘岛发现一批文物》,《文物》1976 年第 8 期;王永波:《成山玉器与日主祭——兼论太阳神崇拜的有关问题》,《文物》1993 年第 1 期。

② 烟台市博物馆编:《考古烟台》,齐鲁书社 2006 年版。

③ 李零:《秦汉祠畤统考》,见《中国方术续考》,东方出版社 2000 年版。

④ 王睿:《“八主”祭祀研究》,北京大学 2011 年博士学位论文,第 76 ~ 89 页。

胶东滨海廊道早期形态初探

烟台市博物馆 王富强

因胶东特殊的地理位置和生态环境，在胶东的考古发现和研究中，学界一直关注其与周边文化以及滨海聚落与海洋的关系①。也正是在梳理这些关系的过程中，胶东早期的海上活动和海上文化交流等逐渐清晰，海上廊道若隐若现，显示出胶东早期海上廊道的启蒙状态。本文以胶东新石器时代至周代的考古发现为依据，简要归纳和分析胶东早期海上廊道形成、发展和演变的轨迹。

一、新石器时代滨海廊道的雏形

胶东地区目前发现的最早的新石器时代文化为白石村一期（距今7000年左右）②，其后是邱家庄一期（北庄一期早段，约距今5700—5400年）、紫荆山一期（北庄一期中晚段，约距今5500—5100年）、北庄二期和杨家圈一期（约距今5000—4500年），时代相当于北辛文化中期至大汶口文化晚期。其中，邱家庄一期至紫荆山一期处在胶东贝丘聚落的发展繁荣阶段。

（一）以贝丘聚落串联起来的环半岛海岸通联的早期滨海廊道

贝丘聚落是先民们在认识和利用海洋的探索过程中形成的早期聚落形态，从胶东贝丘聚落由少到多的发展趋势来看，当时人们认识和利用海洋的空间不断扩大，尤其邱家庄一期至紫荆山一期时期，贝丘聚落遍布胶东半岛南北两岸。这些贝丘聚落是先民们伸向海洋的触角，是他们不断了解海洋环境的变化规律、获取更多海洋资源的体现；而随着人们对海洋活动区域的不断拓展，滨海聚落会集的机遇逐渐增多，早期滨海聚落呈现出逐海而居、不断增多的态势，从而形成了环半岛的贝丘聚落带。在这种相同性质的海洋活动中，随着滨海聚落的增多，各聚落间海上交往逐渐活跃且频率加快，自然会形成环半岛间歇性的滨海廊道，并向西、向南接力式连接鲁北和鲁东南沿岸各聚落体（图一）。考古材料显示的这一时期聚落的演变和文化内涵等也基本可以印证这种发展脉络。

---

① 严文明：《胶东原始文化初论》，见《山东史前文化论文集》，齐鲁书社1986年版，第63～95页；安志敏：《辽东半岛的史前文化》，见《大连考古文集（第一集）》，科学出版社2011年版，第9～17页；栾丰实：《北辛文化研究》，见《海岱地区考古研究》，山东大学出版社1997年版，第27～53页；佟伟华：《胶东半岛与辽东半岛原始文化的交流》，见《考古学文化论集（二）》，文物出版社1989年版，第78～95页。

② 烟台市博物馆：《烟台白石村遗址发掘报告》，见《胶东考古》，文物出版社2000年版，第28～95页。

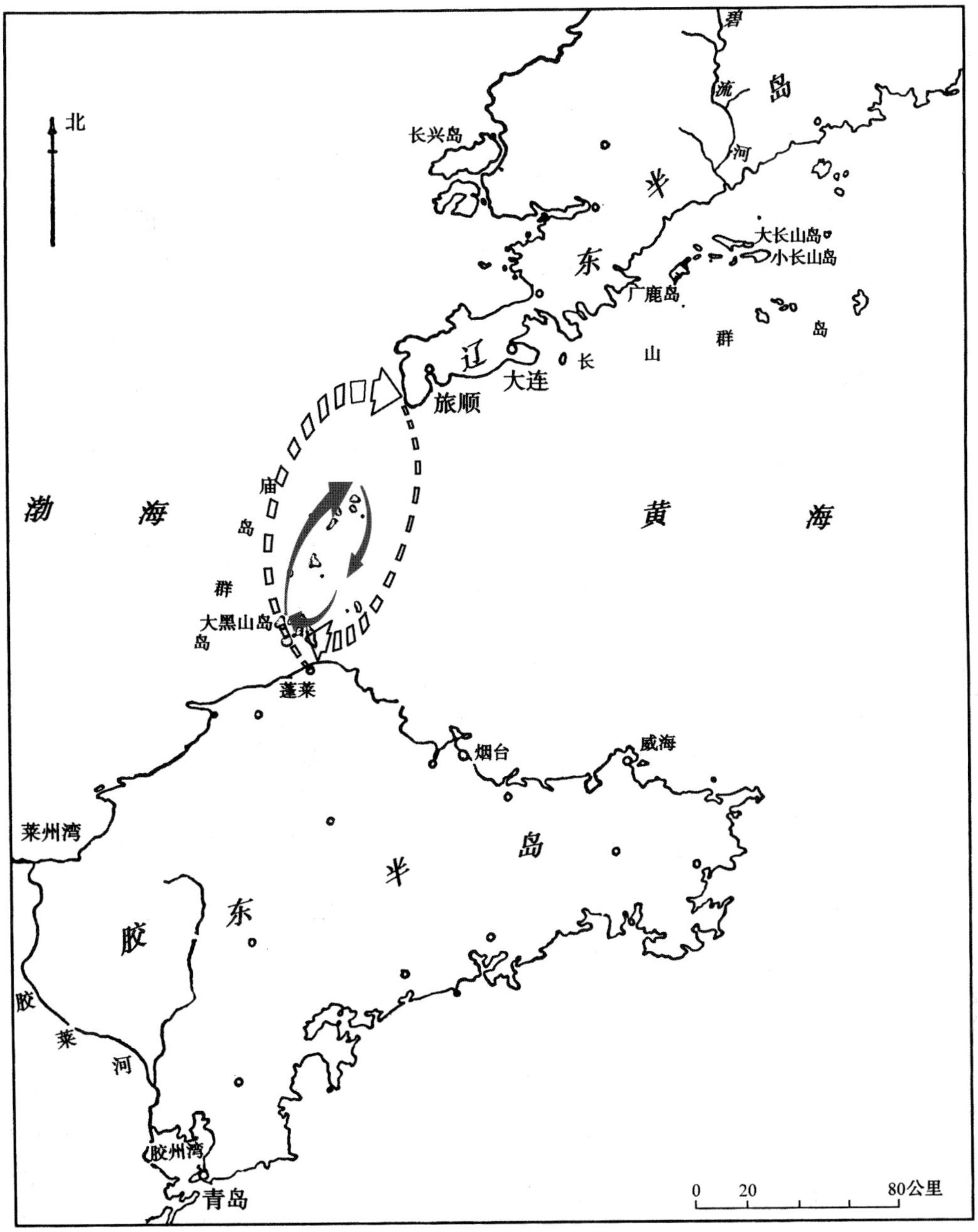

图一　胶东半岛与辽东半岛早期海上廊道雏形

从空间和生业等方面看，散布于半岛两岸的贝丘聚落表明，胶东海上廊道的早期形态主要是利用岸海相连的地理和海洋资源优势，以安全的陆岸为依托而展开的。而且这些聚落遗址内出土了相同或相近的陶器群和石器群等，也显现出这些滨海聚落紧密相连的整体性。这种沿海岸自然通联的廊道形成于先民们认识和利用海洋的探索时期，体现了早期海洋活动的原始性。

（二）以庙岛群岛岛链为陆桥形成的胶东与辽东跨海廊道的早期形态

以庙岛群岛岛链为陆桥形成的胶东与辽东跨海廊道的早期形态，主要利用了庙岛群岛这个海上陆桥特殊的地理条件，是两个半岛早期聚落体向海洋深处探索的初级阶段。

大约在邱家庄一期与小珠山一期①,山东半岛和辽东半岛开始出现交流的迹象,这种交流迹象表现为庙岛群岛的北庄等遗址中发现了两者的混合遗存,包括胶东的鼎、钵、觚形杯等以及辽东的筒形罐,并以胶东的器物组群和文化因素为主。也正是从这一时期开始,两个半岛的聚落逐渐增多,到胶东北庄一期和辽东小珠山三期时,胶东地区聚落遗址达80余处,其中庙岛群岛有8处,几个主要岛屿都有这一时期的遗址②,辽东地区也有近40处。在两地聚落组群不断扩张和双向开发下,人们探知海洋的范围逐渐扩大,双方交融的机会自然呈不断增多的态势,中国北方海上廊道有了雏形。

从北庄一期早段(邱家庄一期)③和小珠山一期④交会于庙岛群岛开始,到北庄一期(三段)、北庄二期(早段)和小珠山一期、二期、三期等,胶东半岛的文化因素经过庙岛群岛到达了辽东半岛的南端,而辽东文化因素则到达庙岛群岛的南端——大黑山岛和长山岛。这反映了中国北方廊道在两大聚落组群的开发下初步连接起来,但自然属性依然较强。

综上,从邱家庄一期和小珠山一期交会于庙岛群岛开始,到北庄一期(三段)、北庄二期(早段)和小珠山一期、二期、三期形成了一个初期文化交流的漩涡,再到北庄二期(晚段)和三堂一期文化交流的减弱,反映了两个半岛在适应和利用海洋的探索过程中相互影响和交流的原生形态,而这也是两个聚落群向海洋伸展的必然结果。同时,我们可以清晰地看到,在文化交流的早期是双方均向庙岛群岛扩展,胶东的文化因素到达了庙岛群岛的最北端,辽东的文化因素到达了庙岛群岛的最南端,二者势均力敌;到了北庄一期的二、三段和小珠山二、三期,胶东的部分文化因素则登上了辽东半岛的南岸及海岛,但辽东的文化因素没有出现在胶东半岛,应该说这时文化交流的漩涡是向辽东半岛旋转的(图二)。总体来看,胶东和辽东虽然存在彼此或强或弱的文化影响,但各自的文化面貌没有发生大的动摇和改变,仍归属于两个不同的文化族群或体系。

二、龙山时代滨海廊道的形成

(一)连接莱州湾北岸和鲁东南海岸海上廊道的延展

伴随着山东龙山文化的强盛和向四周拓展聚落空间,胶东半岛与鲁北、鲁东南关系更加紧密,这从这些区域的考古发现中可见端倪。当然,胶东半岛与鲁北、鲁东南陆路上的互通自然是主流,但不排除早期环半岛滨海廊道此时进一步得到开发。尤其是在面对诸如胶莱河口等开阔的入海口所带来的陆路连接的障碍、聚落增多所带来的海上活动增加的背景下,偶然性海上交通变得更加频繁,沿陆岸伸展的滨海廊道对陆路交通也是一个重要的补充。

(二)胶东、辽东跨海廊道的形成

龙山时代是中国第一次文化大融合的时期,每个文化板块的聚落址显著增多,仅胶东半岛目前

---

① 中国社会科学院考古研究所等:《辽宁长海县小珠山新石器时代遗址发掘简报》,《考古》2009年第5期。
② 烟台市博物馆等:《山东省烟台市第三次全国文物普查成果汇编》,黄海数字出版社2012年版,第282~306页。
③ 张江凯:《论北庄类型》,见《考古学研究(三)》,科学出版社1997年版,第37~51页。
④ 中国社会科学院考古研究所等:《辽宁长海县小珠山新石器时代遗址发掘简报》,《考古》2009年第5期。

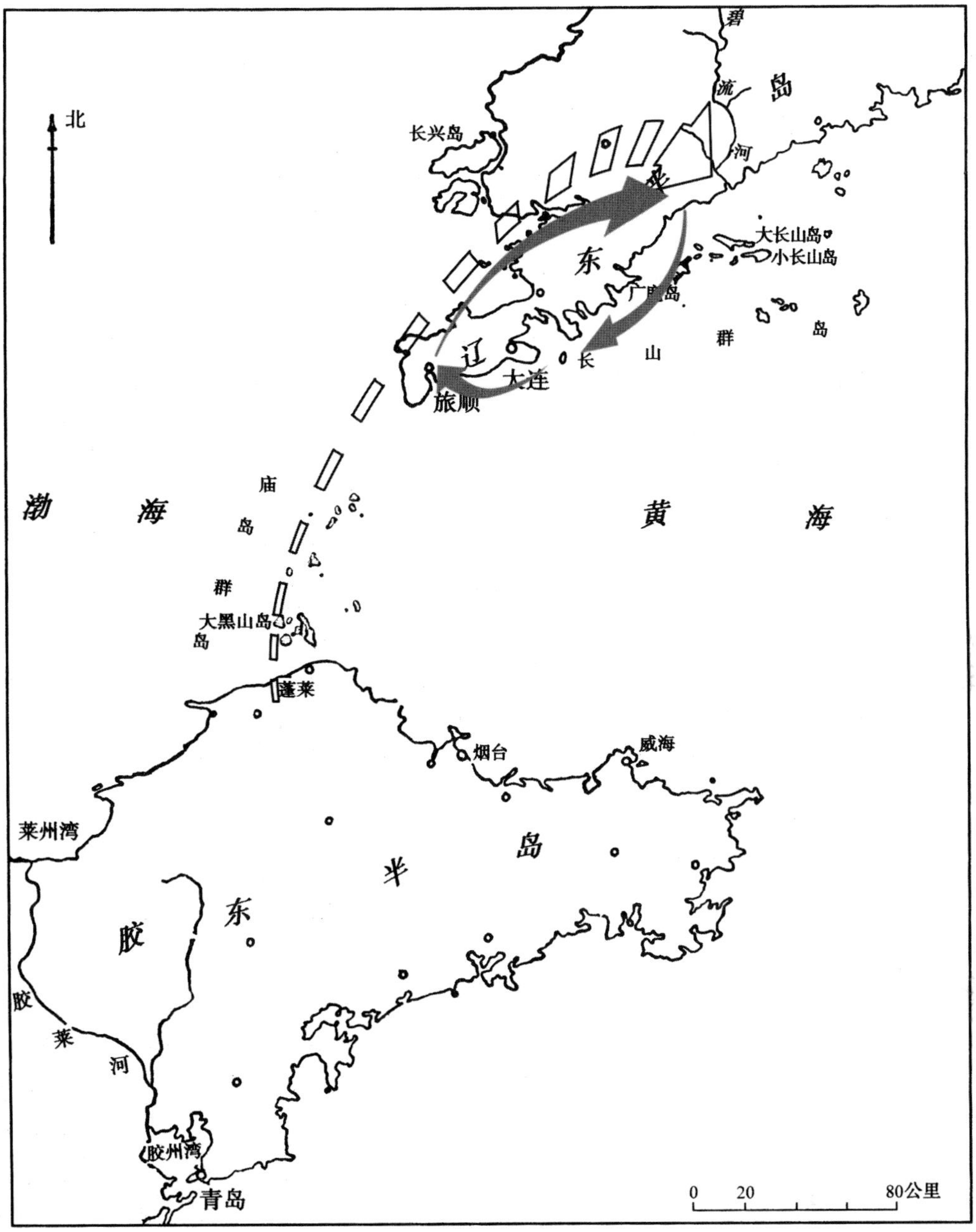

图二　胶东半岛与辽东半岛龙山时代海上廊道

发现的龙山遗址就有100余处①，庙岛群岛有10余处，辽东半岛沿岸也有近20处。同时，聚落的规模也不断扩大，这为两地的文化交流提供了源源不断的动力。此时，这条中国北方或连接东北亚的滨海廊道也正式打通。

从庙岛群岛龙山文化遗址和墓地的地理分布来看，龙山文化遗址几乎遍布每个大岛，而辽东半岛龙山文化遗址主要分布在半岛西南的渤海沿岸，或者说胶东龙山文化族群首先是在辽东靠近庙岛群岛的渤海沿岸登陆并定居下来，而后向其东、北方向辐射的，这从另一方面反映了庙岛群岛在胶、

① 烟台市博物馆等：《山东省烟台市第三次全国文物普查成果汇编》，黄海数字出版社2012年版，第282～306页。

辽文化交流中的重要地位。这时胶东半岛与辽东半岛的文化交流较前一个时期相比已发生了质变——不再是简单的文化影响,而是胶东的部分族群在前期探索的基础上已渡过了庙岛群岛,在辽东定居下来。这从老铁山墓地、将军山墓地、大嘴子遗址等地发现一批含龙山文化中晚期因素的墓葬和遗址①可以得到印证。大嘴子、双砣子等一些遗址的下层和上层都有龙山文化的遗物,如罐、豆、壶、杯、盖、鬶、鼎、石刀等,这些器物几乎与胶东龙山文化完全相同,而且种类也呈增加的态势,显示了胶东龙山文化对辽东的影响力度在不断加强。随着定居点的增多,胶东龙山文化对辽东的影响在龙山文化晚期已越过了辽东半岛的中部,到达丹东一带。

（三）中、韩、日稻米之路

目前,山东东部滨海地区在大汶口文化时期已发现了水稻（山东地区发现的最早的水稻遗存属后李文化时期）,胶东地区在杨家圈遗址的大汶口文化晚期至龙山文化早期遗存中发现了水稻,而辽东地区也在大汶口文化晚期至龙山文化早期遗存中发现了水稻。显然,稻作传播的北方线路还是十分清晰的:随着胶东的龙山文化族群沿庙岛群岛北上定居,稻作农业几乎在传到胶东的同时也传到了辽东半岛,其后继续东传到朝鲜半岛和日本列岛,这一点已成为学界的共识②。中、韩、日稻米之路的形成更为胶、辽海上廊道的延伸和拓展增添了新的动力。

因此,在龙山时代,胶、辽文化交流进入了一个快速发展的活跃期,这种交流是包括社会生活和生产等全方位的交融。也正如许多学者所言,这种交流以胶东北上辽东为主流,而且是伴随着族群的迁徙和定居而日趋活跃的。究其原因,不外乎以下几个方面:

一是山东龙山文化聚落膨胀而导致的外扩式发展。众所周知,山东龙山文化聚落在短短五六百年的时间里迅速增加,出现了“都、邑、聚”的等级体系,十余处龙山文化城址又是目前发现最多的文化板块。聚落的膨胀和人口的增多必然带来其向四周拓展空间的强烈欲望,大汶口时期探明的庙岛群岛这一海上廊道自然是其向北扩展的不二选择。

二是由于胶东龙山聚落的北上不是几个人的“闯关东”,而是整个聚落或定居点的迁徙,其冲击力是十分强烈的,当这种“占领”在辽东半岛南端取得了一定的生存空间,原有的交流平衡不可逆转地被打破,强盛而先进的聚落文化体单向影响相对弱势的聚落文化体的方向性也就十分明确了。尤其是在两个文化体的边缘区域,这种方向性更加鲜明。

三是当这些来自胶东的聚落或定居点在辽东半岛南端稳定下来后,两地文化交流的漩涡也随之从庙岛群岛移到辽东半岛,并在此激起更大的浪花——他们以此为基地开始向东、北等方向渗透,特别是辽东半岛作为北方文化体的边缘区域,各聚落体的凝聚力不强,因而使这种渗透更加迅速。从此,他们相互交融,相邻为安,庙岛群岛作为胶、辽文化交流的海上陆桥真正架构起来,成为彼此间往来最便捷的海上通道。

---

① （日）鸟居龙藏:《南满洲调查报告》,1910 年;滨田耕作:《东亚考古学研究》,1930 年;旅大市文物管理组:《旅顺老铁山积石墓》,《考古》1978 年第 2 期。

② 栾丰实:《海岱地区史前时期稻作农业的产生、发展和扩散》,见《海岱地区早期农业和人类学研究》,科学出版社 2008 年版,第 41 ~ 55 页;靳桂云等:《辽东半岛南部农业考古调查报告——植硅体证据》,见《东方考古》第 6 集,科学出版社 2009 年版,第 306 ~ 316 页。

三、夏商周时期胶、辽海道的拓展和演变

(一)胶东岳石文化时期海上廊道的延续

岳石文化时期,各大文化板块先后进入了渗透、融合等纷繁复杂的青铜时代。从总体上观察,胶东地区岳石文化延续时间比较长,大约到了商代中期,辽东地区可能还要晚一点。从目前的考古发现来看,这一时期胶东地区仍未发现辽东文化的实物,而辽东地区岳石文化的东西是大量存在的,诸如双砣子二期、小黑石二期、大嘴子二期、大砣子二期等①,都发现了岳石文化的典型器物,如子母口器盖、尊形器、豆、子母口罐、三足罐、甗、彩绘陶器、石锛、弧背直刃半月形石刀等,而且这些岳石文化典型器物在发现的遗物中占主流。这说明山东龙山时期在辽东半岛建立的聚落或定居点依然在延续。

(二)胶东珍珠门文化时期海上廊道的拓展

进入珍珠门文化时期,山东半岛、辽东半岛出现相同或相似的文化因素,这些因素包括碗、罐、壶、豆及直背弧刃石刀等②,庙岛群岛也有类似的文化因素。弧刃石刀在日本(石庖丁)出现得很早,这是否说明,随着稻作农业的东传,日本的稻作收割技术也经历了"日本—辽东—庙岛群岛—山东"的传播路线?无论如何,珍珠门文化时期庙岛群岛海上廊道实现了两大半岛由单向渗透变为双向交流的拓展,进一步提升了其在东北亚海上交通史研究中的历史地位(图三)。辽东考古学文化因素首次登上胶东半岛,表明胶、辽海上廊道进一步拓展,进入了两个半岛互通交流的新阶段。两个半岛新出现的直背弧刃石刀和梭形石刀与日本列岛的石庖丁十分相似,这是否为胶东、辽东与日、韩的海上交流的重要证据?

通过上述考古发现可以看出,这一时期的文化交流在齐文化和燕文化挤压下显得异常复杂。一方面,各自的文化传统得以延续,另一方面,在两大代表王化势力的文化体挤压下又发生了不同情形的异化,其中胶东地区受到的影响更强些,尽管这种影响还比较微弱,然而也开启了两个"东嵎之地"被中原文明融合的文明化进程。也正是在这种历史大势下,辽东地区的文化因素第一次沿庙岛群岛登上了胶东半岛北岸的西部地区。诚然,如果考虑到辽东地区所受中原文化影响相对较弱这一因素,自然其继承传统文化的东西要多些。无论怎样,这一时期两个半岛一改过去单向交流的态势。除了外部压力的催使,数千年来海上廊道的拓展也为两个半岛的土著共同应对外部压力奠定了基础,这或许是这一时期两者关系亲近的重要渊源。

(三)周代滨海廊道的演变

西周中期以降,由于齐国对东方的经营采取了"因其俗,简其礼"的怀柔政策,齐文化向半岛推

---

① 陈国庆等:《大连地区早期青铜时代考古文化》,见《大连考古文集(第一集)》,科学出版社 2011 年版,第 163~169 页。

② 大连市文物考古研究所:《大嘴子——青铜时代遗址 1987 年发掘报告》,大连出版社 2000 年版,第 127~266 页。

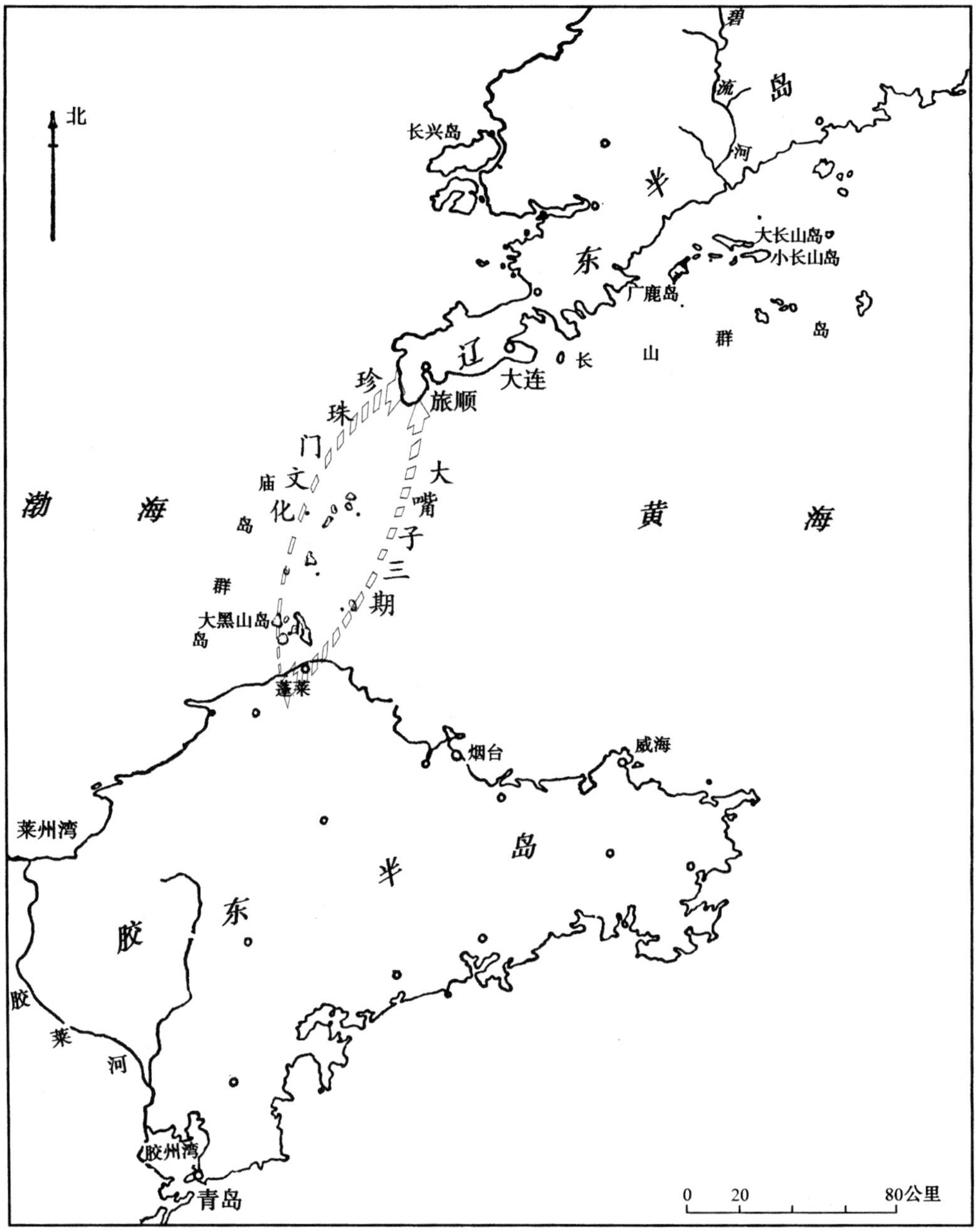

图三 珍珠门文化时期海上廊道

进的频率和速度明显加快，齐文化自西向东逐渐建立了“礼化”了的地方方国。大约在春秋时期，整个半岛（含庙岛群岛）基本齐化。考古发现表明，胶东半岛西部很快建立了如前河前、归城甚至包括庙岛群岛的西大山等东进的堡垒，并在贵族阶层的引领下确立了周王朝的礼制。齐文化的青铜礼器和陶器等占据了主流，地方文化因素虽在民间乡野得以延续，但被改造异化，只作为民间日常文化传统孑遗下来，并退到了次要地位。胶东半岛东部大约在西周晚期和春秋早期也开始了“齐文化化”。我们在乳山市南黄庄墓群遗址中发现了具有浓郁地方色彩的遗存，但遗址同时又含有齐文化深深的印记，也就是两套文化的混合体。其后，在春秋中晚期，齐文化对东方的改造基本完成（图四）。值得注意的是，南黄庄墓群多为石板（石椁）墓，与辽东地区这一时期的石板墓相近或相同，这会不会是辽

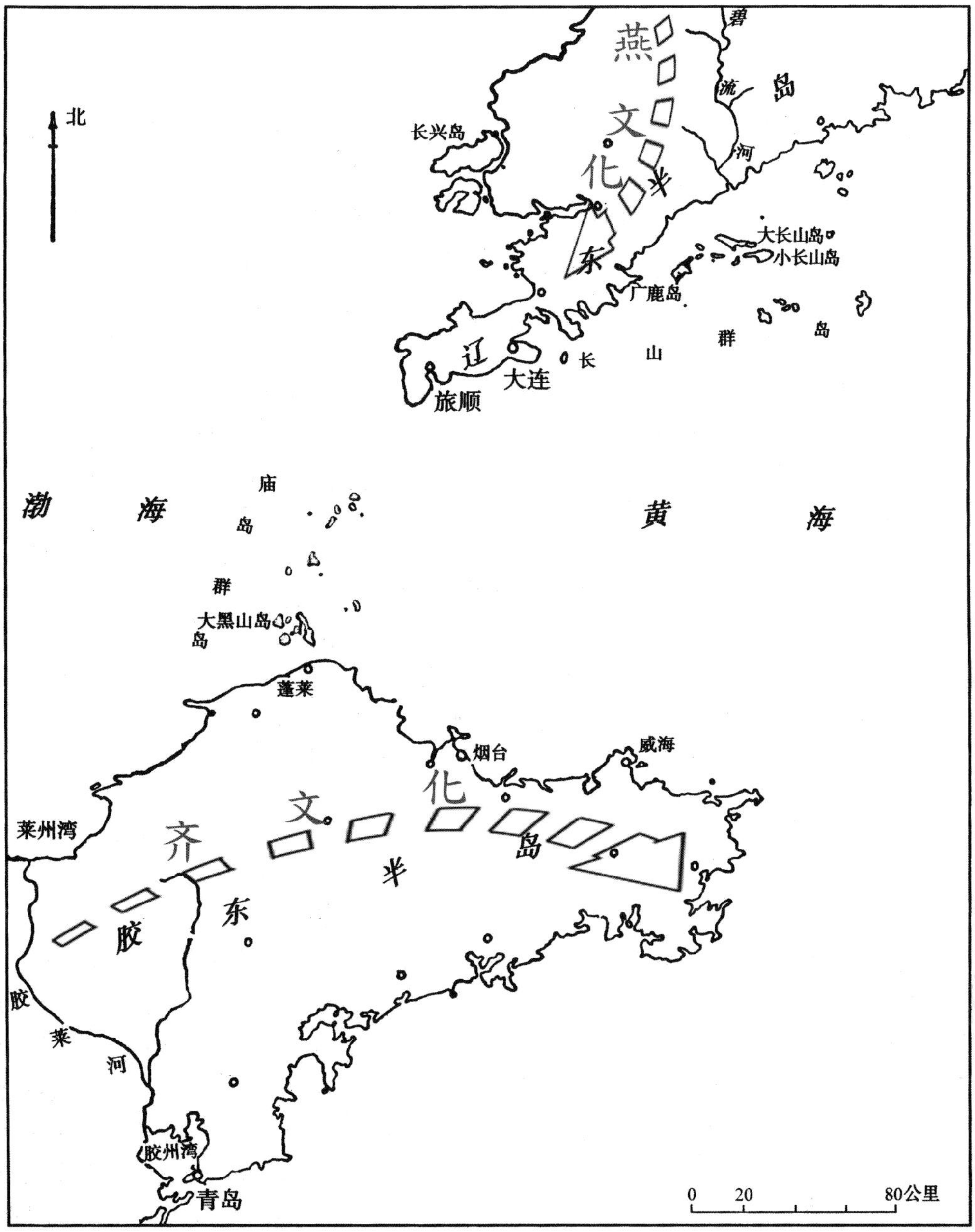

图四　周代胶东与辽东半岛图

东半岛与胶东半岛一支有亲缘关系的族群回迁的结果呢？但即便回迁的族群，也同样难逃被“齐文化化”的命运。

这一时期，辽东地区相对比较单纯。由于地理位置的独特性，燕文化的东进较齐文化迟缓一些，因而这一地区的地方文化延续时间更长。如牧城驿、双房、尹家村等墓地代表的就是其独自发展起来的青铜短剑文化，这一文化与胶东地区文化面貌迥异，应该说与燕文化抗衡了相当长的时间，直到战国中晚期才融入燕文化的体系中。

综上，胶东与辽东这一时期因封邦建国等政治、经济、军事的影响而归属于不同的政治集团，两半岛的文化交流出现了接近断裂的现象。直到秦帝国的建立和汉帝国的强盛，胶、辽两大组群最终被融入秦汉文明的历史长河中,而一些顽固的地方势力也被排挤到朝鲜半岛和日本列岛等新政治和疆域框架下的"夷地"。

四、余论

通过以上对胶东早期海上廊道的简要梳理,我们可以看出,先秦时期中国的海上廊道经历了漫长而又艰辛的探索,处于人们认识和利用海洋的"萌芽期"①,具有较强的原始性、局限性和偶发性,代表了早期陆海连通的基本特征和形态,为后世海上廊道的发展和大航海时代的到来积累了经验、奠定了基础。

胶东早期海上廊道是伴随着胶东和辽东两大文化聚落体的发展和强盛得以不断拓展的,特别是龙山时代胶东聚落族群积极"北上",对胶、辽海上廊道的跨海连通发挥了重要作用。

庙岛群岛作为连接两个半岛的岛链,具有独特的地理优势,在长期的海洋探索中成为连通两个半岛的重要支点,在胶东聚落体较强的文化影响力下,早期海上廊道整体向辽东半岛倾斜。

早期环胶东半岛的海上廊道及其向鲁北和鲁东南沿岸延展尽管没有胶、辽海上廊道清晰,但作为陆路交通的补充应该是存在的,这一点尚需运用区域性聚落考古和科技考古等方法加以厘清。

值得注意的是,受自然环境和聚落文化、政治、军事等影响,胶东早期海上廊道并非畅通无阻,而是存在波浪起伏的状况,或有间歇性停滞或阻隔,这在秦以后的历史时期表现得更为明显。

---

① 参见白云翔:《"环黄海之路"的提出及其要义》。

略论山东“海岱廊道”的形成及其历史地位

青岛理工大学　朱　艳

一、“海岱廊道”的萌芽

“海岱廊道”萌芽于史前时期，主要表现为海岱地区与河洛地区之间不同文化区的族群在不断迁徙过程中进行了大量文化交流，从而形成了既朦胧又实际存在的交通廊道。从考古学的视角来看，“海岱廊道”主要形成于后李文化、北辛文化到大汶口文化和龙山文化时期。

海岱地区或称海岱历史文化区，在考古学上指史前时期与中原河洛文化区相邻的、我国东部以泰沂山脉往东直达大海的东方文化区域。其空间分布是以山东泰沂山系为中心，主要包括黄、淮河下游地区和胶东半岛地区。它东临黄、渤海，西接中原河洛文化区，南北分别与太湖、燕辽两大文化区相邻。距今40万年至30万年间，沂源猿人就生活在这一地区，数以十计、百计的旧石器时代晚期遗址、细石器文化遗址和数以千计的新石器文化遗址的发现，证明了数万年来海岱地区历史的连绵发展。距今9000—7000年的新石器时代中期，泰沂山脉出现了若干群落，其中一部分南下成为马家浜文化的渊源之一；另一部分生息繁衍于泰沂山脉北侧东段的山前地带，目前这一地带已发现后李、彭家庄、前埠下等十多处遗址①。按照现有考古资料来看，海岱地区的后李文化与河洛地区的裴李岗文化属同一时代，二者之间已经有了较小范围和规模的交流。但是，裴李岗文化对后李文化具有单向文化传播倾向，如宿县古台寺遗址发现有裴李岗文化因素的圆锥形鼎足和篦点纹装饰，而后李文化中则少见裴李岗文化因素。这说明这一时期的裴李岗文化具有先进性，其与海岱地区的交流主要通过人员的迁徙而完成，且主要在海岱廊道的南线进行。

从地望来看，河洛文化区位于黄河中游的洛河流域，以伊洛盆地为中心，包括豫中山地丘陵盆地、豫西三门峡盆地、豫西南南阳盆地、豫南山地丘陵区、黄淮平原区和华北平原区六个部分。其中的黄淮平原区与海岱地区的鲁中南山地丘陵区、鲁东南苏北平原丘陵区紧密相邻，华北平原区与海岱地区的鲁西北平原区紧密相邻。从宿县古台寺遗址可以发现，这一时期海岱地区和河洛地区的文化交流主要是通过海岱地区南侧到淮河之间的流域（属于“海岱廊道”的南线）进行的。淮河是古代豫东、鲁西南和皖西北地区的主要河流，其北侧的支流颍河、涡河、浍河、沱河等大都呈西北—东南流

① 张学海：《海岱考古与构建山东古代史》，见《海岱考古（第二辑）》，科学出版社2007年版。

向,干流和支流纵横交错,构成了十分便利的交通网络。裴李岗文化就是沿着上述河流到达皖西北地区,再由此溯沱河、濉河北上至鲁中南和鲁北地区的。随着生产力的发展、人口的增加,海岱地区后李文化的诸多群落向西即鲁中南地区扩展;到北辛文化时期,海岱地区与河洛地区之间进行的交流更多,而且呈双向性。考古发现海岱地区北辛文化中含有更多来自河洛地区仰韶早期文化的因素,如瓮棺葬及小口细颈折腹瓶;而河洛地区仰韶早期文化中则只包含少量北辛文化的因素,如三足釜、釜形鼎等。所以,这一时期仰韶文化的发展水平依然略高于海岱地区的北辛文化。而且,仰韶时代两地区间的文化交流与传播大多也是经海岱地区南侧进行的。从中华文明由中心向四周扩散的方向看,河洛地区的裴李岗文化和仰韶文化要略高于海岱地区的后李文化和北辛文化;按照文化传播是由高向低的方向进行流动的规律进行逻辑推导,高水平的裴李岗文化和仰韶文化要从河洛地区向海岱地区流动,而这种流动是通过一个聚落点向下一个聚落点不间断地迁移和流动完成的;每一次迁移和流动都在拓展和确认这个道路,从而形成朦胧的“海岱廊道”。

到大汶口文化、龙山文化时期,海岱文化区对河洛文化区产生强势逆转影响,其文化传播和交流的道路不仅包括“海岱廊道”的南线,而且北线的发展更为突出。栾丰实和靳松安都认为,海岱文化区对河洛文化区强势逆转的发生并非地理环境和气候条件的转变所致,而是由社会经济的巨大发展、社会组织结构的复杂化以及人类自身生产能力的提高造成的①。例如,龙山文化时期的河洛与海岱地区的农业和制陶业发展水平都比较高,不仅农业生产工具比较先进、形制复杂多样,有铲、镰、刀等,而且农作物种类较为丰富,在日照两城镇和胶州赵家庄遗址中都发现了粟、黍、水稻等植物遗存,尤其是在山东胶州湾畔的赵家庄聚落遗址中发现了密度较高、每升土样中有 9.68 粒稻的植物遗存,说明水稻是其最主要的农作物,其次是粟②。加之从海岱地区龙山文化遗址中出土的鬶、蛋壳杯、筒形杯、觚形杯等大量饮酒器具可以推断,海岱地区不仅农业水平较高,而且粮食作物种植较为广泛。同时,这也是中国水稻从南方北上,经山东半岛从海路传播到辽东半岛、朝鲜半岛和日本群岛这一线路的证据之一,属“海上丝绸之路”北航线的萌芽期。

龙山文化晚期,海岱地区社会经济获得较大发展,出现了冶铜业、玉器加工业等一系列专门为显贵服务的行业,加之龙山文化墓葬有大、中、小、狭小墓的分类及随葬品的多寡不均,都证明原始社会已经解体并出现了阶级,社会已经进入文明时期③。其最典型的标志就是这一时期城市的大量兴建,国家的雏形开始形成。据目前考古资料来看,海岱地区发现的龙山文化时期城址约有 15 座,集中分布在黄河下游的山东省境内,其中 2 座分布在泰沂山南麓;13 座分布在泰沂山北麓,沿古济水走向呈东西向分布,一直到达今天胶东半岛的黄渤海边。这些古城址规模宏大,如城子崖城址、景阳岗城址、教场铺城址等。如果把这些史前遗址用一根红线串起来,就会清晰地看到一条蜿蜒曲折的廊道从泰沂山脉北侧的丘陵边缘通过(即“海岱廊道”),将海岱地区和中原地区以及其他地区连接起来,这在一定程度上佐证了:海岱地区与我国黄河中游和中原地区联系非常密切,且文化上的大致同

---

① 栾丰实:《海岱地区古代社会的复杂化进程》,《文史哲》2004 年第 1 期;靳松安:《试论河洛与海岱地区史前文化交流的格局、途径与历史背景》,《中州学刊》2010 年第 3 期。

② 靳桂云等:《山东胶州赵家庄遗址龙山文化炭化植物遗存研究》,见《青岛考古(一)》,科学出版社 2011 年版。

③ 于海广:《山东龙山文化墓葬浅析——兼述山东龙山文化时期的社会性质》,见《山东龙山文化研究文集》,齐鲁书社 1992 年版。

步性，一方面说明了当时中华文明各区系之间的交通相对通畅、区域叠加现象比较明显，另一方面也说明了中华文明各区系之间的相互联系和相互影响也是十分密切的①。这就为后期丝绸之路的繁荣和畅通打下坚实的基础。

同理，“海岱廊道”的南线依旧保持了早期河洛文化与海岱文化交流的通道，除了山东境内的日照尧王城、两城址，还有苏北的藤花落、皖北的尉迟寺等一系列大汶口文化和龙山文化聚落，如果把这些聚落点连接起来，就形成一条东起海岱地区南侧黄海之滨的青岛、日照，经苏北、鲁南、皖北、鲁西南、豫东北直至河洛地区的文化遗址长廊；剔除行政区块划分，这条联结东方和中原的大通道就是“海岱廊道”南线与中原贯通的文化大通道。王守功《山东龙山文化》一书和张学海《试论莒地古文化古城古国》文章中都论述了这条文化遗址长廊的存在，如张学海在《试论莒地古文化古城古国》一文中指出：“莒地龙山文化属两城类型。该类型的范围大体在沂蒙山东南、尼山以东，以鲁东南地区沂沭河流域为中心，北包鲁东胶州、崂山、青岛市区等地，南含江苏淮北东部地区，是龙山文化的主要地方类型之一。除莒地的四个龙山聚落群以外，尚有临沂东部沂沭河中游群，临沂西部、费县东北部、平邑北半部沂河中游、祊河流域群，沂南东部、临沂北境、莒县西南端沂河上游群，苍山南半部、枣庄东南部群，此外北面的诸城中北境、高密南境、胶州西境似有一小群，其东的胶州东北部、青岛市区尚有少数遗址，不足 10 处，未作群体对待；南面的临沭、郯城及同其接境的江苏赣榆、东海、新沂也应有两三个小群，总计达 11 个聚落群，仅山东境内就有遗址 450 处以上，占山东境内龙山遗址总数的三分之一强。”②

所以，到龙山文化后期，连接东方山东半岛和中原地区的“海岱廊道”已经从萌芽状态向比较稳定、明确的文化交通廊道转变。

二、“海岱廊道”的形成

“海岱廊道”定型于夏商周三代，即从公元前 21 世纪到公元前 8 世纪。这一时期是中华民族从蒙昧向文明过渡的阶段，也是“海岱廊道”形成的时期。这一时期的农业、畜牧业、冶炼业、纺织业、医药业甚至商业贸易等多方面得到极大发展，因此中华大地上各个文化区块之间的交融有加快的趋势。夏朝海岱地区的古国遍地开花，各个古国之间互有往来，形成较为稳定的交通廊道；商人箕子率族人东渡，是沿着“海岱廊道”从今胶州湾东渡至朝鲜半岛北部并在当地建立朝鲜王国的③；周朝的周公东征东夷，主战场就在海岱地区，战争进一步荡平了海岱地区与中原地区之间的交流障碍，使“海岱廊道”进一步确定下来。

根据《山东古国古城分布一览表》可知，山东是全国目前所见古国、古城数量最多的省份，迄今为止得到挖掘及保护的三代古城址有 70 多个，这些古城址遍布整个山东，很多延续到秦汉至隋唐，甚至到今天依然与现代化的新城市相依相伴。这说明这一时期的人们已经基本安定下来，完全不会因

① 张学海：《海岱考古与构建山东古代史》，见《海岱考古（第二辑）》，科学出版社 2007 年版。

② 张学海：《试论莒地古文化古城古国》，见《中国古都研究（十六）》，研究出版社 2003 年版。

③ 根据《史记》《尚书大传》《汉书》等史书记载，箕子朝鲜是在公元前 12 世纪至前 2 世纪期间由箕子在朝鲜半岛北部与当地原住民一起创立的政权。

自然、环境因素的改变而经常迁徙;即使有迁徙,也大多是由战争和朝代更替等社会政治因素导致的。如果我们把山东目前所见的古国、古城址连接起来,依然可以看到一条环绕海岱地区南北的环线,向东与山东半岛沿海环线相连,向西与中原腹地相连,显示出“海岱廊道”的畅通。

殷商时期,中原政权和海岱地区的东夷集团之间联系更为密切。商出于夷,这从近几十年豫北和海岱地区的考古发掘中可以推断出。如有学者认为,先商文化也许就是岳石文化的一支,殷商文明很可能有两个先商的源头:使用粗制灰色绳纹的日常烹饪陶器的被统治阶层可能来自豫北冀南的漳河流域;而使用夯土基址、城墙、铜器、文字等有财富和美术价值的宝贵物品的统治阶级,则可能来自东方的海岸地带①。海岱地区的南侧和西侧即处于淮河和鲁西南一带的夷族所构成的一系列方国之地,当初和商朝应当属于联盟关系,所以“海岱廊道”成为他们相互之间密切往来的重要通道。到商朝末期,由于纣王荒淫无道、横征暴敛,导致众叛亲离、联盟关系破裂,其中人方古国带头起义,引发纣王大规模征伐;加之周王的崛起,最终商朝灭亡。商朝灭亡之后,一部分商人遗族又联合起来反对周朝统治,从而引起周公的东征;另一部分商人遗族因不愿做亡国奴而逃亡他方,箕子率族人出走朝鲜就是典型的例证。

周初的箕子出走朝鲜,按照推理,也是由于中原与海岱地区的各个夷族古方国之间有着千丝万缕的联系,并存在“海岱廊道”这一条与海外连接的畅通道路,箕子才能带领大批商朝遗民从中原经“海岱廊道”,在胶州湾渡海循海岸水行,越过成山头向北经庙岛群岛到达辽东半岛,而后继续南下到达朝鲜半岛,最终建立了箕子朝鲜王国。其实,在比箕子早1500年的黄帝时期就已经开拓了中国东西南北的迁徙路径。《史记·五帝本纪》言黄帝,谓“(黄帝)东至于海,登丸山,及岱宗。西至于空桐,登鸡头。南至于江,登熊、湘。北逐荤粥,合符釜山,而邑于涿鹿之阿。迁徙往来无常处”。这是不是黄帝当年真正的行迹已不可考,也难以令人完全信服,但至少当时的人们已经可以以阿城为原点,向东南西北各个方向进行不断的迁徙和往来。其中从泰山到东海(今黄、渤海)的线路,只能沿着泰沂山脉的山前小平原由西往东,直至黄渤海边。特别是泰沂山脉的北侧,从山前往北10—30公里的距离就到达黄泛区,黄泛区内三年一决口,百年一改道,人们是无法在这里长期繁衍生息的。历史上也有多次黄河夺淮河入海的记载,因此,在泰沂山脉的南侧同样会形成狭长的山前小平原与黄泛区隔离开来。我们的先人紧紧依靠泰沂山脉的山前小平原与黄泛区之间的狭长地段进行生活劳作,创造了大量丰富多彩的聚落和古城,从而形成聚落与聚落之间、古城与古城之间进行交往的大通道,这些大通道就成为箕子率领族人渡海去朝鲜半岛的“海岱廊道”。

所以,夏商周三代时期,生活在海岱地区、活动在今泰山周围的众多部落和方国的古人(统称为东夷族),他们在长期的生产生活中创造了光辉灿烂的文明,相互之间逐水草而不停迁徙的生活方式也随着这一时期农业的不断发展、社会中已形成比较稳定的从事农业的人口而固定下来,从聚落慢慢形成城市,再由城市形成古方国。以前经常迁徙的征途以及各个聚落和城市之间相互交流贸易的道路,在长期的行走中固定下来,从而形成稳定的“海岱廊道”。

---

① 中国社会科学院考古研究所、美国哈佛大学皮保德博物馆:《豫东考古报告:“中国商丘地区早商文明探索”野外勘察与发掘》,科学出版社2017年版。

三、“海岱廊道”的历史地位和作用

一个国家和民族不仅要同其他国家、地区和民族进行文化交流，就是在一个国家内部不同地区、不同民族之间也要进行密切的交流。中国作为一个多民族的大国，内部不同文明发展区域和不同民族之间的交流自然十分频繁，“海岱廊道”在中华民族的形成和发展中，起到了不同文化、不同民族之间相互交流与发展的联通作用。

（一）“海岱廊道”对中华文明的起源起到了重要的推动作用

苏秉琦先生曾将中国古代文明划分为六大区块，分别是：以燕山南北为中心的“北方”，以晋陕豫为核心的“中原”，以山东半岛为中心的“东方”，以洞庭湖为中心的“西南方”，以太湖为中心的“东南方”，九江到广州的“南方”。苏先生提出的以山东半岛为中心的“东方”，从地望上看就是考古学上的海岱历史文化区，它与其他文化区之间的交流主要是通过“海岱廊道”进行的。其中，因海岱地区与河洛文化区在地理位置上相邻，双方之间的文化交流也最为密切。所以，从后李文化到大汶口文化时期，中原文化通过海岱廊道对海岱地区文化影响重大；虽然到了龙山文化时期，文化的传播方向发生逆转，但是，传播的路径依然是通过“海岱廊道”完成的。而这一时期正是中华文明的萌芽阶段，因此，“海岱廊道”对中华文明的萌发起到了重要的助推作用。

（二）“海岱廊道”将齐鲁文化推向全国，使之成为中华文明的重要组成部分

齐鲁文化作为地域性的文化，有着独特的文化属性，是海洋文化和内陆文化的结合。但是，随着秦始皇统一中国，其设计的九大驰道之一的东方道进入海岱地区后就并入了“海岱廊道”。秦始皇的五次东巡、三次到达琅琊并派徐福东渡，以及汉武帝的七巡胶东等活动，都带来了齐鲁文化发展的新浪潮；加之“罢黜百家、独尊儒术”，所以齐鲁文化逐渐从一个地域性的文化发展成为整个中华文化的重要组成部分，而“海岱廊道”就是齐鲁文化广泛传播的助推器。

（三）“海岱廊道”是连接陆海“丝绸之路”的重要廊道

“海岱廊道”从它形成之日起就承担着连接东方和中原的责任，所以当统治阶级将皇权的中心建立在长安时，就修建了以咸阳为中心的驰道，其中的“东方道”进入山东后就并入了“海岱廊道”。海岱地区因其富饶的物产和畅通的廊道，成为给统治阶级提供各种物资的材料供应地。特别是丝绸之路形成后，海岱地区的丝绸更是大量运往长安。如《汉书》记载当时最重要的丝绸产地有三处：东织室和西织室，临淄三服官，襄邑（今河南睢县）三服官。东西织室就设在长安，“主织作缯帛之处”，每年费钱五千万；而临淄“三服官”专为皇室提供大量丝织品，每年花费数亿钱；襄邑三服官的产品主要供九卿以下官员作服饰之用，每年费钱五千万。所以“故时齐三服官输物不过十笥，方今齐三服官作工各数千人，一岁费数巨万……三工官官费五千万，东西织室亦然”①。临淄三服官的精美丝织品全

① 〔东汉〕班固：《汉书》卷七十二，中华书局 1962 年版，第 3070 页。

部通过“海岱廊道”运往京城长安，除汉皇室自己消费一部分外，其他或用于赏赐，或走上西出长安的漫漫丝绸之路。再如20世纪初敦煌出土了西汉时期的“任城国亢父缣”，也证明山东海岱地区的丝绸已成为丝绸之路西行的重要货源地。如果从丝绸之路的形成和顺利发展的角度看，东方的海岱廊道已经和西部的天山廊道一样不可或缺，它将山东半岛的诸多优质古港口串联起来，使中国与东北亚之间的海上丝绸之路北航线紧密相连。

“海岱廊道”向东与山东半岛的诸多优质古港口连接并将之串联起来，循海岸水行，经渤海湾口的庙岛群岛到达辽东半岛，继续南下到达朝鲜半岛，经对马海峡到达日本列岛，这是著名的“海上丝绸之路”北航线，是中国与东北亚之间紧密相连的海上大通道，也是中华文明向东北亚传播的重要通道。例如，隋唐时期，遣隋使和遣唐使还主要经过“海上丝绸之路”北航线来中国。虽然唐朝末年已经开辟了南方经东海到达日本的航线，但因造船技术和人们对海洋季风洋流等认知能力的限制，经常发生船毁人亡的事件。如《鉴真东渡日本》中记载“然东海风骤浪高，或船覆，或粮匮，或失向，历十二载，五渡未成”。因而大批去高丽和日本的商船更多还是从山东半岛出发，走成熟的“海上丝绸之路”北航线。

总之，“海岱廊道”是连接陆海“丝绸之路”的重要交通廊道，也是不同文化区系进行文化交流的重要廊道。深入研究“海岱廊道”的产生、发展及其对中华文化的重要作用，对于今天我们共商共建共享“一带一路”具有启迪意义。

庙岛群岛与海上丝绸之路

山东大学历史文化学院、国家文物局水下文化遗产保护中心　梁国庆

近几年,海上丝绸之路研究成为学界的显学,无论官方还是民间,很多地方都在加强对这方面的研究,尤其南方沿海的浙江、福建、广东、广西等省区更是取得了丰硕的研究成果。相比较而言,北方对这方面的研究却相对较少。笔者曾先后两次前往长岛开展水下考古调查工作,因为工作需要,查阅了一些相关资料,并做了一些粗浅的思考。本文试图通过考古发现材料,结合文献记载,初步探讨庙岛群岛在古代海上丝绸之路上的意义和价值。

一、海上丝绸之路的几点思考

要探讨庙岛群岛与古代海上丝绸之路的关系,我们首先避不开的就是对丝绸之路的理解。

(一)传统意义上的海上丝绸之路

众所周知,“丝绸之路”这一名词最早由普鲁士地质学家李希霍芬于1877年提出,并定义为从公元前114年到公元127年,中国与河中(指阿姆河与锡尔河之间)以及中国与印度,以丝绸贸易为特点的西域交通线①。而“海上丝绸之路”是“丝绸之路”概念提出以后,基于东西方之间陆、海交通统一性的传统史观提出的②。著名东方学家沙畹于1903年在其《西突厥史料》中含糊提及丝绸之路有陆、海两道,北道出康居,南道为通印度诸港之海道③。由此可见,“海上丝绸之路”的原意是指大约公元前114年到公元127年间,与陆上丝绸之路相对的、从海路通往印度诸港的航道,即学界所谓的“南海航线”。

海上丝绸之路起初是指中国前往东南亚、印度洋的南海航线,这一现象导致部分学者认为中国北方沿海与海上丝绸之路关系不大,从而很少有学者以海上丝绸之路研究的视野关注北方沿海。

随着丝绸之路(含海上丝绸之路)研究的不断深入,其内涵和外延都在不断丰富。一个多世纪以来,海上丝绸之路逐渐成为与东西方交流约定俗成的代称。丝绸之路不只有西出康居的沙漠之路,

---

① Ferdinand von Richthofen, *China, Ergebnisse Eigener Reisen und Darauf Gegründeter Studien*, Bd. 1, Berlin, 1877, P477、496、500、507.

② 吴春明:《对“海上丝绸之路”研究有关问题的重新思考》,《南方文物》2016年第3期。

③ (法)沙畹著,冯承钧译:《西突厥史料》,中华书局2004年版,第208页。

同时还具有很多分支线路，主要包括草原之路、海上交通（海上丝绸之路）、唐蕃古道、中印缅路、交趾道等[①]。同样，有的学者将中国、日本和朝鲜半岛之间的海上交流通道称之为“东方海上丝绸之路”或者海上丝绸之路“东海航线”，与中国通往东南亚、印度洋沿岸的“南海航线”共同组成“海上丝绸之路”。

（二）东海航线

东海航线主要指中国同朝鲜半岛、日本之间环绕黄海、东海北部相互交往的海上航线，其实质是环绕黄海、东海北部的贸易圈。新安沉船就是东方海上丝绸之路的见证者。我国著名考古学家白云翔在对东北亚文化交流进行考古学研究的基础上提出“环黄海之路”[②]，这对我们认识和研究这一航线具有重要启发意义。根据研究，东海航线主要有以下三条。

登州道：形成于秦汉之际，北宋之前为主要航线，这是最早通往朝鲜半岛、日本的海上航线，相关文献记载较多。最初的航线是从登州出发，沿长山列岛渡渤海海峡，沿辽东半岛南海岸抵达朝鲜半岛，沿朝鲜半岛海岸线南下，穿过对马海峡，最终到达日本列岛的北部。这条线路被称为北路航线，又称北路北线。经章巽先生考证，该航线至迟在西周时期已经形成。

黄海道：形成于5世纪左右，受高句丽称雄辽东影响，航线从山东半岛、江苏境内古代港口横跨黄海，直达朝鲜半岛西海岸。

明州道：本航线又分南北两条，北线形成于秦汉，直至隋唐时期才成为中、日、朝之间的主要航道，由东南沿海直接横渡东海，抵达朝鲜和日本；南线从江南的扬州、盐城、明州发帆，横渡东海南部至奄美群岛（琉球群岛北部），逐岛北上至日本九州，此即著名的“南岛航线”，该航线始于8世纪初。

（三）“沿海道”的提出

“沿海道”指沿中国海岸线南北航行的海上通道，这条海上交通线路至迟在战国时期已经出现，秦汉时期已经形成，唐宋时期日趋成熟，元代开海运就是利用的这条航线。航线后期发展成为我国沿海的北洋、南洋两大航线。

这条航线在不同时期的航行范围不同，甚至有的时期，航线是间断性、不连续的，具体可以分为以下三种情况：一是商船为了客源、货源等问题，先沿沿海港口航行，待航行到一定阶段再渡海而去；二是商船直接沿海航行至朝鲜、日本；三是部分商船将南北物资在沿海港口间进行交易或运输，而不远航国外。这条航线不仅使中国南北通过海路互通有无，还将海上丝绸之路东海航线与南海航线沟通，使二者成为海上丝绸之路的重要补充，甚至有些时期，可以称之为支线。绥中三道岗沉船很可能是其见证[③]。

有关“沿海道”的文献记载颇多，考古实证材料也不少。文献记载方面，如《孟子·梁惠王下》记载：齐景公问于晏子曰“吾欲观于转附、朝舞，遵海而南，放于琅邪”。《史记·吴太伯世家》记载：吴

---

① 林梅村：《丝绸之路考古十五讲》，北京大学出版社2006年版。

② 白云翔：《公元前一千纪后半中韩交流的考古学探究》，《中国国家博物馆馆刊》2018年第4期。

③ 吴春明：《“北洋”海域中朝航路及其沉船史迹》，《国家航海》2011年第1期。

王率军“从海上攻齐，齐人败吴，吴王乃引兵归”。《后汉书·东夷列传》记载：“马韩之西，海岛上有州胡国……乘船往来，货市韩中。”明代天启末年，朝鲜贡使一度由登州改道觉华岛入山海关朝贡，具体路线是：自旅顺口至铁山嘴，再至羊岛、双岛、南汛口、北汛口、觉华岛，最后在宁远卫登陆，至曹庄驿。接下来，便走海路朝贡之前的辽东旧路，即经山海关入明朝贡。据统计，仅1629—1636年间，朝鲜贡使取道觉华岛的次数就达7次①。考古资料方面，如宋蓉、滕铭予两位学者就汉代胶东半岛、辽东半岛与长江中下游地区的海路交流进行了考古学研究②。

二、先秦时期，庙岛群岛为“登州道”的开辟创造了条件

众所周知，人类的早期航海活动受造船技术、航海经验等方面的限制，主要是沿海岸线而行，跨海航行的活动基本是偶发性现象，无法持续。而庙岛群岛优越的自然条件使其成为胶东半岛和辽东半岛之间的海上“陆桥”，使得早期跨海航行成为可能。

庙岛群岛又称“长山列岛”，古称“沙门岛”，位于胶东半岛和辽东半岛之间，黄海、渤海交汇处，主要由南北长山岛、南北隍城岛、大小黑山岛、大小钦岛、庙岛、砣矶岛等岛屿组成，众多岛屿南北向排布，纵贯渤海海峡南部，占据了海峡3/5的海面。其中，北隍城岛至辽宁大连老铁山距离最远，也仅42余公里，天晴时，可以清晰看到对岸。这些海岛如同锁链共同组成了山东半岛与辽东半岛之间的跨海“陆桥”。长岛县发现过龙山时代的艉，长岛周边海域发现过原始石锚③，胶东半岛东端的荣成龙须岛郭家村出土过一艘不晚于商周时期的独木舟④。原始居民正是驾驶这些船，往返于庙岛群岛各岛及辽东半岛和山东半岛之间。

庙岛群岛上的考古发现证明，胶东半岛、辽东半岛自新石器时代以来就通过庙岛群岛进行海上交流。根据第三次文物普查成果，庙岛群岛共发现新石器时代遗存16处，其分布包含了南北长山岛、大小黑山岛、砣矶岛、大小钦岛和南北隍城岛等南北主要岛屿。经严文明、王锡平、王富强等先生研究发现，胶东半岛通过庙岛群岛与辽东半岛的海上交流至迟在距今六七千年前就已经开始，而且其航路随着不同文化的兴衰而兴衰⑤。

20世纪90年代，国家博物馆水下考古研究中心曾组队在庙岛西塘海域进行水下调查，发现数片龙山文化、岳石文化陶片⑥，长岛县渔民在北隍城岛北、大钦岛东、砣矶岛东和大黑山岛南海域作业时自水下打捞出岳石文化时期的红陶甗，其中2件保存完整。庙岛群岛发现的商周时期遗址较少，

---

① 陈长文：《雄关漫道：明末朝鲜贡使的山东之行》，见《中国与周边国家关系研究》，中国书籍出版社2013年版，第140～165页。

② 宋蓉、滕铭予：《汉代胶东半岛、辽东半岛及长江中下游地区海路交流的考古学例证》，见《边疆考古研究·第7辑》，科学出版社2008年版，第202～213页。

③ 宋承钧、史明：《胶东史前文化与莱夷的历史贡献》，《东岳论丛》1984年第1期。经咨询长岛县文物部门，船艉及石锚皆已不见，其年代是否为龙山时代需进一步考证。

④ 王永波：《胶东半岛上发现的古代独木舟》，《考古与文物》1987年第5期。

⑤ 中国社会科学院考古研究所山东队：《山东省长岛县砣矶岛大口遗址》，《考古》1985年12期；北京大学考古实习队等：《山东长岛北庄遗址发掘简报》，《考古》1987年第5期；北京大学考古实习队等：《山东长岛县史前遗址》，《史前研究》1983年第1期；王锡平：《从出土文物看胶东半岛与辽东半岛史前时期的海上交通》，《海交史研究》2004年第2期。

⑥ 国家博物馆水下考古研究中心材料。

商代遗址仅2处,周代遗址有8处,其中长岛王沟东周墓①、大竹山岛战国墓②中出土了一批青铜器,据研究,王沟墓地可能与姜齐康公家族有关③(《史记·田敬仲完世家》载“太公(田和)乃迁康公于海上”);另外,黑山南砣子海域曾打捞出一件青铜簋,该器物虽然破损,但不排除是航海活动的产物。

三、汉唐之际,庙岛群岛是海上丝绸之路东海航线的主要航道

秦汉之际,“沿海道”与“登州道”皆已经形成。汉唐之际,“循海岸线而行”依然是最安全、最通用的航海方式,因此庙岛群岛依然是海上丝绸之路东海航线的主要航道。

《史记·秦始皇本纪》载:秦始皇东巡,“并勃海以东,过黄、腄,穷成山,登之罘……南登琅邪”。可见,秦始皇东巡时所经过的主要为当时“沿海道”上的著名港口。《史记·秦始皇本纪》又载:“始皇梦与海神战……乃令入海者赍捕巨鱼具……自琅邪北至荣成山,弗见。至之罘,见巨鱼,射杀一鱼。遂并海西。”可见,秦朝时期,“沿海道”已经十分成熟。考虑到当时的航海技术,徐福东渡日本所选择的线路可能就是通过庙岛群岛的“登州道”④。

庙岛群岛上汉、魏时期的遗址发现较少,汉代遗址有8处,其中2处为城址,其余皆为墓地。另外需要指出的是,在水下考古调查期间,当地渔民指出庙岛群岛北端的南隍城岛上发现了大量的汉代五铢钱,并且在南北隍城岛之间的海道中也发现过汉代五铢钱和铜镜。由这些发现结合文献记载可知,庙岛群岛是通往辽东、朝鲜半岛乃至日本的主要通道。《史记·朝鲜列传》载汉元封二年“天子募罪人击朝鲜。其秋,遣楼船将军杨仆从齐浮渤海,兵五万人……”“从齐浮渤海”就是指借道庙岛群岛的“登州道”。《后汉书·光武帝纪》载建武中元二年“东夷倭奴国王遣使奉献”,很有可能也是经过庙岛群岛。光绪《增修登州府志》卷十三记载,东汉永初三年,“海贼张伯路等三千人寇海滨九郡。征法雄为青州刺史,与御史中丞王宗讨之。贼遁走辽东,止海岛上。五年春,乏食,复抄东莱间。初平元年,公孙度为辽东太守,越海收东莱诸县”。三国曹魏继承了这一路线:“景初二年,司马懿伐辽东,屯粮于黄县,造大人城,船从此出。”东晋南北朝期间,由于高句丽与日本敌对,日本无法继续走“登州道”,迫不得已开辟了危险度更高的“黄海道”⑤。此时,高句丽、新罗、百济同中原王朝的交往多经海路。据孙光圻先生研究,南朝与高句丽交往就是从长江口出海北上,经东海、黄海,绕山东半岛,从庙岛群岛渡渤海海峡⑥。

隋唐时期,庙岛群岛隶属登州,在海上丝绸之路东线中的地位达到顶峰。隋朝四次讨伐高丽,舟师皆自东莱渡海,可见庙岛群岛在中朝海上交通中的地位。唐太宗时期继续东征高丽。《册府元龟》卷一一七记载:贞观十八年,平壤道行军大总管张亮率战舰五百艘,自莱州渡海至平壤。随后的贞观二十一年、二十二年,唐太宗再次讨伐高丽,舟师均自东莱渡海,经过庙岛群岛。《太平广记》卷四十六记载:“唐贞元十一年……乃从新罗王子过海。于大谢公岛。夜遭风……”大谢公岛即长山岛。

---

① 烟台市文物管理委员会:《山东长岛王沟东周墓群》,《考古学报》1993年第1期。

② 李步青、林仙庭:《山东省长岛县出土一批青铜器》,《文物》1992年第2期。

③ 林仙庭:《“迁康公于海上”地望考》,《管子学刊》1992年第2期。

④ 刘凤鸣:《山东半岛与东方海上丝绸之路》,人民出版社2007年版,第62~67页。

⑤ (日)木宫泰彦著,胡锡年译:《日中文化交流史》,商务印书馆1980年版,第39页。

⑥ 孙光圻:《中国古代航海史》,海洋出版社1989年版,第213页。

《新唐书·地理志》中对"登州海行入高丽、渤海道"的记载表明,"登州道"已经成为当时中国通往海外的最重要的七条通道之一,并且是仅有的两条海上通道之一。可以说,这条航路在唐代中期以前是中日、中韩海上交通的主要航线。当然,南朝时,横渡黄海的"黄海道"也已经出现,但在唐中宗以后,"黄海道"才日益重要。

考古发现可以为隋唐时期的历史文献提供佐证。庙岛群岛现发现唐代城址 3 处、摩崖石刻 1 处、古代港湾 2 处、墓地 1 处。砣矶岛曾有记载唐平壤道行军大总管张亮渡海时祈拜东海龙王及其夫人等内容的石刻①,可惜已毁。长岛县最北端的北隍城岛山前村南现存隍城岛城址,当地居民称唐王城,古城依山而筑,东西为悬崖峭壁,南面临海,北有城门遗迹。北城城址位于长岛县北长山乡北城村北部,呈长方形,南北宽约 200 米,东西长约 330 米。城址现仅存一段东西长 112 米、南北宽 8 米、高 7.5 米的北城垣以及一段东西长 11 米、南北宽 5 米、高 3.6 米的南城垣。整个城垣由黄土和砾石分层夯筑而成,夯层较均匀,夯土层厚 10—15 厘米,砾石层厚 5—10 厘米。隍城岛城址和北城城址是唐宋时期戍城和寨城的遗存,据《新唐书·地理志》《新唐书·东夷高丽列传》《登州府志》等文献记载分析,二者可能是唐王当时为东征储粮蓄械而建,后为乌湖戍和大谢戍所在,这对研究中外文化交流以及民族文化史具有重要意义。南城古港湾遗址位于长岛县南长山街道南城村西河口处,调查得知南城古港平面原呈八字形,其东部为一潟湖,早期船舶多停靠在此处。河口伸向海里的部分,南北两侧建有石砌锚坝,水下调查中曾发现部分水缸和陶瓷器,其中年代最早的为唐代。古港东约 100 米处原有一座唐代古城,20 世纪 50 年代被毁。套里古港位于砣矶岛井口村南部,现保存有东坝约 140 米,西坝约 190 米,挡浪坝(分波堤)约 90 米。东西两坝为石砌护坡墙,挡浪坝(分波堤)横亘于港湾中部,由大石块堆砌而成。套里古港原为一潟湖,由南北两个部分组成,北部旧称"套里",现已淤塞。

四、宋元以来,庙岛群岛在海上丝绸之路上的地位受到挑战

南朝、唐宋以来,受战争等因素影响,大量人口南迁,南方经济发展,中国的经济重心开始南移,并且随着南方的开发,海外贸易逐渐繁荣。同时,宋代造船技术和航海技术取得重大进步,尤其指南针在航海中的应用,使这一时期的航海能力也有了巨大进步。加之北方常年受战争影响,海上交通经常受阻,故被迫开通新的航线如"黄海道""明州道"等。虽然途经庙岛群岛的"登州道"已经十分成熟,但还是因新航线的开通而逐渐没落。与此相反,南北海上交流逐渐繁荣,庙岛群岛在"沿海道"中的地位却日益凸显。

光绪《增修登州府志》记载:"沙门岛,在城西北六十里海中。凡海舟渡辽者,必泊此以避风。上有龙女庙,俗呼为庙岛……乾德元年,女真国遣使献名马,蠲登州沙门岛民税,令专治船渡马。"又载:"(宋)庆历二年,郡守郭志高奏置刀鱼巡检。水兵三百戍沙门岛,备御契丹。"《宋史·太祖本纪》记载:建隆三年,"索内外军不律者配沙门"。《宋史·食货志》载,元祐三年制:擅乘船入界河及往高丽、新罗、登莱州郡者,罪以徒,往北界者加等。光绪《增修登州府志》也记载:"元人通海运,于沙门

---

① 樊文礼:《陀矶岛唐代石刻文补正》,《鲁东大学学报(哲学社会科学版)》2013 年第 2 期。

岛设监置戍，其时与城北为二社，明时移二社之民附近郭而空其岛。"可见，由于政治和军事斗争等，沙门岛的军事化日益严重，庙岛群岛所在的"登州道"的对外交流作用逐渐弱化。此时，文献对南方航线的开辟也有记载。《宣和奉使高丽图经》记载，"若海道，则河北、京东、淮南、两浙、广南、福建皆可往"，"自元丰以后，每朝廷遣使，皆由明州定海放洋，绝海而北"。由此可见，"登州道"的地位受到冲击。

宋元以来，庙岛群岛成为南北海上交流必不可少的中转站和繁荣的贸易集散地。光绪《增修登州府志》记载："贞观二十二年将伐高丽，敕沿海具舟舰为水运，遣长史强伟于剑南道伐木造舰，自巫峡抵江扬，趋莱州。"道光《重修蓬莱县志》记载："海运之法，自秦有之。逮隋代开皇年间馈运不通，周罗睺由东莱泛海。"当时蓬莱境内的航道分南北两道，道光《重修蓬莱县志》"邑境海运南道"条记载："凡海船自南而北行者，行南道，至福山县界之之罘岛开船，则赴邑境沙门岛湾泊，约一百八十里。岛东南汪，周围二三里，可容船一百余只，避西北、东北、正北风。其中间所过水面：西六十里经八角嘴；又西五里，回避龙洞嘴；又西五十里，回避四石；又一二里……自沙门岛开船，南三十里回避大石栏；又西六十里至黄县界之桑岛，即出蓬莱界。"又"邑境海运北道"条记载："凡海船自北而南者，行北道，由黄县界桑岛开船，若值西北风，向东北艮字行使则至庙岛湾泊，约计程一百里……岛间水深丈余，可泊数十艘，避北风。上有天后宫。洋船往来于直沽者，必于此湾泊，盖海道咽喉之地。"

庙岛群岛的考古发现也可略做印证。庙岛群岛现发现宋代遗址 13 处，其中城址 1 处、古港湾 6 处、矿坑遗址 1 处、寺庙遗址 1 处、墓群 4 处。庙岛故城遗址位于长岛县北长山乡庙岛村，因遭破坏，现仅存城墙遗迹。庙岛故城遗址应为宋代沙门寨寨城旧址。

庙岛显应宫位于长岛县北长山乡庙岛村，分外垣和内庭两部分，外垣包括戏楼、台基和堞墙，内庭则为三进院落：前院有山门、钟鼓楼和前殿；中院以大殿为主，包括前轩、东西廊坊；后院有后宫、穿廊和左右配房。据文献记载，庙岛显应宫始建于北宋宣和四年（1122），最初是沙门岛佛院。随着元代建都北京及海运的繁荣，改为妈祖庙，又称海神娘娘庙。明崇祯元年（1628），皇帝下旨扩建庙宇，并赐庙额"显应宫"。可以说，庙岛显应宫是南北海上贸易的产物。

庙岛群岛上还发现了 1 处矿坑遗址和 4 处宋代墓地。砣矶砚矿坑遗址位于长岛县砣矶镇西村山西海岸，俗称彩石坑。砣矶砚亦称金星雪浪砚，最早开采于宋代，清代时成为贡品。庙岛群岛发现的 4 处宋代墓地中，后沟墓地经过发掘，不仅出土有北宋钱币，还出土有景德镇烧制的瓷器①。

另外，庙岛群岛海域还发现了一些宋元以来的文物，虽然不是考古调查发现，但也足以说明当时海上贸易的繁荣。例如，老东礁海域曾发现宋代韩瓶 20 余件；南长山岛半劈山海域发现多个碇石，碇石整体呈长条状，正中部有一方形凹槽，为连接木质锚杆处；北长山岛、庙岛西塘、小钦岛、南隍城岛海域发现明清时期的瓷器，且多为完整器物，同类产品在福建、西沙群岛海域也有发现，为海上贸易产品。

庙岛显应宫内存放的发现于南隍城海域的木质船舵，通长 11.78 米，残舵叶高达 6.42 米。2017 年考古工作人员在该海域水深 50 多米处又打捞出一木质桅杆，残长 26.23 米，为国内现存最长的古

① 沈荣民：《山东长岛县发现宋墓》，《考古》1998 年第 5 期。

代木质桅杆,经 C14 测年,其年代为清代中期。松浦章先生所著《李朝漂着中国帆船の问情别单について》中引《备边司誊录》记载,乾隆四十二年(1777)十一月十七日茂长漂着船,体量与之相似,可以略作对比。据记载,该船为商字 69 号,全长 10 丈(32 米),船宽 1 丈 6 尺(5.12 米),中桅杆高 9 丈(28.8 米),自天津大沽营贸易棉花、枣子欲往广东交易,行至山东省登州界时,西北风大作,大船逐渐沉没,船员乘坐小船漂流至朝鲜半岛。清代,"沿海道"依然十分繁荣,南隍城海域发现的船舵、桅杆及《备边司誊录》中记录的清代商船,正是庙岛群岛在"沿海道"最后繁荣的见证。

随着烟台开埠,船只多去往烟台港,庙岛群岛逐渐失去其在海上丝绸之路上的中转站和候风补给处的独特地位,逐渐没落。

五、结语

庙岛群岛海上交通已有六七千年的历史,几经兴衰。总体来看,在人类航海行为早期,造船技术和航海技术尚不成熟,庙岛群岛依据其独特的自然属性,在海上交流中占据了重要位置,并在早期的东方海上丝绸之路航道中处于最重要的地位,这一现象一直持续到南朝、唐宋。其后,庙岛群岛逐渐为航行时间更短、效率更高的"黄海道""明州道"所挑战甚至取代。同时,随着南方经济的发展,尤其是元代以来政治中心迁往北京,南北交流持续深入,政治需要及经济需求使庙岛群岛又依据其渤海咽喉的地理位置再次复兴,成为南北方海上交流的重要枢纽,并融入海上丝绸之路的大航线中。

清末以来,庙岛群岛在海上交流中的作用越来越小,其贸易港口的作用甚至消失,仅成为渤海湾内的海上交通通道。如何认识其发展、繁荣与衰落的原因?笔者认为,用传统的大陆性思维去思考这一问题是很难的。苏秉琦先生亦曾提出渤海好比中国或东方的地中海①;白云翔先生提出了"环黄海之路"。庙岛群岛恰恰就在渤海、黄海之间,可以说是环渤海、黄海两个贸易圈的通道,而"沿海道"又将黄海、渤海贸易圈与南海贸易圈相连接,并将庙岛群岛纳入海上丝绸之路的大贸易圈中。法国年鉴学派的代表费尔南·布罗代尔的扛鼎之作《菲利普二世时代的地中海和地中海世界》一经问世,其以海洋思维研究地中海贸易的方式引起强烈反响。法国著名经济学家弗朗索瓦·吉普鲁继承了这一思维,将北起符拉迪沃斯托克、南达新加坡的这一东亚海上走廊称为"亚洲的地中海"②进行研究。笔者认为,未来用海洋思维进一步深化对庙岛群岛与海上丝绸之路的研究,也许能取得更好的成果。

---

① 严文明:《长岛考古琐记》,《中国文化遗产》2013 年第 5 期。

② (法)弗朗索瓦·吉普鲁著,龚华燕、龙雪飞译:《亚洲的地中海:13—21 世纪中国、日本、东南亚商埠与贸易圈》,新世纪出版社 2014 年版。

论古代山东沿海居民的神仙信仰

山东师范大学历史文化学院 朱亚非 山东工程职业技术大学 张贵芳

山东沿海居民与海洋的关系不仅是地理位置的濒临，更是一种精神上依存与被依存的关系。沿海居民对海洋有着难以用言语表达的别样情怀，海洋带给人们生存的希望和条件，但与此同时，海洋的变幻莫测又威胁着人们的生命、财产安全，沿海居民对海洋有一种既依赖又抗争的情感关系。基于以上种种原因，海神等神仙信仰应运而生。人们无法完全掌握变化莫测的海洋，只能寄希望于各类海神。在山东沿海居民心目中，海神能够保佑他们，能带给他们出海的勇气和希望，海神信仰也就成为山东沿海居民永恒不变的精神寄托，世世代代接受着山东沿海开放、尚海的文化传统的洗礼。

古代山东沿海居民的原始海神等信仰繁多而复杂，各沿海区域亦有微妙的不同。古代山东沿海海区，北面称作北海、渤海，东面称作东海，故而神仙信仰多元不一，本文主要探讨以海神为主体的山东沿海居民的神仙信仰。

一、山东沿海居民原始神仙信仰

《山海经 · 大荒东经》中载：“东海之渚中，有神，人面鸟身，珥两黄蛇，践两黄蛇，名曰禺虢。黄帝生禺虢，禺虢生禺京，禺虢处北海，禺京处东海，是为海神。”①由此可见，北海的禺虢和东海的禺京是山东沿海先民较早信仰的两个海神。除了禺京和禺虢，还有一位原始海神名曰“忽”，居于北海，控于渤海。后来，取代禺京和禺虢的是名为“阴主”的海神。司马迁在《史记 · 封禅书》中记载了齐地的八神信仰：“一曰天主……四曰阴主，祠之三山。五曰阳主，祠之罘。六曰月主，祠之莱山。皆在齐北，并渤海。七曰日主，祠成山。成山斗入海，最居齐东北隅，以迎日出云。”②这里所说的“阴主，祠之三山”中的“三山”即今莱州正北、渤海湾畔的三山岛。而三山岛附近的过西村，据考证是夏代方国所在地。唐司马贞《史记索隐》云：“过，寒浞之子浇所封国也，猗姓国。”莱州除了阴主祠，还存在海水祠和万里沙祠，《汉书 · 地理志》载东莱郡“临朐有海水祠”，东莱郡“曲城有三山万里沙祠”。海水祠和万里沙祠皆供奉着海神，但具体是哪一个海神则不甚清楚了，这种海神的模糊性也是山东沿海居民原始信仰模糊性的表现。随着时代的发展，海神信仰走过了一个由模糊逐渐明朗、固定的过程。

---

① 袁珂校注：《山海经校注》，上海古籍出版社 1980 年版，第 350 页。

② 〔西汉〕司马迁：《史记》卷二十八，中华书局 1963 年版，第 1367 页。

先秦是山东沿海居民传统海洋神仙信仰的奠基时期，百家争鸣式的文化氛围使得各种信仰学说找到了生根发芽的文化土壤。正是在这种社会大背景下，齐国出现了方仙道信仰，这种信仰是山东沿海早期神仙信仰的重要组成部分。方仙道信仰不是以信奉某一个神灵为表现方式的信仰，而是一种虚幻的理论和思想信仰。方仙道和道教实则一脉相承，其主要内容是宣传海外有仙人、仙山、仙境、仙药等，鼓励人们“求仙”，从而长生不死，得道成仙，济世救人。这种源于山东沿海地区的神仙信仰在秦汉时期达到顶峰，秦始皇、汉武帝非常迷信方仙道，不惜耗费大量人力和物力，多次遣人“入海求仙”，虽屡屡受挫，但帝王们“寻仙”之心一直未曾动摇，徐福出海东渡便深刻地折射出方仙道信仰在当时的盛行状况。

方仙道产生于齐威王、齐宣王和燕昭王时期，从事此种活动的人称为方士，即方术、方技之士。他们吸收了道家和阴阳家的思想，专门研究求神仙、炼丹药之术。他们宣传人可以得道成仙、长生不死，他们“为方仙道，形解销化，依于鬼神之事”①。方仙道宣传的神仙思想自产生以后经过众多方士的大力鼓吹和宣扬，一直盛行不衰，并成为秦汉方士们的共同思想基础。随着齐地东部沿海地区航海业的发展和“海市蜃楼”的缥缈景象的屡屡出现，逐渐形成了“蓬莱三山仙境”说。蓬莱、方丈、瀛洲“三神山”成为一个美妙的、令人向往的神仙世界，给人们描绘了一种追求永生的无比美妙的虚幻景象。顾颉刚等历史学家认为当时方士的出现与对神仙的幻想有关，陈寅恪先生也指出神仙学说的起源及其道术的传播多与滨海地区有关。据考证，早在五六千年以前，今山东半岛就已经有了人类活动，而海市蜃楼现象经常出现于此地，这便为神仙思想的产生奠定了环境基础。夏、商、周三代，该地域形成了独特的东夷文化，并在西周早期与中原文化相互交融、相互影响。海市蜃楼现象是中国神仙文化产生的直接原因，而神仙之说遍布燕齐一带滨海区域。由此可以看出，方士的产生大概首先来自对海市蜃楼现象的解释，因为当时无法用科学观点探讨海市蜃楼现象，于是只能宣扬神仙之说，并通过道术将自身与海外神仙世界相联系，以此来解释海市蜃楼现象。同时，也借机提高方士的自身价值，使其最终取得帝王的信任，奠定方士神仙文化阶层的独特社会地位。对于沿海民众而言，海市蜃楼是一种精神追求与向往，也让人们相信有神仙的存在。

方仙道将道家学说和邹衍的阴阳五行学说相结合，形成了齐地方士寻求仙药的活动。顾颉刚在《秦汉的方士与儒生》一书中说：“仙人是燕国的特产，这风尚及于齐国；仙人的道是修炼来的；仙人的居地在燕国东边和齐国北边的渤海。”战国时期齐国方士最活跃的地区就是以今蓬莱和龙口为中心的齐国东部沿海地区，这里也就成为当时方士的集中之地。徐福是山东沿海一带方士集团中最为杰出的代表，阴阳五行学说和求仙不老学说自然成为徐福的思想渊源和从事方士活动的理论基础，徐福也迅速成为当时全国最著名的方士之一。

徐福的成就主要依托于齐地的方仙道，而他的出海求仙之旅又极大地促进了方仙道的兴盛。徐福作为方士，除了会以方术宣扬长生不死的神仙之道和求长生不老药，还精通天文、历谱、五行、医药等，可谓博学多才，这也正是他能够得到秦始皇信任和重用的关键所在。徐福作为有名的方士，求仙等活动足迹遍及山东沿海各地。在上书秦始皇之前，徐福在山东半岛及沿海一带开展了一系列活

① 〔西汉〕司马迁：《史记》卷二十八，中华书局1959年版，第1368～1369页。

动，积极宣传自己的思想理念，尤其是宣传神仙思想和三神山的传说，这对于方仙道思想在山东沿海地区的传播起到了重要作用。

徐福率三千童男童女远走海外的壮举如神话般充满了传奇色彩，故而长久地为人们所津津乐道。司马迁的《史记》作为“史家之绝唱”对中国历史的研究有着权威性的价值，《史记》对徐福出海求仙的事迹也有过专门的记载。《史记·淮南衡山列传》载，徐福出海归来对秦始皇说：“臣见海中大神，言曰：‘汝西皇之使邪？’臣答曰：‘然。’‘汝何求？’曰：‘愿请延年益寿药。’神曰：‘汝秦王之礼薄，得观而不得取。’……于是臣再拜问曰：‘以令名男子若振女与百工之事，即得之矣。’”秦始皇大悦，“遣振男女三千人，资之五谷种种百工而行。徐福得平原广泽，止王不来”①。徐福此番出海就再也没有回来，而秦始皇也病死在出巡途中，最终也没有等来徐福及仙药的音讯。

徐福是古代中国与海外交流的先驱人物，徐福东渡是有记载的中国早期远走海外的壮举。这对中国、日本乃至世界都产生了重要的影响。日本人世代传说，徐福利用其所带去的童男童女、谷种、百工、药物和生产技术等教导当地人民种植水稻、制作农具、发展生产，使他们能够世世代代自给自足，生存繁衍下去。徐福也因此被当地人尊为“司农耕神”和“司药神”。徐福东渡也扩大了中国在日本列岛、朝鲜半岛及附近地区的影响，开启了中、日、韩友好交往的局面，至今对于三国的交往仍具有积极意义。

方仙道是早期山东沿海居民信仰的一个重要方面，方仙道信仰使得早期山东沿海居民对大海世界充满着无限的遐想与思索，方仙道信仰中所隐含的“仙山仙药”“长生不老”思想也激发了沿海居民的冒险意识。正是有这种思想和信仰的支撑，山东沿海先民才初步具有了“开放”“勇敢”的精神特质。除此之外，其他海神信仰传统也源远流长。古代山东沿海的海神中，最为人所熟知的还有龙王、海神娘娘、船菩萨等。山东沿海居民的龙王和海神娘娘信仰由来已久，沿海居民对龙王的信仰一是源于自古以来传统的民间传说和信仰，二是由于朝廷对海龙王的不断加封，使得民间信仰上升为官方信仰，从而加深了民众对海龙王的信仰力度。宋仁宗对四海海神进行过一次朝廷加封，“东海为渊圣广德王，南海为洪圣广利王，西海为通圣广润王，北海为冲圣广泽王”②。山东沿海的东海神庙中供奉的便是龙王和海神娘娘。明代时，东海神庙经历了一次大规模扩建，大殿中供奉的是东海龙王神像，四壁有彩绘海神龙王“出宫入跸图”，风伯、雨师、雷公、电母诸神围绕左右。大殿后院则是龙王与海神娘娘的寝殿，也称作“娘娘庙”。除了龙王和海神娘娘，山东长岛一带的渔民还普遍信仰船菩萨，表现之一便是当他们下海捕鱼有所收获时，往往将捕到的第一网鱼供奉给船菩萨，以求船菩萨的保佑。可以说龙王、海神娘娘、船菩萨等海神信仰在山东沿海居民中是普遍存在的。

除了人们通常虚构、幻想的各种海神形象，山东沿海的渔民还经常将海里的动物作为海神加以信仰。其中最普遍和最具有典型意义的是鲸鱼、鲨鱼和海鳖。山东沿海的渔民往往将鲸鱼和鲨鱼称为“老人家”“老爷子”等以表示对它们的尊重。渔民见鲸鱼游行于海中，视为吉兆，遥望祝拜。长岛渔民中至今流传着这样的歌谣：“赶鱼郎，黑又光，帮助我们找渔场。”“赶鱼郎，四面窜，当央撒网鱼

---

① 〔西汉〕司马迁：《史记》卷一百一十八，中华书局1959年版，第3086页。

② 〔元〕脱脱等：《宋史》卷十二，中华书局1977年版，第2488页。

更加开阔和灵活。只要某种神灵能够在海上庇佑自己，给予自己心理上的慰藉，沿海居民便会采用各种形式或不同的祭祀方式进行信仰，而不会过多地在意这种信仰具有“原生性”还是“外来性”。四是山东沿海居民的神仙信仰经历了由虚拟的神灵向人格化的神灵演变的过程。无论是早期信仰的方仙道宣传的仙山、仙人、仙境还是龙王、船菩萨等，都是虚构的和虚无缥缈的某种幻想。而妈祖则是真人的化身，所以说从追求“仙山、仙人、仙境”、信仰龙王、信仰船菩萨到信仰妈祖，是一种由“神”向“人”的过渡，反映出山东沿海居民在神仙信仰中的一种进步。传统文化是信仰的内在依托，而信仰同时也是传统文化的外在表现，二者具有一种相辅相成的关系。古代山东沿海居民的神仙信仰折射出中国传统文化对后人的影响，也体现了海神等神仙信仰的区域性特征，是值得今人重视的研究课题。

山东昌乐所出土石雕胡人俑或为丝绸之路的佐证

青州市文物管理所 庄明军 昌乐县文物事业管理处 丁露刚

众所周知，山东境内发现的石雕胡人俑已有数件①，其中青州博物馆和临淄齐都历史博物馆各收藏一件。青州博物馆所藏石雕跪姿胡人俑（图一）因体型庞大、雕琢粗犷而闻名遐迩，其原件早在1981年前后被征调至山东石刻艺术博物馆，临淄齐都历史博物馆石雕胡人俑原件（图二）仍然收藏在该馆。除此之外，近几年在青州地区附近又有数量不少的石雕胡人俑出现，这引起了学术界的关注②。

据《潍坊晚报》2010年6月1日的相关报道，我们可以整理出山东昌乐出土的石雕胡俑的大致脉络和相关情况：2010年5月间，在山东省昌乐县乔官镇（原属北岩镇）大南岩村南侧，具体地点经GPS测点为东经118°47′29.33″、北纬36°34′32.27″、海拔高度136.2米处，一次性出土石雕胡人俑石像50余件。出土地点东侧50米处为一条南北向河流，该河流为小丹河上游的一条支流，其发源地应在河对岸的桃花山附近。如今伴随着河道的开发和加宽，该出土地点的南侧已开挖成蓄水池，当地百姓称其为小水库。

近日，为了核实该地区出土石雕胡人俑资料的真实性和完整性，笔者同昌乐县原文物管理所所长李学训先生专程到昌乐南岩村进行走访。我们一路打探，找到了当时发现并参与挖掘石雕胡人俑的村民王京生。据他讲述，出土这批石雕胡人俑的地点原来是一条土石相杂堆积而成的岭子。因其地势高，村民想将其开垦为大棚用地，在用挖掘机械平整地面时，出土了这批石雕胡人俑。伴随石雕胡人俑一同出土的还有大量装饰有“太阳纹”的汉代墓砖，同时还有五方汉画像石。由此完全可以确定，这是一处汉代墓葬。另据其他村民讲述，石雕胡人俑与汉代画像石及青砖不是在同一地点出土的，出土时也不在同一平面上。有人推测这批胡人俑是窖藏里的东西，但我们认为这批胡人俑应该是在该墓葬的陪葬坑中出土的。

① 山东地区汉代石雕胡人俑包括跽坐式三例、四面式三例、草原式三例，见于朱浒的《山东地区汉代胡人石像研究》，《贵州大学学报（艺术版）》2013年第1期。

② 这里所说的石雕胡人俑包括昌乐县乔官镇（原属北岩镇）大南岩村南侧出土的由昌乐文物管理所收藏的42件，青州文物市场发现的4件，王京生家里发现的1件。

图一　青州博物馆藏石雕胡人俑复制品

图二　临淄齐都历史博物馆藏石雕胡人俑

理由之一:汉代窖藏不可能埋藏这么多的胡人俑。到目前为止,昌乐县文物管理所已收集到的胡人俑达42件之多(图三),而且就在笔者与李老师去采访了解时,又在王京生的院子里发现了一件小型胡人俑,现已收归昌乐文物管理所。据附近的村民说,当时胡人俑也流失了一些,后来在青州古

图三　昌乐出土石雕胡人俑

玩市场私人店里又发现了4件。

理由之二:不可能在同一高凸的封土下,再进行挖掘形成窖藏进行埋藏。即便是有这么凑巧的事,也不可能在距离墓室这么近的地方进行埋藏。从墓葬中所出土的青砖和汉画像石的雕刻风格来看,它们都是东汉时期的文物,而石雕胡人俑也是东汉时期的雕刻风格。

所以说,这批石雕胡人俑应该是以陪葬坑的方式进行埋藏的,而且该陪葬坑与青州香山汉墓出土的陶马俑陪葬坑相似,都属于外藏式。

二、昌乐石雕胡人俑的数量和风格

根据目前统计资料可知,昌乐文物管理所收藏胡人俑42件,青州古玩市场发现4件,王京生家里新发现1件,昌乐地区已见到的石雕胡人俑共计47件之多。在走访古玩市场时,我们还了解到寿光某古玩商也从昌乐购买了几件石雕胡人俑,这样总的统计数量会不少于50件。另据当地老百姓讲述,当时出土了很多胡人俑,推土机一推一挖,大大小小遍地都是,大概有100多件。这虽然是个不确切的数字,但可以肯定数量上不会少于50件。一次性出土这么多的石雕胡人俑,在中国考古史上非常少见,在汉代墓葬中也可以说是首次发现。

昌乐石雕胡人俑的造像风格有如下特征:

1. 青石质地。昌乐胡人俑绝大多数采用青石雕琢,以石灰石质地为主,有少量红色砂岩。通过对当地及周边山体地貌的走访调查发现,这一地区周边十余公里范围内都是火山岩,即我们通常所说的火山喷发后形成的石英岩或花岗岩。这说明工匠在雕琢这批胡人俑时,有意识地选择了石质较软比较好雕琢的石灰石,或者使用了其他地区的石材。结合该墓中汉画像石的石质也属于石灰石这一事实,我们就不难发现,它们石质相同,有可能取材于同一地区或同一个山区。

图四 昌乐出土石雕胡人俑细节

2. 因材而雕,大小不一。这批胡人俑都是因材而雕,石材或大或小,或厚或薄,大的高120多厘米,小的仅15厘米,其尺寸大小上相差甚大。

3. 雕琢工艺有粗有细。昌乐胡人俑雕琢工艺相差甚远,有的雕琢得相当精细,面部轮廓清晰,五官形状明显,其衣纹和双手以及所持刀、剑或盾牌也清楚可辨(图四);但也有的石质粗糙,轮廓似像非像,五官包括头型只雕刻出雏形。这种在雕刻形式上的巨大差异也非常值得我们去思考与研究。

4. 具有胡人五官特征。昌乐出土的许多石人俑都头戴尖顶帽,高鼻梁且眼窝深凹,具有胡人的五官特征,所以我们称其为胡人俑。自两汉时期一直延续到隋唐,各种考古资料包括壁画、画像石、画像砖上所见人物及唐三彩、陶塑等圆雕人物中,头戴尖顶帽的差不多都是胡人形象。为什么在一个东汉时期的、有汉画像石做装饰的墓葬附近，却陪葬了不少于五六十件胡人形象的石雕人俑？这是值得我们讨论研究的中心和主题。

三、石雕胡人俑出现和形成的原因

前文提到的青州博物馆所收藏的跪姿胡人俑，其高约300厘米，底座近方形，长与宽分别为90厘米和80厘米，发现于青州城西郊的瀑水涧东侧，当地百姓皆呼其为“放牛小子”。岂不知这件汉代胡人俑已跪在这里一千多年了，其放牛是不可能的，因其双手虽抱腹于前，但两手腕处有桎梏。虽然它在野外久经日晒雨淋，风化严重，但依旧可见其上衣花纹粗显，不似汉人所穿以丝绸制作的衣服那么精细，更像是用羊毛搓成羊毛绳后编织而成的衣服。其腰间宽阔的腰带和头顶上的尖顶帽，更彰显出匈奴等胡人的彪悍和凶猛。因其双膝曲跪于方形石座之上，双脚扁平相向被叠压于胯下，所以称其为“跪姿石俑”；又因其头戴尖顶帽，身穿胡服，高鼻深目，故称其为“跪姿胡俑”。其出土地点南约500米处，在2007年的建设施工中曾发现甲字形汉代大墓，该墓虽然多次被盗，但在抢救性发掘过程中，于棺椁头厢中发掘出一枚铜质印章，其印文为篆刻“召嘉”。这是目前山东地区已知的考古发掘资料中，在汉代大墓中发现墓主人印章的第一例。这足以证明该墓的主人就是召嘉，召嘉又是召欧的第三代孙，所以这一地区为汉代广严侯的封国无疑。而召欧又是为刘邦立下汗马功劳的大将，在功臣榜上名列第十八位，在其后代的墓地或墓园前放置下跪的胡人俑是很正常的，是可以理解的。据《汉书》记载：“（召欧）以中涓从起沛，至霸上，为连敖。入汉，以骑将定燕、赵，得燕将军。”① 从该俑的雕刻技巧上看，它也是圆雕，被雕刻出的胡人形象逼真，头戴尖顶小帽，面部狭长，颧骨高凸，眉骨突出，深目高鼻，下巴尖窄，胡人的相貌特征明显可辨。此件石雕胡人俑与西汉大将霍去病墓前的马踏匈奴石雕有着异曲同工之妙，其用意也是相同的。这就是石雕胡人俑出现和形成的最初原因。

无独有偶，在该胡人俑发现地西约二十公里的淄河西岸，也发现了一件胡人石俑，但这似乎是一位女性形象。这件女性胡人石雕像现收藏于临淄齐都历史博物馆院内，高约180厘米，也是屈膝跪于方形石座之上，双手合抱于腹前，两手腕处有桎梏，上身似为裸体，双臂瘦削，但双乳明显，脸型瘦尖，高鼻深目，下颌瘦尖，与青州博物馆所藏胡人俑极为相似，也是头戴尖顶帽。因其出土地点不详，有人推测这件女性石雕胡人俑与青州这件男性胡人俑是一对夫妻。但这一推测在2009年被推翻。因为2009年秋天，青州文物执法队接到群众举报，淄河东岸太公湖区施工中挖出一件特大的石雕人头。当时青州市文物执法队队长石可昌带领周建磊等人去现场进行调查，在临淄一工厂内发现了一件石雕人头。这件汉代石雕胡人俑仅残留头部，头高约50厘米，比较大，面部特征和雕刻技法都与现存于青州博物馆男性胡人俑的头部，以及临淄齐都历史博物馆女性胡人俑的头部极为相似，可以看出其与上述两件石雕胡人俑的年代相同。因其头部大于临淄齐都历史博物馆所存的胡俑头部，故应为男性，这就推翻了青州胡人俑与临淄胡人俑是夫妻的可能性，同样也证明了在临淄地区淄河东岸也曾有一件汉代胡人石雕造像，至于其详细出土地点，尚待调查确认。如果这件残胡人俑与临淄

① ［东汉］班固：《汉书·高惠高后文功臣表》，中华书局1962年版，第536页。

女性胡人俑出土于同一地点，那么就可以推测，在青州跪姿胡人俑的出土地点附近也应该有一件相应的女性胡人俑。这两两相对的夫妻状的胡人俑应该就是放置在汉墓前的，类似后来墓前甬道上的石像生，其功用应与汉代霍去病墓前的马踏匈奴相同。

这是目前山东境内青州周边地区所能见到的比较可信的第三件胡人俑的资料，但是这类体型比较大的胡人俑应该都是露天放置在汉墓前边的，这与2010年昌乐出土的胡人俑从大小尺度、雕刻装饰技法以及埋藏和放置的位置，都有明显的不同。

四、汉代石雕胡人发现于墓地周边的原因

第一，置于汉墓前的石雕胡人形象，最早见诸历史资料的是汉代霍去病墓前的马踏匈奴石雕。这件石雕形象是一匹战马把匈奴士兵踏踩于马下，既有战胜匈奴又有藐视匈奴的含义。将它屹立于霍去病墓前，其政治意义和军事意义则更为深远——标志着大汉王朝的崛起，西汉军队的强盛，汉王朝远征并打败了匈奴，并在这一时期开辟了丝绸之路，加强了与西域诸国的联系，又同西域诸国联合起来共同对付曾经不可一世的匈奴帝国。

第二，青州博物馆所藏跪姿胡人俑也是在汉墓前发现的，因为“召嘉”墓是甲字形墓，墓道向北，正指向跪姿胡人俑所在的方向。将一件跪着的戴着桎梏的胡人俑放置在墓前，其政治意义和军事意义不言而喻。它的作用与霍去病墓前的马踏匈奴应该是相同的，不同的只是马踏匈奴是西汉时期的石雕，而跪姿胡人俑是东汉时期的石雕，彰显着东汉时期汉王朝对匈奴的战争也取得了相应的胜利。

第三，临淄淄河东岸所发现的胡人俑头部，以及现收藏于临淄齐都历史博物馆的女性胡人俑，如果其出土地点附近也有汉墓的话，就足以证明东汉时期山东半岛尤其是青州地区一带，汉代武将墓前所放置的跪姿胡人俑（包括女性胡人俑）都具有政治和军事意义，也具有鼓舞斗志的作用，旨在激发战胜匈奴的必胜决心。

以上诸多因素，就是汉代石雕胡人俑在汉墓周边发现的具体原因。但是昌乐出土的这批胡人俑都属于陪葬品，这将会成为我们研究探讨的新课题。

五、昌乐汉墓出土胡人俑的历史原因

2010年5月在昌乐县乔官镇南岩村出土的这批胡人俑，其年代已由相伴出土的汉代画像石和带有“太阳纹”的墓砖证明为东汉时期。因该墓早年被盗掘破坏，没有发现陶器或铜器，也没有发现相关钱币的出土，所以只能粗略判断其年代为东汉时期，但具体到东汉什么时期则难以确定。

虽然这批石雕胡人俑出土数量比较多，但大多数雕琢不够精美细致，还有许多是用废弃后的石磨盘再加工雕刻而成的。由此可以看出，这批石雕胡人俑作为陪葬品，既不合乎丧葬规范，制作又很仓促。

那么这批石雕胡人俑雕琢粗糙、不够精美的原因是什么？如此简约粗犷的陪葬品后面还隐藏着什么不为人知的原因？东汉时期，按照殡葬制度规定，各级官吏死后用于陪葬的俑人多为陶质，为什么昌乐胡人俑采用石材进行简单的雕琢后就用于陪葬呢？

关于出现这种现象的原因，我们推测有三点：

一是墓主人下葬时间仓促,来不及制作陶俑。

二是墓主人死亡的时间正好在冬季,因为受到季节的限制,不便于练泥、制坯,只能就地取材采用石材,进行简单的雕琢后用于陪葬。

三是当时没有人会制作陶质泥塑或泥制陶俑,所以只好拣选了部分石头,进行了粗略的加工,使其大体具备人形就作为墓主人的陪葬品进行陪葬了。

上述几种情况,我们都可以对其进行论证或可以解释清楚。可是,为什么这么多石俑都雕刻成胡人的形象,这是我们目前极难分析和解释清楚的。在这里,我们不妨进行几种推测:

第一种推测,墓主人有可能是匈奴人,或是匈奴人的后裔。

第二种推测,墓主人是一位抗击匈奴的将军,多次率军北击匈奴,俘获了大量匈奴士兵和人员。

第三种推测,在墓主人的队伍中,其中一支由匈奴人组成,他们能征善战,在与北匈奴的战斗中起到了冲锋陷阵、屡立战功的作用。

做这样的推测,是基于这批石雕胡人俑大部分都戴有尖顶帽,有少量还持有盾牌和武器。另外,多数石俑只是雕刻勾勒出头部和五官,对于其头颈下的衣着花纹样式都省略去了,由此估计,制作者并非专业的有雕刻技艺的工匠,所以只能将头部的轮廓和五官大致雕刻出来,而身体和衣着则是用衣服做成人体的形状加以遮盖。这样一看,头部还算可以,脖颈以下用服饰和衣物进行伪装,就酷似人俑的形体了。至于装饰衣服的形式,可能是奴仆奴婢的衣着,可能是低级士兵的衣着,也可能是战俘囚服的衣着,但因其皆已腐烂,故不得而知。其所用的衣物不外乎丝织品,这是因为在这些石雕胡人俑身上并没有发现彩绘的颜色——若使用了彩绘,可能当时是采用了彩绘进行装饰,以替代衣服的服饰;如果没有使用彩绘去装饰,就只能怀疑当时是采用了丝织品制作成衣物,或穿或披在石雕胡人俑的身上去充当衣着,断然不会只雕琢出人物的头部,而其身体和手脚不加以雕刻,也不加以装饰,这在陪葬制度及葬俗礼仪上也说不过去。

纵观两汉时期的陶俑或木俑,其身体上皆施彩绘,以增加衣着的线条和颜色,有的陶俑两臂或手脚都用木质材料代替,外着衣服加以装饰。而昌乐出土的石雕胡人俑只雕刻出头部,身体用衣物去装饰与掩盖也是完全可以的,这也许是权宜之计。

六、昌乐石雕胡人俑与丝绸之路的联系

山东半岛尤其是古代的青州地区,在很早以前,因为有原桑和野蚕的先决条件,故成为丝绸之路的源头,这一论点已经被众多专家学者认可。笔者在《古青州与丝绸之路》《古青州,丝绸之路的源头》《一带一路与潍坊》等文章中早已阐明这一观点,并结合这一地区出土的文物发表了《山东青州西辛战国墓中的金银器皿带有外域草原民族的艺术》《考古所见海岱地区丝绸之路与钱币文化》《青州西辛战国墓出土金银器对草原丝绸之路的佐证》等文章,对这一不争的事实进行了充分论证。这一切足以说明,在战国之前或更早时期,以青州地区为主的山东半岛已经成为丝绸的主要产地,而且在丝绸产品剩余的情况下,当地政府积极采取外销措施,以促进经济和贸易,为国富民强带来先机。

到了东汉时期,山东青州地区的富足自不待言,以丝绸生产为经济支柱已成为事实,就昌乐地区这处不知名的汉代大墓所出土的石雕胡人俑而言,它们不可避免地会与地方上的支柱产业丝绸产品

发生联系。我们暂且不研究墓主人是谁,只从这40余件石雕胡人俑去探讨它们与丝绸之路的关系。

两汉时期,中国与外部的联系主要凭借通商和军事冲突。中国所产的物品尤其是丝绸和漆器都优于邻国,因此成为邻国所喜爱的产品。事实上,早在公元前3世纪之前,为了抵御来自西北草原少数民族尤其是匈奴的进犯,就需要一个强有力的政府来组建一支强有力的、训练有素的军事力量。经过西汉武帝的苦心经营和策划,匈奴内部分化,北匈奴被驱赶至遥远的漠北,南匈奴归附汉朝为其所用。但到了东汉,匈奴又开始大肆南侵,烧杀抢掠成为家常便饭。在中央组建强大的军队的同时,地方上的武装势力也得到大规模的扩张,随着土地的集中和私人武装的建立,出现了五花八门的人身依附形式。一些兵客被当地豪强蓄养,平时为主人耕种农田,战时替主人打仗,有些则纯粹就是部曲私兵。如果昌乐石雕胡人俑汉墓的主人就是当时的地方豪门大族,他很可能拥有大量的地方武装,也可能拥有一支匈奴人的武装。如此一来,他死后的陪葬品中有用石块雕刻出的胡人形象就会顺理成章了。

昌乐发现的40多个石雕胡人俑所属的墓主人,我们虽然无法确定其具体身份,但他与匈奴或者说胡人必然有着一定的关系,或者他就是指挥千军万马去征服匈奴的将军,又或者他拥有纯粹由胡人组成的一支地方武装。总而言之,墓主人不论是带兵征战还是蓄养私兵,都与胡人有着莫大的关系,这就与西域有关联,与开拓或打通丝绸之路上的经济贸易有关系,这同样会成为东汉时期山东半岛与丝绸之路相关的新证据。然而这座汉墓没有经过正规的考古发掘,出土的石雕胡人俑也没有经过科学的整理和报道,所以我们目前只能将其作为丝绸之路沿线发现的一些新证据。在整理报道以后,昌乐出土的石雕胡人俑将会成为探讨丝绸之路与山东半岛关系的一大亮点,也会成为山东作为丝绸之路源头的新佐证。

临淄考古发现与中外文化交流

山东省文物考古研究院　魏成敏　临淄区文物管理局　孟凡强　齐文化博物院　侯　霞

欧亚草原之路和丝绸之路是中国与西方文化交流的重要通道。考古发现表明,在汉武帝开通丝绸之路前,中西之间就有着广泛的文化交流,西亚地区的冶炼技术、玻璃制品、金银器、车马的使用均早于中原地区;而中原地区的丝绸、漆器、铜镜等经中国西北地区传播至中亚的阿尔泰地区、西亚以及更遥远的地中海地区。古代欧亚草原之路和汉武帝开启的丝绸之路,成为连接欧亚大陆东西方文化和经济贸易交流的重要通道。

地处中原东部的齐鲁大地,自先秦时期以来就与中亚、西亚地区有着一定规模的文化交流。以临淄为中心的鲁北地区出土的具有明显西方文化色彩的遗物,为探讨中西方文化交流和丝绸之路提供了重要依据。以下分别探讨中西文化在临淄地区的交流和相互影响。

一、临淄出土的具有西方文化色彩的遗物

(一)蜻蜓眼玻璃珠

蜻蜓眼玻璃珠一般指在玻璃珠上用彩色或白色的圆点作为瞳孔,以环绕的色圈作为眼白,装饰图案类似蜻蜓眼睛的玻璃珠。20 世纪 50 年代以来,在我国的田野考古工作中不断发现这类蜻蜓眼玻璃珠,目前新疆、河南、山东、湖北、陕西、山西、广东、重庆等 18 个省、自治区、直辖市均有出土此类遗物。据已经发布的资料统计,全国经过正式考古发掘的周代至汉代墓葬中出土的蜻蜓眼玻璃珠有数百件之多。在山东,属于周代的齐国都城临淄与鲁国都城曲阜地区均发现了随葬蜻蜓眼玻璃珠的贵族墓葬。

1. 蜻蜓眼玻璃珠的考古发现

临淄地区目前发表的出土蜻蜓眼玻璃珠的战国墓葬共有 4 座,其中 3 座位于现淄博市临淄区临淄齐故城附近,分别为郎家庄 M1(郎家庄一号东周殉人墓)、单家庄 M1、相家庄 M2;另 1 座位于临淄齐故城以西 10 多公里处的淄博高新区四宝山街道隽山村西。

(1)郎家庄 M1

该墓位于临淄齐故城南侧约 0.5 千米处,墓室南北长 21 米,东西宽 19.5 米,属于大型墓葬。因遭村民取土破坏,无法确认其南侧是否有墓道,但临淄地区目前经过考古发掘的属于春秋战国时期的大型墓葬均有墓道。该墓葬椁室被盗,椁室周边有 17 个陪葬坑,其中蜻蜓眼玻璃珠出土于椁室内(图一),另在第 9 陪葬坑中出土装饰蜻蜓眼的月牙形玻璃器。椁室内出土的 9 枚蜻蜓眼玻璃珠有圆

球形和扁圆形两种,大小不一,用豆青、淡蓝、白色装饰眼睛(发掘报告中称鱼目纹),多为四面有眼的四眼珠。其中标本 M1:131 最大,直径在 1.4 厘米左右,呈圆球形,中间穿孔,四面各装饰 1 个淡蓝色的眼睛,眼睛周围装饰 4 个凸起的白色乳丁;另外 7 枚保存较好且形态相近,均为扁圆形,中间为穿孔,四面各装饰 1 个眼睛。第 9 号陪坑内出土 1 件半圆形玻璃器,正面中间穿孔的两侧装饰有 4 个蜻蜓眼,其质地和装饰手法与椁室出土的蜻蜓眼玻璃珠相同①。

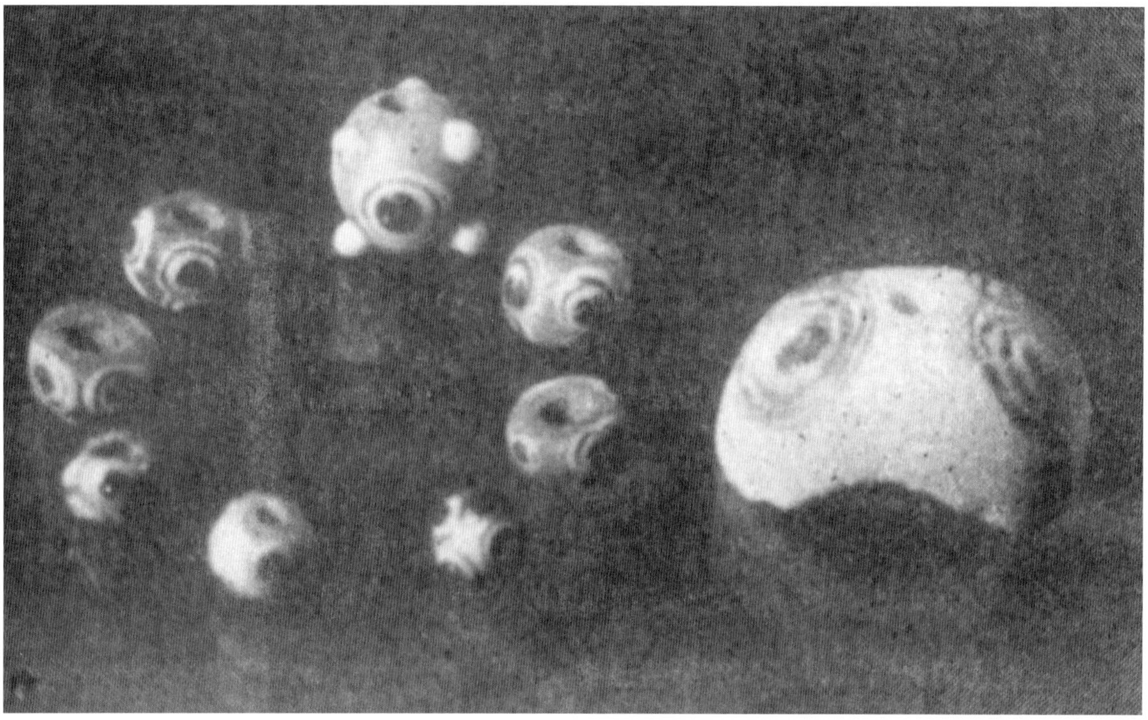

图一 郎家庄 M1 出土蜻蜓眼玻璃珠

(2)单家庄 M1

该墓位于临淄齐故城南偏西约 6 千米处,地面上仍保留有封土堆,属于有一条南向墓道的“甲”字形大墓,墓室南北长 19.8 米,东西宽 18.8 米,椁室居中,四周有 6 个陪葬坑。该墓葬椁室被盗,发现的蜻蜓眼玻璃珠出土于 3 号陪葬坑内。3 号陪葬坑位于椁室西侧,是出土随葬器物最多的 1 个陪葬坑,出土陶、铜、铁、金、玉、石、琉璃、水晶、玛瑙、骨、蚌等质地各类礼器、日常用品、工具及装饰用品 80 余件。其中出土蜻蜓眼玻璃珠 11 枚(图二),橘瓣形料珠 1 枚②。11 枚蜻蜓眼玻璃珠个体较小,有圆形和扁圆形两种,直径在 1—1.1 厘米之间,至少有白色和绿色两种珠体。标本 LSM1P3:27-6 为绿色球体,中间穿孔,四周用白、赭、蓝三色圆圈纹装饰眼睛,属于四眼蜻蜓眼玻璃珠,直径 1.1 厘米。标本 LSM1P3:27-4 为白色球体,用蓝色装饰眼睛,属于三眼蜻蜓眼玻璃珠,直径 1 厘米。该陪葬坑出土的 1 枚花瓣纹料珠值得注意,其为扁圆球体,中间穿孔,四周有 10 组花瓣纹,花瓣凸起,而且凸起的花瓣近似具有西方色彩的水滴纹或裂瓣纹。

① 山东省博物馆:《临淄郎家庄一号东周殉人墓》,《考古学报》1977 年第 1 期。

② 山东省文物考古研究所:《临淄齐墓(第一集)》,文物出版社 2007 年版,第 138~158 页。

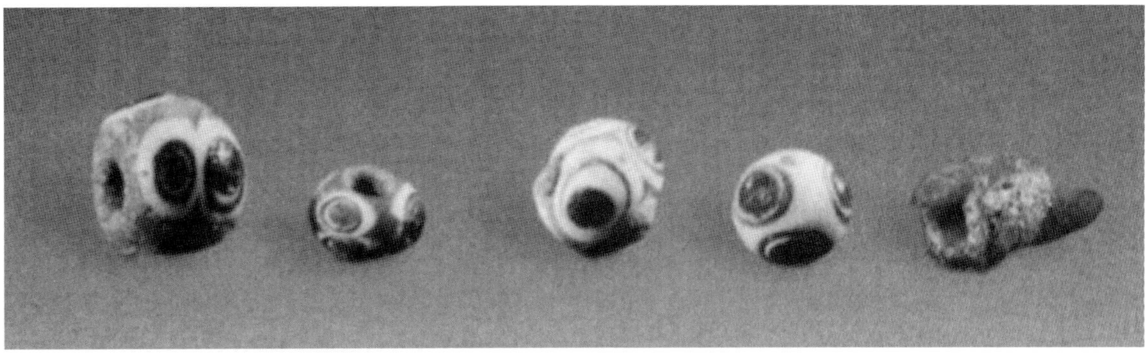

图二　单家庄 M1 出土蜻蜓眼玻璃珠

(3)相家庄 M2

该墓位于临淄齐故城南约 5 千米处,墓葬上部保留有封土,墓室南北长 22 米,东西宽 20.8 米,并有一条南向墓道,属于“甲”字形大墓。该墓葬为临淄地区少见的“四联冢”中的 1 座,即为封土相连的四座大型异穴并葬墓中的一座。蜻蜓眼玻璃珠出土于椁室内,共 3 枚,由于椁室被盗,随葬时的放置位置及数量不明(图三)。3 枚玻璃珠至少有绿色和蓝色两种,其中标本 LXM2G:65 - 1 为浅绿色球体,用白、赭、蓝三色相间装饰凸起的眼睛,直径 1.4 厘米;标本 LXM2G:65 - 2 为蓝色球体,用白、赭、蓝三色相间装饰凸起的眼睛,并装饰橘黄色凸起乳丁,直径 1.4 厘米。临淄相家庄墓地共有战国时期的大型墓葬 7 座,其中经过发掘的 6 座墓葬均被盗掘,仅在 M2 中发现蜻蜓眼玻璃珠,M2 位于“四联冢”的中间,属于该家族墓葬中的主墓①。

图三　相家庄 M2 出土料珠

(4)淄博隽山战国墓

该墓东距临淄齐故城约 17 千米,为带一条墓道的“甲”字形土坑竖穴墓。墓道位于墓室南部,长 13 米。墓室平面呈长方形,南北长 9.1 米,东西宽 7.75 米,至二层台深 4.15 米。椁室四周有陪葬坑 6 座,分布于椁室四周的二层台上,其中南北二层台上各分布 2 座,东西二层台上各分布 1 座。墓葬

① 山东省文物考古研究所:《临淄齐墓(第一集)》,文物出版社 2007 年版,第 196 ~216 页。

随葬品有陶器、铜器、水晶、玛瑙、琉璃、滑石、骨器等质地,由于被盗掘,墓内仅发现1枚料珠,出自椁室。料珠系蜻蜓眼玻璃珠,编号M1G:9,为浅蓝色球体,中间有穿孔,孔四周用白、浅绿色相间装饰,属于六眼珠,直径0.9厘米,孔径0.2厘米。该料珠采用缠丝法制胎,再分别蘸取染料以环状点于珠胎,在两者未完全凝结时黏结而成①。

2. 蜻蜓眼玻璃珠的文化内涵

蜻蜓眼玻璃珠不仅形制特殊、文化内涵丰富,而且具有明显的西方文化色彩。考古发现表明,蜻蜓眼玻璃珠最早出现于古埃及,发现于古埃及第十八王朝(前1550—前1307),由埃及卡奥遗址出土②。由于中国出土的蜻蜓眼玻璃珠与古埃及以及西亚地区发现的蜻蜓眼玻璃珠极其相似,许多中外学者认为中国出土的蜻蜓眼玻璃珠具有西方根源。由此,国内许多学者对中国出土的蜻蜓眼玻璃珠的渊源、文化内涵、工艺特征进行了探讨。

安家瑶将此类装饰图案像眼睛的玻璃珠称为“镶嵌玻璃珠”,认为镶嵌玻璃珠是指在单色玻璃珠的母体上嵌入另外一种或几种不同于母体颜色的玻璃,构成美丽的图案,这类蜻蜓眼玻璃珠在西亚不仅出现的时代早,而且经过了漫长的发展过程,西亚的镶嵌玻璃珠的出现晚于彩色玻璃珠几百年,而彩色玻璃珠的首次出现又晚于单色玻璃珠一千多年③。赵德云认为这种珠子的制造方法多样,绝非“镶嵌”一种,以其形制命名为“蜻蜓眼式玻璃珠”应更为形象全面,认为“所谓蜻蜓眼式玻璃珠,是指以眼睛图案作为装饰的玻璃珠。在珠体上嵌入一种或数种不同于母体(Matrix)颜色的玻璃,形成一层或多层类似眼睛的效果,或在珠体上造出凸出表面的眼睛形状,形成‘鼓眼’,颇似蜻蜓的复眼”④。赵德云指出,蜻蜓眼玻璃珠最早出现于古埃及不是偶然的,用眼睛装饰器物在古埃及十分流行,将眼睛镶嵌于棺木、木乃伊及其面具、小雕像等器物上,应用广泛,种类繁多。这种蜻蜓眼装饰应与西亚、北非以及欧洲的广大地区所谓的“恶眼意识”有着密切关系。人们相信,某些人的眼中充满邪恶的力量,能够杀死鲜活的生命,摧毁无生命的物体。而恶眼的第一次注视力量最为强大,佩戴适当的护符可以吸收恶眼第一次注视的强大力量,使人能够承受后面渐弱的攻击。蜻蜓眼玻璃珠就是其中流传最为广泛的护符。由于“恶眼意识”这种共同的信仰,蜻蜓眼玻璃珠出现之后,很快在北非、西亚以及南欧等地中海周边地区广泛流行。

由于中国出土的蜻蜓眼玻璃珠时代明显晚于西亚所见同类器的时代,对中国早期出土的蜻蜓眼玻璃珠为西方传入还是中国本土生产这一问题,学界也有不同的观点。安家瑶认为中国至今没有发现比春秋末期更早的玻璃制品,也就是说中国最早的玻璃中即有镶嵌玻璃珠,而没有任何发展过程就突然出现的镶嵌玻璃珠只能用贸易品来解释⑤。作为商品,蜻蜓眼玻璃珠主要经连接欧亚的草原之路由西亚到达了中国的新疆地区。新疆位于东西两大文明的接触点,是古代游牧民族最活跃的地

---

① 山东省文物考古研究所:《山东淄博隽山战国墓发掘简报》,《文物》2016年第10期。

② 山东省文物考古研究所等:《中国出土的蜻蜓眼式玻璃珠研究》,《考古学报》2012年第1期。

③ 安家瑶:《镶嵌玻璃珠的传入及发展》,见《十世纪前的丝绸之路和东西文化交流》,世界出版社1996年版,第351~368页。

④ 赵德云:《中国出土的蜻蜓眼式玻璃珠研究》,《考古学报》2012年第1期。

⑤ 安家瑶:《镶嵌玻璃珠的传入及发展》,见《十世纪前的丝绸之路和东西文化交流》,世界出版社1996年版,第351~368页。

区之一。考古工作者在新疆轮台县巴克发现,公元前8世纪至公元前5世纪的墓葬中出土的镶嵌玻璃珠与伊朗高原出土的镶嵌玻璃珠非常相似,这一发现进一步证实在公元前一千纪中叶,镶嵌玻璃珠由欧亚草原之路经俄罗斯、哈萨克斯坦进入新疆①。赵德云认为最早的一批蜻蜓眼玻璃珠进入中国有两条路线,一是从黑海沿岸沿欧亚草原之路,由游牧民族传播至阿尔泰地区,然后一路进入新疆,到达拜城、轮台等地;二是并未直接进入新疆,而是从阿尔泰山东北行,经阿尔泰边区至米努辛斯克和蒙古高原等地,再南下进入中国的内蒙古、山西等地,并进抵中原地区②。

目前我国考古发现的蜻蜓眼玻璃珠主要流行于春秋战国至汉代,大多出土于战国至秦汉的墓葬中,其中出土数量最多的为曾侯乙墓,其随葬的蜻蜓眼玻璃珠多达174枚③。曾侯乙墓中如此数量的蜻蜓眼玻璃珠的发现,引起了许多国内外研究者的关注,他们利用科学的检测来分析探讨其根源。但因对曾侯乙墓出土蜻蜓眼玻璃珠进行检测的样品过少,研究者对数据的认识存在争议。《曾侯乙墓》考古报告中,检测者认为从化学成分看,曾侯乙墓出土蜻蜓眼玻璃珠除 SiO_2 外就是以 Ca 和 Na 为主,几乎不含 Ba 和 Pb。而阿拉伯产的料器,Ca 和 Na 是其主要成分,中国产料器则以 Ba、Pb 为主要成分。从这一点可以认为,曾侯乙墓所出蜻蜓眼玻璃珠是阿拉伯产的料器④。李青会等也对曾侯乙墓出土蜻蜓眼玻璃珠进行了检测,认为"从成分上看,均属于 $Na_2O-CaO-SiO_2$ 玻璃。但是,样品中的 Na_2O 含量明显低于西方同类玻璃中的含量,而且含有一定的 PbO","曾侯乙墓出土的这种成分类型的镶嵌玻璃珠应是本地产品"。⑤ 林梅村则认为,据化学成分检测,这批玻璃珠皆为西方的钠钙玻璃,根本不是中国本土制造的。他通过对中国蜻蜓眼玻璃珠出土地点的排列研究,认为蜻蜓眼玻璃珠是自西向东传播的,"西域和中国蜻蜓眼玻璃珠出土地点自西而东为:费尔干纳盆地的斯基泰古墓—新疆轮台穷巴克古墓—山西长子牛家坡—山西太原赵卿墓—山西长治分水岭—河南洛阳中州路—河南郑州二里冈—湖北随州曾侯乙墓……根据这些西方玻璃珠的出土地点,完全可以复原一条从古波斯统治中心—波斯波利斯到长江流域楚国的交通路线"⑥。

随着研究的深入,中外学者普遍认为早期蜻蜓眼玻璃珠应从西域传入中国,但战国中期以后,有相当数量是在中国本土制造的。对蜻蜓眼玻璃珠的成分测试也证实,其一部分属于西方传入的钠钙玻璃,另一部分或许属于本土自制的铅钡玻璃。尽管中国出土标本中有相当数量是在中国本土制造的,但毫无疑问,这种形制特殊、内涵丰富的蜻蜓眼玻璃珠装饰品,应追溯至古代埃及地中海沿岸和伊朗高原,并明显受到西方文化的影响。

(二)花瓣纹银豆(盒)

花瓣纹银豆(部分报告称为盒)的装饰纹饰特殊,像花叶瓣,又像水滴,亦称裂瓣纹、凸瓣纹或水滴纹。采用这类装饰纹饰的器物还有青铜器和玻璃器等,但以金银器最为豪华。花瓣纹金银器多用

---

① 李青会等:《一批中国古代镶嵌玻璃珠化学成分的检测报告》,《江汉考古》2005年第4期。

② 赵德云:《中国出土的蜻蜓眼式玻璃珠研究》,《考古学报》2012年第1期。

③ 湖北省博物馆:《曾侯乙墓》,文物出版社1989年版,第424~425页。

④ 陶科捷、张培善:《曾侯乙墓部分玉器、料器的鉴定》,见《曾侯乙墓》附录二一,文物出版社1989年版。

⑤ 李青会等:《一批中国古代镶嵌玻璃珠化学成分的检测报告》,《江汉考古》2005年第4期。

⑥ 林梅村:《中国与西域的最初接触》,见《丝绸之路考古十五讲》,北京大学出版社2006年版,第66~67页。

一整块金片或银片模仿绽放的花瓣，采用模具捶揲而成。由于器物系捶揲而成，花瓣内心外凸、四边内凹，形成独特的装饰效果。

1. 花瓣纹银豆的考古发现

目前我国共发现6件花瓣纹银豆，分别出土于山东临淄大武西汉齐王墓、青州西辛战国墓、广州南越王墓、巢湖北头山M1、江苏大云山M1。其中有3件出土于齐国都城临淄附近的2座大型墓葬中。

（1）山东临淄大武西汉齐王墓

该墓位于淄博市临淄区，东北距临淄齐故城23千米，1978—1980年发掘。墓葬属于有南北墓道的“中”字形大型墓葬。墓葬原有封土，封土堆底径约250米，高24米。墓室呈方形，南北长约42米，东西宽约41米。墓室南北各有一条墓道，南墓道长约63米，北墓道长约39米。墓室没有进行发掘，仅将墓室上部的封土进行了清理，并发掘了封土下墓室之外的5座陪葬坑。其中出土花瓣纹银豆的为1号陪葬坑①。

1号陪葬坑位于墓室西北部，南距墓室14米，东距北墓道5米。坑东西长19.9米，南北宽4.1米，深3米。坑内设置木器物箱，长19米，宽约3.3米，高约1.75米。随葬品放置于器物箱内，主要包括礼器和生活用具，计有铜器、陶器、银器、铁器、漆器等200余件，其中包括花瓣纹银豆1件和鎏金银盘3件。

该银豆豆腹和豆盖上均饰花瓣纹，花瓣分双层，上下相互交错。豆盖中部装饰三兽钮，圈足较矮，其三兽钮及圈足为铜质，分别与银豆盖和豆腹铆接。银豆通高11厘米，口径11.4厘米，重570克（图四）。

图四　大武西汉墓出土银豆

（2）青州西辛战国墓

该墓位于临淄与青州交界处，东北距临淄齐故城约10千米，东南距青州市区约13千米。墓葬平面呈“中”字形，有南北墓道，南北全长约100米。墓室南北长27.4—27.75米，东西宽25.5米，深14米。其中南墓道全长约30.75米，北墓道残长21.05米。墓葬多次被盗，椁室内被洗劫一空。幸运的是，在木椁外东侧与石椁之间最底部的一个器物箱未被盗墓者发现，其内的金器、银器、铜器和玉器得以保存下来。器物箱内的金银器很有特色，有金环首1件、金泡1件、银豆2件、银盘2件、银匜1件、银泡1件。其中2件银豆为花瓣纹银豆②。

2件银豆形制相同。标本B1:11，高11.1厘米，腹径11.3厘米，底径5.6厘米，重375.25克，为子母口，腹盖扣合。豆腹和豆盖上均饰双层花瓣纹，花瓣上下交错，腹上沿和盖下缘装饰凸弦纹，弦纹中间錾刻短斜线纹。盖中部装饰三兽钮，底为矮圈足，其三兽钮或为铜质，圈足为铜质鎏金。三钮与圈足分别与银豆盒焊接（图五）。

① 山东省淄博市博物馆：《西汉齐王墓随葬器物坑》，《考古学报》1985年第2期。

② 山东省文物考古研究所、青州市博物馆：《山东青州西辛战国墓发掘简报》，《文物》2014年第9期。

2. 花瓣纹银豆的文化内涵

图五 西辛战国墓出土银豆(B1:11)

目前国内发现的这6件花瓣纹银豆,时代在战国至西汉时期之间。对这6件银豆的研究表明,其上部的银质盒体与下部的铜质柄部质地不同,属于分别制作。研究者普遍认为,银豆上部装饰花瓣纹的银豆盒具有西方的艺术风格和制作工艺,下部的柄部或圈足则与中国战国至秦汉时期的豆类相同。

对于这类银豆在哪里制作的问题,学界有不同观点。林梅村认为,这种裂瓣纹金银器最早见于近东埃兰文明中,其工艺传统后来为波斯人、帕提亚人所传承,例如伊朗近年发现一件埃兰银器,艺术造型与山东青州战国齐王墓出土银豆以及西汉齐王墓出土银豆如出一辙,器高17.8厘米,口沿刻有埃兰文,年代大约在公元前9世纪至前6世纪①。同时林梅村指出,山东半岛出土的公元前3世纪的埃兰银豆显然是从海路传入中国的②。孙机认为,虽然其铜盖钮和铜圈足为后配置的,但银盒体绝对非中国器物,花瓣纹为外来的风格,金银捶揲也是外来工艺③。赵德云则认为,除了盒体本身装饰风格以外,银豆整体的造型使人联想到中国以子母口契合的带盖器皿,如敦、盖豆等,认为这些中国出土的凸瓣纹器物亦存在外来工匠在中国制作的可能性④。另有国外学者认为此类器物或为中国本地铸造,完全是中国人的作品⑤。

对中国出土的这类花瓣纹银豆,近年李零进行了系统研究。他认为从银豆的整体工艺来看,盒体用银片捶揲,盖钮、圈足用青铜范铸并辅以錾刻、焊接、铆接、鎏金和镀锡,集多种工艺于一身。从风格来看,这类器物是带有异国情调的奢侈品,但经过中国式改造——盒体饰裂瓣纹,属于西方风格;盖置三钮,底配圈足,属于中国风格。这6件银器的盒体部分并非铸造而成,而是捶揲而成,捶揲是西方制作金银器的重要工艺,而中国早期没有这种工艺。从纹饰风格和制作工艺来看,花瓣纹银豆盒应是西方制作的产品,经陆路或海路传入中国。这类裂瓣纹装饰制作工艺"起源甚早,传播甚广。它不仅流行于埃及、两河流域、小亚细亚半岛、伊朗高原和南亚次大陆,也流行于希腊、罗马,是西方艺术的典型纹饰"⑥。

对花瓣纹银豆的综合研究表明,这类银豆从纹饰风格和制作工艺来看,上部的花瓣纹银豆盒应是西方制作的产品,经陆路或海路传入中国,而下部的柄部或圈足应是在中国加配的。李零认为,中国文明不是孤立的文明,必定受到外来影响,花瓣纹银豆无论从境外输入还是在本地仿造,都无碍于

① 林梅村:《古代中国与西方的海上交通》,见《丝绸之路考古十五讲》,北京大学出版社2006年版。
② 林梅村:《古代中国与西方的海上交通》,见《丝绸之路考古十五讲》,北京大学出版社2006年版。
③ 孙机:《凸瓣纹银器与水波纹银器》,见《中国圣火》,辽宁教育出版社1996年版。
④ 赵德云:《凸瓣纹银、铜盒三题》,《文物》2007年第7期。
⑤ 李零:《论西辛战国墓裂瓣纹银豆——兼谈我国出土的类似器物》,《文物》2014年第9期。
⑥ 李零:《论西辛战国墓裂瓣纹银豆——兼谈我国出土的类似器物》,《文物》2014年第9期。

一个基本前提：器物的主体纹饰是外来风格。这种风格的传入不管多么曲折，我们还是可以把它当作东西方交流的重要见证[①]。

(三)汉代胡人俑

自20世纪80年代以来，鲁北地区陆续发现了4尊汉代大型胡人俑[②]。胡人是我国古代中原汉人对北方和西方民族的泛称。在汉代，这些高鼻深目、头戴尖帽的形象常常被用来代表匈奴人、西域人等族人，而且在汉画像石上，这种人物形象有时自带榜题，自名为“胡”。

1. 汉代胡人俑的发现

鲁北发现的4尊大型胡人俑，分别位于临淄稷下街道徐家庄、临淄金山镇左家庄、临淄西孙徐姚村和青州市区以南(图六)。其分布范围均在汉代齐国故城以南，徐家庄胡人俑出土地点北距临淄齐故城遗址约4公里，西孙徐姚村胡人俑出土地点北距临淄齐故城遗址约5公里，左家庄胡人俑出土地点东北距临淄齐故城遗址约17公里，青州胡人俑出土地点西北距临淄齐故城遗址约20公里。

1　　2　　3　　4

图六 鲁北地区发现的大型胡人俑

1. 临淄稷下街道徐家庄出土胡人俑 2. 临淄金山镇左家庄出土胡人俑 3. 临淄西孙徐姚村出土胡人俑 4. 青州市区以南出土胡人俑

4尊胡人俑均比真人高大，徐家庄胡人俑、左家庄胡人俑、青州胡人俑均为跪坐状或跽坐状，西孙徐姚村胡人俑因下部残缺，具体形态不明，不过从残存的头部比例较大来看，也应为跪坐状。4尊胡人俑中最高的青州胡人俑高达305厘米，徐家庄胡人俑高228厘米，左家庄胡人俑头部已残，残高170厘米，西孙徐姚村胡人俑仅存上半身，残高约150厘米[③]。

① 李零:《论西辛战国墓裂瓣纹银豆——兼谈我国出土的类似器物》,《文物》2014年第9期。

② 徐龙国:《山东发现的汉代大型胡人石雕像再研究》,《美术研究》2017年第3期。

③ 徐龙国:《山东发现的汉代大型胡人石雕像再研究》,《美术研究》2017年第3期。

2. 汉代胡人俑的时代特征及艺术特色

胡人俑均头戴尖帽，其尖帽样式以徐家庄胡人俑保存较完整：尖帽前有四叶柿蒂纹装饰，帽子上有三角纹和穿璧纹，腰部宽大的腰带上装饰多层菱形穿璧纹。青州胡人俑尖帽及其腰部衣纹上、临淄左家庄胡人俑腰部衣纹上也饰有菱形穿璧纹。这类纹饰在西汉晚期至东汉时期的画像石和石墓门楣上比较常见，而且这类胡人俑形体较大，雕刻技法和人物形象比例均也比较原始，由此推测，临淄一带发现的大型胡人石俑的年代上限不早于西汉晚期，应属于东汉时期的作品。

石刻艺术品最早出现于埃及、希腊及地中海地区，后通过先秦时期的欧亚草原之路传播到我国，大致的传播路线为从埃及、巴比伦到希腊，再到地中海沿岸，然后到波斯帝国境内，再到阿育王时期的印度、巴基斯坦和阿富汗地区，然后进入中国①。石刻艺术品出现的时间呈现出西早东晚的特点，虽然石刻艺术风格在由西向东发展的过程之中逐步吸收了当地固有的艺术特色，但从时代上看，由西向东发展的链条基本完整。中国目前所知时代最早的人物石雕像属于神木石峁文化，即在陕西神木石峁城址曾发现一些小型人物石雕像。商周时期陕北的李家崖文化中也发现了人物石雕像。说明至少在新石器时代晚期至商周时期，石刻艺术就通过欧亚草原传播到了我国。

春秋战国至秦汉时期，石刻艺术开始从西部的秦国向中原地区传播，石鼓文、诅楚文、秦景公大墓出土的石编磬刻文、都江堰镇水三神石和蜀守李冰造五石犀等石雕像②，均出自秦国地域。地处北方的中山国也发现“监囿守丘”刻石，在长原石上刻有两行 18 个文字，内容为敬告来者，此为王陵③。

随着秦始皇统一六国，石刻艺术逐渐传播到全国各地，西汉时期开始在墓地上安置石像生。霍去病墓地石刻是目前所知我国最早的陵墓石刻，石刻均为圆雕，发现有马踏匈奴、卧马、跃马、伏虎、卧牛、野猪、夔龙、残石人、力人搏熊和怪兽食羊等 16 件人与动物雕刻④。汉武帝时期，张骞出使西域，开通东西方交流的丝绸之路，新一波西方文化因素进入中原。从发现的汉代遗物来看，匈奴人的形象广泛出现在汉代的壁画、画像石、画像砖、雕塑、器物上。霍去病墓前的马踏匈奴雕像是目前所知最早的胡人像，林梅村先生认为霍去病墓石刻是中亚希腊化浮雕艺术开始沿丝绸之路东传的印证⑤。

两汉时期，今山东、河南、四川、江苏等地区成为全国画像石及墓上石刻最盛行的地区。对于墓地上或墓园中的各种石刻的人像，李零认为主要是武士像或文武官员像，有时也包括其他种类如蕃酋像、蕃臣像或宫人像，它们多列于石兽后，夹神道而立⑥。徐龙国也认为临淄出土的这类大型胡人俑并不是镇水守桥的石人，也不是民间祭祀的对象，它们与汉人形象的石雕像一样，是立于墓前的翁仲⑦，并指出墓主身份可能是级别较高的贵族或官员，“墓上能够立石人雕像的，大概为诸侯王及二千石以上的官员”。但目前所见这类胡人俑均为独出，附近未发现有其他类石像生或大型墓葬的存在，而且这类胡人俑均为跪坐或跽坐状，其功能是否为墓前的翁仲仍有待于新资料的发现和进一步验证。

---

① 段清波：《从秦皇陵考古看中西文化交流》，《西北大学学报（哲学社会科学版）》2015 年第 2 期。

② 林梅村：《古道西风——考古新发现所见中西文化交流》，生活·读书·新知三联书店 2000 年版，第 144 页。

③ 河北省文物研究所：《礜墓——战国中山国国王之墓》，文物出版社 1996 年版。

④ 王丕忠：《霍去病墓》，《中国大百科全书·文物博物馆》，中国大百科全书出版社 1995 年版。

⑤ 林梅村：《古道西风——考古新发现所见中西文化交流》，生活·读书·新知三联书店 2000 年版，第 164 页。

⑥ 李零：《翁仲考》，见《入山与出塞》，文物出版社 2004 年版。

⑦ 徐龙国：《山东发现的汉代大型胡人石雕像再研究》，《美术研究》2017 年第 3 期。

在石刻艺术由西而东的传播过程中，山东虽地处遥远的东方，但以临淄为中心的鲁北地区在战国秦汉时期经济十分发达，临淄齐故城内发现多处大面积的冶铁遗址，冶铁业十分发达，铁器的使用也为石刻艺术的发展提供了重要条件。临淄地区发现多个具有外来风格的大型胡人雕像，证实汉代的临淄不仅经济发达、富比长安，同时在中西文化交流中占有重要地位。

二、秦汉时期中国对中亚、西亚的影响

任何文化交流均具有双向影响的特性。在中原地区出土具有西方文化风格遗物的同时，中亚、西亚地区也出土了秦汉时期的丝绸、铜镜、钱币和漆器等。本文仅介绍与临淄相关的丝绸和铜镜。

（一）丝织品

丝绸之路是古代中国与中亚、西亚地区以丝绸贸易为主的重要的商品交易通道，中国生产的丝绸通过这条贸易通道源源不断输向西方，而西方的商品也由此进入中国。在对西方的贸易中，沿途出土的丝织品为研究中西文化和商品交流提供了重要依据。目前发现出土中国丝织品的有叙利亚、以色列、俄罗斯、乌兹别克斯坦等地。

俄罗斯巴泽雷克墓地　20 世纪 40 年代，俄罗斯考古工作者在俄罗斯戈尔诺阿尔泰地区巴泽雷克墓地的考古发掘中发现了丝织品，系出自一座石棺墓①。出土的丝织品有蔓草花鸟纹刺绣、平纹经锦等，其中的平纹经锦属于双色经锦，图案有磬纹、杯纹、三角纹等。从整体风格看，这批丝织品与战国时期的丝织品相近，属于战国时期丝织品②。

乌兹别克斯坦萨帕利遗址　乌兹别克斯坦的考古学者在位于费尔干纳附近的一座女性屈肢葬墓内，发现尸骨的头部有绢的残片，尸骨的旁边有汉代铜镜。该墓出土的绢片应不晚于汉代，苏联学者推测的时代偏早③。

叙利亚帕尔米拉遗址　该遗址发现的汉代经锦种类至少有 3 种，一种是方格纹联璧龙纹锦，一种是“明”字云气动物纹锦，很有可能是长乐大明光锦的局部；还有一种是葡萄纹锦，其中可以看到有采葡萄的场面。另还有若干种不可识别的汉锦残片④。

（二）铜镜

在中亚、西亚及周边地区出土的秦汉时期遗物中，除了丝绸，铜镜也是具有显著中国特征的重要器类。在这一地区出土的铜镜中，有典型的战国时期的四山镜，汉代的连弧纹铭带镜、四乳四虺纹镜、博局纹镜、云雷连弧纹镜等。出土铜镜分布在俄罗斯、乌兹别克斯坦、哈萨克斯坦、阿富汗等国。

战国四山镜出自俄罗斯巴泽雷克墓地，该墓地出土的战国时期遗物非常丰富，不仅有织锦、刺绣等丝织品，还出土有战国时期的四山镜和漆盘。其中四山镜出土于巴泽雷克墓地 6 号墓，年代大约

---

① 葛承雍：《中国记忆之中的丝绸之路》，见国家文物局《丝绸之路》，文物出版社 2014 年版。

② 赵丰：《万里锦程》，见国家文物局《丝绸之路》，文物出版社 2014 年版。

③（日）樋口隆康著，张静译：《出土中国文物的西域遗迹》，《考古》1992 年第 12 期。

④ 赵丰：《万里锦程》，见国家文物局《丝绸之路》，文物出版社 2014 年版。

在战国中期①。

中亚、西亚地区出土汉式铜镜的地点多达24处，出土铜镜累计达46件以上②。白云翔对此进行了系统梳理研究，认为这一地区出土的汉式铜镜大致可分为两类，即“汉镜”和“仿汉镜”。属于汉镜的有连弧纹铭带镜、四乳四虺纹镜、博局纹镜、云雷连弧纹镜、夔凤铭文镜等。

连弧纹铭带镜出土多枚，在阿富汗蒂利亚山墓地、乌兹别克斯坦孟察克山墓地均有发现，塔什干博物馆也收藏1枚。此类镜铭为单圈铭文带，铭文字数较多，铭文内容有“洁清白而事君……”“日有熹……”“内清质以昭明……”等，根据内容一般可称为昭明镜、洁（清）白镜、日有熹镜。

四乳四虺纹镜比较少见，目前仅在卡拉布拉克发现1枚，制作精致，保存完好。该镜为半球形钮，主纹为4组“S”形变形虺龙纹，用4枚圆座乳丁相隔，周围用细小的禽兽纹点缀，宽平素缘。

博局纹镜出土数量最多，在乌兹别克斯坦的卡伊拉加奇墓地、卡拉·特克梯尔墓地及哈萨克斯坦的列别杰夫卡5号墓地均有出土。此类镜为半球形钮，在双线凹面的TLV纹、圆座乳丁之间装饰瑞兽、祥鸟、独角兽及枝蔓等，镜缘装饰双线波折纹或流云纹。

云雷连弧纹镜比较多见，卡拉布拉克、列别杰夫卡、卡拉·特克梯尔、托拉·塔什等地均有发现。这一类铜镜的半球形钮略大，钮座为四叶柿蒂纹，主纹由八内向连弧纹、小乳丁和连弧线组成。

夔凤铭文镜比较少见，仅在杰尔·阿克雷出土1枚，保存较完整。该镜为半球形钮，圆钮座，镜钮上下有铭文框，框内铭文为“位至”“三公”，铭文框外左右两侧装饰对称的夔凤纹。

关于这些汉代铜镜的年代，白云翔参照中原地区同类镜的流行年代，认为中亚地区出土的连弧纹铭带镜、四乳四虺纹镜、博局纹镜、云雷连弧纹镜等镜类的年代均为西汉中晚期至东汉早期，只有夔凤铭文镜的年代晚至东汉晚期。

三、临淄与西域的交流

考古发现和文献记载表明，战国秦汉时期的临淄不仅丝织业发达，而且是汉代最重要的铜镜制作中心之一。任何文化交流均具有双向流动性，在与西方文化的交流中，西方的玻璃、金银器以及具有浓郁西方色彩的胡人俑出现在临淄，反之，临淄盛产的丝绸、铜镜也会交流或影响到西方。

（一）古代丝绸的重要产地

养蚕丝织业在我国起源甚早，新石器时代黄河流域的仰韶文化陶器底部残留有丝绸的印迹，而长江流域的钱山漾文化中发现有丝织品的实物标本。商周时期中国的丝织业已经具有一定规模，有学者对故宫博物院商代铜戈和玉刀上发现的丝织物痕迹进行了分析研究，证实其编织的菱形几何纹和云雷纹的图案工艺已经十分复杂③。地处黄河下游的齐鲁大地是古代养蚕丝织业的重要起源地，在全国亦占有重要地位，尤其以临淄为中心的齐国，自姜太公建国之初在政治上推行“因其俗，简其礼”，经济上“劝以女工之业”，到春秋战国时期，齐国的养蚕丝绸纺织业已经非常发达，号称“齐冠带衣履天下”。

---

① 林梅村：《中国与西域的最初接触》，见《丝绸之路考古十五讲》，北京大学出版社2006年版。

② 白云翔：《汉式铜镜在中亚的发现及其认识》，《文物》2010年第1期。

③ 陈娟娟：《两件有丝织品花纹印痕的商代文物》，《文物》1979年第12期。

1. 考古发现

20 世纪 70 年代以来,临淄地区发掘的多座战国墓中出土有丝织品。但由于鲁北地区的地理环境不利于对丝织品的保护,目前仅有两座大型齐国墓葬出土的丝绸品得以保存,另有一批早期丝织品被收藏在山东省博物馆,属于墓葬出土的捐赠征集品。

(1)临淄郎家庄 M1

郎家庄 M1 为墓室南北长 21 米、东西宽 19.5 米的大型墓葬,有陪葬坑 17 个,墓葬被严重盗掘,随葬的丝织品有纺织品、编织品、丝编、草编等遗物残片,均集中出土于墓主人椁室东壁,因与棺椁一起被焚而炭化,得以保存下来。此外,在陪葬坑内出土的铜镜等器物上和填土中也发现有已腐朽的绢纹①。墓葬中出土的丝织品有五种:

绢　为平纹编织,每平方厘米有经丝 76 根、纬丝 36 根。

织锦　为经二重组织,每平方厘米约有经丝 56×2 根、纬丝 32 根。测其径向投影宽,经丝为 0.2—0.25 毫米,纬丝为 0.13—0.2 毫米。其组织结构十分清晰,具有"经纬起花的平纹重织物"、不同颜色的两组经丝互换位置起花的特征,采用两组不同染色的经丝和一组纬丝重叠交织而成,是早期织锦的样式。

丝编织品　有两种,可能是丝履上不同部位的残片。第一种,设双头的合股丝相当于经线,每厘米可排 13 条(26 个头),单根的是纬丝,则每厘米 9 根,是采用手工缝制的编织品。该成品厚实致密,应是丝履鞋帮的部分。第二种残片可能是丝履鞋面的一部分,表面饰有乳丁状花饰。它的编结方式与上一种不同,是用丝线在排好的麻绳之间穿绕编成的,结构类似平纹机织物,不起绞。编好的成品,还要在相邻的两麻绳之间以针引双根线自背面刺出表面,挽成散点布置的乳丁疙瘩。其作用主要在于保护鞋面的丝线,使之比较耐磨耐穿,收到使用与装饰兼得的效果。

刺绣　该墓出土的刺绣残片,是在绢地上以丝缕用锁绣针刺绣,以二至三道并成块面花纹。绣工风格比较粗放疏朗,针脚长短不甚整齐,用丝也略分粗细,目的在于增强纹饰的表现力。绣花的绢地密度为每平方厘米经丝 48 根、纬丝 43 根,并经碾砑加工,织物不仅表面平滑,而且看不出明显的空隙。

(2)临淄大夫观 M1

该墓位于临淄齐故城大城南约 1.5 公里处,为有南北两条墓道的"中"字形大型墓葬。墓室平面为方形,口大底小,现存墓口边长 31.7 米,墓室四壁自墓口至二层台设有 6 级台阶,逐级内收,现存深度为 4.55 米。两条墓道开设于墓室南北两侧中部,南墓道上口残长 30.2 米,北墓道略短于南墓道,上口长 26.3 米,坡长 31.2 米。墓室中部为石椁室,四角各有 1 个陪葬器物坑。4 个器物坑形制基本相近,皆近正方形,长 3 米左右 ,深 2 米左右②。

椁室位于墓室中部,上口长 11.6 米,宽 10.7 米,高 5.4 米。椁室内放置木质棺椁,随葬的丝织品位于棺内。其中,在墓主骨架的右侧发现很多纺织品,且大多为精致的丝织品,也有较粗的麻纹布。从放置的位置看,麻纹布是做包袱使用的,这组衣物应是主人穿用的服装。内椁用丝织品悬挂于四壁外,用竹席铺底,席上再铺一层纺织品。在内椁西侧的漆盒下面发现 1 块长 30 厘米、宽 11 厘米、

---

① 山东省博物馆:《临淄郎家庄一号东周殉人墓》,《考古学报》1977 年第 1 期。

② 山东省文物考古研究院:《临淄齐墓(第二集)》,文物出版社 2018 年版。

多层厚度近3厘米的丝绸布，可能是用来包裹漆盒的。墓葬中出土的丝织品有纱、绢、锦、刺绣等品种，另外还有部分麻编织物。

纱　出土时大部分呈棕色或黑色。标本纱1，两经相绞与一根纬线交织。其经纬密度为每平方厘米36×14根。标本纱2系并经与单纬交织，经纬密度为每平方厘米92×19根。标本纱3，纵31厘米、横7厘米，经纬密度为每平方厘米34×29根（图七）。

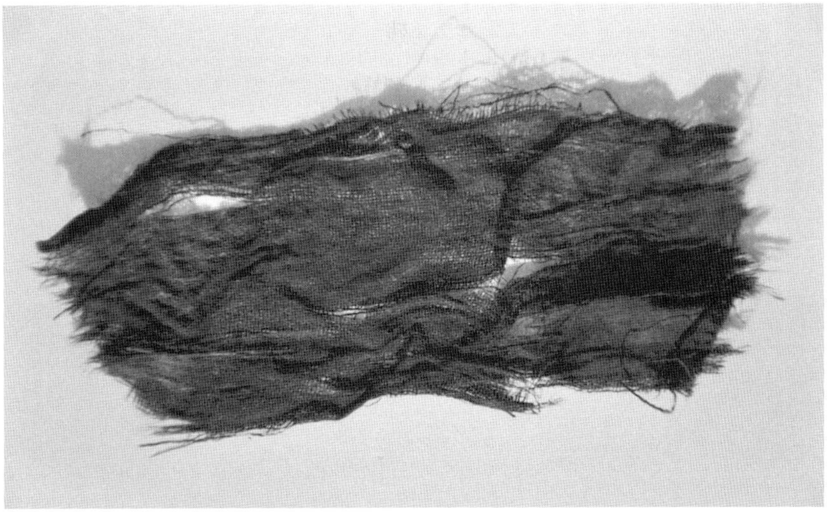

图七　纱

绢　经纬密度相差较大。标本绢1为丝锦袍里，棕色，经纬密度为每平方厘米69×40—130×40根。标本绢2，丝袍面，黑色，经纬密度为每平方厘米130×40根。标本绢3，丝锦袍面，黑色，经方捻，纬不捻，经纬密度为每平方厘米110×44根。标本绢4，棕色，成卷，应为一匹，幅宽24厘米，经纬密度为每平方厘米32×28根（图八）。

图八　绢

锦 用作绢面丝袍的袖头口。标本锦1,黑地几何纹织锦,袖头,黑地,红棕色花纹,袖宽16.3厘米,锦面纵18厘米,袖里内折5—7厘米,表经、里经每平方厘米各46根。在纵9.6厘米、横19.2厘米的花纹单位中有几何纹、三角回纹、齿状三角纹等11种纹样。标本锦2,黑地小几何纹锦,黑地,红花,纵25厘米、横14厘米,表经、里经每平方厘米各38根,明纬、夹纬每平方厘米各24根,并织有几何纹、杯纹等10余种纹样(图九)。

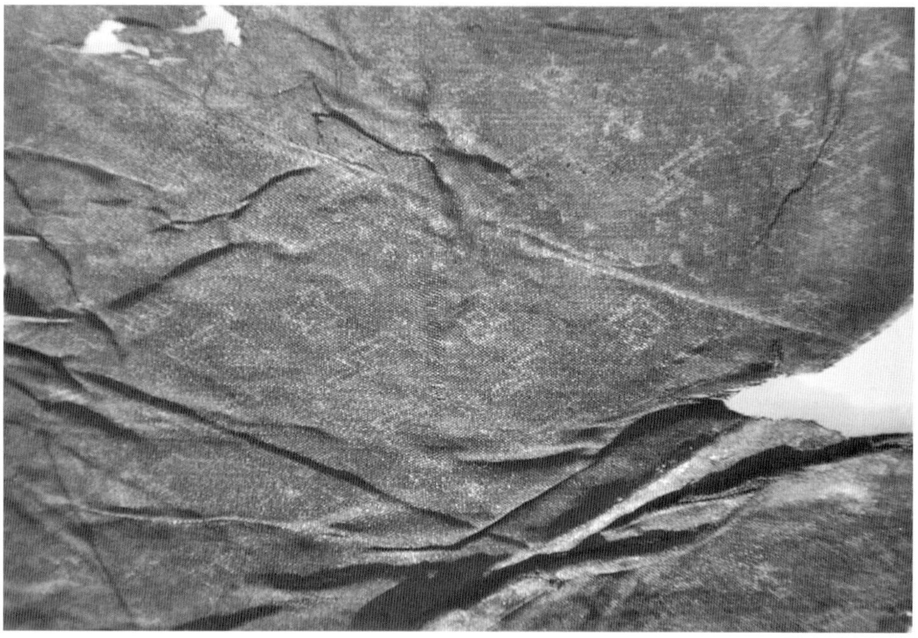

图九 织锦

绢绣花残片 绢为棕色,每平方厘米有纵18根、横24根,经纬密度为每平方厘米92×36根,采用紫、黄两色绣花线编绣(图十)。

麻织物残片 标本麻1,经纬经反捻,捻度较强。经纬密度高,每平方厘米16×14根。标本麻2,添缅残片,出自棺内,沾有胶漆,以左右两边的斜向经线编织而成。

(3)山东博物馆藏战国绮织物

2013年8月,山东博物馆接收一批捐赠的丝织品,据捐赠者称这批丝织品出自临淄地区。经中国社会科学院考古研究所等单位的专家鉴定,这批丝织品属于战国晚期的实物,其中有两件平纹组织提花织物残片黏附在一只履上,织物质地柔软、轻薄①。

残片1 最大尺寸7厘米×6厘米。织物外观呈深褐色,有黄色星点状显花,显示出规则的提花图案。织物表面破损,有条状撕裂痕,表面还黏结一块带动物毛发的硬结物。

残片2 最大尺寸11厘米×5厘米。织物外观为长条状,呈深褐色,有黄色星点状显花,局部有浅蓝色污迹。织物已破损,缺失严重。此外,残片2可以看出幅边和明显的锁边痕迹。

两件织物都较柔软、轻薄且透光性好,残片1透光性接近于纱。两件织物结构特征完全相同,

---

① 刘靓等:《山东博物馆藏战国绮织物研究》,见《海岱考古(第九辑)》,科学出版社2016年版。

图十　绢绣花残片

通过进行显微结构观察，发现织物地组织为平纹结构，地经为有捻褐色丝线，投影宽度为0.18毫米左右，经线密度为每厘米28根；纬线为无捻褐色丝线，投影跨度为0.12毫米左右，纬线密度为每厘米26根；纹经为无捻黄色丝线，投影宽度为0.11毫米左右。这类织物在汉代被称为绮。绮作为丝织品名称已见于战国史书，如《战国策・齐策四》载："下宫糅罗纨、曳绮縠，而士不得以为缘。"

2. 临淄丝织业

上述3座出土战国时期丝织品的墓葬均位于周代齐国的都城临淄附近。据文献记载，春秋时期齐国的丝织业已经非常发达，丝绸织锦已经成为齐国与其他诸侯国交往的重要礼品。《左传・襄公二十九年》载"（晏婴）聘于郑，见子产，如旧相识，与之缟带"，记述了齐景公时晏子出使郑国，临别时亲手赠予郑相子产数十匹白经赤纬彩绸。当时"诸侯以缦帛鹿皮四介以为币，齐以文锦虎豹皮报"。锦是丝绸中最鲜艳多彩、绚丽华美的产品，文锦是以彩色丝线织成的带花纹的高档丝织品，可见当时齐国把丝绸当成与诸侯间交往的高级礼品。

战国时期，齐国的丝织业得到进一步发展，达官贵人"衣必文绣"。《国语・齐语》记有齐桓公对管仲说："昔吾先君襄公……而唯女是崇，九妃六嫔，陈妾数百。食必粱肉，衣必文绣。""文绣"指刺绣彩色花纹的丝织品或服饰。当时丝职业的规模较大，官府对丝绸产业进行了专业化管理。据《考工记》记载，齐国专门设立了"慌人"负责煮练丝帛，设立了"染人"负责丝帛和其他纺织品的染色，设立了"画缋"负责在丝织品上画花绣花等装饰加工。由此可见，战国时期齐国丝织业已经具有专业化的生产管理机构。

战国时期齐国生产的丝织品不仅数量大，而且质量上乘，为当时各国所推崇，"天下之人冠带衣履皆仰齐地"。齐国丝织品不仅见于中原各国，在南方楚国也有发现。长沙仰天湖战国墓中不仅出土了炭化丝绸残片，该墓出土的记录随葬品的遣册竹简中还记载有"中（仲）君之一绖衣，缍纯，絅缟之纯”句①。“纲”即“阿”，“纲缟之纯”同“阿缟之衣”，《史记·李斯列传》有“阿缟之衣、锦绣之饰”，裴骃《集解》引徐广曰：“齐之东阿县，缯帛所出。”北魏郦道元《水经注·河水五》载：“(东阿)县出佳缯缣，故《史记》云秦昭王服太阿之剑、阿缟之衣也。”齐国生产的丝织服饰不仅精美，而且成为当时各国上层统治者之间进行交往的重要礼品。

西汉时期，临淄仍然是全国重要的纺织中心之一。在汉代，最重要的丝织品生产地有三处：东织室和西织室，三服官，襄邑服官。东、西织室设在长安，由“织室令丞”主管；“三服官”设置在临淄，由少府主管。三服官的生产规模很大，“作工各数千人，一岁费数巨万”，其产品异常精美，有文锦、刺绣、冰纨等高级丝绸品种，代表了当时的国家最高水平。《急就篇》中有“齐国给献素缯帛，飞龙凤凰相追逐”等记载，形象地反映出汉代齐国丝织品图案的生动、华美。三服官为皇室制作绮绣、冰纨、方空縠、吹纶絮等高档丝织品。三服官每年花费数亿钱，织出的高级丝绸被大批运输到京城长安，除了供给汉皇室消费，一部分则走上了始于长安的丝绸之路。

武帝时，随着丝绸之路的开通，西汉政府与西域的贸易联系越来越密切，西汉政府主要以丝织品换取西域诸国的货物。据《汉书·张骞传》记载，张骞第二次出使西域时带去的“赍金币帛直数千巨万”。在与匈奴的往来中，西汉赠予匈奴的丝织品也占相当大的数量。丝织品作为赠送礼品走上丝绸之路，要由“少府”统一调拨。临淄生产的丝绸，经定陶、洛阳、函谷关达长安，由汉政府的主管部门“少府”统一管理。其中许多临淄生产的丝织品作为与西域贸易的商品，从长安途经甘肃武威、敦煌，新疆楼兰、喀什，走上通向西方的丝绸之路。

(二)临淄铜镜与铸造业

20世纪60年代以来，山东省及淄博市、临淄区的文物考古部门在临淄齐故城一带先后发掘了大量汉代墓葬，并出土了数量众多的铜镜。据不完全统计，至1996年底，山东省文物考古研究所在临淄地区发掘的战国汉代墓葬有3000余座，出土铜镜数百枚②。同时，淄博市和临淄区的文物部门为配合工程建设以及临淄地区的城乡建设，也进行了大量的抢救性发掘，至2017年，仅临淄区文物局发掘的战国汉代墓葬有26000余座，出土铜镜6100余枚③。同时，近些年来在临淄齐故城内也先后出土了上百件汉代陶质镜范。临淄汉代铜镜和镜范的发现，不仅为汉代铜镜的铸造工艺、铸造产地的探讨提供了实物资料，同时也为铜镜作为商品对外流通的研究提供了重要实物资料。

1.汉代铜镜

临淄地区出土的汉代铜镜不仅数量多，而且种类比较齐全，基本上包括了目前所见汉代铜镜的主要类型，可分为素面镜、蟠螭纹镜、龙纹镜、雷纹镜、连弧纹镜、彩绘镜、花叶纹镜、草叶纹镜、博局纹镜、星云纹镜、铭文镜、禽兽纹镜、夔凤纹镜等十五大类④。其中属于汉镜的四乳四虺纹镜、昭

---

① 湖南省文物管理委员会：《长沙仰天湖第25号木椁墓》，《考古学报》1957年第2期。

② 魏成敏、党浩：《山东鲁北临淄战国汉代墓葬出土铜镜》，见《鉴耀齐鲁——山东省文物考古研究所出土铜镜研究》，文物出版社2009年版。

③ 淄博市临淄区文物管理局：《山东临淄战国汉代墓葬与出土铜镜研究》，文物出版社2017年版。

④ 魏成敏、党浩：《山东鲁北临淄战国汉代墓葬出土铜镜》，见《鉴耀齐鲁——山东省文物考古研究所出土铜镜研究》，文物出版社2009年版。

明镜、清白镜、博局纹镜在中亚地区均有出土,另外中亚虽然出土了星云纹镜,但据白云翔考察,中亚地区的星云纹镜与汉代星云纹镜有差异,故白云翔认为中亚出土的星云纹镜是仿制的汉式镜①。

星云纹镜在临淄出土的数量较大,其镜背的纹饰主要由4枚大乳丁和数目不等的许多小乳丁组成,高低错落相互连接的小乳丁看起来似星象图,所以被称为星云纹镜。临淄出土的星云纹镜均为连峰式钮、十六连弧镜缘,根据小乳丁数目的多少又主要分为五星式、七星式和十星式星云纹镜。中亚地区出土的仿汉式星云纹镜为五星式,与临淄五星式星云纹镜有很大的相似性,二者镜钮、主纹、镜缘基本相同,只是主纹与镜钮间装饰的连弧纹和矩尺纹有所不同②。

昭明镜,汉代最常见的镜类之一,镜体一般较大,制作都比较精致,完整的铭文内容为"内清质以昭明,光辉象夫(兮)日月,心忽夫扬忠,然雍塞夫不泄"。昭明镜是临淄出土数量较多的铭文镜,其铭文省字和减笔的现象较常见,文字之间多用符号间隔,仅临淄文物局《山东临淄战国汉代墓葬与出土铜镜研究》一书中就收录145枚③。中亚塔什干博物馆也收藏有1枚昭明镜,其铭文内容为"内清质以昭明,光象夫日月,心忽穆而忠之,而不泄",这枚昭明镜的形制、铭文内容与临淄发现的昭明镜基本相同。

清白连弧纹铭文镜,形制与昭明镜基本相同但铭文内容不同,其铭文为"洁清白而事君,志愿之合明,(彼)玄(锡)之泽,恐疏远日忘,怀美之穷而"。清白镜在临淄比较少见。阿富汗蒂利亚山4号墓出土1枚洁白镜,形制、铭文内容与临淄清白镜相近,铭文内容为"洁白而事君,窸沄之弇明,汲玄锡之泽,恐疏远而日忘,美"④。

四乳四虺纹镜,圆钮,宽素缘,四叶纹钮座或圆钮座,座外一般为一周凸起的圈带纹;四枚乳丁和四虺纹构成主要纹饰并分布于两周凸弦纹和短线纹之间,四虺分别在四乳之间,虺由复线构成,首略内勾,身躯近"S"形,尾部回卷内钩;一般在虺身躯上下装饰鸟纹、卷云纹。俄罗斯卡拉布拉克发现1枚四乳四虺纹镜,制作精致,为圆钮,宽平素缘,主纹为4组"S"形变形虺龙纹,用4枚圆座乳丁相隔,周围用细小的禽兽点缀。该镜与临淄四乳四虺纹镜相比较,镜钮、主纹、镜缘极为相近⑤。

博局纹镜,在TLV纹之间分别配置青龙、白虎、玄武、朱雀、瑞兽、祥鸟、猴、独角兽以及羽人,由于禽兽、四灵、五灵等相继出现在博局纹镜中,形成了以博局禽兽镜、博局四灵镜以及博局羽人瑞兽镜等为主的博局纹镜类。博局纹镜一般制作得比较精制。博局纹镜在中亚发现多枚,如乌兹别克斯坦的卡伊拉加奇墓地、卡拉·特克梯尔墓地及哈萨克斯坦的列别杰夫卡5号墓地均有出土,其主纹系在双线凹面的TLV纹、圆座乳丁之间装饰瑞兽、祥鸟、独角兽及枝蔓等,镜缘装饰双线波折纹或流云

---

① 白云翔:《汉式铜镜在中亚的发现及其认识》,《文物》2010年第1期。

② 山东省文物考古研究所:《鉴耀齐鲁——山东省文物考古研究所出土铜镜研究》图版111-1,文物出版社2009年版;淄博市临淄区文物管理局:《山东临淄战国汉代墓葬与出土铜镜研究》拓片193、196等,文物出版社2017年版。

③ 山东省文物考古研究所:《鉴耀齐鲁——山东省文物考古研究所出土铜镜研究》图版111-1,文物出版社2009年版;淄博市临淄区文物管理局:《山东临淄战国汉代墓葬与出土铜镜研究》拓片471~616,文物出版社2017年版。

④ 白云翔:《汉式铜镜在中亚的发现及其认识》,《文物》2010年第1期。

⑤ 山东省文物考古研究所:《鉴耀齐鲁——山东省文物考古研究所出土铜镜研究》图版134~139,文物出版社2009年版。

纹[①]。临淄与中亚出土的博局纹镜的形制及主纹基本相似。

云雷连弧纹镜，圆钮，四叶纹钮座，宽素缘，主纹由八组雷纹和八内连弧纹组成。八组雷纹由双三角组合而成，其间装饰八个圆形涡旋纹，在雷纹内侧装饰一周内向连弧纹[②]。云雷连弧纹镜在中亚也有出土，如卡拉布拉克、列别杰夫卡、卡拉·特克梯尔、托拉·塔什等地均有发现，均为半球形钮，四叶柿蒂纹钮座，主纹由八内向连弧纹、连弧线雷纹和八枚小乳丁组成，也为宽素缘。中亚出土的云雷连弧纹镜与临淄出土的云雷连弧纹镜极其相似[③]。

夔凤纹镜是东汉中晚期新出现的镜类，主纹为变形夔纹或凤纹，虽然也为圆形镜，但其纹饰布局与一般“圆心式”纹饰布局不同，其主要特征是将双夔相对排列在镜钮的两侧，而且铭文也在钮的上下直行排列，打破了长期以来主纹和镜铭环绕镜钮为中心的“圆心式”排列方式，形成了“轴对称式”的新风格[④]。夔凤纹镜在吉尔吉斯斯坦的杰尔·阿克雷出土1枚，保存较完整。该镜为圆钮，圆钮座，镜钮上下有铭文框，框内铭文为“位至”“三公”，铭文框外左右两侧装饰对称的夔凤纹[⑤]。

2. 汉代镜范

临淄齐故城内最早出土的汉代镜范发现于20世纪40年代初。从1940年到2006年，临淄齐故城内先后出土了8批共93件镜范，加上流失的镜范，临淄城内出土的汉代镜范已经超过百件之多[⑥]，但这些镜范均属于采集品。真正属于考古发掘出土的镜范，是2012—2013年中国社会科学院考古研究所与山东省文物考古研究所对临淄齐故城内冶铸遗址进行考古发掘时，在阚家寨南一处秦汉时期的铸镜作坊遗址内发掘出土的180余件镜范[⑦]。

目前临淄出土的汉代镜范近300件，分别出土于付家庙、刘家寨、苏家庙、石佛堂、阚家寨5个自然村附近，分布范围基本上位于齐故城大城的中心地带。20世纪60年代，山东省文化局临淄文物工作队曾对临淄城进行了全面勘探，参照勘探资料可以看出，临淄汉代镜范出土地点均位于冶铜、炼铁和铸钱遗址附近[⑧]。从镜范出土地点来观察，临淄铸镜作坊在城内具有一定分布范围，从石佛堂、付家庙、阚家寨到苏家庙，各铸镜作坊相距600—900米，相互之间具有一定的距离。铸镜作坊之间存在一定的分布范围，这可能不会是一种巧合，或许可以说明当时城内的铸镜作坊具有一定的规划布局。

通过对临淄镜范、铸镜作坊以及出土铜镜的分析研究可以看出，汉代临淄的铸镜业不仅已经具有较大的规模，而且对铸镜作坊可能还有着统一的布局规划以及相应的管理体制。临淄生产的铜镜数量庞大，除了满足当地的需要，大量的铜镜还成为对外流通的商品。据目前掌握的资料可知，临淄

---

① 白云翔：《汉式铜镜在中亚的发现及其认识》，《文物》2010年第1期。

② 淄博市临淄区文物管理局：《山东临淄战国汉代墓葬与出土铜镜研究》拓片19，文物出版社2017年版。

③ 白云翔：《汉式铜镜在中亚的发现及其认识》，《文物》2010年第1期。

④ 魏成敏、党浩：《山东鲁北临淄战国汉代墓葬出土铜镜》，见《鉴耀齐鲁——山东省文物考古研究所出土铜镜研究》，文物出版社2009年版。

⑤ 白云翔：《汉式铜镜在中亚的发现及其认识》，《文物》2010年第1期。

⑥ 魏成敏、董雪：《临淄齐国故城的汉代镜范与山东地区的汉代铜镜》，见《山东省临淄齐国故城汉代镜范的考古学研究》，科学出版社2007年版。

⑦ 中国社会科学院考古研究所等：《山东临淄齐故城秦汉铸镜作坊遗址的发掘》，《考古》2014年第6期。

⑧ 群力：《临淄齐国故城勘探纪要》，《文物》1972年第5期。

铸造的铜镜作为商品，其流通不会受到地域的限制而仅局限在山东地区①。比如草叶纹镜是临淄生产的铜镜中的主要产品，其纹饰精细多样，产量也最大，应是对外输出的主要镜类。白云翔曾对草叶纹镜中的“日光大明”铭镜类进行专门研究，认为这类铜镜虽然分布范围比较广，但其制作中心当在黄河中下游即今山东、河南地区，其中临淄齐国故城当是其主要的铸造地之一②。

在中亚地区发现的四乳四虺纹镜、昭明镜、清白镜、博局纹镜应属于汉代铜镜，与临淄出土的同类镜基本相同。临淄出土了大量汉代星云纹镜，而中亚地区汉式星云纹镜也多有发现③，虽然中亚地区的星云纹镜与汉代星云纹镜略有差异，或为当地仿制，但两者的形制特征比较相近，特别是中亚出土的五星式星云纹镜，与临淄出土的五星式星云纹镜极其相似，具有明显的汉文化色彩，是中西文化交流的典型实例。

四、结语

先秦时期的草原之路和汉武帝开启的丝绸之路，是一条连接欧亚大陆东西方文化和经济贸易交流的重要通道。在临淄发现的战国秦汉时期具有西方文化风格的蜻蜓眼玻璃珠、花瓣纹银豆，应是经草原之路、丝绸之路传播而来的。而任何文化传播和贸易交流均具有相互影响的特性，在西方文化东传的同时，草原之路和丝绸之路必然将东方文化西传，具有中国文化特色的物品特别是早期中国盛产的丝绸、漆器、铜镜成为向西方输出的重要物品。

春秋战国时期，临淄已经大量生产文锦、刺绣、绢、绮等丝绸上品。在俄罗斯戈尔诺阿尔泰地区巴泽雷克墓地发现的战国凤纹刺绣，说明早在秦汉之前中国的丝绸已经传至外国④。两汉时期，三服官在临淄生产的丝绸产品异常精美，其文锦、刺绣、冰纨等高级丝绸品种代表了当时丝织产品的最高水平。汉代少府将临淄三服官生产的丝织品作为对西域贸易的重要商品和赠送礼品，如在叙利亚帕尔米拉遗址发现的汉代织锦种类至少有3种。临淄也是汉代重要的铸镜中心，生产的铜镜数量庞大，除了满足当地的需要，大量的铜镜还成为广泛流通的商品，通过丝绸之路传播至中亚。临淄出土的具有西方风格的汉代胡人石雕像完全是受西方文化影响而由地区当地制作的雕像，中亚仿制的汉式星云纹镜具有明显的临淄汉代星云纹镜特征，两者均为东西方文化交流的典型产物。

临淄作为古代东方的重要城市，不仅是中西文化交流的东部重镇，也是古代丝绸之路东部的重要起源地之一。

---

① 魏成敏、董雪：《临淄齐国故城的汉代镜范与山东地区的汉代铜镜》，见《山东省临淄齐国故城汉代镜范的考古学研究》，科学出版社2007年版。

② 白云翔：《西汉时期日光大明草叶纹镜及其铸范的考察》，《考古》1999年第4期。

③ 白云翔：《汉式铜镜在中亚的发现及其认识》，《文物》2010年第1期。

④ 葛承雍：《中国记忆中的丝绸之路》，见国家文物局《丝绸之路》，文物出版社2014年版。

近年来青岛“海上丝绸之路”考古的主要成果

青岛市文物保护考古研究所 薛广平 林玉海

“海上丝绸之路”是古代中国与东亚、东南亚、南亚、西亚以及欧洲、非洲等地区文化交流和海上贸易往来的交通大动脉，最早由西方学者提出，泛指古代中国与外国往来的交通线路[①]。随着“一带一路”倡议的提出和落实，“海上丝绸之路”现今已经成为国际通用的一个名词。2013 年 10 月，国家主席习近平在印度尼西亚国会发表演讲时提出：中国愿同东盟国家发展好海洋合作伙伴关系，共同建设 21 世纪海上丝绸之路。随后又在召开的党的十八届三中全会中强调，要推进丝绸之路经济带、海上丝绸之路建设，形成全方位开放新格局。2015 年 3 月 28 日，国家发展改革委、外交部、商务部联合发布了《推动共建丝绸之路经济带和 21 世纪海上丝绸之路的愿景与行动》。2017 年 5 月，首届“一带一路”国际合作高峰论坛在北京举行；同年，修订后的《中国共产党章程》提出遵循共商共建共享原则，推进“一带一路”建设。2019 年 4 月，第二届“一带一路”国际合作高峰论坛召开，发布《共建“一带一路”倡议：进展、贡献与展望》报告，报告指出目前在“一带一路”沿线国家已设立了 17 个中国文化中心，并提出继续开展历史文化遗产保护、文物援外合作、联合考古合作，推进博物馆交流合作，联合打造具有丝绸之路特色的旅游产品。中国与印度尼西亚、缅甸、塞尔维亚、新加坡、沙特阿拉伯等国签订了文化遗产合作文件。

“丝绸之路”是一条以丝绸贸易为象征的、连接古代中国与亚洲和欧洲等地区之间的交通、贸易和文化交往相结合的商贸通道，对促进东西方文明之间的交流发挥了极其重要的作用。它是世界共同的文化遗产，也是中国和平发展与世界各国互惠互利的伟大历史见证。“丝绸之路”分为陆上和海上两条。2014 年，中国与哈萨克斯坦、吉尔吉斯斯坦联合申报的“丝绸之路：长安—天山廊道的路网”成功入围世界遗产名录，而海上丝绸之路申遗工作启动至今已有十余年，海上丝绸之路（中国段）申遗项目也已顺利入选《中国世界文化遗产预备名单》。古代海上丝绸之路有南北线之分，南线面向东南亚以及印度洋、波斯湾、红海沿岸的南亚、西亚乃至非洲地区，始发港口主要包括广州、泉州、福州、宁波等；北线则是与朝鲜半岛、日本等东亚和东北亚地区交往的交通路线。青岛自古以来

---

① “海上丝绸之路”一词最早由法国汉学家沙畹在其编纂的《西突厥人史料汇编》中提出。该书最初由冯承钧先生于 1932 年译为中文，由商务印书馆出版，后经中华书局 1958 年校订后重版，2004 年再版。参见（法）沙畹著，冯承钧译：《西突厥史料》，中华书局 2004 年版。

就是我国海上对外贸易的门户,处在古代海上丝绸之路的北线上,在面向朝鲜半岛、日本列岛的对外经贸交流中具有不可或缺的作用,是海上丝绸之路的重要一环,拥有丰富的海上丝绸之路文化遗产。

在当前推进“一带一路”倡议的时代背景下,加强青岛的海上丝绸之路文化遗产保护,不仅是提升青岛文化软实力、打造海洋文化名城的有效举措,也对助推青岛建设21世纪海上丝绸之路枢纽城市、形成开放型经济新格局具有重要意义。早在2014年初,青岛市委、市政府提出了开展青岛市海上丝绸之路文化遗产研究与保护工作的要求。为有效推进该项研究与保护工作,青岛市文物保护考古研究所立即精细筹划,积极开展相关调研工作,经过几年的努力,取得了一系列考古成果。

一、青岛与“海上丝绸之路”

学术界一般认为海上丝绸之路始于秦汉,兴于隋唐,盛于宋元,衰落于明末,自1840年鸦片战争开始后就走到了尽头。作为东部沿海重要的贸易口岸,青岛自古以来就是我国海上对外贸易的门户,在海上丝绸之路发展史上也曾写下光辉的篇章,发挥了极其重要的作用,是海上丝绸之路的重要节点。

考古发现证明,青岛至少拥有六七千年的海洋文明史,其域内分布的许多贝丘遗址如胶州三里河遗址和即墨北阡遗址等都出土了用骨、贝等制作的大量海洋制品,体现出明显的海洋文化特色①。春秋时期的齐国因即墨琅琊之饶成为当时的强国大国之一,而其桑蚕业的兴盛使得丝绸业十分发达。作为齐国东部的重要城市,即墨一直是关系地方财政的经济重心,也是军事重镇,而琅琊港是当时南北交流的重要节点。近代青岛地区出土的战国时期的三件青铜量器——子禾子釜、陈纯釜和左关钿,证明了当时该地区商贸活动的发达,也反映出该地区与海上贸易密切相关。②

秦统一六国后,秦始皇“亲巡天下,周览远方”,五次出巡,三次到过琅琊。又遣徐福入海求仙,便有了徐福东渡的壮举。这是有史记载的从山东半岛经朝鲜半岛到达日本列岛的第一次大规模远航活动,也为海上丝绸之路的形成奠定了基础。

汉代是中华文化繁荣发展的时期,琅琊古港地区隶属琅琊郡(今青岛市黄岛区),是汉代尤其是西汉时期的东方富足之地。通过对今青岛西海岸地区的考古发掘可以发现,黄岛区沿海附近出土的大量原始青瓷、玉器、漆器和丝织品等都并非产自本地,有些来自南方江淮甚至中亚、新疆等地区③,说明当时该地区与其他沿海和内陆地区存在着不同程度的商贸往来。从陆海交通运输的角度来看,汉代琅琊港地区已经成为陆海丝绸之路交会的重要节点。

东晋时期,僧人法显游历印度返回故土,经海路从劳山(今青岛市崂山区)登陆,在当时的长广郡不其城(今青岛市城阳区)译经说法,传扬佛教,后来崂山地区的潮海院(又名石佛寺、石佛庵)就因此而修建。

唐武德六年(623)在今胶州市地域设立板桥镇,板桥镇后来逐渐发展成为与朝鲜半岛和日本商贸往来和文化交流的重要口岸,大量的遣唐使、外国留学生和商贾等往来于该地区。日本的僧人圆

① 林玉海:《青岛市北阡贝丘遗址考古发掘的意义》,《中国文物报》2007年9月21日第7版。

② 翁建红主编:《丝路琅邪——海上丝绸之路与青岛西海岸》,中国言实出版社2016年版,第72页。

③ 翁建红主编:《丝路琅邪——海上丝绸之路与青岛西海岸》,中国言实出版社2016年版,第86、109页。

仁,新罗的文学家、诗人崔致远等都曾在附近驻留游历,并留下许多重要的文学和史料著作,如圆仁的《入唐求法巡礼行记》和崔致远的《桂苑笔耕集》。

北宋时期的板桥镇成为北方最大的对外贸易口岸,板桥镇港口将河运和海运连接起来,使得山东半岛丰富的物产通过陆路、水路聚集于此,再由海道输出。宋哲宗元祐三年(1088)设立板桥市舶司,板桥镇的海运贸易出现了空前繁荣的景象。当时的板桥镇港口区,除了东亚、南亚的海外物资在这里中转和销售外,甚至西亚大食国(今阿拉伯地区)的商人也乘船北上到这里做生意①。

金皇统二年(1142)设立胶西榷场②,虽然由于战争原因,榷场时断时续,但仍是金宋通过海道实现南北交流的唯一互市市场(官市)。直至南宋末年,该地区仍保持着南北海上物资集散中心和海外转口贸易两大优势。

在古板桥镇遗址范围内,近年已经有多次考古发现证实了当时的繁华景象。1996年,在胶州市政府宿舍建设施工过程中发现了锈结成块的铁钱30余吨,其中可辨识的均为北宋徽宗时期的铸币。2009年9月,在配合基建施工时又发现大量北宋铁钱及不同时期的瓷片等文物,经过抢救性考古发掘,取得了重要的考古成果:在宋代文化层中揭露出两组大型建筑基址,结构复杂,规模宏大,其中的一号建筑群应是当时的某个管理商贸活动的官署机构,而二号建筑可能是在通商口岸设置的客栈和转运仓储设施。国家文物局考古专家组专家认为:该遗址发现的文化遗存与北宋时期的通商口岸板桥镇及“市舶司”密切相关,对于胶州市和青岛港的历史沿革、古代板桥镇的海运贸易研究具有重要价值③。

元明清时期,青岛成为南北海运交通的枢纽和中转站,军事上成为防倭抗敌的前线,商业上成为商贾云集、百货辐辏的贸易口岸。这一时期通过开凿胶莱运河、马濠运河,修建海防卫所,开辟新的港口(金口、沙子口、青岛口、沧口)等,使得内河航运与海港发展齐头并进,逐渐显示出青岛作为港口城市的特色(图一)。

从历史发展进程来看,青岛文明史的发展始终与海洋相伴,具有丰厚的海洋文明积淀,青岛地区的海上丝绸之路文化遗产需要我们深入挖掘和整理研究。

二、青岛市“海上丝绸之路”考古工作主要收获

从历史文献记载来看,青岛作为早期连接日、韩等地区的北方重要贸易口岸、北方唯一的市舶司所在地和南北交通枢纽,在海上丝绸之路的文化链条中具有无可替代的区位价值。自2014年以来,青岛市文物保护考古研究所组建专门的研究队伍,对青岛市海上丝绸之路文化遗产进行了广泛而深入的研究,主要工作从田野考古与文物考古研究两方面来展开。

(一)田野考古工作

总体而言,青岛市海上丝绸之路考古工作的开展,从空间上可以分为东、西海岸两个区域,东海

① 《宋史》卷一百八十六记载:“(崇宁元年)初,广南舶司言,海外蕃商至广州贸易,听其往还居止,而大食诸国商亦丐通入他州及京东贩易,故有是诏。”中华书局1977年版,第4561页。

② 《金史》卷五十中提道:“榷场,与敌国互市之所也。皆设场官,严厉禁,广屋宇以通二国之货,岁之所获亦大有助于经用焉。熙宗皇统二年五月,许宋人之请,遂各置于两界。”中华书局1975年版,第1113页。

③ 青岛市文物保护考古研究所:《胶州板桥镇遗址考古文物图集》,科学出版社2014年版,第5页。

岸包括即墨、崂山至市南区沿海一线，西海岸包括胶州市与黄岛区；从时间上，则可以划分为秦汉、唐宋及元明清三个时期。

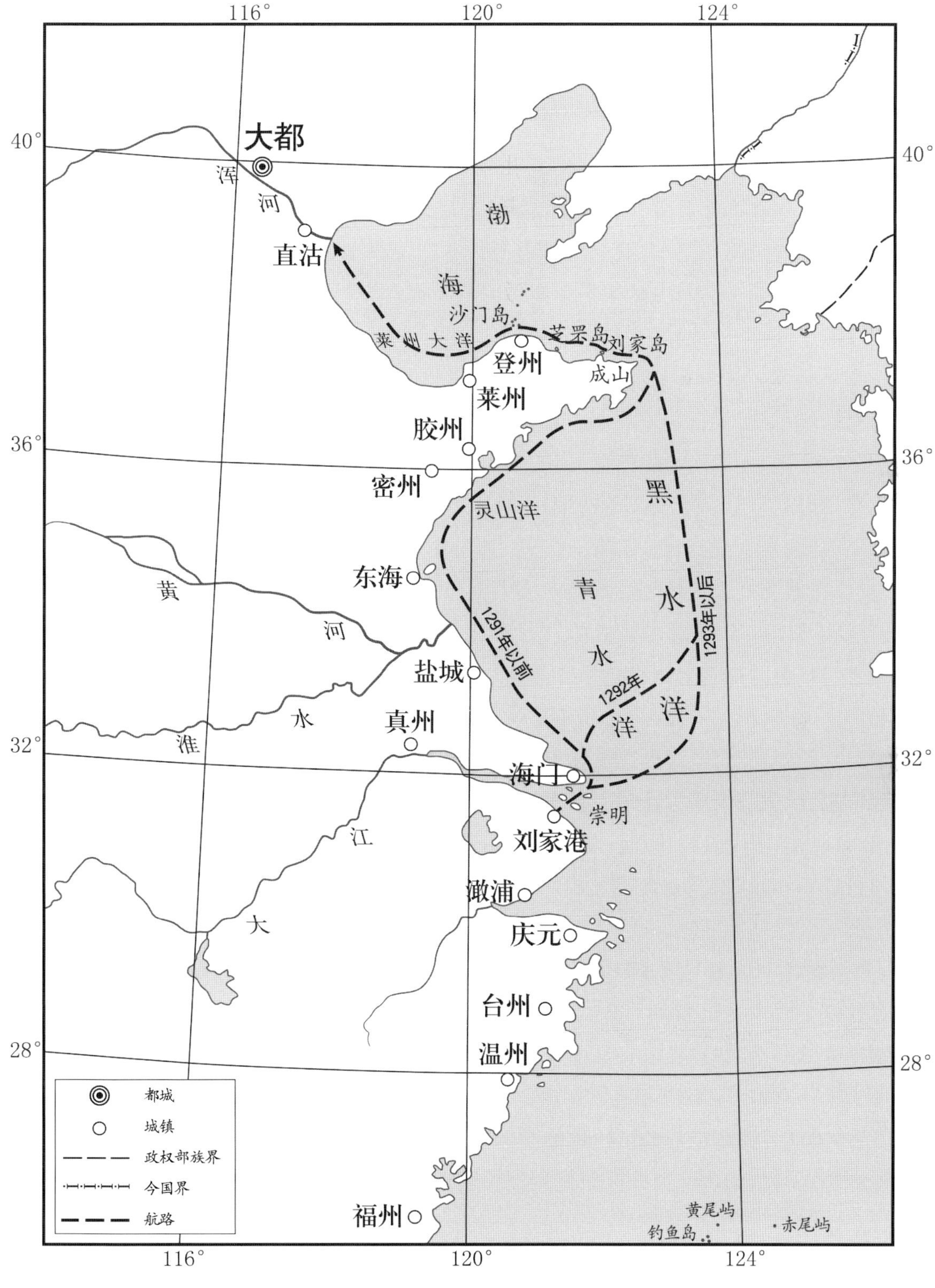

图一　元朝海运的主要航路图

2014年8—9月，青岛市文物保护考古研究所联合胶州市博物馆，对胶州市相关区域尤其是古板桥镇遗址区域进行了考古调查及勘探，深入研究板桥镇遗址的分布范围及功能性质；同年9—10月，联合黄岛区博物馆，对黄岛区海上丝绸之路相关文化遗产展开调查，对该区域的海上丝绸之路文化遗产有了全面的认识①。2015年4—5月，根据省、市文物局统一部署和要求开展青岛地区水下文化遗产资源调查工作，通过对文献资料的梳理和田野调查勘探，大致了解了水下文化遗迹和遗物的相关情况，为进一步的工作提供了有价值的参考。2015年11月和2017年9月，联合胶州市博物馆、潍坊市潍水文化遗产保护中心先后两次对胶莱运河青岛段部分进行考古调查工作，基本弄清了胶莱运河青岛段沿线遗址的基本分布情况。2016年6—7月，联合即墨市博物馆②在青岛东海岸地区开展海上丝绸之路文化遗产调查工作，重点在即墨金口港遗址区域进行调查与勘探，对金口港遗址的大致布局及遗迹保存状况有了比较详细的了解。此外，为配合国保单位保护规划及大遗址保护工作，琅琊台和板桥镇遗址历年的考古工作也为相关遗迹的研究和保护提供了补充资料。上述考古工作为落实青岛海上丝绸之路文化遗产研究和进一步的保护规划提供了基础材料和建设规划依据。

在具体工作过程中，根据历史文献记载，结合以往的考古发现，我们对胶州市、黄岛区和即墨区的海上丝绸之路文化遗产做了详细而广泛的调查及勘探工作，调查范围包括与海上丝绸之路有关的物质文化遗产（如港口码头遗址、沉船遗址、运河遗址、海防遗迹、海边聚落遗址及其他遗址点、各类标本文物等）和非物质文化遗产（如历史文献、地方志、神话传说及其他反映宗教文化的材料等）。以黄岛区为例，我们选择从黄岛区沿海最南端的泊里镇王家滩口开始，由南向北一直到胶州湾红石崖和王台镇区域，以海岸线及黄岛区域内入海河流为切入口，结合文献记载及历年文物普查成果，对与海上丝绸之路有关的物质文化遗产开展调查与排查工作。通过实地踏查，了解周围地理环境及历史发展变迁情况，采集相关遗物标本，并通过对周边居民及出海渔民的走访询问，寻找与海上丝绸之路相关的线索。此外，我们还对以往文物普查发现的相关遗址及本次调查发现的遗址点进行普探，了解其文化堆积、性质及内涵等情况。本次海上丝绸之路田野考古工作的主要收获如下：

1. 胶州市地域范围内板桥镇遗址和胶莱运河遗址都是青岛“海上丝绸之路”上的重要遗迹，唐宋时期的密州板桥镇和元明时期的胶莱运河是青岛古代航运的重要组成部分，也在一定程度上影响了中国历史进程和区域社会发展。

（1）胶州板桥镇遗址考古调查与勘探进一步确认了2009年考古发掘区域西部，即原胶州市政府宿舍院内存在宋金时期文化遗存。这一区域非常重要，2009年的抢救性考古发掘工作已经使我们探寻到板桥镇遗址的一些蛛丝马迹，且证明该区域应为板桥镇遗址核心区。2014年度在这一区域进行的进一步考古工作基本可以印证我们的一些推测，但需要我们继续高度关注和开展相关考古工作。此次勘探，基本确认了胶州市板桥镇遗址的分布范围。2016年延续前期工作，针对云溪河以南区域、高丽亭馆遗址和板桥榷场遗址三处区域进行详细调查勘探，基本确定了遗址地下分布丰富区域的范围及性质，深入了解了其地层堆积情况。但是限于板桥镇遗址分布于城区，遗迹均叠压于地下，工作

① 青岛市文物保护考古研究所等：《胶州市“海上丝绸之路”文化遗迹2014年度调查勘探简报暨板桥镇遗址考古工作报告》，《黄岛区“海上丝绸之路”文化遗迹2014年度调查勘探简报》，均见《青岛考古（二）》，科学出版社2015年版。

② 现即墨区博物馆。

环境复杂,其具体分布范围尤其是其文化堆积情况和文化内涵,还需要进一步通过系统性考古工作来确认(图二、图三)。

图二　板桥镇遗址发掘全景

图三　一号建筑砖道上的车辙印

（2）胶莱运河是元明时期南粮北运的重要航道，系在自然河道的基础上人工开凿连接而成，干流长达130公里，相关河流的流域总面积近5400平方公里（图四）。明代设“九闸”来调节河道流量及水位。胶莱运河现存河道主要位于青岛和潍坊境内，其中青岛段流经胶州和平度地区，胶莱运河调查工作主要是在胶州段并延伸到平度段。作为重要的线性文化遗产，胶莱运河是我国古代水利技术和航运发展的见证，河道沿线保存有众多的桥梁、船闸和码头等遗迹。胶莱运河沿线有八处元明清至中华人民共和国初期的水闸和桥梁遗址，在2013年被核定公布为省级文物保护单位，包括元代水闸一处、明代石桥两座、清代石桥四座及1968年建造的桥梁一座，即南姚家水闸遗址、河南村桥、五龙桥、店子桥、三成桥、闸子集桥、马台花石桥和胶莱水闸大桥（图五）。其中，南姚家水闸遗址和马台花石桥位于平度市境内，其余几处均位于胶州市。考古调查工作沿胶莱河以几处文物保护单位为重点逐步推进，共复查和发现遗迹点13处，大多为石桥。胶莱运河上的石桥属于漫水桥，丰水期河水漫过桥面，枯水期水位低于桥面可以通行。运河遗迹是自然生态和人文历史高度融合的文化遗产，2014年大运河成为世界文化遗产，古运河文化成为公众关注的焦点。胶莱运河的历史贡献虽然仅限于元明时期，但是作为内河与海运联动的通道，其在航运史上具有特殊地位。未来需要对胶莱运河周边相关遗迹、历史遗存进行更加深入的调查研究工作，丰富青岛地区海上丝绸之路文化遗产的内容。

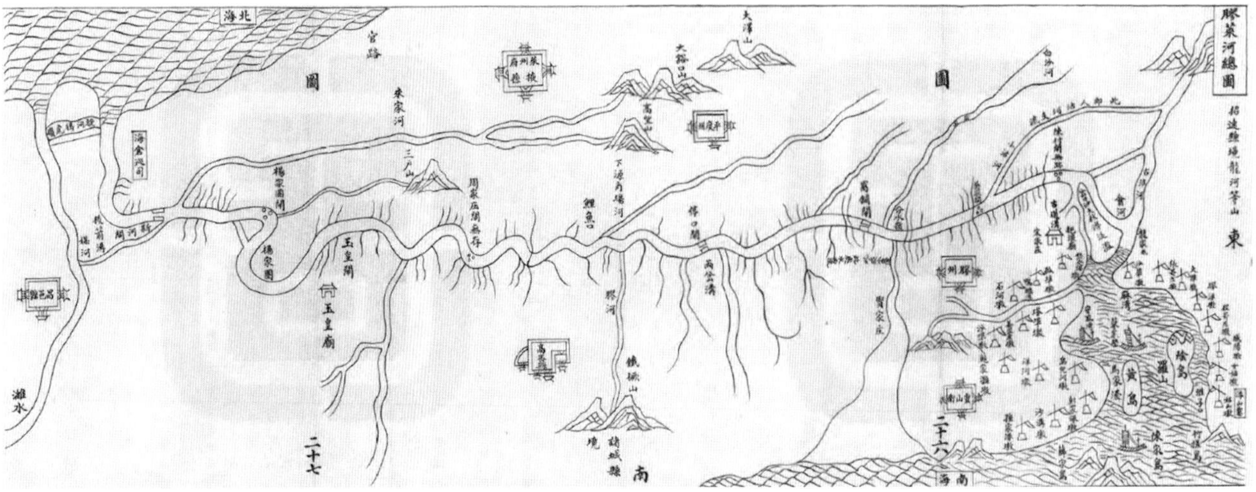

图四 明代胶莱河总图①

2. 如果说胶州市因为板桥镇遗址而在海上丝绸之路历史中具有里程碑意义，那么黄岛区海上丝绸之路文化遗产的一个特点就是“全面系统”，自海上丝绸之路兴起、繁盛一直到衰落，均可找到相关的文化遗产。与其他地区相比，其在历史进程中的作用各不相同，难以相互替代。

（1）先秦至汉代时期：①琅琊港是我国春秋战国时期著名的五大港口之一，其声名最为显赫，在我国早期对外贸易交流史中具有十分重要的地位。2014年，通过对琅琊港湾周边的调查勘探发现了

---

① 〔明〕赵耀：万历《莱州府志》，青岛赵永厚堂，1939年影印本。

五龙桥

闸子集桥

西河石桥

南姚家水闸铁锔

图五　胶莱运河部分遗迹

大量商周时期遗址，这从一个侧面反映了当时琅琊地区先秦文明的发达程度。②秦代徐福东渡开创了中日友好之源，徐福也因此成为中国有文字记载以来最早的航海家、探险家，以及早于陆上丝绸之路的海上丝绸之路的开启者。2015年，通过对琅琊台遗址的调查勘探，基本确认了琅琊台大台夯土堆积的分布范围，结合附近多次出土的陶水管、瓦当等建筑构件，可证明秦汉时期皇帝东巡行宫的盛大规模（图六、图七、图八），也从侧面佐证了徐福东渡起航于琅琊港的说法。

（2）唐宋时期：①大珠山港湾曾是唐宋时期除密州板桥镇口岸之外的又一处通往朝鲜半岛和日本列岛的重要口岸，周边地区当时分布着许多名为“新罗坊”和“新罗村”的侨民社区。日本天台宗创始人圆仁法师的《入唐求法巡礼行记》、曾经入唐留学的新罗文学家崔致远的诗文中，都有对大珠山港湾的记述。考古调查发现大珠山隋唐时期佛像石窟三

图六　琅琊台石砌塔形建筑

图七 琅琊台陶水管道遗迹及出土陶水管

图八 “千秋万岁”瓦当

处①(图九),石窟内留有明清时期的题刻。结合历史文献对这些宗教文化遗产进行解读,可发现其在对外交流中的重要意义。②历史上青岛西海岸地区作为河运与海运的中转地,负责将内陆丰富的物产通过河道运输至港口集散,再由海道输出。近年来在一些通海河道附近多有瓷器窖藏出土。考古工作者以黄岛区河道作为辅助切入口组织考古调查勘探,新发现泊里河附近的蒋家庄遗址,该遗址包含从新石器时代到周、汉乃至宋元时期的遗存。另外,通过对祝家庄遗址的调查,发现该遗址除

① 即峡沟南山石窟、峡沟西山石窟和石屋子沟石窟,三处石窟均属小型石窟,现均为黄岛区文物保护单位。

汉代遗存外还有唐宋时期遗存分布，该遗址曾出土大量唐宋时期文化遗物，今黄岛区博物馆内收藏的两件制作精美的唐代长沙窑瓷器即出土于此地。这两处遗址均具有河运至海运中转地的性质，与海上丝绸之路有重要关联。

峡沟南山石窟

峡沟西山石窟

石屋子沟石窟

峡沟西山石窟内部

图九　三处佛教石窟

（3）元明清时期：①青岛成为南北海运的枢纽和中转站。这一时期通过开凿运河、开辟新的口岸，使得内河航运与海港发展齐头并进，显示出青岛作为港口城市的特色。在对西漕汶东村的调查工作中得知，宋初张姓一族从云南迁至此地立村，当时村前有漕渠，村西北有汶山，河沟途经村中心，故名漕汶。此地曾有两个进士牌坊、一个贞节牌坊、石人、石马等享有盛名。考古工作者在调查中发现石碑残块10块，通过对文字释读发现有“议大”“政使”“司通”“天石”等字，应即“通议大夫通政使司通政张若麒字天石”，也即清代兄弟二进士之张若麒，据此可推断是原兄弟进士碑残块。根据调查，原漕渠、河沟、石桥等均叠压于现代村庄下，而漕汶村漕渠可连接村南的朱阳河，朱阳河可通胶州湾入海。此外村西北约一公里处有天妃庙村，村内曾有祭祀海神性质的天妃庙存在。这些都可作为海上丝绸之路的辅助证据。②明代海防卫所的建立，对巩固海防、维护社会稳定起到了十分重要的作用，同样与海上丝绸之路具有一定关联。考古工作者通过对古镇口炮台、亭子兰炮台、夏河所城址和吴家村墩台等相关海防遗迹进行考古调查，对黄岛区沿海海防卫所遗迹保存现状等有了初步了解（图十、图十一）。

图十　古镇口炮台

图十一　夏河所城墙夯土

3. 即墨地区的北阡遗址同胶州三里河遗址一样，被视作青岛海洋文明的开端，具有明显的贝丘遗址特征。即墨地区拥有丰富的海上丝绸之路文化遗迹，时代大多集中于明清时期，以明清金口港遗址和海防遗迹等最为典型。`

金口港兴起于明末天启年间（1621—1627），倚靠丁字湾，港内水深浪平，地理条件优越，是天然的避风港。金口港于乾隆年间最为鼎盛，出现了"通四海、达三江"的繁荣景象。到清末民国初年，由于港口淤积和社会动荡等原因，金口港逐渐衰败。目前，即墨地区系统性的海上丝绸之路考古工作首先从金口港遗址展开，2016 年金口港遗址考古调查面积约 100 万平方米，考古勘探面积约 10 万平方米。通过调查勘探，我们了解了金口港遗址的分布范围、大致布局及保存状况；发现了金口港古码头遗址和具有航标作用的望海楼遗迹，并对码头遗址进行了部分清理，基本确定了其性质；在疑似客栈、店铺的商业区发现多处建筑基址，并采集了大量瓷片、石磨盘和"嘉庆通宝"铜钱等；在金口天后宫附近发现多处古代房基、墙基、水井和石桥等遗迹（图十二）。金口港遗址具有丰富的文化内涵，值得深入挖掘研究。

图十二　金口天后宫

明清时期即墨地区也是重要的海防前沿，这里设有鳌山卫和雄崖所，更有作为明代山东半岛海防三营之一的即墨营驻扎于此，沿海另有大量的海防烟墩等设施。因此，该地区仍有为数众多的海防遗迹保留下来，其中雄崖所故城遗址为省级文物保护单位，现存南门及城楼、西门和北门外的照壁（图十三）。

图十三 雄崖所南门

（二）文物考古研究工作

文物考古研究工作与田野考古工作具有同等重要的地位，近年来，我们在田野考古工作结束后全面整理资料，及时撰写阶段性发掘报告或工作报告、编辑出版专门的考古报告。此外，对出土的各类文物以及征集的文物，亦建立详细的资料档案，使之成为青岛地区海上丝绸之路研究的重要实物资料。近年来，青岛市海上丝绸之路文物考古研究工作已经形成一批重要的研究成果：

第一，2009 年，青岛市文物保护考古研究所联合胶州市博物馆对板桥镇遗址开展了首次较大规模的考古发掘。经过科学的发掘，清理了几处与市舶司相关的大型建筑基址，其中最为重要的是两组规模宏大的宋代建筑基址。结合历史文献推测，该建筑基址是北宋板桥镇某官署或仓储遗迹，充分显示了古板桥镇作为重要对外贸易口岸的历史。此外，大量经过科学发掘出土的各门类遗物，尤其是瓷器、铁钱、铜钱和众多建筑构件，为我们认识古板桥镇及市舶司打开了一扇窗户（图十四）。尤为可贵的是带有“密州”“胶西县”铭文的砖和铜镜的出土，具有明显的指示作用。2013 年 5 月，板桥镇遗址被公布为第七批全国重点文物保护单位。板桥镇遗址的发掘成果不仅对于胶州和青岛的历史沿革及城市发展研究具有重要意义，也是青岛作为海上丝绸之路起点城市之一的重要证据。2014 年，青岛市文物保护考古研究所积极组织人员整理板桥镇遗址出土资料，出版《胶州板桥镇遗址考古文物图集》一书，成为展现青岛海上丝绸之路历史的一手资料。

部分瓷器

铁钱凝结物

石碑残块

建筑构件

图十四　板桥镇遗址出土部分器物

第二,《青岛考古》是由青岛市文物保护考古研究所编辑的关于青岛地区考古学及地方历史文化研究的系列丛书。本系列丛书集中发表青岛市文物调查和考古发掘的简报与报告,有重点地刊载本地区文物考古及历史文化研究的论文,集资料性与学术性为一体。同时,本系列丛书在一定程度上反映了青岛市文物保护考古研究所近年来的考古工作与研究状况,对今后工作的进一步开展具有重要的指示作用。它的出版对研究青岛地区的历史、文化等具有重要的参考价值,可供考古学、历史学及地方史工作者和相关专业院校师生阅读参考。为推进青岛市海上丝绸之路研究工作,在2015年10月出版的《青岛考古(二)》中,我们及时将2014年胶州市及黄岛区海上丝绸之路文化遗产考古调查报告收录其中,并且还收录了数篇由中国海洋大学、青岛理工大学等专家学者撰写的研究论文,这些都是青岛市海上丝绸之路研究的重要成果。

三、对未来工作的几点设想

根据青岛市海上丝绸之路考古工作现状及对目前考古工作的总结,我们认为下一步青岛地区的考古工作应从以下四个方面开展。

1. 继续开展对海上丝绸之路文物遗迹的探寻。经过对西海岸黄岛区、胶州市的考古工作后,要继续开展东海岸崂山区、即墨区的考古调查勘探工作,从宏观角度全面把握青岛市海上丝绸之路文化遗产的整体现状。

2. 在过去的考古调查中,我们发现大量与海上丝绸之路有一定关联的文化遗产,今后的工作应该注重向"精细、专业"方面发展。建议在对青岛市已有文化遗产进行甄别的基础上,组建专门的调查小组,按照这些文化遗产的重要程度,对其进行详细而深入的考古与研究工作,这也将为海上丝绸之路文化遗产研究和保护奠定基础。具体开展工作时,可按照文化遗产类别予以分别关注:

(1)港口对于海上丝绸之路的开拓与发展具有极其重要的作用,需要加强对沿海各历史时期港口遗迹的考古调查与勘探工作。青岛境内有秦汉时期的琅琊港,唐宋时期的密州港,明清时期以金口、沙子口、青岛口、沧口为代表的“四口”等港口遗迹。

(2)从运河及自然河道切入,开展考古工作。山东半岛的部分物产正是通过河道运输至港口集散,再由海道输出的,自然河道及人工开凿的运河在交通运输中具有非常重要的作用。例如,史料中曾记载,有日本运粮船因避风浪经大沽河停泊于今即墨移风店[1]。河流方面的主要调查对象包括大沽河、胶莱运河、马濠运河沿线。此外,这些河道沿线存在的河港码头遗迹也是海上丝绸之路的重要组成部分,近年来在其附近多有瓷器窖藏出土,需要经过考古调查、勘探及发掘工作来进一步探寻其丰富的内涵。

(3)对海防卫所遗迹进行调查。明代海防卫所的建立,对巩固海防、维护社会稳定起到了十分重要的作用。青岛地区的具体调查对象包括鳌山卫、灵山卫、雄崖所、夏河所等卫所,其历史价值不仅在于众多的建筑和遗迹,更重要的是伴随着卫所的建立大量迁徙而来的军户、民户和各类匠户,他们将各自的区域文化和传统带到这里,并不断交融与传承,为历史发展和社会进步做出了贡献。

3. 从各历史时期青岛地区在海上丝绸之路中所发挥的作用、古代文献记载及目前所开展的考古工作来看,青岛海上丝绸之路文化遗产主要包括黄岛琅琊文化在内的港口遗迹、胶州板桥镇遗址、即墨金口港遗址、元明胶莱运河和青岛沿海明清海防遗迹等几部分内容。目前已对胶州板桥镇遗址做了初步挖掘,其他地方仅开展了调研工作。今后为进一步做好海上丝绸之路文化遗产的保护和研究,要有选择、有侧重、有针对性地开展考古发掘工作,尤其应抓住事关全局的战略性遗址的考古工作。

(1)琅琊古港、古郡、古台在中国早期海洋文明史上扮演过重要的角色。先秦两汉时期的琅琊港既是青岛与海外交流的起点,同时也是中国北方丝绸之路的起航点之一。琅琊地区虽曾有过一些零星的发现与工作,但该区域内至今尚未进行大规模的、系统的考古工作,在文物考古等方面存在诸多空白。笼罩在琅琊上空的诸多谜题有待于今后依靠考古调查、勘探及发掘来进行抽丝剥茧的研究,这也对当前认真做好青岛地区海上丝绸之路研究工作意义重大而深远。

(2)唐宋时期的密州板桥镇是青岛古代历史的重要组成部分,也是青岛与海上丝绸之路研究中最为重要的一环,是我们寻找青岛海上丝绸之路文化遗产点的重要区域。因此,在经过全面考古调查、勘探的基础上,可寻找一处或几处可进行考古发掘的区域进行解剖式发掘,以完善对板桥镇遗址的功能分区等认识。此外,今湖州路近云溪河路段是否为码头遗址以及是否为宋金时期遗迹,对板桥镇遗址保护利用具有重要的意义。又由于该区域主要为道路、绿化带等,涉及拆迁较少,考古工作开展相对较为容易。因此,建议对勘探发现的建筑遗址尽早进行考古发掘工作,通过开挖探沟的考古试掘方式确定其规模、形制以及建筑年代等诸多问题。

(3)沉船的主要发现是船货,是见证不同国家之间物质与文化交流的直接证据。在以实物为主体的考古发现中,海洋沉船中的每一件遗物实际上都代表着历史时期一个或多个国家的物质文明与

---

① 《金史》卷十五载:“(兴定元年十二月)戊申,即墨移风砦于大舶中得日本国太宰府民七十二人,因籴遇风,飘至中国。有司覆验无他,诏给以粮,俾还本国。”中华书局 1975 年版,第 333 页。

精神文明片段，为历史研究提供了难得的实物标本。青岛地区历史上海洋活动不断，必然拥有大量的沉船遗迹等待发现，目前，青岛在这方面所做的考古工作相对较少。因此，还需要继续加强对青岛地区沉船遗迹和其他与海上丝绸之路相关的水下遗址的考古工作。

四、结语

在积极推进“一带一路”倡议的时代背景下，海上丝绸之路申遗工作成为文物工作的一项重要任务。海上丝绸之路研究和海上丝绸之路文化遗产的保护又为申遗工作提供了有力的支撑。青岛有着悠久的海洋文明史，也有着丰富的海上丝绸之路文化遗产，从秦汉琅琊古港到宋代板桥镇市舶司再到元代胶莱—马濠运河、明清海运口岸和海防设施等，不胜枚举。近年来，青岛市文物保护考古研究所积极响应市委、市政府的相关政策，推进海上丝绸之路考古工作并开展相关研究工作，成果丰硕。未来我们将在已有工作的基础上，总体把握青岛海上丝绸之路文化遗产的现状，重点突出地、有选择性地开展工作，更加深入地进行海上丝绸之路研究，促进海上丝绸之路文化遗产得到更好的保护。

铁门关与海北遗址

山东省水下考古研究中心 王泽冰 东营市垦利区博物馆 柴丽平

铁门关遗址与海北遗址分别位于东营市利津县和垦利区，其中铁门关遗址地处黄河北岸的汀罗镇，海北遗址位于其正南20公里黄河南岸的垦利区胜坨镇。两遗址同属于黄河入海口处重要的濒海遗址，是宋金至明清时期鲁北沿海地区重要的商贸货品集散地，也是当时北方地区重要的海运、河运交汇处，是我们研究中国古代外交外贸及海上丝绸之路的两处重要遗存。由于两处遗址既往开展的考古工作较少，对其研究以史籍记载和民间传说居多。近年来，山东省水下考古研究中心专门设置研究课题，持续开展相关考古工作，获得了一批基础资料。为此，本文拟对两处遗址的基础考古资料进行梳理，针对遗址的性质问题稍加探讨，抛砖引玉，以期对海上丝绸之路遗址点研究有所助益。

一、遗址概况

（一）铁门关遗址

铁门关遗址位于东营市利津县汀罗镇前关村，南距荣成—乌海高速（G18）1.7公里、距现黄河河道12.5公里，北距现海岸线41公里，东距310省道2.2公里，东北距汀罗镇政府7.3公里，西南距利津县政府33公里。铁门关遗址是金代初期设置的关防，清末铁门关屡遭黄河水淹和海潮侵蚀，地上建筑物逐渐被淤没，海上交通断绝，丰国、永阜盐场也逐渐被水淹没，兴旺已久的铁门关从此衰落。1957年该遗址被公布为首批省级文物保护单位。1973年文物普查时因遗址被黄河淤积地下，改为县级文物保护单位。2015年重新被公布为第五批省级文物保护单位。

1979年以来，文物部门曾在该遗址进行调查工作，发现“庆献龙宫”木雕横匾一块，也发现石碑和较多建筑瓦片。2017年10月至12月，山东省水下考古研究中心对遗址开展首次普探工作和磁力物探扫测，以遗址原保护区为中心向四周辐射钻探，基本探清了遗址的分布范围。2018年3月至4月，结合2017年普探结果，山东省水下考古研究中心继续对该遗址开展重点区域考古勘探工作，重点围绕可能存在的城墙遗迹和发现的道路遗迹进行追踪，同时探明城内已发现单体建筑类遗迹的分布范围。

（二）海北遗址

海北遗址位于垦利区胜坨镇海北村北，北距316省道3.5公里，西北距镇政府4公里，东北距垦利区政府9公里，遗址南部区域被海北村叠压。遗址东西长390米，南北宽225米，面积8.7万平方米。2011年该遗址被纳入省级大遗址保护名单，入选山东省全国第三次文物普查“百大新发现”，2013年被公布为第四批省级文物保护单位。

2006年4月，该遗址被海北村民发现。同年10月，东营市历史博物馆与垦利县文体局和文化馆联合对该遗址进行了局部试掘，出土了大量陶瓷器残片、建筑构件和铜钱。2011年11月至12月、2012年2月至3月，省博物馆组织队伍对该遗址进行调查和普探工作①。2019年5月至7月，省水下考古研究中心正式对该遗址开展专题考古发掘工作，发掘面积900平方米。

二、史籍相关记载

铁门关遗址与海北遗址在中华人民共和国成立前同属于利津县。清光绪《利津县志·古迹》记载“铁门关在县北七十里丰国镇，金置，明设千户所，以资防御，有土城遗址”，《山东通志》《武定府志》对此也均有记载。北宋末年金兵入侵，滨州地域被金兵占领，永利镇遂成为金朝属地，金朝政府将永利镇划归山东东路滨州辖属。金明昌三年(1192)将永利镇升为利津县，此为利津建县之肇始。明嘉靖《山东通志》载：“利津县，本隋永利镇地，又邑有东津，合以名县。”此乃利津县县名之由来。

利津县境内大清河段水深槽宽，河门通畅，内接运河，外连诸海，北达直沽，南抵江淮。南北商船由渤海驶入河口，在铁门关卸载，由河内帆船转运而上，铁门关成为大清河入海口处的河运和海运咽喉，具有重要战略地位。雷树枚《蓬莱阁灯楼记》载：“余宦游山左三十年，足迹几遍，而海滨之区，尤留意焉。初，成山，见山顶有灯楼。询之土人，知为南北商舶而设。至文登鸡鸣岛、利津铁门关亦均有之。”金朝政府为控制这一战略要地，在利津沿海建丰国镇、永阜镇，皆置巡司统管大清河口，筑铁门关土城，屯兵设防，时人称之为“铁门锁浪”②。

明清以来，利津的盐业生产成为政府的重要财源，境内建有丰国场、永阜场、宁海场三大盐场。《利津县续志》载：清初，山东盐场共十九场，康熙十六年裁为十二场，雍正七年改属山东巡抚兼辖，遂并为九场，嗣后又改为八场，永阜其一也。永阜盐场在光绪年间由丰国、永阜、宁海三场合并，场区占地东西宽130里，南北长120里，有滩池446副，其中，内潮滩池248副，井滩池198副，建有仁、义、礼、智、信五大盐坨，分布于大清河两岸。其所产之盐，由大清河入海口处的铁门关装载，顺大清河南上，经利津城东关码头，到蒲台县城北关称验后放行，运销鲁西、鲁北、河南、江苏、安徽等地的66个州县，产量居全省八大盐场之首，铁门关成为大清河入海口处运销食盐的重要集散地。

明隆庆元年(1567)宣布解除海禁，允许民间私人远贩东西二洋，民间海外贸易获得了合法地位，海运皆由利津达大清河口。此时的利津县乃漕舸经泊处，物品云集、商人辐辏，“蛎浦朝宗济水达于千里，铁门锁浪沧海长于百川。巨海枕其北，清河绕其东，南有桑枣之饶，西通舟车之利，亦东方之腴地也”。

---

① 垦利县博物馆：《山东省垦利县海北遗址考古勘探工作报告》，2013年8月。

② 〔清〕韩文焜纂：《利津县新志》，康熙十二年刊本，见《中国地方志丛书》，成文出版社有限公司1976年版。

三、考古新发现

(一)铁门关遗址

经过两次考古勘探工作,确定铁门关遗址东西长约725米,南北宽280—360米,面积约26万平方米,绝大部分被叠压在前关村之下。遗址北部边界距村内房屋50—60米,东部边界在村东10—38米,南部边界距村南房屋60—200米,西侧边界距村西100—130米。发现砖基类建筑21处,垫土房基1处,夯土遗迹16处,活动面3处,道路6条。文化层堆积深浅不一,保护碑附近文化层深2.5—3米,边缘区域文化层深3.8米;夯土堆积周边文化层普遍深4.5—5.5米,厚0.4—2米。文化层之上的淤积层厚约2.5米①。

遗址内发现的建筑类堆积可分为五组集中区域,其中第一组建筑区集中分布在原省保范围内,由6个单体建筑遗迹构成,编号为F1—F6。F4、F5和F6均在现保护碑附近。F4呈“凸”字形,位于保护碑东侧,东西长约15.5米,南北宽11.8米,北侧深2.5米处见砖,南侧深3.4米处见砖。F5近长方形,位于保护碑南侧,东西长8.6米,南北宽2.6米,深3.4米处见砖。F6呈东西分布的长条状,位于保护碑南侧,往西连接道路遗迹L1,东西长22米,南北宽14.3米,深3—3.5米处见黑灰褐色垫土,夹杂较多石灰和炭屑。另外,在村东距保护碑约94米处发现一处较大的单体建筑,编号为F16,呈南北方向,南北长约31米,东西宽16米,面积约496平方米,深3.8米处见砖。

遗址周边区域发现16处夯土类遗迹,根据其分布位置及走向,推测为铁门关墙体遗迹。南部夯土分为四段,呈东西走向,残长182.5米,宽7—11米,距地表深4.5—5米,夯土厚0.5—1米。其中南夯土2号堆积(编号SHT-2)位于南部墙体中段偏西处,南北宽度达40米,夯土范围形状不规则,局部向南凸出。这一向南凸出部位是否与南城门有关,还需进一步研究与分析。北部墙体在东北角附近零星发现5小段,其中北夯土5号(编号NHT-5)呈拐角状,应为北部墙体与东部墙体连接处。北部墙体残长63.7米,残宽6.8—9米,距地表深4米,厚0.8—1米,北部墙体中段以西未见夯土。东部墙体残留一段,编号为EHT-1,南北向,与NHT-5南部拐角同向,残长约71米,残宽8米,距地表深4米,厚0.5—1米。西部墙体可见4段近南北向夯土,残长198.5米,残宽6—11米,距地表深4.5米,厚0.8—1米。其中西部夯土(编号WHT-1)残存一段南北向和东西向拐角,应为西墙体与南墙体连接处。

道路遗迹共发现7段,其中南北向2段,东西向5段。L4为南北向主路,位于前关村南北主大道西侧75米处,基本与其平行。L4南端贯穿第二组建筑与夯土相连,南北残长110米,宽约10米,距地表深4米,路面厚0.5米。东西向路疑似有2条,L3位于遗址区西北角,东西残长105米,宽7米,距地表深约4米,路厚约0.2米;L2和L5分别位于南北向主路L4两侧,呈同一走向,其中L2东西残长68米,宽10米,距地表深4米,路厚0.5米,L5东西残长240米,宽12米,距地表深4米,路厚0.5米,两段路深度、宽度及走向基本一致,应为遗址内东西主道。

---

① 山东省水下考古研究中心、日照市文物考古研究所、利津县博物馆:《东营市利津县铁门关遗址考古勘探工作报告》,2018年3月。

（二）海北遗址

2006 年海北遗址试掘发现大面积夯土堆积，夯土呈灰绿色，在南区主探方附近发现一个“回”字形遗迹，中间填土经过夯打，夯层厚 0.5—0.8 米。还发现 8 处建筑类残留砖基，距地表深 3—4 米，多为单砖垒砌，少数为双砖垒砌，残留部分较齐整。另有 13 个炉灶遗存呈不规则分布，均为圆形，大小不一，炉外侧用砖垒砌，内壁过火烤成红色[①]。遗址内出土陶瓷器 68 件，陶瓷残件 269 件，另有大量陶瓷片、兽骨、残瓦及铜钱。

2011 年对海北遗址进行勘探，勘探面积约 6 万平方米，探明了遗址的分布范围——东西长约 390 米，南北宽约 225 米，面积 8 万多平方米。本次勘探发现两段长条状夯土堆积，其中东西向夯土堆积长度近 300 米，南北向残宽约 40 米。长条状夯土堆积断面呈梯形，最浅处距地表 1.5 米，最深处约 4.2 米，顶部宽 2—3 米，底部宽 6—9 米[②]。

2019 年对海北遗址进行发掘，发掘面积 900 平方米，发现南北向和东西向条状夯土遗迹，两段夯土遗迹呈“T”字形相交，应为墙体。北部东西向墙体长约 360 米，顶部残宽 8.5 米，墙体主体呈灰绿色，夯层明显，质地坚硬致密。绿色夯层夹杂大量植物茎秆痕迹，板结状明显，局部夯层夹杂较多残瓦片、少量兽骨及瓷片，铜钱较少。从 TG1 和 TG2 的发现情况来看墙体并非一次筑成，有明显的分期现象。墙体局部存在活动面，可见类似车辙痕迹和路土遗存，后期又经过垫土夯打，形成明显的分层。南北向墙体长 73 米，宽 9—10 米，北部与东西向墙体相连，局部地表深 0.5 米处可见夯土墙体，墙体东侧可见较大范围的活动面。南北向与东西向墙体交接处地势明显较高，活动面上的各类堆积均由南向北倾斜（图一）。

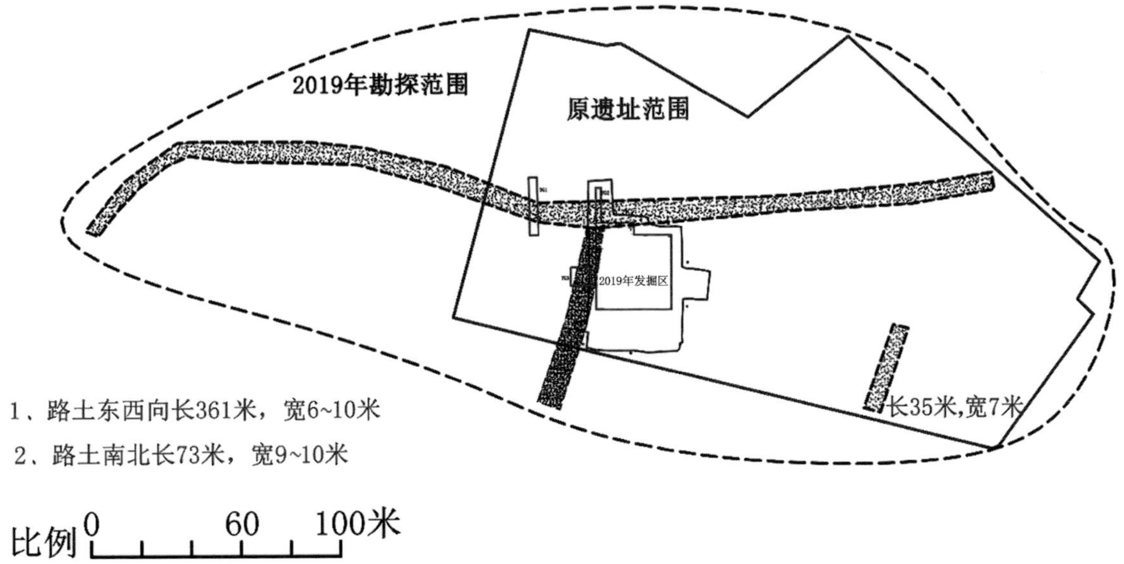

图一　垦利海北遗址发掘（夯土与遗址范围）

① 垦利县博物馆：《山东省垦利县海北遗址考古勘探工作报告》，2013 年 8 月。

② 垦利县博物馆：《山东省垦利县海北遗址考古勘探工作报告》，2013 年 8 月。

本次发掘发现灶类遗迹10处，有的可见叠压关系，上下灶之间发现有一层厚约10厘米的纯净白淤沙土。每个灶在建筑时，底部先用不同土分层垫平，灶壁两侧使用红黏土和灰白沙土交替堆积并夯打结实，形成类似墙体，有的底部可见零星垫砖。灶壁两侧的墙体有的使用由红黏土做成的方形或长方形泥坯砌成，泥坯之间抹一层细灰白淤泥间隔，发掘中经常可见由红黏土泥坯砌成的墙体或墙体倒塌后错层垒砌的泥坯。灶多为单灶，呈近椭圆形，近东西向，四壁用砖单排砌成一周，内壁经火烤后形成一层烧结面（图二）。

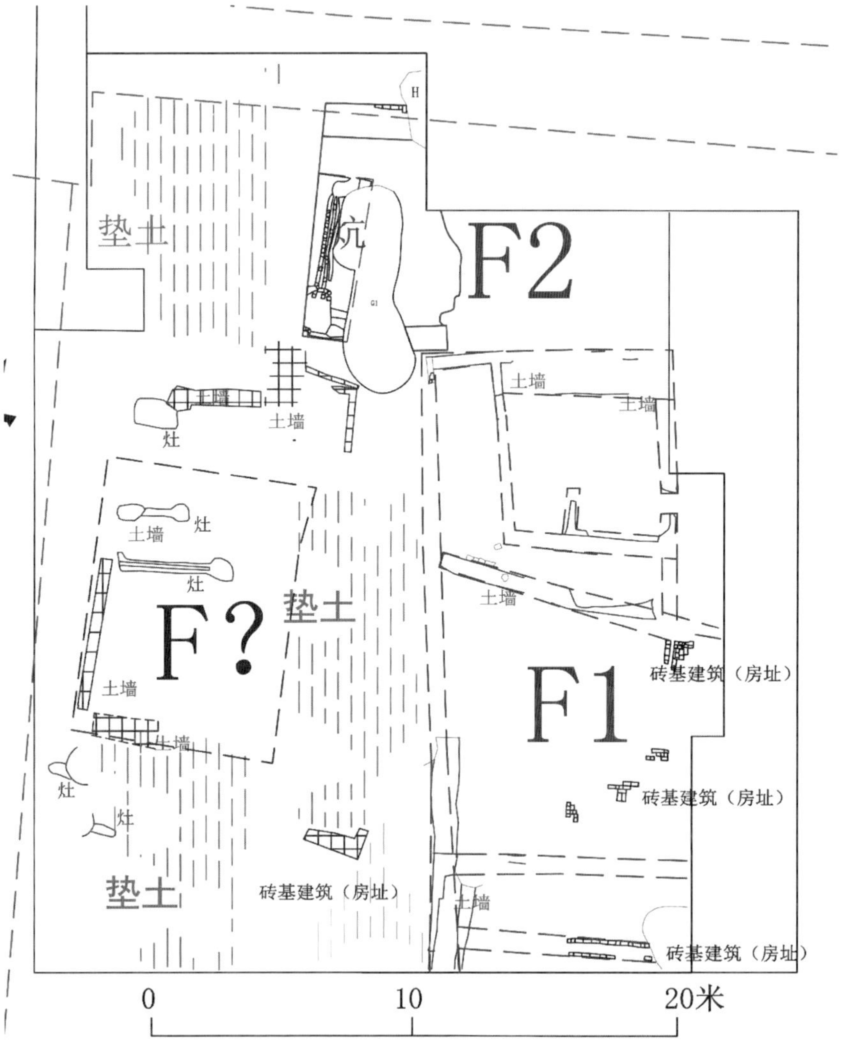

图二　海北遗址遗迹图

遗址西北部清理出两个不同层位的活动面，活动面均呈灰绿色，质地坚硬，其中活动面1之上可见几处灶址和由红黏土泥坯砌成的单排墙。活动面2在活动面1之下，表面发现两件较完整的景德镇窑口的青瓷高圈足碗，该活动面分布范围较大，相邻几个探方均可见。

遗址内发现大量的定窑和淄博窑瓷器，另有景德镇的影青瓷、耀州窑瓷器和钧窑瓷器，器类多见碗、杯、盏、盆、壶、罐、枕等。此外，遗址还发现较多围棋子、象棋、铜钱、人物造像、动物造像、陶模具、元年建于丰国，十七年坍废，今就城内就民居寄治……”①又“海防同知署旧在牡蛎嘴，乾隆元年建于丰国镇，十七年坍废，赁民居”②。此丰国镇之海防同知署是否就建于铁门关遗址，原址就在牡蛎嘴？“铁门关在县北七十里丰国镇，金置，明设千户所，以资防御，有土城遗址，见通志。按千户所，明洪武初置，初名乐安，后改武定，故城在县东北七十里。”③

文献记载利津铁门关有两处，一为金代大营城，一为明代武定故城。铁门关遗址至少存在金、明两期城址，而元代和清代对其没有更为确切的记载。丰国镇设有海防巡检司与盐场大使，丰国镇内重要的海防及盐运中心，笔者推测当都在铁门关。在清晚期至民国时期，牡蛎嘴和大清河口为一处。而关于萧神庙，从民国时期的县志记载中可知，其为一处重要的转运点。

四、地图考证

在明代山东地区的地图中，明确标有明代铁门关（图一），其位置在大清河东、丰国镇东北。而康

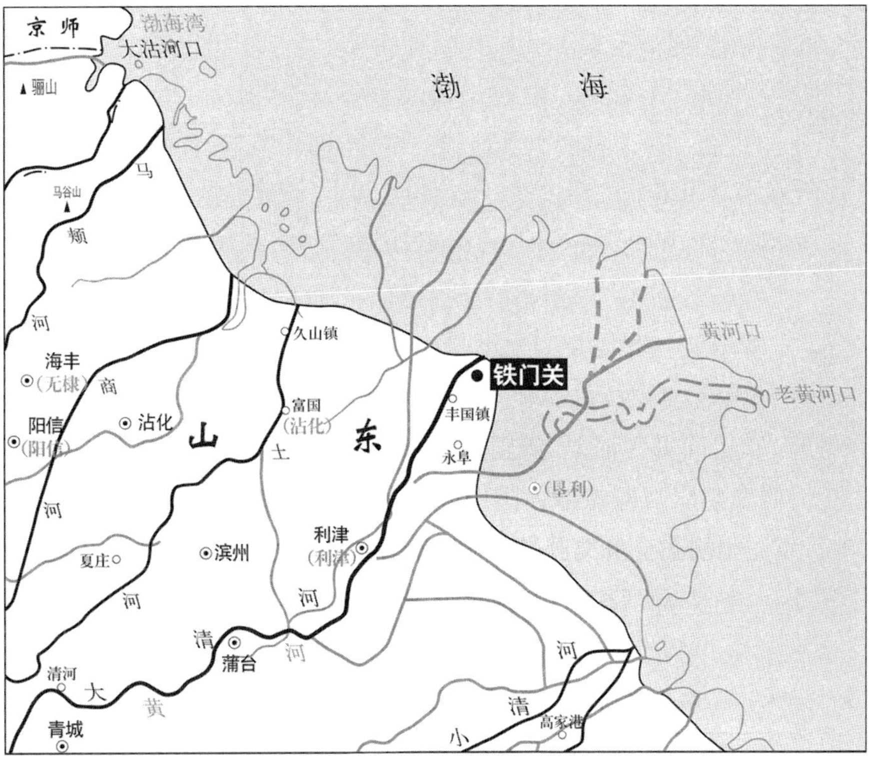

图一　明代利津铁门关

① 〔清〕程士范纂修：《利津县志补》，乾隆三十五年刊本，见《中国地方志丛书》，成文出版社有限公司 1976 年版，第 18 页。

② 〔清〕李熙龄修，邹恒纂：《武定府志》，咸丰九年刻本，见《中国地方志集成·山东府县志辑·咸丰武定府志（一）》，凤凰出版社 2004 年版，第 84 页。

③ 〔清〕盛赞熙修，余朝棻等纂：《利津县志》，光绪九年刊本，见《中国地方志集成·山东府县志辑·光绪利津县志》，凤凰出版社 2004 年版，第 294 页。

熙十二年的《利津县海图》①中，标注有丰国镇、海运行司、巡检司及利津县城，且几处地点均在大清河西岸（图二）。以上两条记载互有抵牾。铁门关在清代已成遗址，《利津县海图》中显示丰国镇至少有两条河渠连通海边与县城。在清代的《海疆洋界形势全图》②中，牡蛎口和大清河口还是两处入海口，此外光绪年间的《七省沿海全图》③与《海疆洋界形势全图》基本相同（图三，1、2）。至1855年黄河夺大清河入海后，牡蛎口和大清河口合为一处。且1881年的地图《山东省黄河图》中清晰地标注有铁门关和营防设施④（图四），日本绘的地图还有民国县志的地图中对此都有标识。1864—1870年的《山东全图》中，也标识有铁门关（图五）。1875—1876年绘制的《铜瓦厢至海口新黄河河道堤工形势图》⑤和光绪九年《利津县志》⑥中的地图上也清楚地标明了铁门关与萧神庙的位置（图六，1、2），且铁门关处有大型防护堤。从距离和位置来看，上图中铁门关与现铁门关遗址位置相当，而图中牡蛎嘴当属黄河夺大清河入海后形成的，但沿用了早期的名称。

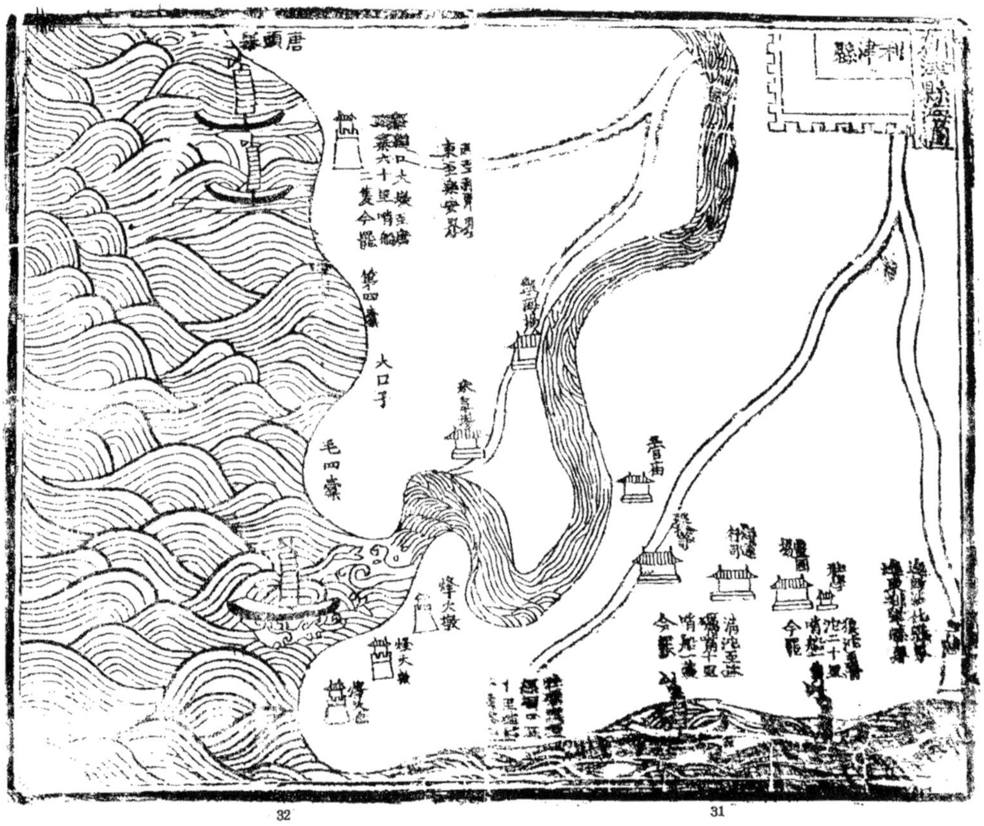

图二　清代康熙十二年《利津县海图》

① 〔清〕韩文焜纂：《利津县新志》，康熙十二年刊本，见《中国地方志丛书》，成文出版社有限公司1976年版，第31～32页。

② 美国国会图书馆馆藏《海疆洋界形势全图》。

③ 美国国会图书馆馆藏《七省沿海全图》。

④ 美国国会图书馆馆藏《山东省黄河图》。

⑤ 美国国会图书馆馆藏《铜瓦厢至海口新黄河河道堤工形势图》。

⑥ 〔清〕盛赞熙修，余朝棻等纂：《利津县志》，光绪九年刊本，见《中国地方志集成·山东府县志辑·光绪利津县志》，凤凰出版社2004年版，第298页。

1　　　　2

图三　山东省沿海历史地图

1. 光绪辛巳(1881 年摹)《七省沿海全图》局部　2. 1787—1801 年《海疆洋界形势全图》局部

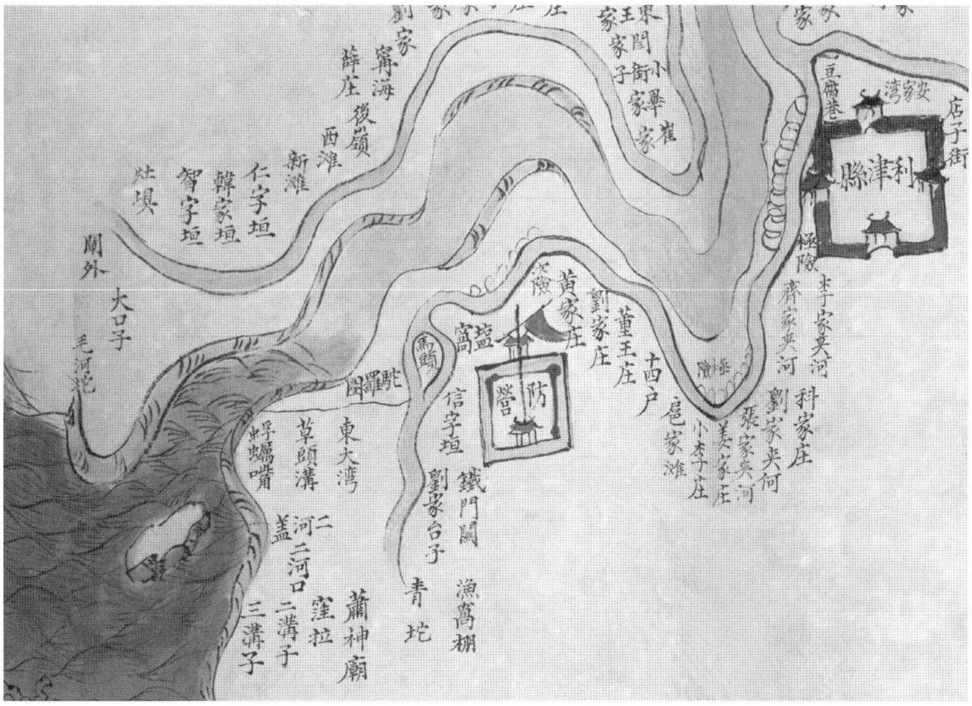

图四　1881 年《山东省黄河图》局部

在清代至民国时期的地图中,铁门关位于大清河西,而在明代地图中则位于大清河东。这是否表明在不同历史阶段,大清河也是发生过河道变换的?同时我们在清末至民国时期的各类地图及日本人测绘的地图中,均发现有铁门关。这表明至少在民国时期,铁门关还是一处比较重要的战略点。此外,在清末至民国时期的地图中均标有铁门关与牡蛎嘴。而在康熙十二年的地图及黄河夺大清河入海后绘制的地图中,均能发现入海口牡蛎嘴与铁门关并非一处,且两处地方相距有一定距离。在康熙十二年的地图中,牡蛎嘴与大清河口分属两处入海口,此外还有一处官庙(推测为萧神庙)。

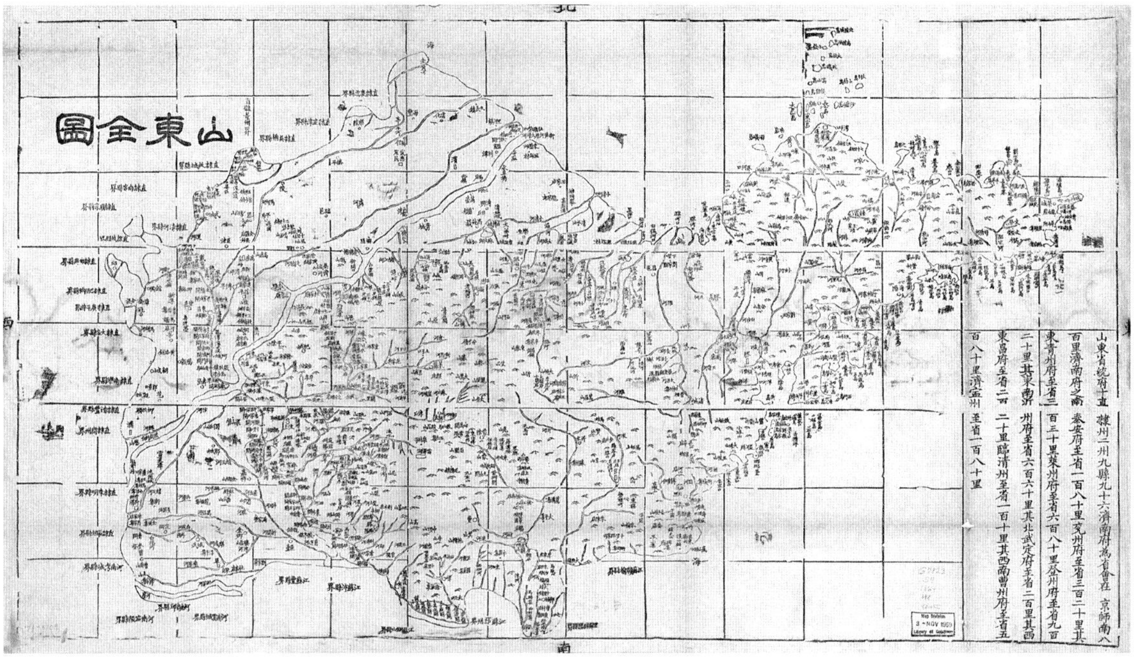

图五 1864—1870年《山东全图》

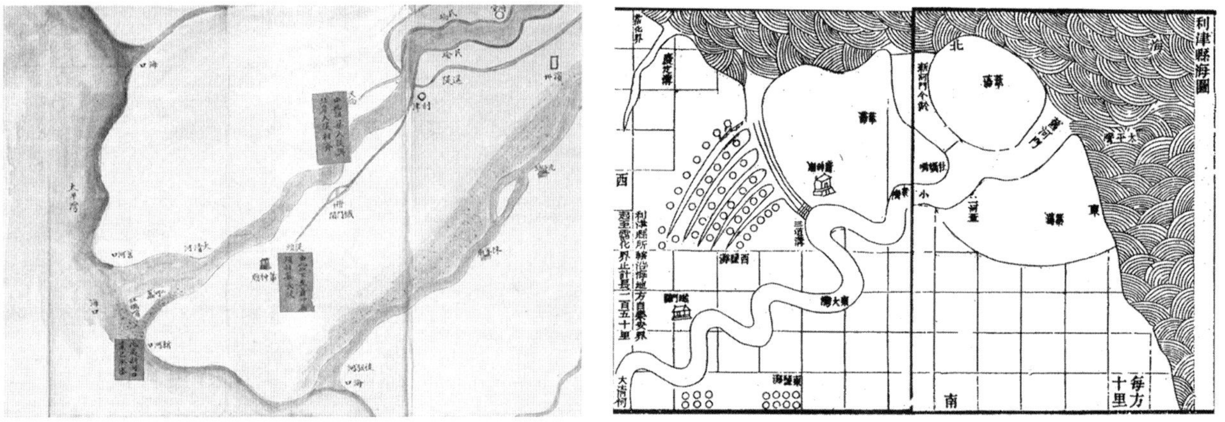

1 2

图六 铁门关与萧神庙

1. 1875—1876 年《铜瓦厢至海口新黄河河道堤工形势图》局部 2. 光绪九年《利津县海图》

在清代和民国时期的县志中,铁门关位置明确。民国县志①载丰国镇有村庄五个——“前庄子距城七十里、中庄子七十里、汀河街七十里、卢家园六十五里”,而铁门关遗址就在汀河街。利津旧城在大清河东岸,“铁门关以下至海广袤约各六十里尤系洪荒世界芦苇蔽天”②,“大清河由利津铁

① 王廷彦修,盖尔佶等纂:《利津县续志》,民国二十四年刊本,见《中国地方志集成·山东府县志辑·民国利津县续志》,凤凰出版社2004年版,第498页。

② 王廷彦修,盖尔佶等纂:《利津县续志》,民国二十四年刊本,《中国地方志集成·山东府县志辑·民国利津县续志》,凤凰出版社2004年版,第492页。

门关北萧神庙以下二河,盖牡蛎嘴入海为河道一大变迁”①。民国时期大清河入海口在牡蛎嘴,“……黄河向由利津铁门关入海”②。以上信息和地图表明,在清末铁门关以下至入海口处除了庙宇,就是荒无人烟之地。民国时期铁门关东移,且形成南码头、北码头及皂立码头三处码头,但铁门关旧址依然可见,只是主要商贸活动移到了利津东关。

五、小结

通过梳理现有文献、碑文、地图以及考古勘探成果,我们可以得出如下结论。原铁门关当在利津县丰国镇,其最早得名于金,为金人城址“大营城”,铁门关为其号,最早定名于明代时期,并且明代时期明确指出其为山东地区重要的军事关口。但铁门关如何发挥其作用,文献记载阙如。明清两代,铁门关为从内河入海的重要关口,但入海口可能有牡蛎嘴和大清河口两处,黄河夺大清河入海后,原牡蛎嘴被淤沙淹没,新形成的入海口并保留了原名。我们在铁门关遗址发现了重修海口牡蛎嘴萧神庙碑,但原庙建于明万历年间,且距利津县城仅60里,推测萧神庙在清末移建铁门关遗址。丰国、永阜及宁海等明清时期重要的盐场均在铁门关附近,铁门关作为一处重要的盐运交通枢纽,明清时期最为兴盛。铁门关在民国时期东移,形成南码头、北码头及皂立码头,但主要商贸活动已经移到了利津东关,随着黄河的淤塞,铁门关逐渐衰落。铁门关旧址就在前关村。此外,萧神庙是沿海居民海神信仰的重要体现,其兴起在明代,当与铁门关兴盛同时,为铁门关繁华的重要见证。铁门关遗址周边可采集到较多的日本钱币和越南钱币,侧面证明铁门关在明清时期为重要的海上交通枢纽。

---

① 王廷彦修,盖尔佶等纂:《利津县续志》,民国二十四年刊本,《中国地方志集成·山东府县志辑·民国利津县续志》,凤凰出版社2004年版,第544页。

② 王廷彦修,盖尔佶等纂:《利津县续志》,民国二十四年刊本,《中国地方志集成·山东府县志辑·民国利津县续志》,凤凰出版社2004年版,第552页。

海上丝绸之路与蓬莱高丽古船

蓬莱阁景区管理处 袁晓春

海上丝绸之路是人类走向海洋形成的海洋文明成果，是中国古代与海外不同文明交流与对话的海上航线。中国同韩国、日本等国家通过海上丝绸之路的交流源远流长，水稻、支石墓等海洋文明传播在史前时期已经出现。位于中国与韩国之间的黄海、东海，是人类历史上最早进行航海交流的海域之一，海洋考古成果引人注目。2005 年，在山东省蓬莱市的登州港（今蓬莱水城）内，发现两艘不同类型的高丽（朝鲜）古船，引起中韩学术界的高度关注。2006 年、2012 年在蓬莱市召开了两次蓬莱古船国际学术研讨会，正式出版了会议论文集①。笔者作为 2012 年“海上丝绸之路与蓬莱古船·登州港国际学术研讨会”的主办人之一，深感对于蓬莱两艘高丽古船船型、船材以及古船上发现的高丽镶嵌青瓷器、陶器等文物的相关研究尚有待进一步开展。

蓬莱作为中国联合申报世界文化遗产海上丝绸之路项目的 9 个沿海城市中唯一一个北方港口城市，保存着公元 8 世纪享有盛誉的古代名港——登州港。海上丝绸之路中的东亚著名航线“登州海行入高丽、渤海道”，即从登州（蓬莱）北行，沿辽东半岛海岸航行至朝鲜，越过对马海峡抵达日本，是唐朝与朝鲜、日本往来最多的海上航线。登州港内发现的两艘高丽古船的不同船型，引起了中韩学术界的重视与探究。

一、蓬莱高丽古船的发现与鉴定

蓬莱高丽古船的发现地为登州港。自唐朝神龙三年（707）在今蓬莱设立登州后，登州港成为海上丝绸之路交流的主要口岸。据《新唐书》记载，唐朝与国外往来有两条海道，一是“登州海行入高丽、渤海道”，二是“广州通海夷道”。登州港自唐朝以来，成为古代中国北方重要的交通枢纽。

登州港是中国古港中唯一保存下来的港口，一千多年来，登州港一直作为港口使用，颇具独特性（图一）。中国古代著名港口中，广州港现在已演变成城市街区，扬州港已湮没消失，明州港已不见踪迹，唯独登州港经过历朝清淤至今仍在使用。100 多年来，登州港先后经历了三次大规模清淤，时间分别为 1957 年、1984 年和 2005 年。在 1984 年登州港港口清淤工程中，蓬莱县文化局和烟台市博物馆考古工作人员于港湾西南隅 2.1 米深的淤泥中发现 3 艘古代沉船，因受工程时间和人员限制，文

① 席龙飞、蔡薇主编：《蓬莱古船国际学术研讨会文集》，长江出版社 2009 年版。

物工作者只清理出1艘元朝古船，并于1990年建立起登州古船博物馆对其进行展示，另外2艘古船仍回埋于港内①。

图一　山东省蓬莱市登州港

2005年3—11月，登州港再一次进行港口清淤工作。蓬莱市文物局、烟台市博物馆、山东省文物考古研究所联合组成考古队，对原古船回埋处进行考古发掘。7月24日，在1984年蓬莱元朝古船发现地西数十米处，发现1艘长21.5米的明朝古船，船残宽5.2米，舱残深0.56米，保存有龙骨、前桅座、6道舱壁和11列外板。7月26日，在明朝古船北部1米多处发现几近并排的蓬莱3号古船（图二）。蓬莱3号古船呈东西走向，头西尾东，左倾斜沉于黑色淤泥中②，船舱中出土中国古代陶瓷器残片、朝鲜半岛古代镶嵌青瓷碗、瓷瓶、陶茧形壶、陶瓮等韩国文物。后来，在蓬莱3号古船北部数十米处，又发现另一艘蓬莱4号古船底板等残船体。

在蓬莱古船发掘现场，笔者同中国古船专家席龙飞、顿贺等发现了3号古船的奇特之处：船底板用木栓连接，舷板用木钉连接，中央底板未设粗大的龙骨，与以往发现的中国古船从船型到结构都有不同。当时年近八旬的席龙飞教授评价蓬莱3号古船的船型前所未见，大部分中国古船专家推断此船来自朝鲜半岛。当年11月，韩国国立海洋遗物展示馆金圣范馆长、金炳堇博士考察蓬莱新发现的几艘古船，当即提出蓬莱3号、4号古船为韩国高丽时期的古船，中韩古船专家对蓬莱3号、4号古船

① 袁晓春：《中国蓬莱水城古船发掘与成果》，见《14世纪亚洲海上贸易与新安海底遗物国际学术研讨会论文集》，韩国国立海洋遗物展示馆，2006年，第471～509页。

② 袁晓春：《再析中韩古代海船中期保护技术》，《中国文物科学研究》2009年第1期。

图二 蓬莱3号古船(高丽古船)发掘现场

的判断不谋而合。当时中韩古船专家的合作研究为蓬莱高丽古船鉴定开了一个好头,成为中外古船专家共同研究古船的成功案例,在国际船史界颇具前导性。2006年8月、2012年5月召开了2次蓬莱古船国际学术研讨会,中外专家分别撰写论文,对蓬莱发现的高丽古船进行多角度的研究①。至此,蓬莱高丽古船得到了中韩古船专家的共同认定,其影响越来越广泛。

二、蓬莱高丽古船的结构

蓬莱3号、4号古船结构不同,蓬莱3号古船的结构受到了中国造船技术的影响,蓬莱4号古船的结构则显示出韩国的传统造船技术。蓬莱3号古船的结构采用了舱壁、肋骨、桅座等当时中国先进的造船技术,因此被韩国著名船史学者李元植、许逸评价为:“设置了隔舱板和肋骨以取代高丽海船通常采用的加木和驾龙木,这是具有划时代意义的重大发现。”试析如下:

(一)蓬莱3号、4号古船的尺寸

蓬莱3号古船为小方首、方尾,首尾皆起翘,长19米(1984年清淤工程时出土古船长19米,因施工折断尾部,残长17.1米),残宽6.2米,舱残深1.28米。左侧船外板保存较完整,为8列;右侧船外板保存不全,仅有3列。

蓬莱4号古船残长8.53米,残宽1.96米,可见龙骨、龙骨翼板、零星外板,其他船材都已不存(图三)。

---

① 袁晓春:《山东半岛与朝鲜半岛海洋文化遗产的研究与国际合作》,见《中国海洋文化研究》,海洋出版社2008年版,第306~319页。

不同的船材。就目前中国与韩国发现的古船船材来看,中国古船船材品种更为多样。蓬莱发现的2艘高丽古船船材仅使用油松,也再次表明了2艘古船来自古代朝鲜半岛。

(四)蓬莱高丽古船的铁钉连接技术

蓬莱3号古船在连接工艺方面也有新的发展,即除了用长榘和皮榘连接船体,还普遍采用铁钉连接船体,铁钉间距为23—25厘米。有意思的是,铁钉是从船壳外向里钉进的,在舱内几乎看不到铁钉的痕迹,与蓬莱元朝古船等中国古船在舱内钉进船钉,船壳外几乎看不到铁钉的痕迹,以使铁钉不受海水腐蚀的连接工艺有明显区别。显然古代朝鲜半岛的造船工匠使用的铁钉连接技术与皮榘技术一样,均从船底或舷外向里钉进,两者的钉进工艺一脉相承。

(五)蓬莱高丽古船的艌料技术

蓬莱3号古船还采用了艌料密封技术,这显然是引入中国造船技术的结果。中国古船使用艌料作为船材之间的密封填料,用于船舶的制造和维修。中国古船使用的艌料有两种,第一种名叫“麻板”,主要由麻丝、桐油、石灰调制而成,还有的使用贝壳灰、桐油、麻丝调制而成,主要用于填塞板缝等较大缝隙,保证船体的水密性。第二种艌料名叫“腻子”,由桐油和石灰调制而成,主要用于密封钉孔和较小的缝隙,还可以封堵铁钉,防止铁钉生锈腐蚀。在蓬莱3号古船船板间发现的艌料颜色灰白,凝结度不太强,推测原因是朝鲜半岛不生产桐油,其凝结度不好与使用桐油量少及用桐油调制艌料的方法不当有关。但不可否认,蓬莱3号古船使用艌料技术,应该是高丽船舶在船材密封技术方面的新突破。

(六)蓬莱高丽古船的供水设施

中国古船的供水方式是安设水仓,以满足船上人员的生活用水。而蓬莱高丽古船中的供水设施好像有所不同。在蓬莱3号古船第3舱内出土了陶瓮残片,经复原,陶瓮直径达65厘米。古船上发现的陶瓮是如何使用呢?据韩国船史学者李元植《韩国的船》书中照片显示,一艘朝鲜时期的韩船船头部分设有三只大瓮,瓮内盛水,供船上人员使用。此外,宋朝宣和年间使节徐兢出使朝鲜,撰有《宣和奉使高丽图经》,其中记载:“华人自西绝洋而来,既已累日,丽人料其甘泉必尽,故以大瓮载水,鼓舟来迎,各以茶米酢之。”当时中国使船越洋而来,朝鲜半岛高丽人以为使船载水已尽,因而用大瓮盛水,为中国使船供水,可见朝鲜半岛用陶瓮盛水的习俗自宋朝时就存在。而这种用船载陶瓮供水的习俗,直到近代尚在沿用。因此可以推测,蓬莱3号古船的陶瓮是船上用来供水的用具,其用陶瓮供水的方式与中国古船以水仓供水的方式不同。

四、蓬莱高丽古船特殊结构与特征的成因

蓬莱3号古船在中国与韩国造船史上是一个特例,迄今发现的100多艘中国古船中没有与此相同的船型,在韩国及朝鲜半岛发现的古船中也没有与此相同的结构,蓬莱3号古船显然是结合了中韩古代造船技术的特殊构造船型。究竟是在怎样的历史条件下出现了这种特殊船型呢?这一问题

引起中韩船史专家的关注。

笔者先后参加了1984年和2005年的蓬莱水城古船发掘工作，先后发掘出土4艘古船。2003年开始，笔者主持参与“中韩古代海洋文化共同研究合作项目”，多次赴韩国访学、参会和合作研究，搜集了众多中韩资料，现提出蓬莱3号古船为高丽后期（元朝时期）高丽造船工匠在朝鲜半岛建造的中国式样海船的观点，试析如下：

据中韩史料记载，至元十一年（1274）与至元十八年（1281），元朝先后两次发兵日本，军队由元军与高丽军组成。当时元朝廷命令高丽王朝造船900余艘，据《高丽史・金方庆传》记载：“十五年帝欲征日本，诏方庆与茶丘监造战舰。造船若依蛮样，则工费多，将不及期，一国忧之。方庆为东南道都督使，先到全罗，遣人咨受省檄，用本国船样督造。”由此可知，元朝曾将中国古船式样发给高丽王朝，要求其按照中国古船的样式建造战船。然而高丽造船工匠终归不熟悉中国古船的船型与构造，因此用工很多，不能按期造出900艘的战船，只好又重新依据高丽王朝的船型建造了大量的征日海船。据此分析，元朝时期，中国的造船技术曾系统地传入朝鲜半岛。蓬莱3号古船正是在公元1274年之后，在高丽王朝的后期，由朝鲜半岛的造船工匠使用松木建造的海船，其船壳采用高丽时期的长槊与皮槊技术连接，古船内部结构按中国古船样式，增加横舱壁、肋骨、桅座、补强材等中国古船结构，属于中韩古代造船技术混合建造的古代海船。这种海船在中韩古代造船技术交流史上属昙花一现，却留下了韩国造船史上的罕见船型。显然在这之后，朝鲜半岛古船继续按照其平底船型等传统造船技术发展，其独特的造船技术一直保持到近代。中国古代造船技术虽短暂传入朝鲜半岛，但未对其传统造船技术产生根本影响。

五、蓬莱高丽古船与高丽、朝鲜使节

公元707年，唐朝在今蓬莱设立登州，管辖山东半岛的东部地区。登州与明州（宁波）是唐朝以后中国与朝鲜、日本等地友好交往的两个主要口岸。唐朝出入新罗和日本的使节、僧人、商人等，在北方地区都需在登州口岸办理出入境手续。日本僧人圆仁在今江苏口岸归国时，被要求远行到登州办理出入境手续，而后才回到了日本。唐朝在登州设新罗馆，接待新罗遣唐使者30余次。宋朝高丽使节仍从登州进入中国，据《宋史・高丽传》记载：“高丽人往反皆自登州。”宋朝在登州建高丽馆接待高丽国使者，因接待费用过高，天禧五年（1021），朝廷“别给登州钱十万，充高丽朝贡使之费”①，以弥补登州接待高丽使节开销的不足。元、明、清三朝，登州仍是高丽使节的出入口岸，据不完全统计，高丽、朝鲜使节郑梦周、李齐贤、郑道传、朴宜中、金九容、李詹、李崇仁、权近、李稷、吴允谦、全湜、李民宬、金尚宪、高用厚、金地粹、崔有海、申悦道、吴翻、李献庆等20余人皆从登州出入（表1）。为此，笔者编辑出版《朝鲜使节咏山东集录》一书②，将上述使节的个人文集以及《宾王录》《朝天录》《燕行录》等书中有关山东半岛的资料进行搜集整理和介绍，以期引起中外学者的重视和研究。

近年来，韩国先后发现众多高丽时期的海船，如莞岛高丽古船、木浦达理岛高丽古船、群山十二东波岛高丽古船、新安安佐高丽古船、泰安郡高丽古船等。目前，尚未有资料表明这些高丽时期的海

---

① 〔宋〕李焘：《续资治通鉴长编》卷九十七“天禧五年”条，中华书局2004年版。

② 袁晓春：《朝鲜使节咏山东集录》，黄河出版社2007年版。

船与高丽使团有关，而在中国蓬莱市登州古港内出土的高丽古船是否与郑梦周等各批使团有关呢？据韩国朴现圭教授考证[①]，高丽王朝出使中国时从登州海路访华的使节主要有郑梦周、李崇仁、权近、朴宜中等人。那么，在这为数不多的高丽使团中，若其船因长期使用失修而不能驶回高丽，是否有遗留在登州港的可能？

蓬莱高丽古船上还发现了高丽镶嵌青瓷碗、瓷罐、茧形壶、陶瓮等韩国文物。其中2件高丽镶嵌青瓷碗分别为菊花莲瓣纹碗和水波连珠纹碗。据韩国国立海洋遗物展示馆金圣范馆长和金炳堇博士考证，2件镶嵌青瓷器皿具有高丽后期镶嵌青瓷衰变期的特征。镶嵌青瓷是在青釉上镶嵌白色纹饰，具有典型的朝鲜半岛风格。在蓬莱3号古船中发现的高丽镶嵌青瓷，是首次经过科学发掘出土的证明高丽海船装载镶嵌青瓷自登州海路输入中国的证据，为朝鲜半岛古代瓷器输入中国提供了海路输入的实物证据。

蓬莱登州港发现的2艘高丽古船，表明高丽海船吸收了古代中国的造船技术，主要表现在采用中国的舱壁和肋骨技术，加强横向强度；采用补强材，以增强中央底板接头部位强度；采用桅座安装桅杆、铁钉连接船体等先进造船技术等。这些中国古代造船技术的使用，使蓬莱3号古船与已发现的其他高丽古船相比，具有航速较快、水密性强、抗沉性高等优点，使高丽船型出现了新变化[②]。

表1　著名高丽、朝鲜使节出入登州港一览表

使节名称	生卒年	访华时间	著　作
安轴	1282—1348年		《谨斋集》
郑梦周	1337—1392年		《圃隐集》
朴宜中	1337—1403年		《贞斋逸稿》
金九容	1338—1384年		《惕若斋集》
李詹	1345—1405年	1400年	《梅堂集》
李崇仁	1347—1392年	1386—1388年	《陶隐集》
郑道传	1337—1398年	1384—1392年	《三峰集》《经济六集》《锦南杂题》《陈法书》
李齐贤	1287—1367年	1314年	《益斋乱稿》《栎翁稗说》
权近	1352—1409年	1388年	《五经浅见录》《阳村集》
李稷	1362—1431年		《亨斋集》
吴允谦	1559—1636年	1623年	《楸滩集》
李民宬	1570—1629年	1623—1624年	《敬亭集》《敬亭续集》
吴翽	1592—1634年	1624—1625年	《天坡集》
全湜	1563—1642年	1625—1626年	《沙西集》

① （韩）朴现圭：《高丽时代妈祖接触考》，《鲁东大学学报（哲学社会科学版）》2009年第3期。

② 袁晓春：《海上丝绸之路蓬莱史迹初探》，见《登州与海上丝绸之路》，人民出版社2009年版，第89～95页。

（续表）

使节名称	生卒年	访华时间	著　作
金尚宪	1570—1652 年	1626—1627 年	《清阴集》《野人谈录》
金地粹	1581—1639 年	1624—1627 年	《苔川集》
申悦道	1589—1659 年	1628—1629 年	《懒斋集》
高用厚	1577—？	1630 年	《晴沙集》《正气录》
崔有海	1587—1641 年	1629 年	《默守堂先生文集》《东槎录》
李献庆	1719—1791 年		《艮翁集》

六、结论

1. 蓬莱发现的 2 艘高丽古船船型与结构从根本上不同，属于 2 种不同类型的韩国古代海船，蓬莱 3 号古船为“∪”型船体，蓬莱 4 号古船为箱型船体。

2. 蓬莱 3 号古船为韩国造船史上的特例，该船属于中韩古代造船技术的混合应用。其长槊与皮槊连接船壳属于韩国古代造船技术，采用舱壁、肋骨、桅座、补强材等属于中国古代造船技术，为中韩古代造船技术交流史的文物实例，较为罕见。

3. 据《高丽史 · 金方庆传》记载，在公元 1274 年前后，元朝曾将中国古船式样发给高丽王朝，要求其按照中国古船式样建造征日战船。蓬莱 3 号古船应为这一时期之后建造的中国式样的高丽海船。

4. 蓬莱 3 号古船的发现表明，最迟在 14 世纪，中国造船技术曾系统地传入朝鲜半岛，被韩国学者称为具有跨时代意义的重大发现。但是不知什么原因，韩国古船一直保持着自己独特的技术传统，但朝鲜半岛“∪”型船体的出现是否与中国造船技术的传入有关，尚待中韩古船专家的深入研讨。

5. 蓬莱 4 号古船为方头、方尾、平底的典型平底型韩国古船，适合航行于中国北方、朝鲜半岛西海岸等多沙滩的海域，其造船技术、改槊技术以及航海范围，值得引起中外专家的关注。

海上丝绸之路朝鲜史料中的山东海商

蓬莱阁景区管理处　袁晓春

东亚海上丝绸之路的海洋文化交流源远流长，至少滥觞于5000多年前的新石器时期，源于中国大陆山东半岛的“石棚文化（支石墓）”越海传播于朝鲜半岛、日本群岛。韩国、日本的“石棚文化”史前遗迹有的已被联合国教科文组织公布为世界文化遗产。东亚众多的同类史迹越来越多地表明，东亚的海上丝绸之路作为人类历史上最早兴起的海洋贸易与人文交流航线之一，推动了东亚各国的文明进步与发展。

中国与朝鲜半岛通过海洋交流密切，史料记载丰富，朝鲜李朝《备边司誊录》即为其中之一。《备边司誊录》时间起自朝鲜李朝光海君八年（1616），下至高宗二十九年（1892），其中缺载54年记录，现存273册。备边司最初是朝鲜李朝的临时机构，负责处理女真与日本对朝鲜王朝的侵扰问题，后来成为朝鲜王朝国政诸般事务的最高决议机构，议处事项相当广泛，一般界定范围为朝鲜内政、中朝关系及朝日关系。明宗十年，备边司被划为常设机构，人员包括正一品的都提调至正六品的郎厅人员，其中主要负责誊写的是郎厅人员。备边司主要记录会议内容，接收上报的文书、传达的指令、国王对事情的处理意见等。备边司人员熟悉汉语并以汉语记叙，从而为我们留下罕见的域外汉文文献资料。《备边司誊录》中记载有中国史料中未见的40艘中国海船遭遇风暴漂流到朝鲜半岛的航海史料，其记录的细节是中国史料中的盲点，这为我们研究海洋贸易与文化交流提供了新的观察视角。

《备边司誊录》中记载的11艘山东海船的相关情况如下（表1）。

表1　《备边司誊录》中记载的山东海船

年　代	船籍地	船　主	船载人数
清朝康熙四十五年（1706）	莱阳	不详	13人
清朝乾隆三十九年（1774）	福山县	曲亮工	25人
清朝乾隆五十一年（1786）	荣成县	张元周	4人
清朝乾隆五十六年（1791）	福山县	安永和	21人
清朝乾隆五十九年（1794）	登州府	蒋顺利	51人
清朝嘉庆十三年（1808）	蓬莱县	张成顺	40人

（续表）

年　代	船籍地	船　主	船载人数
清朝道光九年(1829)	文登县	王箕云	2 人
清朝道光十九年(1839)	黄县	刘增三	11 人
清朝咸丰二年(1852)	登州府	朱守宾	5 人
清朝咸丰八年(1858)	荣成县	刘青云	10 人
清朝咸丰九年(1859)	黄县	赵立果	12 人

目前，古代山东的海洋贸易史料难称丰富，像《备边司誊录》这样详细记载 11 艘山东海洋贸易船船主、船长、舵工、副舵工、管账、水手、商人、乘客的姓名、年纪、籍贯，以及贸易货物、携带银两铜钱等具体海洋贸易情况的资料实属罕见。他山之石，可以攻玉。朝鲜李朝《备边司誊录》中记载的清朝山东海洋贸易与航海史料，可以填补山东古代海上丝绸之路相关史料的空白，具有较高的学术研究价值，应引起国内学术界的重视与研究。

一、山东海船的乘员结构

（一）清朝山东海船的乘员人数

朝鲜李朝《备边司誊录》中记载了 11 艘山东海洋贸易漂流船，其具体船载人数见表 1。虽说 11 艘山东海船不一定代表全部的海船，但以此为案例可以看出其中大船载人数在 40—51 人之间，其他船载人数多在 20 人以下。据此分析，清朝期间山东从事海洋贸易的大型海船，与福建清朝道光年间可载 100 多人的大型福船相比，其规模有一定的差距。

（二）山东海船的船员年龄

《备边司誊录》中记载的山东海船可分为官船、民间私船两类。第一类官船如刘增三官船、张成顺官船，其船员年龄分别集中在 40—55 岁、25—35 岁之间，显示出官船比较注意选择富有经验的船员，个别船员的年龄甚至达到 60 岁以上。第二类民间私船如蒋顺利私船、曲亮工私船、莱阳船等，其船员年龄范围相对扩大，在 20—70 岁之间，表现出民间私船的船员年龄选择在 20—70 岁间各个年龄段，但多集中在 20—40 岁之间，呈现出相对年轻化的倾向（表 2、表 3）。

表 2　清朝道光十九年(1839)黄县刘增三官船①

姓　名	身　份	年　龄	籍　贯
徐天禄	舵手(代船主)	52	登州府黄县
由永成	水手	43	登州府黄县

① （朝鲜）《备边司誊录》，宪宗六年庚子条。韩国国史编纂委员会誊写影印本，1959—1960 年版，第 23 册，第 175 ~ 176 页。

（续表）

姓　名	身　份	年　龄	籍　贯
张永成	水手	59	登州府黄县
姜志祖	水手	28	登州府黄县
由士国	水手	54	登州府黄县
王付玉	水手	46	登州府黄县
刘永齐	水手	40	登州府黄县
张培五	水手	39	登州府黄县
马其清	水手	44	登州府黄县
马其源	水手	26	登州府黄县
肖日红	水手	36	登州府黄县

表3　清朝康熙四十五年(1706)莱阳民间私船①

姓　名	身　份	年　龄	籍　贯
车瑄	管账	39	登州府莱阳县
崔凌云	管买卖柴米	52	登州府文登县
韩永甫	扶舵	55	登州府莱阳县人、苏州府城里住
陈五	水手	37	松江府华亭县
袁六官	小水手	27	松江府上海县
王三	小水手	24	绍兴府山阴县
王五	小水手	26	莱州府即墨县
刘及成	小水手	35	登州府莱阳县
程元	小水手	27	登州府莱阳县
宋宗德	客商	55	登州府莱阳县
梁已美	客商	24	登州府莱阳县
蒋彦盛	客商	42	登州府莱阳县

（三）山东海船雇佣南方船员

《备边司誊录》中记载的清朝康熙四十五年（1706）莱阳民间私船上出现了被雇佣的南方船员，该船水手陈五是江南省松江府华亭县人，水手袁六官是松江府上海县人，水手王三是绍兴府山阴县

① （朝鲜）《备边司誊录》，肃宗三十二年丙戌条，韩国国史编纂委员会誊写影印本，1959—1960 年版，第 5 册，第 538 ~ 540 页。

人。究其原因，可能是作为登州府莱阳县人的船长韩永甫从事南北方海洋贸易，常年居住在苏州城内，与南方的船员熟悉而就近招聘，所以出现了山东海船却雇佣南方水手的情况。

据《备边司誊录》记载，山东海船的船主绝大部分居住在陆地，不下海随船贸易。官船上的船员，有一半年龄在40岁以上；而大部分海船是民间私船，其船员年龄多在20—40岁之间，呈现出年轻化的趋势，与广东广船上的船员年龄相似。如广船许必济船，船长许必济年龄为34岁，其他船员多在20—40岁之间，只有一位船员较为年长，年龄为45岁。山东海船、广东广船船员的年龄似乎较年轻，与福建福船船员年龄有一定差异。《备边司誊录》中记载，明朝万历四十五年（1617）福建林成商船漂流到朝鲜时，林成商船上有船员41人，船主林成未随商船出行，船长薛万春年龄为55岁，其他船员年龄在20—50岁之间，50—60岁的船员为个别存在，其中年龄最大的林太70岁，年龄最小的船员萧晋刚14岁。从全国沿海各地海船船员年龄来看，福船船员的年龄跨度最大，不像山东海船、广东广船的船员普遍比较年轻。

二、山东海船乘员中未有知识分子参与

朝鲜李朝官方与民间百姓推崇并善于学习中华文化，朝鲜李朝也是中国周边国家中文明程度较高的国家。朝鲜备边司的官员，一直关注来自中国的海洋贸易漂流船上是否有秀才、举人等知识阶层的船员或乘客，如《备边司誊录》正祖十八年甲寅条（注：蒋顺利船）中就有相关记载：

> 问：今年你们地方年事何如？
> 答：诸处都好，只有登州不好。
> 问：乘客中，有秀才举人否？
> 答：没有①。

备边司官员在多年的问询中，终于碰到船载乘客登州府福山县的秀才于华国，因此在《备边司誊录》正祖十五年十二月辛亥条（注：安永和船）对此着墨较多：

> 问：你们四个客，因何事同船，而女人是何人，头戴顶子者又是何人？
> 答：于华国，本是秀才，丁亥年生员，得了顶子，而数奇不做官，因家兄光国，在奉天省旅顺口水师营开设买卖，故戊申往依家兄，仍往舍内，营中诸官员请为门馆先生，教授其子弟。今欲回见家眷，将所得束金，买了谷物，以为过活之资，不幸遭风到此②。

于华国是《备边司誊录》所载40艘清朝海船乘客中唯一搭船探亲并被记录下姓名的秀才，他的

---

① （朝鲜）《备边司誊录》，正祖十八年甲寅条。韩国国史编纂委员会誊写影印本，1959—1960年版，第18册，第291～295页。

② （朝鲜）《备边司誊录》，正祖十五年十二月辛亥条。韩国国史编纂委员会誊写影印本，1959—1960年版，第17册，第914～918页。

兄长于光国在辽宁旅顺水师营经商,他投奔兄长,在旅顺常年开设私塾,教授水师营官员的子弟,在回福山县探亲旅程中遭风漂流到朝鲜。

朝鲜李朝官方不仅关注随船而来的秀才于华国,对于华国携带的各种书籍也相当重视,在《备边司誊录》正祖十五年十二月戊午条(注:安永和船)详载:

罗经解定四卷　英华集一卷
入泮勾一卷　金函玉册一卷
嫁娶书一卷　十二月花甲全窨一卷
鼓吹风雅一卷　精选修造吉日一卷
会试元魁卷一卷　澄怀阐课稿第一册一卷
泮勾英今学必读一卷　圣谕文修一卷
衍释万言教化天下一卷①

备边司官员对船载中国书籍不厌其烦,一一记录书名、卷数,显示出朝鲜李朝对中国传统典籍的重视程度。

《备边司誊录》中记载了40艘中国海洋贸易船,在这40艘山东、江苏、浙江、福建、广东等海洋贸易船的船长、船员等航海人员中,尚未发现有秀才、举人等知识分子,船上识字的人占极少数。不论是商贸还是航海等领域,如果缺少知识分子的参与,就缺少了对当时情况的详细记载以及对长期相关经验的总结和提高。仅凭从业者的口口相传,其行业经验积累传承、理论总结形成以及未来的发展将会受到影响。

三、山东海船的贸易货物

据《备边司誊录》记载,清朝山东海船的贸易货物主要输往两个方向:一是向南方地区输出柞蚕茧(柞蚕起源于我国北方地区,因把蚕种放养在野外的柞树上,故又称野蚕。柞蚕丝略粗,其蚕丝质量不及家养的桑蚕丝)、粮食(黄豆、玉米、高粱)、烟草、中草药(紫草、杏仁、防风、白蜡)、咸鱼、生猪,并运回棉花、棉布、桐油等;二是向东北地区贩运棉布、棉花,并购回玉米、高粱等粮食。

前往南方贸易的山东海船主要有莱阳船、赵立果船,它们各具特色。其中,莱阳船为民间私船。作为驶往南方的贸易海船,莱阳船船员分工明确,包括职掌财务的车琯、职掌买卖柴米的崔凌云、职掌驾驶的韩永甫、职掌水手杂务的陈五等,像这样分工明确的情况在山东海船中并不多见。其船载货物可见《备边司誊录》肃宗三十二年丙戌条的记载:

问:你们将何样物件,贸来何样耶?
答:俺们持黄豆、紫草、杏仁、防风、白蜡、猪等物,往苏州贸来青蓝、各色布、瓷器、棉花物耳。

① (朝鲜)《备边司誊录》,正祖十五年十二月辛亥条。韩国国史编纂委员会誊写影印本,1959—1960年版,第17册,第914~918页。

……

问：你们大船所载物种，多少几许耶？

答：黄豆二百四十担，白蜡二百四十斤，红花二百四十斤，紫草三百九十八包，防风一包，杏仁一小包，猪十二口耳①。

可见该船的主要货物是黄豆、中草药，也说明产自北方的紫草、白蜡、防风、杏仁等中草药颇受南方市场的欢迎。

赵立果船同为民间私船，船上有2名客商王相眉、张绍德。船主赵立果随船贸易，船员分工明确，正舵工为曲会先，副舵工胡玉令年已70，如此高龄却驾船显然是具有丰富的航海经验。其他船员还包括指示方向的向导张凤高、专司烧香的香童王乃福、厨师曲成林等。该船贩运的货物在《备边司誊录》哲宗十一年庚申条有较为详细的记载：

问：你们，何年月日，因何事，往何处，何以到此？

答：去年九月初二日，由荣成俚岛口装盐鱼，到海上县（注：上海）发卖，候风留住，十月初七日，往江北营船港，装棉花一百八十二包、桐油二篓，初八日发船回家，猝遇西北大风，二十三日漂到贵国。

……

问：你们带来棉花、桐油，换银拿去么？

答：拿去②。

该船是将北方腌制好的咸鱼贩往南方，返程时采购棉花、桐油带回北方销售。

去往东北贸易货物的山东海船主要有朱守宾船、安永和船、张成顺船。其中，朱守宾船是登州府的私船，专门贩卖腌制的咸鱼，销往辽宁金州。据《备边司誊录》哲宗三年壬子条记载，朱守宾船卖鱼的收入为铜钱242吊：

问：你们因何事，何月何日，开船往何处，何日遭风，漂到我境么？

答：俺等以卖鱼为业，本年九月初六日，开船往关东老口滩，装鱼发卖于各处。十一月初六日，将向关东金洲（注：州）地，忽遭大风，同月十一日，漂到贵境。

问：鱼价为几何？

答：二百四十二吊③。

---

① （朝鲜）《备边司誊录》，肃宗三十二年丙戌条。韩国国史编纂委员会誊写影印本，1959—1960年版，第5册，第538～540页。

② （朝鲜）《备边司誊录》，哲宗十一年庚申条。韩国国史编纂委员会誊写影印本，1959—1960年版，第25册，第489～490页。

③ （朝鲜）《备边司誊录》，哲宗三年壬子条。韩国国史编纂委员会誊写影印本，1959—1960年版，第24册，第505～506页。

张成顺船属于官船，是一艘大型货船，船上商人较多，其装载货物见《备边司誊录》纯祖九年己巳条记载：

问：船中所载者，何物耶？

答：雇与宁海州商人，装茧包、高粮、包米。

问：此外更有何物？

答：银与钱及杂粮包衣服包等物。

问：银与钱及茧包、高粮、包米等物，是何人之物耶？

答：王兰若、邹琏玉、杨魁明、王琳庵茧包一百四十二包，高粮六十包，包米四十石，孔化亭茧包六十一包，董悦侯茧包五十七包，谭志远茧包五十八包，王喜安茧包四十七包，李梦龙茧包二十一包，而漂荡之际，几书失去，银钱则无失。

问：茧包何物？

答：是蚕虫在山食柞叶，至秋成茧，则人揉而卖之。

问：高粮、包米何谷？

答：高种杯也，包米玉林也。

问：高粮、包米、茧包，以何物贸来？

答：以银子买来于奉天府地方。

问：茧一斤价为几许，高粮、包米一石，价为几两？

答：熟茧一斤价银四钱，生茧一斤价银五分，高粮一石价银四两，包米一石价银三两五钱①。

该船的牟平商人，从沈阳地区采购了柞蚕茧、高粱、玉米。备边司官员对该船采购的各种货物的价格均明白记录，甚至连具体的生、熟柞蚕茧的价格差异，如 1 斤熟茧价值 4 钱银子、1 斤生茧价值 5 分银子等，都一一记录，记载可谓详尽。

四、山东海船携带的资本

山东海船大型海船单船携带资本较多的有曲亮工船、张成顺船、安永和船、刘青云船，中小型海船携带资本不多，如刘增三船、王箕云船等。

先从山东海船曲亮工船着手分析，曲亮工船是福山县的大型私船，该船装载黑布 480 匹、白布 26 匹运往沈阳销售，除了贩卖布匹，该船还携带了大量铜钱用于购买粮食，这在《备边司誊录》英祖五十年甲午条有相关记述：

问：你们既要买米往奉天府，将甚么货物换买耶？

---

① （朝鲜）《备边司誊录》，纯祖九年己巳条。韩国国史编纂委员会誊写影印本，1959—1960 年版，第 20 册，第 15 ~ 19 页。

答:小酌将钱一千二百七十吊零,白布二十六匹,黑布四百八十匹换也①。

该船装运用于购物的铜钱为1270吊,1吊为1000文铜钱,即共装运铜钱127万文,加上480匹黑布、26匹白布,该船的整船资本约14000两,是《备边司誊录》中所见山东海船单船资本最高的商船。

张成顺船是载有40人的大型官船,船上有10名商人,从山东牟平出发,过海前往沈阳采购柞蚕茧、高粱、玉米等货物。10名商人携带铜钱折银1884两,白银213两,共计白银近2100两,这在《备边司誊录》纯祖九年己巳条有相关记载:

问:钱几两银几两,而果是何人之物耶?

答:奉天钱,以八十二文为一两,山东钱,以十钱为一两。以奉天钱计之,则为一千八百八十四两二钱三分,银则二百十三两二钱,而都是各人带来者②。

安永和船是私船,船号为福第11号。船上有21人,包括福山县4位粮商。船载谷子、棉花、柞蚕茧、烟草,自山东福山县发往辽宁金州府。据《备边司誊录》正祖十五年辛亥条记载,安永和船上4位粮商的货物资本为白银647两:

问:带去者何物件,变卖者何物件?

答:杂粮及凉花、山茧、烟草等物,以卜重难运,从愿换卖,其余随身要紧东西尽数带回,此皆贵国恩典,感激不尽。

问:你们变卖之价,共为几许?

答:价银总为六百四十七两零③。

刘青云船上有10人,从山东荣成县装载青豆到沈阳贩卖,货物资本为白银535两,详见《备边司誊录》哲宗九年戊午条记载:

问:带来的钱有么?

答:五百三十五两八钱八分有④。

---

① (朝鲜)《备边司誊录》,英祖五十年甲午条。韩国国史编纂委员会誊写影印本,1959—1960年版,第15册,第270~272页。

② (朝鲜)《备边司誊录》,纯祖九年己巳条。韩国国史编纂委员会誊写影印本,1959—1960年版,第20册,第15~19页。

③ (朝鲜)《备边司誊录》,正祖十五年辛亥条。韩国国史编纂委员会誊写影印本,1959—1960年版,第17册,第914~918页。

④ (朝鲜)《备边司誊录》,哲宗九年戊午条。韩国国史编纂委员会誊写影印本,1959—1960年版,第25册,第312~313页。

在中小型山东海船中，部分海船携带资本不多，如刘增三船、王箕云船。其中，刘增三船的船主并未上船，以52岁的船长徐天禄代替，船上共有11人，携带白银100两、铜钱111吊，从山东黄县出发去辽宁买粮，不幸遭风而漂到朝鲜。《备边司誊录》宪宗六年庚子条对此记述道：

问：你们既要装粮，则有甚银货带来么？

答：带得银子一百两，铜钱一百一十吊，是船主刘增三的东西，船破时都落下水里，尽失无余①。

王箕云船的船籍地是山东文登县，据《备边司誊录》纯祖三十年庚寅条记载，该船仅携带铜钱14吊600文，计划去南城购买棉布、棉花，属于山东小型海船单船资本最少的一类海船：

问：何月日因何事往何地方，何月日漂到我境？

答：我们带钱十四吊六百零，贸棉布凉（注：棉）花次，去年十月十七日自文东县，乘船往南城，当日到中洋，风浪大作，折帆竿缺锭枝②。

山东海船中单船资本最多的为14000两，而根据《备边司誊录》记载，60岁的李光、50岁的罗五两位广东商人搭伙贩卖，他们不顾年龄已长，远赴辽宁营口港、山东烟台港经商贸易，其船所载主要货物为棉花，货值白银3230两。此外，以福建的明朝林成商船、清朝黄宗礼商船为例，福建商船单船货物资本在白银2000两至1万两之间。与其相比，山东海船中最高单船资本与广东、福建的最高单船资本不相上下，但是山东海船中部分中小型海船的单船资本并不多。

五、山东海船的乘客、商船运费

清朝山东海船的乘客、商船运费怎样呢？笔者以《备边司誊录》记载的11艘山东海船中2艘大型海船蒋顺利船乘客价格、张成顺船雇船价格为例，略做考察：

据《备边司誊录》记载，山东的海船贸易中出现了以运输乘客、收取运费为主的海运营利方式，如乾隆五十九年（1794）登州府蒋顺利船就是一例。蒋顺利为船主，他没有随船贸易，其船编号黄字19号。当时登州府遇到天灾，粮食歉收，因当地粮食供应出现问题，许多登州府与原籍沈阳的百姓乘船前往沈阳以躲避灾年。《备边司誊录》正祖十八年甲寅条记述道：

问：那乘客们，是借乘是雇船？

答：都收雇钱。

---

① （朝鲜）《备边司誊录》，宪宗六年庚子条。韩国国史编纂委员会誊写影印本，1959—1960年版，第23册，第175～176页。

② （朝鲜）《备边司誊录》，纯祖三十年庚寅条。韩国国史编纂委员会誊写影印本，1959—1960年版，第22册，第103～104页。

问:一人船雇钱多少?

答:船雇钱也不一样,或收大钱一百,或收小钱一百。

问:大钱一百为几何,小钱一百为几何?

答:大钱一百个为一百,小钱以十六个为一百。

问:乘客船雇钱共计为何?

答:以大钱记账为十吊,以小钱记账为四十三吊。

问:船雇钱现在带来否?

答:带来①。

蒋顺利船共承运51人,其中船员7人,乘客44人,包括4位妇女、3位儿童。该船从山东蓬莱发往辽宁旅顺一带,最近的海上路线也有170多公里。因遇到灾荒年,该船向乘客收取运费,但收费标准不一:有的乘客收取大钱一百,有的乘客收取小钱一百,44名乘客的总运费是10吊大钱。该船计划用此次运费和向亲戚借的钱在沈阳地区购买粮食,再将粮食贩运回山东登州。蒋顺利船留下的清朝北方灾荒年间山东乘客前往东北避灾的最低运费价格,具有一定的史料参考价值。

清朝山东商船雇佣整船运费怎样呢?张成顺船为大型商船,船载40人,其中商人10人、船员26人、乘客4人。该船从辽宁沈阳购买了柞蚕茧、高粱、玉米,渡过黄海回到山东半岛北部牟平。那么10名牟平商人雇佣这艘大船的运费是多少呢?《备边司誊录》纯祖九年己巳条记述道:

问:你船载来商客空人,各捧雇钱几许?

答:众商则有货物,故雇价大制钱一百三十四千四百八十个,空人则无货物,故水力价大制钱一千个或一千三百二十个或一千六百四十个。

问:大制钱,数几何?

答:一千文,谓之大制也②。

该船从山东半岛的牟平发往辽宁,4名乘客的运费为每位大制钱1000文至1640文。而雇佣该大型商船的10名商人,装货来回运费竟然高达134吊480文铜钱。究竟是什么原因导致了清朝山东前往辽宁的商船乘客与货运的运价差别如此之大,颇值得仔细研究。

六、山东海船的船具

《备边司誊录》中记载了荣成县张元周船、福山县安永和船两艘船上载有的船具情况。

张元周船是一艘小船,船籍地为荣成县。船主张元周与冯才孝、张元瑞、李凤同4人留在船上时

---

① (朝鲜)《备边司誊录》,正祖十八年甲寅条。韩国国史编纂委员会誊写影印本,1959—1960年版,第18册,第291~295页。

② (朝鲜)《备边司誊录》,纯祖九年己巳条。韩国国史编纂委员会誊写影印本,1959—1960年版,第20册,第15~19页。

忽遇海上风暴，与下船吃饭未及返船的5人离散。对此，《备边司謄录》正祖十年丙午条记载：

问：你们船中物件，无遗失么？

答：后桅、布蓬、两橹、铁锚、木舵五件，漂洋时失了。

问：你们在两岛中及登陆后，带来物件，或有给人之事么？

答：没有①。

张元周船虽是小船，但船上安有前桅、后桅等。遭遇风暴后，后桅与船帆、两只大橹、一件铁锚、一个木舵等均损毁。海船漂到朝鲜黑山岛，得到了一位朝鲜人的帮助：给了张元周等人10斗米、3块木材，对船舵进行了必要的维修。从上述文献记载可以看出，张元周船属于北方海域使用的沙船，船上设有双桅双橹，可以有风使帆、无风用橹，也可以帆橹同时使用。

此外，在《备边司謄录》正祖十年丙午条还载有：

问：你们有甚么物件带来的么？

答：俺们带来木桶、空柜、火炭及破伤船只，在灵岩已尽烧火，今此带来物件随身衣服外，只有钱二十两二钱九分②。

木桶是船上的必需品，木炭用以烧火做饭及冬日取暖，空柜可装粮食等货物。有意思的是，《备边司謄录》留下了张元周船的空柜等家具上船的记录。

福山县安永和船是一艘大型帆船，有船员18人，船主安永和不随船贸易。安永和船在《正宗大王实录》卷三十三、正祖十五年十二月戊午条记有：

船长十五把，广四把，皆用铁钉。第二间撑铁鼎二座，第三间别加涂灰，造水仓盛水。前帆竹十一把，今番逢风漂流时，腰折。中帆竹九把，后帆竹五把，皆用白木帆。板屋中有书帙赞里，而舟什棚索，汲水小船一只，皆如我国船制样。硫索、龙层索、倒入索、旨索等属，或黑或白，问是何物，曰棕树皮也。

……

又问：船上器械，能无亏损？

答云：头桅损坏，大锚去之一顶，小锚去二顶，三顶锚的丁缆俱以去了。所载粮舍去数多，二棚俱破，别无损伤。祈长首将器用周济，过了新年，我等乘船回家去矣③。

① （朝鲜）《备边司謄录》，正祖十年丙午条。韩国国史编纂委员会誊写影印本，1959—1960年版，第16册，第645～650页。

② （朝鲜）《备边司謄录》，正祖十年丙午条。韩国国史编纂委员会誊写影印本，1959—1960年版，第16册，第645～650页。

③ （朝鲜）《正宗大王实录》，正祖十五年十二月辛亥条。韩国国史编纂委员会誊写影印本，1959—1960年版，第17册，第914～918页。

由记载可知,该船上安装有3桅白帆,前桅白帆用11根撑条,中桅白帆用9根撑条,后桅白帆用5根撑条。船上设水仓,以解决乘员的饮水问题。另外,船上携带小舢板船,以方便近岸取水。安永和船的前桅被风暴摧毁,舱面2个舱棚被风吹破,船上配备3把铁锚,分别是主锚、2把备用小铁锚。

七、结论

有关海上丝绸之路的海外史料弥足珍贵,从《备边司誊录》中的记载来看,清朝山东海船的船主绝大部分居住在陆地,不下海随船贸易。海船中大型船占50%,乘员人数40—50人,中小型海船占50%,乘员在20人以下。海船船员呈现年轻化趋势,有的海船雇佣南方船员。海船航海人员中未有秀才、举人等知识分子参与,贸易货物往南方输出柞蚕茧、粮食(黄豆、玉米、高粱)、中草药(紫草、杏仁、防风、白蜡)、烟草、咸鱼、生猪等,运回棉花、棉布、桐油等。海船携带资本在铜钱14—1270吊、白银100—14000两之间。海船从山东半岛北部越海前往辽东半岛,灾荒年份乘客价格在100文左右,平常年份乘客价格在1000—1600文之间,整船雇船价格约为134吊铜钱。山东海船为3桅或2桅船,船上配备3把铁锚,分别是主锚、2把备用小铁锚(图一)。

本文引用的海外史料系在国内首次发表。朝鲜李朝《备边司誊录》记载的明清史料属于珍贵的海外汉文文献,从不同角度记录了明清时期中国的政治、经济、文化、军事等方方面面的信息,值得引起国内学术界的关注。

图一 美国人拍摄的清朝山东海船

附:《备边司誊录》肃宗三十二年丙戌(注:康熙四十五年,1706 年)
丙戌四月十三日①

济州漂到人问情别单
问:你们居在何地,而姓甚名谁耶?
答曰:俺们十三人姓名。
管账车琯年三十九岁,山东省登州府莱阳县人。
管买卖柴米崔凌云,年五十二岁,山东省登州府文登县人。
……
问:你们在本土时,有何身役,而以何事为业耶?
答:俺们素无身役,只以农商为业耳。
问:你们因何事往何地,缘何漂到我国?
答:俺们以买卖事,往苏州地方,洋中遇风,漂到贵国耳。
问:你们几月几日开船,几月几日漂到我国耶?

答:俺们今正月初二日开船于山东莱阳县,初四日大洋中猝遇恶风,失舵折樯,几乎沉没,仓惶中远见山色,疑有人家。俺等十三人持牌标急下,汲水小船,欲为救护大船之际,又遭东北风。俺等十一日漂到贵国,其余二十一人在大船,不知去处耳。

问:你们离发山东莱阳县时,作伴向苏州者,几船耶?
答:俺们莱阳县开船时,无作伴船矣。
问:你们将何样物件,贸来何样耶?
答:俺们持黄豆、紫草、杏仁、防风、白蜡、猪等物,往苏州贸来青蓝、各色布、瓷器、棉花物耳。
问:曾前上国,海禁极严云矣。不知何年,弛禁行商耶?
答:古海禁之令矣,今则有旨弛禁,任意行商,而弛禁年月,未能得知矣。
问:标帖成给之官,是何样官司,纳税何司,而以何物纳税耶?
答:标帖则莱阳知县成给,而纳税则随其所持物种之多寡,以银子计纳于本县耳。
问:莱阳之于苏州,相距几许耶?
答:旱路则两千一百里,水路则不能得定里数,而遭顺风,则四天三夜,可能以得达矣。
问:你们只行商于苏州而已,别无往来他国之事耶?
答:别无他国行商之事,而只于浙江、福建、江西、湖广、沈阳等处行商耳。
问:你们年年行商,而往来海洋之际,必有可闻奇异之迹,可得闻耶?
答:海中往来之路,别无奇异可闻之迹耳。
问:你们藏载货物海路来往之时,其无海贼掠夺阻搪之患耶?
答:无记入。
问:山东近处,有三山岛,而颇称奇异云,可得闻耶?

① (朝鲜)《备边司誊录》,肃宗三十二年丙戌条。韩国国史编纂委员会誊写影印本,1959—1960 年版,第 5 册,第 538 ~ 540 页。

答:果有三山岛,而自登州府晴明日,则可能望见,而自莱阳县、贝水路颇远,三山列立间通海水,往来商船耳。

问:既有三山岛,则其民几何,往来船只常常止泊耶?

答:此岛,小而险恶,且无可耕地之地,故原来无居民船只。往来之时,若遇风则时时止泊,而多恶石,且狭隘,故仅容三四只耳。

问:此外,又有他岛,而民人入居者耶?

答:登州府西北间四十里许,有庙岛、芙蓉岛、长山岛,皆有居民,而长山岛最大,居民几至千余户,登州府及莱阳县主管耳。

问:此岛孤立海中,无水贼依险过发之患耶?

答:海防至严,故元无此患。而曾闻五六年前,广东省有水贼云云之说矣,今则太平无事耳。

问:你们虽业农商,既为民丁,则似不无身役,可得详闻耶?

答:俺们则非军丁,故一年每口,纳丁徭银子一钱六分,而农者纳田税,商者纳商税,此外无他身役耳。

问:山东地方,农事何如?

答:进来农事,连丰大收耳。

问:你们十三人中,曾有往来皇都者几人,而程途几里耶?

答:俺们十三人中,一人曾有往来皇都者,而途里则一千四百四十里耳。

问:山东所属州县,共几何耶?

答:山东一省有登州、莱州、青州、兖州、东昌、济南六府,而其所属州县,则未能详知耳。

问:登州府有几个官人耶?

答:文官则有太府、二府、三府、学官,武官则有总兵、副将、参将、守备、千总、把总等官耳。

问:所谓文官则所管何事,武官则所管何事耶?

答:所谓太府管知县、生员、学生,二府管监察耳目,三府管匪类、赌博,总兵则管山东一省军兵,而衙门则在于登州耳。

问:总兵所掠城池周遭及所管兵曹几何,而水军耶,陆军耶?

答:城池周遭,自东门至西门七里许,南北亦如之,兵数不知几许,而都总水路之军耳。

问:既有军兵,则有时训练之事耶?

答:陆军则一朔内九次操练,水军则一年四季月操练耳。

问:操练时,所用器械,可以指耶?

答:陆军所用器械弓箭、刀枪、火炮,而水军操练时曾无目击,未知器械之何如耳。

问:贵省尚文耶,尚武耶?

答:文武俱尚,而俺们,以商农为业之人,试取之规,未能详知耳。

问:你们大船所载物种,多少几许耶?

答:黄豆二百四十担,白蜡二百四十斤,红花二百四十斤,紫草三百九十八包,防风一包,杏仁一小包,猪十二口耳。

明清时期山东沿海航道和港口

山东省水下考古研究中心　孟　杰　威海市文登区博物馆　马绪红

据山东省地方史志编纂委员会编《山东省志·海洋志》(海洋出版社1993年版)载,山东半岛三面环海,海岸线长3121公里,沿岸面积大于5平方公里的各类海湾有31个,沿海全国统一编号的岛屿有299个,其中基岩岛屿241个,沙洲岛屿58个。优厚的自然条件为山东的古代航海活动提供了基本保证,不仅使山东沿海航线成为我国古代北洋航线的重要一环,也使山东成为明清直隶、奉天与江浙福广地区海上交通的中转站和交通枢纽。

目前,学界对山东沿海海上航线的研究较多,但对山东沿海港口的研究相对较少,两者相结合来进行细致研究的著作更少。王赛时梳理了历代关于山东沿海航道的记载,对历代航道做了宏观方面的介绍,同时简要介绍了山东沿海历代主要贸易港口及海运情况,如登州、文登、荣成、胶州、即墨、密州板桥镇等①。杨强对黄渤海区域航道和港口的研究主要从商业贸易的宏观角度进行,研究对象集中在沿海主要贸易港口和宏观航道,山东沿海地区也有涉猎②。赵树国根据古代典籍记载罗列出了明代山东沿海70多处主要海口,但缺少航道内容和进一步的细致研究③。

明清时期,对山东沿海航道等的记载主要分为两类,一类为正史、地方志、官员奏疏和文人著作,一类为古代航海者留下的私人海图或针路图,有学者称之为"舟子秘本"。本文将结合两类史料对明清时期山东沿海航道和港口进行梳理。

一、文献记载中的明代山东海道和港口

《明史·河渠志四》"海运"部分全面、系统地记载了有明一代的海运事件,但关于海道、港口的记载极少。有关明代山东沿海海道和港口的文献记载多见于官员奏议和文人著作中,主要有《海道经》、《广舆图》(明·罗洪先)、《海运新考》(明·梁梦龙)、《西园闻见录》(明·张萱)、《海运详考》(明·王宗沐)、《海运图说》(明·郑若曾)、《海运说》(明·华乾龙)、《海运编》(明·崔旦)和《海运摘钞》等,其中尤以前四种对山东海道和港口记载最为详细。

---

① 王赛时:《山东海疆文化研究》,齐鲁书社2006年版,第312~359页。

② 杨强:《北洋之利——古代渤黄海区域的海洋经济》,江西高校出版社2005年版,第355~383页。

③ 赵树国:《明代北部海防体制研究》,山东人民出版社2014年版,第28~29页。

（一）《海道经》、《广舆图》和山东远洋航线

《海道经》包括了我国现存刊刻最早的针路簿和海图——《海道指南图》，但不题撰者。据周运中考证，《海道指南图》、针路、歌诀是明代前期船民所作，至明代中后期由后人补缀汇编而成《海道经》①。《广舆图》是在元代朱思本原绘《舆地图》的基础上，由明代罗洪先增纂的，是迄今中国最早的一部综合性地图集。该图集约完成于嘉靖二十年（1541），初刻于嘉靖二十四年（1545），至清代共出版了七次。《广舆图》关于海道的记载与《海道经》基本一致，但《海道经》记载更为详尽。《海道经·海道》记载了多条航线，其中有自江苏刘家港始发经过山东到达辽东、直沽及从直沽经山东返回刘家港的航线，但不走近岸，应是对元代远洋海运航线的继承：

> 一　刘家港开船，出杨子江，靠南岸径使……可过长滩，便是白水洋。望东北行使，见官绿水，一日便见黑绿水。循黑绿水望正北行使，好风两日一夜到黑水洋。好风一日一夜或两日夜，便见北洋绿水。好风一日一夜，依针正北望，便是显神山。好风半日，便见成山，自转瞭角嘴……若过黑水洋，见北洋官绿水，色或陇，必见延真岛，望西北见个山尖，便是九峰山。向北一带连去，有赤山、牢山二处，皆有岛屿，可以抛泊。若牢山北望，有北茶山白蓬头石礁，一路横开百余里，激浪如雪，即便开使，或复回望东北行使，北有马安山，竹山岛南，可入抛泊。北是旱门，亦有漫滩也，可抛泊，但东南风大，不可抛系，北向便是成山……一转过成山，望正西行使，前有鸡鸣屿，中有浮礁一片，可以避之。往西有夫人屿，不可在内使船，收到刘岛西小门，也可进庙前抛泊。刘岛开洋，正西行使，好风一日到芝界（罘）岛，东北有门可入，西北离有一百余里，有黑礁一片，三四亩大，避之，收到八角岛东南，有门可入。自芝界（罘）岛有好风，半日使过抹直曰（口），有金嘴石冲出洋内，潮落可见，避之。至新河海口，到沙门岛，东南有浅，可挨深行使。南门可入，东边有门，有暗礁二块，日间可行。西北有门，可入庙前抛泊。沙门岛开洋望北，径过砣矶山、钦岛、没岛、南半洋、北半洋，到铁山洋，往东，收旅顺口……
>
> 直沽开洋，望东挑南一字行使，一日一夜见半边山，便有沙门岛。若挑南字多了，必见莱州三山，便挑东北行使，半日便见沙门岛。若挑北字多，必见砣矶山，往南收登州卫。北沙门岛开船，东南山嘴有浅，可挨中望东行使，好风一日一夜到刘岛，收入官前。刘岛开洋，望东挑北，一字转成山嘴，望正南行使，好风一日一夜见绿水，好风一日一夜见黑水，好风一日一夜便见南洋绿水，好风两日一夜见白水。望南挑西，一字行使，好风一日，点竿累戳二丈，渐渐减作一丈五尺。水下有乱泥，约一二尺深，便是长滩……②

此段航线因是远洋航线，也是明初针路，记载更多关注于航海针路的取舍和沿岸地标物的判读，对船只“抛泊”之地关注较少。这段航线涉及的山东沿海航海地标物主要有延真岛、九峰山（槎山）、成山、瞭角嘴等，可供船只抛泊之地主要有赤山、牢山、竹山岛南、刘岛庙前、芝罘岛、新河海口、八角

① 周运中：《〈海道经〉源流考》，《海交史研究》2007年第1期。

② 〔明〕阙名：《海道经》，见《四库全书存目丛书·史部二二一》，齐鲁书社1996年版，第189～191页。

岛、沙门岛等。

（二）《海运新考》、《西园闻见录》和山东近岸海道、泊口

《海运新考》为明代隆庆末巡抚山东、主持隆万海运的梁梦龙所撰，详细记载了明代后期的海运航道、航道里程、海道口岸、海道湾泊、海道里数等信息（图一）。《西园闻见录》为明代张萱所撰，约成书于明代晚期，辑录了明朝洪武至万历时期史事，分为三编，其中外编记载政事，节录的大量奏疏多出自邸报，史料价值较高。考证两种文献，隆庆、万历行海运前，梁梦龙、王宗沐等人曾派人向沿海“土人、岛人、各处商人”“咨访海道”，之后组织沿海卫所官员、犯人沿海道试运少量粮食，并取得成功。“据分巡海右道呈，称委官镇抚宋应期、百户王九经，押运犯人王凤噇，买完小麦六百石，装船三只。千户崔士贤、义勇官王收，押运犯人孟崇仕，买完小麦六百石，装船四只，俱自胶州起运，踏试海道”①，又“仰职于淮安府督令犯人王佩等，籴米二千石，雇船五只，每船装载四百石，交付指挥王惟精等五员押运，踏试海路。于（隆庆五年）六月十七日自淮安开船，至八月初三日申时到于天津卫河口湾泊，一路平稳”②。主持海运的梁梦龙将踏试海道人员汇报的情况进行汇总和归纳后，加入了地方官员的奏报、回禀及海防等内容，编成《海运新考》三卷。明代晚期的张萱则完整辑录了当时踏试海

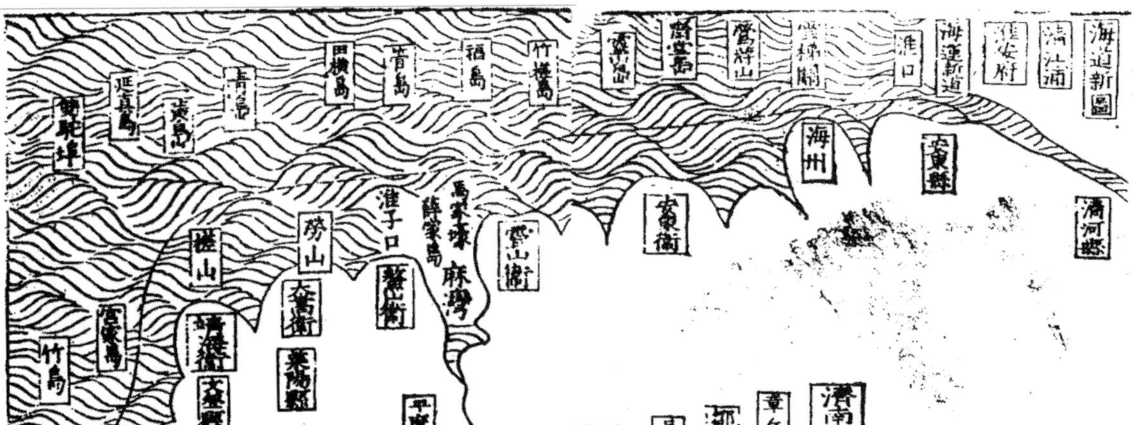

图一 《海运新考》中记载的海运路线图③

① 〔明〕梁梦龙：《海运新考·试行海运四》，见《四库全书存目丛书·史部二七四》，齐鲁书社1996年版，第341页。
② 〔明〕梁梦龙：《海运新考·试行海运五》，见《四库全书存目丛书·史部二七四》，齐鲁书社1996年版，第343页。
③ 〔明〕梁梦龙：《海运新考·海道新图》，见《四库全书存目丛书·史部二七四》，齐鲁书社1996年版，第337页。

道人员李应斗、王惟精、王九经等人的奏报,并将其辑入《西园闻见录·海运》中。通过比较这两种文献的记载可知,此条航线为近岸航线,记载内容除了有几处地名、可泊船数量等书写不一致,其他基本相同,现将两种文献记载的航行所经主要岛屿、港口列表附后(表1)。

明代中后期,出于海运安全等方面考虑,官方海运主要采取傍岸航道,因而在海道记载上对沿途“可湾船”地点更为关注,基本涵盖了明代初期远洋航线记载的船舶可“抛泊”点。通过表1(左栏)之统计,《海运新考·海道口岸》中共记载口岸60处,《西园闻见录》胶州至天津卫海道实地航行踏勘者——王九经共记载“可湾船”点92处;《海运新考·海道口岸》中有5处口岸在王九经奏报中没有记载,王九经奏报中有37处在《海运新考·海道口岸》未记载。综合计算,这一时期山东沿海“可湾船”点应不少于97处。97处湾船点中,有55处未注明可湾船数量,仅有“可湾船”“可湾船不多”“最好湾船”等模糊表述;有18处海口、岛屿可湾船百只以上,包括信阳场、斋堂岛、灵山岛、古镇巡检司、竹槎岛、黄岛、沙岛、苏山海口、窝岛海口、黄埠嘴、成山卫海口、抑奔海口(柳夼海口)、威海卫东关外海套、八角海口(八家海口)、登州新海口、桑岛(桑鸡岛)、蜉蝣岛(芙蓉岛)和沙头河;有9处可湾泊船五十至一百只,包括马公岛、草头嘴、大河海口、滩石口(滩名口)、婆婆海口、宅窠海口、刘家汪海口、峒屺岛和三山岛;有10处可湾泊船五十只以下,包括家鸡汪海口、金山所海口、双山海口、黄河营东小海套、莱州海神庙后海口、海仓口、潍河口、小沙河口、浑水汪口和套河;有3处为古湾船处,即长湾圈、龙门港口和八角海口(八家海口);有2处有井可汲,为桑岛和沙门岛;有3处在特殊条件下可以泊船,如淮口港(“遇大潮可湾船四五十只”)、绿豆岛(“遇南风可湾船”)、栾家海口(“遇北风不敢久停”);界河航道在明代初期可以湾船,但到隆庆年间因淤积已经不可湾船;有2处重要的通商地,淮子口(“胶、淮商贩一向往来甚众”)和唐头寨(“通商处所,山东人、辽东人、永平人、天津人二三四五月间贩运布匹、米豆、面块、鱼虾并临清货物,往来不绝”)。

从湾船点的空间分布来看,大部分湾船点集中于以基岩港湾海岸和砂质海岸为主的山东东南沿海及胶东半岛,而以粉砂淤泥质海岸为主的山东西北部沿海地区湾船点较少,说明早期湾船点选址受自然条件影响很大。

综上所述,明代洪武、永乐时期,海运环境比较宽松,航海、造船技术已臻巅峰,省时便捷的远洋航线备受欢迎,也出现了郑和七下西洋的壮举。永乐后,明政府厉行海禁,在一定程度上造成了海运技术的退步,至隆庆、万历年间,因京杭运河淤塞导致漕粮无法足量北运而不得不实行海运时,明朝政府面对“万里波涛”已经束手无策,反而连相对安全的近岸航行也需要向民间“土人、岛人、各处商人”咨询后才能成行,自闭帝国垂暮之态由此可见一斑。

二、文献中关于清代山东沿海海道和港口的记载

清代(1840年前,下同)关于山东沿海海道和港口记载的文献较多,主要包括地方志和文人著作等,尤其比较突出的是民间针路图或更路簿的较多出现,为我们考证海道和港口位置提供了新的佐证。前者涉及的文献主要有《山东海疆图记》,雍正《山东通志》,康熙、乾隆《莱州府志》,道光《重修蓬莱县志》,同治《即墨县志》和《两河清汇》等,后者比较有代表性的是章巽1956年自来青阁书庄检

出的古航海图旧抄本，包含了14幅关于山东半岛沿海的航海图①（以下称“章巽航海图”）。其中尤以前两种文献较为重要。

（一）《山东通志》、民间航海图和山东近海海道

王涛对这一时期关于山东沿海海道的文献记载进行了考证，认为清康熙十五年薛凤祚编纂的《两河清汇》中的海道记载是在《海运新考》基础上进行了简化；康熙《莱州府志》中的海程部分，主体源于《两河清汇》，而各航程“中间所过水面”之后对各岛口的描述，则是康熙年间的情况；雍正《山东通志·海疆志》采用了康熙《莱州府志》中关于海道的记载，并被乾隆后的各方志大量摘抄②。由此可见雍正《山东通志·海疆志》对清代海道情况记载的权威性。

《山东通志·海疆志》“南海道”部分记载了山东沿海海道十程，主要泊船口岸33处，自莺游门（属淮安府）起，自南而北包含了山东境内的斋堂岛、福岛、田横岛、延真岛、刘公岛、之罘岛（即芝罘岛，下同）、沙门岛、三山岛、大清河口和大沽河口10处主要航程起止港口；“北海道”（即“黄中海程”）部分则在“南海道”十程海道的基础上对中间所过泊口及主要礁石、岛屿等做了细化。章巽航海图则从行船者的角度记述了山东近海海道。章巽考证该航海图成书时间下限当在雍正十二年（1734）；周运中根据海图中海州云台山（在今连云港市）连陆，推断此图成书上限为康熙五十年（1711），同时，根据图上对北方地名不熟且多用澳、仔二字及对福建地理十分熟悉的情况，作者推断该航海图出自福建船民之手③。章巽航海图以行船者角度记载了之罘岛湾泊，出入刘公岛、养鱼池经成山头至海驴岛、里岛湾至桑沟湾，出入马头嘴、石岛湾至苏门岛，出入乳山河海口，出入胶州湾，出入灵山岛、劳山（即崂山，下同）及以东的行船路线，取指针角度，观岛、山形势定位和应躲避暗礁等信息，从另一方面验证了《山东通志》对山东沿海近海海道的记载。

以上记载的清代近海海道是往来船舶途经或抵达山东的主要航道，实际航行中还需要考虑到风向、潮流等因素，所以航行中会有微调。正如《山东通志·海疆志》“南海道”部分记载：“以上十程，乃山东省沿海自南而北之津程也，巡船、商船大约由此。然海洋不同内地，乘潮、驶风远近所经，讵可拘泥？”

（二）《山东通志》和山东沿海港口

雍正《山东通志·海疆志》中对海道的记载极为权威，尤其“北海道”（此海道以下称“黄中海程”）中对沿途港口的记载十分值得重视。雍正《山东通志·海疆志》记载：“近得闽人黄中官文登令时，于邑中长年三老询悉自北而南海道，按程笔记其洋面里数，并回避险处，互有异同，较《莱志》（《莱州府志》）更为详密。”本着第一调查者提供资料更为可信的原则，笔者以《山东通志》记载的“黄中海程”为基本框架，同时参考《山东通志》中“南海道”“防汛”等部分的记载，将这一时期山东沿海航道主要口岸和泊口辑录如表1（附后）。

---

① 章巽：《古航海图考释》，海洋出版社1980年版，第20～47页。

② 王涛：《舟子与国家——明清文献中的山东海道》，《海交史研究》2011年第2期。

③ 周运中：《章巽藏清代航海图的地名及成书考》，《海交史研究》2008年第1期。

通过表1(右栏)之统计,《山东通志·海疆志》共记载港口80处,其中可泊船一百只以上的有18处,自南而北分别为:龙潭、斋堂岛、董家湾、劳山岛口、田横岛、阔落湾、乳山口(琵琶口)、养鱼池口、黄埠嘴、刘公岛、威海卫东门口教场头坞口、龙王庙、崆峒岛、之罘岛、八角海口、小石岛、牡蛎嘴和大沽河口。可泊船五十至一百只的有11处,自南而北分别为:福岛(徐福岛)、草岛嘴、延真岛、骆驼圈、柳夼海口、夹岛、刘家汪口、桑岛、绛河口、套儿河和大沟河口。可泊船五十只以下的有30处,主要有三山岛、芙蓉岛、小清河口、大沙河口等。笼统标明泊船数十艘的有5处,分别为黄岛、辉村岛、青岛、马头嘴和沙门岛。另有16处未说明泊船数量,如滴水口、海驴岛、青矶岛、虎头崖、唐渡河(弥河口)等。

(三)《山东海疆图记》和山东沿海海口、税口

《山东海疆图记》有两种版本,即藏于南京大学图书馆的清代胡德琳、王尚珏辑《山东海疆图记·五卷首一卷》和藏于中国国家图书馆的《山东海疆图记·九卷》清抄本。赵成凯考证前者成书于清乾隆四十六年至乾隆末年(1781—1795),后者为乾隆后无名氏补录[①]。本文材料主要引用后者。

《山东海疆图记》除了摘抄雍正《山东通志》中有关南线海道和“黄中海程”的记载,还摘抄和引用了其他典籍中有关海口、航线等的记载,并作了细致考证,对我们了解清代山东海道和港口具有重要借鉴意义。《山东海疆图记·水口志》记载了山东沿海有98处海口,如海丰县之大沽口、沙土河口,沾化县东北之大洋堡口(绛河口),利津县之牡蛎嘴(大清河口)等,其中“现为商船出入稽查、税务之口”有38处[②],分别为:海丰之大姑河口(即大沽河口),利津之牡蛎口,掖县之海庙口、小石岛口、三山口,黄县之龙口、黄河营口,蓬莱之天桥口,福山县之八角口、之罘口,宁海州之清泉口、养马口、戏山口、金山口,文登县之双岛口、威海口、长峰口、马头嘴口、朱家圈口、龙王庙口、望海口、张家埠口、长会口、五垒岛口,荣成县[③]之石岛口、里岛口、养鱼池口,海阳县之桃林口、乳山口,莱阳县之蠡岛口,即墨县之金家口、女姑口,胶州之塔埠口,诸城县之宋家口、董家口,日照县之龙汪口、夹仓口、岚山口。

海口是连接大洋与内陆的渠道,船只若由大洋登陆,必须要通过海口,“夫大洋之与内地相距甚远,大洋之旁谓之海口,九洋船欲入内地,皆由此入港,炮台即于是乎建立焉。此处去村庄居民,多则百余里,少亦不下数十里。海口以内大者谓之内洋,小者俗名海套,不知者一望无涯,即以为海也。海口小而海船大者则不能径进,必用脚船而后能入,此又海船入港之情形也”[④]。但并不是所有的海口均可泊船,或淤塞严重,或徒有其名无法泊船,“臣世倌遍历青州府属之乐安、诸城、日照三县,安东一卫,计海口九处……滨州属之利津、沾化二县计海口三处。以上共海口七十四处,内有商船停泊及

---

① 赵成凯:《〈山东海疆图记〉研究》,中国海洋大学2015年硕士学位论文。

② 原书记载“凡四十所”,但可能因为摘抄失误,仅从中辑录出38处。

③ 道光《荣成县志·沿革》:“雍正十二年,河东总督王士俊疏,请将成山卫裁汰,改设一县,东以成山头海边为界,西以文登县桥头集为界,南自靖海卫之宁津所海边起,至西南文登县属之柳树村为界。”

④ 《河东总督田文镜奏查明沿海汛兵捏报白色商船为贼船情由折》,见中国第一历史档案馆编《雍正朝汉文朱批奏折汇编》第13册,江苏古籍出版社1989年版,第773页。

鱼筏出入,现在抽税者计二十六处,其余各口大率潮至则水涌,潮退即成平陆,且有沿边弯曲之处亦名海口,而并无船筏出入”①。这些都对我们准确统计港口数量造成了干扰。但综合来看,与雍正《山东通志·海疆志》中记载的80处港口比较,考之《山东海疆图记》中记载的海口、税口,后者基本涵盖了前者记载的80处港口,再扣除海口中淤塞和徒有其名而无法泊船的,清代山东的港口(泊船点)应存90余处。

三、明清山东沿海海道和港口的初步比较和研究

(一)明清山东海道

明清两代(清代特指1840年以前)虽厉行海禁政策,但随着对外局势缓和、国家漕运等需要,也时时放宽通海条件。由此导致的官方海洋运输、民间海洋贸易等活动迅速兴盛,也形成了远洋、近岸两大海道体系。仅就山东而言,明清两代近岸航行应是主流,远洋航线虽然存在,但应处于辅助地位。因本文讨论重点集中于港口部分,试论航线也为港口考证服务,因而对远洋航线涉猎较少,不做重点论述。

(二)明清港口、泊口和海口数量

通过表1中的统计及《山东海疆图记》中的记载可知,明代“可湾船点”应不少于97处,清代港口、海口和税口合计90余处,但以上港口为山东主要港口,“其仅可为渔筏往来者,水口既小,礁沙填塞,或偶遇水涨间可停泊及可避风者,不能一一详考备记”②。

(三)明清港口比较及文献考证

通过表1中的统计,纵向对比明清时期港口可以发现,大部分港口在明清两代都在使用,但也出现了以下几个问题:

1. 湾船地点变动。部分湾船点出现了变化,有新增海口,也有淤没海口。如清代港口中新出现了“可容船二百余只”的阔落湾、“可容船二三十只”的李丛嘴、“可容船六七十只”的夹岛、“可容船四五十只”的宋港等。淤没海口,如明代海仓口“可以湾船,西至鱼儿铺巡检司一十里,至淮河三十里,可湾船各二十余只”,清代胶莱河口(海仓口)“与淮河口相通,乃海运故道,今水浅不堪泊船”。

2. 同一港口湾船数量出现变动。如明代王九经认为空空岛(崆峒岛)“不可湾船”,清代则记载该岛“岛内宽阔,可容数百艘”;明代刘家汪口“可湾船六七十只”,清代该口“可泊五十余艘”;明代桑岛“岛前怀可湾船百五十只”,清代该岛“可泊五六十余艘”;明代芙蓉岛“可湾船百十余只”,清代该岛“可泊十余艘”。

3. 文献记载出现错误。其一,同一文献记载自相矛盾,如雍正《山东通志·海疆志》“防汛”部分

---

① 《山东巡抚陈世倌等奏遵旨议覆兵船宜扼要巡防等海疆事宜四条折》,见中国第一历史档案馆编《雍正朝汉文朱批奏折汇编》第7册,江苏古籍出版社1989年版,第824页。

② 〔清〕阙名撰:《山东海疆图记》卷一,见《北京图书馆古籍珍本丛刊》第22册,书目文献出版社1996年版,第129页。

记载“峬屺岛，东、西、北三面皆礁石，难以驻泊，闲地也”，而“北海道”篇记载该岛“上有居民十二户，地四顷余，可泊十余艘，避正北、东北、西北风。每春夏间……渔船毕集，亦捕鱼之所”。其二，文献记载完全错误，如雍正《山东通志·海疆志》“防汛”部分的记载：“董家湾，在斋堂岛西北，可泊船三百只。”但考之乾隆《诸城县志·山川考》“海运泊船之处曰斋堂岛，岛在琅邪台东南十里……岛可容船百余只，如船多，则散泊于龙湾口，可容船三十只，龙潭可容船百余只也”①可见，斋堂岛西北最大的泊船点应为龙潭。《崂山县志·水产·渔港码头》记载：“董家湾口，位于沙子口村东，河沟式，沙底，浅滩，低潮船搁浅，避风条件好……明、清以来有船只来往。民国初年设海关分卡……”可见，董家湾应位于福岛西北（今青岛市崂山区沙子口村附近）。

另外，明清两代港口合计近二百处，虽大部分港口名字基本没有变化，但是也有相当部分完全不一致，有可能是摘抄时笔误，如“柳夼海口”在《西园闻见录》中写作“抑奔海口”，也有可能是完全不同的港口，但对其进行一一辨别十分耗时耗力，限于篇幅，本文暂不作细致考证。

四、结语

2018 年 9 月、2019 年 3 月至 4 月，笔者分别参加了日照、文登和乳山沿海地区的水下文化遗产调查工作，虽然当时的调查重点是古代沉船，但我们也实地调查了部分港口、码头遗址，并收集了相关信息。从文献记载和当地渔民提供的线索来看，明清时期，山东沿海近海运输船舶仍以沙船（平底船）为主，这与北方近海海域多沙有关；远洋航线中的船舶则以尖底的闽广船为主。“其运船以闽、广赶缯为主，赶缯尖底之船，由崇明三沙放洋，东行尽山花岛，在五沙头直放黑水大洋，取成山转西，经刘公岛、登州沙门岛、莱州大洋，入界河，以至天津，顺风不过八九日。若用江南沙船，则由崇明溯淮、胶，皆在内洋行走。内洋多沙洲浅角，惟平底沙船可行。沙船所载甚多，但用布帆，止可顺风驾驶，若迎风逆涛，则寸步不能以进。倘一年间运一次，亦可用也。”②停船时，沙船直接在港湾下锚，有时甚至可以直接冲滩。沙船的这一特性导致山东沿海很多港口可能没有修建专业的码头设施和泊位，而是纯粹利用天然沙港避风，这一点在海港实地调查时应十分注意。同时，因近年来沿海地区大规模开发、填海造陆、水产养殖等生产活动，对这一时期的港口造成较大破坏，以“海上丝绸之路”申遗为契机的海港遗址研究和保护工作亟待开展。

以上只是笔者对明清时期山东沿海海道和港口进行的相对基础性的研究，文章中有很多没有解决的问题，也有很多不足之处和失误，如明清两代部分港口名称变化较大，部分港口泊船数量亦有出入，部分文献记载还出现了错误。由于文章篇幅所限未对其进行一一考证，希望能在以后的研究中进一步加以补充、完善，文中谬误也望方家不吝赐教。

---

① 〔清〕宫懋让等修，李文藻等纂：《诸城县志》，乾隆二十九年刊本，成文出版社 1976 年版，第 250 ~ 251 页。

② 〔清〕蓝鼎元：《漕粮兼资海运疏》，见〔清〕贺长龄辑，魏源编次《皇朝经世文编·户政二十三·漕运下》，《魏源全集》第 15 册，岳麓书社 2004 年版，第 591 页。

表1　文献中记载的明清山东海运航道及港口（泊口）

<table>
<tr><th colspan="3">明《西园闻见录》①《海运新考》②</th><th colspan="3">清雍正《山东通志·海疆志》</th></tr>
<tr><th>航道地标物或湾船点</th><th>泊船位置及数量</th><th>所属州县（卫所）</th><th>航道地标物或湾船点</th><th>泊船位置及数量</th><th>所属州县（卫所）</th></tr>
<tr><td rowspan="6">滴水口③、安东卫拦头山④、涛洛口、夹仓口、石臼所、夏河所、湖水口、龙汪口、青泥口</td><td rowspan="6"></td><td rowspan="6"></td><td>滴水口</td><td>为西南经过之背路</td><td rowspan="5">日照县</td></tr>
<tr><td>涛雒口</td><td>可容船十余只</td></tr>
<tr><td>夹仓口</td><td>可容船二十只，回避望海石</td></tr>
<tr><td>石臼口</td><td>可容船六七只，回避桃花栏</td></tr>
<tr><td>龙王口</td><td>可容船三十只，回避黄石栏</td></tr>
<tr><td>龙潭</td><td>可容船百余只</td><td>诸城县</td></tr>
<tr><td>信阳场</td><td>场东土民董敬门前可湾船二三百只</td><td>诸城县</td><td>沐官岛</td><td>可容船十只</td><td>诸城县</td></tr>
<tr><td>斋堂岛</td><td>岛后琵琶嘴，可湾船二三百只</td><td>诸城县</td><td>斋堂岛⑤</td><td>东、南两岸皆相连，悬处海中，周围二十余里，上无居民、田地。对面老岸多礁石，正北有瑯琊山，上有庙宇，下有居民。岛下水深一丈五尺，细泥底，可容数十艘⑥，避西北、正北、东北、东南风</td><td>诸城县</td></tr>
<tr><td>古镇巡检司</td><td>镇西海王门前龙王溜处可湾船五百余只</td><td></td><td>大珠山、古镇口</td><td>古镇口，在大珠山前，海道迤西，其北岸多礁石，船不敢近，或有商船重载，必停船洋中，用小船拨运。一遇东南风起，则拔锚他徙，顷刻难停。设有巡检司，弓兵可以哨守</td><td>胶州</td></tr>
<tr><td>灵山岛</td><td>本岛或灵山卫前，可湾船二百余只</td><td>胶州</td><td>灵山岛</td><td>西南城子口可泊小船十余只，回避东北、正北、正东风；鼓楼圈在灵山岛东北，可容船十余只，回避正北、西北风，可暂驻泊……柴葫荡在灵山岛对岸……险窄港汊曲回，海滨居民用二三百石之小船拨载以入，稍重则浅矣，且待东南风始入，西北风始出，若长行之船断不敢入</td><td>胶州</td></tr>
</table>

① 〔明〕张萱：《西园闻见录·海运后》，杭州古旧书店1983年版。

② 〔明〕梁梦龙：《海运新考·海道里数》，见《四库全书存目丛书·史部二七四》，齐鲁书社1996年版，第348～352页。

③ 即荻水口，明代属赣榆县，现属日照市岚山区。

④ 今日照市岚山头。

⑤ 雍正《山东通志·海疆志》“南海道”部分记载“岛西面有泥滩三里，可容船百余只。如船多，岛东北三十里有龙湾口，可泊船二百余只”，见《景印文渊阁四库全书》第540册，台湾商务印书馆1986年版，第375页。

⑥ 雍正《山东通志·海疆志》“防汛”部分记载“中方圆二十里，可容船六七十只”，见《景印文渊阁四库全书》第540册，台湾商务印书馆1986年版，第372页。

（续表）

明《西园闻见录》《海运新考》			清雍正《山东通志·海疆志》		
航道地标物或湾船点	泊船位置及数量	所属州县（卫所）	航道地标物或湾船点	泊船位置及数量	所属州县（卫所）
			唐岛	周围四五里，上无居民，悬处海中。中有露明石一条如带，与旱地相通，潮涨则没，潮退则露，徒步可行，隔山即旧灵山卫。岛居正南，旁有两口，俱西南向。其西边海口狭小，水深一丈五尺，泥底，可容二十余艘，避飓风；东边海口宽阔，亦可泊船避飓风，但多礁石，海船以进口为艰，凡往来者多在西口停泊。自东南而北以至正西，皆高山环抱，有地及居民。正南海中有水灵山，东北远望犹见劳山	胶州
竹槎岛	此岛或薛家岛前，可湾船二三百只	胶州	小珠山、薛家岛、田岛		胶州
黄岛	商船每在此湾守风，可湾船百十只	胶州	黄岛	黄岛……悬处海中，周围二十余里，有居民田地，东通淮子口大洋，西北九十里达胶州及胶莱河，东南有小珠山回抱，对面一带沙坡，东北望见劳山岛，岛下水深六丈，沙底，可容数十艘，避东风、南风，洋船、沙船到胶州贸易者，由此经过，乃咽喉之要地也	胶州
淮子口	最为险要，内多隐石，潮涨不见，须是转南行船，胶、淮商贩一向往来甚众	胶州	淮子口	在陈家岛之东头、黄庵山下，有露明石、大仙桥、小仙桥之险，商船多坏于此，非长年水手不敢轻入，从大洋至胶州更无别路可通	胶州
阴岛	船由岛前行，潮退有旱路，内为民居	胶州	辉村岛、青岛	可容数十艘，避东北、西北、正北风，洋船不得进淮子口者，多于二处停泊	胶州
麻湾西口	可湾船	胶州	董家湾①	距登窑口十里，亦海滨市镇，可容船偶泊，回避捉马嘴	即墨县
福岛（浮岛）	可湾船	即墨县	福岛②（徐福岛）	是岛背东面西，悬处海中，周围二十余里，有地七十余亩，皆傍山下。登窑口之民渡水来耕，收获即返，上无居民	即墨县
淮口港	遇大潮可湾船四五十只	鳌山卫	劳山岛口	水深一丈五尺，黑泥底，可容二百余艘，洋船多在此停泊，可避飓风	即墨县

① 位于青岛市崂山区沙子口镇，清代以前，登瀛湾与沙子口湾统称董家湾。

② 雍正《山东通志·海疆志》“南海道”部分记载“此岛周围二十里，西南有泥滩二里半，可容船六十只。如船多，岛西五十里有董家湾，阔大可容船三百余只”，见《景印文渊阁四库全书》第540册，台湾商务印书馆1986年版，第376页。

（续表）

明《西园闻见录》《海运新考》		
航道地标物或湾船点	泊船位置及数量	所属州县（卫所）
董家湾	每三四月捕鱼时，百筏从集湾前，有石硇，须近里二里路开船	即墨县
大管岛	岛里外俱可行船	即墨县
小管岛	如船奔程不及，此岛可湾	即墨县
田横岛	岛后东圈、西圈俱可湾船	即墨县
拓岛②	春天船由外行，秋天船由里行	
沙岛	可湾船百十余只	大山所
马公岛	岛前、岛东并何家马头俱可湾船六七十只	莱阳县
草头嘴	可湾船六十只	宁海州
青岛	乳山寨西南小海，最可湾船，带麦岛海口、杨家盘海口、擒虎山海口，俱可湾船不多	
黄岛	岛西、所前最好湾船	宁海州
海洋所白沙海口	可湾船不多	
宫家岛（琵琶岛）	岛西北空里，最可湾船	宁海州
长湾圈	古湾船处	文登县
龙门口	可湾船	文登县
拘角口	靖海卫正东、苏心岛西北，与苏州南北相对，故名苏心岛，上有海神庙，此口最可湾船	文登县
槎山	有九顶，南瞰大海，可以远瞭船只，为水程标记	文登县

清雍正《山东通志·海疆志》		
航道地标物或湾船点	泊船位置及数量	所属州县（卫所）
车公岛		即墨县
车门岛		即墨县
管岛	小管岛可容船二十只，大管岛可容船十余只	即墨县
横岛①（田横岛）	悬处海中，长十里，广里许，上有地，居民十余户。岛之东北皆沙滩，西南有礁石，隔水西南有坡头山，西有小岛，皆悬处海中，相映对峙。岛下水深二丈，沙泥底，可容百余艘，避东北风	即墨县
阔落湾	可容船二百余只	即墨县
杨家沟	可容船三十只	
草岛嘴	可容船五六十只	
乳山口（琵琶口）	可容百余艘，避飓风	宁海州
小青岛	可容七八艘，避南风	宁海州
塔岛	可容十余艘，避飓风	宁海州
小竹岛	可容十余艘，避西南风	宁海州
黄岛	可容十余艘，惟西风不宜湾泊	宁海州
宫家岛	可容三十余艘，避飓风	宁海州
靖海卫城	临于海边，在岸之东南城内有巡检司驻扎。自南而北一带平冈，正南有铁槎山，嵯峨高耸，正西隔海远望见五垒岛。自西南以至西北皆汪洋大海，水深一丈，烂泥底，近岸浅处皆铁板沙底，海口甚宽，但旁多礁石，仅可泊五六艘，避东南、正北、东北风	文登县

① 雍正《山东通志·海疆志》“南海道”部分记载“此岛周围三十里，可容船二百余只。如船多，岛东七十里有阔落湾，可容船二百余只”，见《景印文渊阁四库全书》第540册，第376页。

② 《海运新考》作“柘岛”，见《四库全书存目丛书·史部二七四》，齐鲁书社1996年版，第351页。

（续表）

明《西园闻见录》《海运新考》		
航道地标物或湾船点	泊船位置及数量	所属州县（卫所）
宋家圈（沙岛，俗呼抑埠海口）	可以湾船	靖海卫
苏山海口	可湾船百十余只	
何头嘴（延真岛）		文登县
石岛	船由岛南行	文登县赤山寨
别付崖	可湾船	文登县赤山寨
木家岛（镆铘岛）	南怀好湾船	
黑石岛（辽呼虾儿驼）	船由里外俱好行	
杨家茔（杵岛、乾岛）	由里洋数里开船无妨	
绿豆岛	遇南风可湾船	
家鸡汪海口	可湾船四十余只	成山卫
窝岛海口	可湾船百十余只	
骆驼石	水急好湾船	
竹岛	或阻风，进马山北小海口，可湾船守风	
送波嘴、春山嘴，一名黄石崖	或阻风，在黄埠嘴可避，亦可湾船百余只	

清雍正《山东通志·海疆志》		
航道地标物或湾船点	泊船位置及数量	所属州县（卫所）
苏门岛	可容四十余艘，避大南风	文登县
马头嘴	陆路三十余里至旧靖海卫海口，西南有马头山、荣光山，西有铁槎山，西北一带平沙，北及东北有齐山、延真岛环绕，东南临大海，岸上有地、村落，居民二十余户。口外水深三丈余，东北海中有三礁石，宜避。口内水深一丈五尺，俱铁板沙，可容数十艘，避大风，惟东南风浪巨，不便湾泊	文登县
延真岛[1]	可泊船六七十只	荣成县
镆铘岛	西头季家圈，可容船二三十只，避东北、东南风	荣成县
鹿岛	可容船一二十只	荣成县
养鱼池口	可容二百余艘，避东风	荣成县
黄埠嘴	可容船二百余只，避东风、东北风	荣成县
龙口崖	陆路一十里达于城崖口，自西南至南皆临大海，崖之东南有武梁山，东北有仓山，西北有夫人山、成山，西有炮台。岸旁一带平沙，岸上村落二处，居民二十余户，岸下水深二丈，黑泥底，可容二十余艘。洋船过成山北亦可停泊，避东南、正北、正西风	荣成县

① 雍正《山东通志·海疆志》“南海道”部分记载“此岛东西长五十里，遇北风泊南面，遇东风泊北面，可容船百余只。东北岸下有三孤石，又旁多隐石，皆宜回避”，见《景印文渊阁四库全书》第540册，台湾商务印书馆1986年版，第376页。

（续表）

明《西园闻见录》《海运新考》			清雍正《山东通志·海疆志》		
航道地标物或湾船点	泊船位置及数量	所属州县（卫所）	航道地标物或湾船点	泊船位置及数量	所属州县（卫所）
成山卫海口	可湾船百余只		骆驼圈	可容七八十艘，避飓风	荣成县
			李丛嘴	可容船二三十只	荣成县
抑奔海口①	可湾船百余只		柳夼海口	可容船五六十只	荣成县
白峰头、仙人桥			海驴岛	岛北有浅沙，宜避	荣成县
海驴岛					
鸡鸣岛（青吉岛）	此岛行船、湾船俱可，遇东风即行回避，或回成山，或前山刘公岛		青矶岛	此岛及对面沙岸名朝阳石	荣成县
大沟海口	口南边有暗石、沙港，不可湾船	文登县	刘公岛	悬处海中，东南长十里，广六里，东北有二海口，南口水面宽阔，舟楫俱可往来。隔水两旁皆有高山环映，正东临大海，有礁石出海里许，正西隔水乃属宁海州之威海卫城，有巡检司驻扎。岛上有新垦地叁顷，计居民三十八户。岛下水深四丈，黑泥底，可容百余艘，避正北、东北风	文登县
辛汪寨	迤北有陈家崖，可湾船	文登县			
黑山洋	不可湾船				
刘公岛	遇南风，在卫东北张家海口可湾……或遇西风、西北风、正北风，燥起速回刘公岛避之	文登县			
威海卫东关外海套	可湾船二百余只		威海卫东②	诸山环抱，水面宽阔，深二丈，可容百余艘，避飓风。洋船往直沽、辽东者，过成山头，必于此停泊，然后开船，乃要津也	文登县
宁海卫东柄海口	可湾船不多		咬牙嘴	此处众流迸集，水势湍急，岸旁有杵岛，水道稍险	
养马岛	可湾船，不得已在花合港亦可		养马岛	悬处海中，北临大海，远望西北海上，犹见崆峒岛，正南隔水望见高山，名岿山，山下海岸乃宁海州城，有营守备驻扎。其东南有昆仑山，正东有一带暗沙，潮落方露，中有一道可通舟楫，但水浅人不常行，舟从而入宁海州。上有村落数处，共七十余户，地贰拾余顷。港内水深丈余，黑泥底，可容三四十艘，避西北风	宁海州
龙门港口	古湾船处		龙王庙	前可容船二三百只，避西北、东北、正北风	

① 《海运新考》作“柳夼海口”，见《四库全书存目丛书·史部二七四》，齐鲁书社 1996 年版，第 351 页。

② 雍正《山东通志·海疆志》“防汛”部分记载“威海卫东门口教场头坞口，可泊船四百余只”，见《景印文渊阁四库全书》第 540 册，台湾商务印书馆 1986 年版，第 374 页。

（续表）

明《西园闻见录》《海运新考》			清雍正《山东通志·海疆志》		
航道地标物或湾船点	泊船位置及数量	所属州县（卫所）	航道地标物或湾船点	泊船位置及数量	所属州县（卫所）
金山所、双山等海口	可湾船三十余只	宁海卫	崆峒岛①	岛内宽阔，可容数百艘，洋船往来庙岛者多在此湾泊，可避飓风	宁海州
空空岛	不可湾船		夹岛	可容船六七十只	宁海州
芝罘岛（兹岛）	最好湾船		之罘岛③	岛北海滨诸山蜿蜒二十余里，丹崖、百尺郁峙海中，陆路西十里可通福山县，周围四十余里。岛上有龙王庙，居民六十九户，地叁顷贰拾余亩。对面正南有群山拱映，西有长沙环抱，稍远即九妹山、磁山，岛口向东水深二丈余，黑泥底，有巨石当流立于港口两旁，舟楫皆可往来，口外水深七丈，黑泥底	福山县
大河海口	不得已可湾船五六十只				
奇山所前圈海口	可湾船不多				
奇山所后圈海口	可湾船不多				
胜子圈海口	可湾船不多				
滩石口②	可湾船五六十只				
婆婆海口、宅窠海口	俱可湾船五六十只		八角海口	去县城陆路四十五里，海口负北，面南一带平沙，东边有礁石出水，离岸数十丈。由西北而西以至东南，有群山环抱。岸上有三官庙，村中居民百余家。岸下水深一丈，细沙底，可容百余艘，洋船亦可进泊避风	福山县
八角海口（八家海口）	古湾船处，可湾船百余只④	福山县			
			龙门港	其山峻削玲珑，巨石底，水深数丈	
刘家汪口	可湾船六七十只	蓬莱县	刘家汪口	岸长，自北而西以亘东南，其正东临大海，岸北浮出礁石数处，东南有朱高山环抱。岸上二村，居民百余家，田地甚多。岸旁水深一丈，下皆沙泥，可泊五十余艘，避正南、西南、正西、西北大风	蓬莱县
湾子海口	可湾船不多		湾子口	水深四丈，回避湾子口东北沙港	
抹直口	近岸有金嘴石礁，可避		抹直口	又西二十里，回避抹直口金嘴樵石	蓬莱县
登州新海口	备倭都司城，进可湾船百十只		登州府天桥口⑤	三面环海，依山建城，正北有蓬莱阁，旁有避风亭，东即天桥口，海船可以出入	

① 雍正《山东通志·海疆志》“防汛”部分记载“崆峒岛前可容船二三十只，回避东南沙港”，见《景印文渊阁四库全书》第540册，台湾商务印书馆1986年版，第375页。

② 《海运新考》作“滩名口”，见《四库全书存目丛书·史部二七四》，齐鲁书社1996年版，第352页。

③ 雍正《山东通志·海疆志》“防汛”部分记载“之罘岛，自刘公岛至此二百余里，东南汪周围二三里可容船一百余只”，见《景印文渊阁四库全书》第540册，台湾商务印书馆1986年版，第375页。

④ 《海运新考》作“古湾船处，可湾百十余只”，见《四库全书存目丛书·史部二七四》，齐鲁书社1996年版，第352页。

⑤ 雍正《山东通志·海疆志》“防汛”部分记载“新河海口，可容船五六十只”，见《景印文渊阁四库全书》第540册，台湾商务印书馆1986年版，第375页。

（续表）

明《西园闻见录》《海运新考》			清雍正《山东通志·海疆志》		
航道地标物或湾船点	泊船位置及数量	所属州县（卫所）	航道地标物或湾船点	泊船位置及数量	所属州县（卫所）
长山岛、沙门岛	海运故道，最要处，见有井，可汲，旧有察监、行台二巡检司，有海神庙，正德以前，有司春秋两祭	蓬莱县	庙岛（沙门岛）	南连南峰山，北接凤皇山，中央平坦处城址犹存。长山岛环其东，长沙之外远见大、小竺二山在焉，大、小黑山绕其西，东南望见登州府。岛间水深丈余，可泊数十艘，避北风。上有田地五顷六十亩及神妃显应宫，居民十余家。洋船往来于直沽者，必于此湾泊，盖海道咽喉之地也	蓬莱县
栾家海口	可湾船十数只，遇北风不敢久停				
黄河宫①	有东小海套，可湾船二三十只	登州卫			
桑岛（桑鸡岛）	岛前怀可湾船百五十只，东至新海口六十里，离岸马停寨十五里，有井可汲		桑岛	周围十余里一带平沙，上有龙王庙，居民五十一户，田地九顷零。东有礁石，离岸数丈，突出水面，下有暗礁，宜避。隔水正南有黄县老岸。岛旁水深八尺余，下皆碎石，可泊五六十余艘，避正南、正北大风	黄县
马亭镇巡检司	迤西地名大龙口一带，浅滩，不堪湾船	黄县			
界河	《海道经》云开放莱州大洋收进界河，即此，在黄河西六十里，今沙浅不堪湾船				
崆峒岛	南怀可湾船五十只，避北风……东西南北俱有礁石，宜避，内有龙王庙。此岛有路约一里宽，南通陆岸	黄县	崆峒岛②	上有居民十二户，地四顷余，可泊十余艘，避正北、东北、西北风。每春夏间……渔船毕集，亦捕鱼之所	黄县
			宋港	可容船四五十只	
三山岛	南北二面俱可湾船五十余只，西南有礁石，有龙王庙	莱州	三山岛③	可避东北风，泊二十余艘。每春夏间……渔船毕集，亦捕鱼之所	掖县
			小石岛	可泊一百余艘，避飓风	掖县
蜉蝣岛（芙蓉岛）	此岛东有沙巷一条，半截没水，半截显露，开船里行无碍，西至海仓巡检司一百里。此岛可湾船百十余只	莱州	芙蓉岛	循环数里，怪石巉岩，突出海中……岛上建小海神庙，无村落，岛下水深数尺，底皆细沙，可泊十余艘，避西北、正北大风	掖县
莱州海神庙后海口	滩浅，可湾船十数只	莱州			

① 《海运新考》作"黄河营"，见《四库全书存目丛书·史部二七四》，齐鲁书社1996年版，第352页。

② 雍正《山东通志·海疆志》"防汛"部分记载"崆峒岛，东、西、北三面皆礁石，难以驻泊，闲地也"，见《景印文渊阁四库全书》第540册，台湾商务印书馆1986年版，第375页。

③ 雍正《山东通志·海疆志》"防汛"部分记载"三山岛，在莱州府东北六十里三山下，自长山岛至此二百余里，岛下可容船五百余只，西抵天津，东收旅顺，一水平洋，北海之要地也"，见《景印文渊阁四库全书》第540册，台湾商务印书馆1986年版，第375页。

（续表）

明《西园闻见录》《海运新考》			清雍正《山东通志·海疆志》		
航道地标物或湾船点	泊船位置及数量	所属州县（卫所）	航道地标物或湾船点	泊船位置及数量	所属州县（卫所）
虎头崖	登州上船至虎头崖俱有岛屿湾泊处所，虎头崖至海仓口七十里，海仓口至唐头寨一百八十余里，唐头寨至天津卫七百余里，此路虽远，有湾船处所，堪以行运。又虎头崖开洋往西北至天津卫约五百余里，此路径便，但无湾船处所		虎头崖	每春夏间，天津各处渔船皆在此捕鱼，洋船千石者亦可湾泊	掖县
海仓口	西半里新河海口，可以湾船，西至鱼儿铺巡检司一十里，至淮河三十里，可湾船各二十余只①		胶莱河口（海仓口）	与淮河口相通，乃海运故道，今水浅不堪泊船	
潍河口	可湾船三十余只		淮河（潍水入海处，又名下营口②）	由媒河可通胶莱河，其经流则潍水也。向东北入海，内深外浅，有拦港沙。约行二十里，水深五六尺，值大雨，水发易淤，不时迁徙。河内可避飓风。倘不遇潮满，水浅难进岸，无居民。由河而上二十里，有南、北营二村，居民三四十家，为海船装载之所	昌邑县
洱河海口	可以湾船	青州	唐渡河（弥河口）	向东南入海，旁无居民，河口宽十余丈，潮满水深数尺，难避飓风	寿光县
小清河海口	可湾船		小清河口③（淄河门）	可泊三十余艘，避飓风	乐安县
大清河海口	可湾船		大清河	由河而上五十里为丁河，有居民数百家，地名丰国镇，上经利津、蒲台以达山东省城，乃济水入海之路。向东北达海，河口宽里许，潮退水深丈余，下皆黑泥，傍皆铁板沙，岸北名牡蛎嘴	利津县

① 《海运新考》作“可湾船各十余只”，见《四库全书存目丛书·史部二七四》，齐鲁书社1996年版，第352页。

② 雍正《山东通志·海疆志·胶莱海运程》，见《景印文渊阁四库全书》第540册，台湾商务印书馆1986年版，第399页。

③ 雍正《山东通志·海疆志》“南海道”部分记载“又西一百一十里至弥河口，又西四十余里至小清河口，俱外有沙港，不可入”，见《景印文渊阁四库全书》第540册，台湾商务印书馆1986年版，第378页。

（续表）

<table>
<tr><th colspan="3">明《西园闻见录》《海运新考》</th><th colspan="3">清雍正《山东通志·海疆志》</th></tr>
<tr><th>航道地标物或湾船点</th><th>泊船位置及数量</th><th>所属州县（卫所）</th><th>航道地标物或湾船点</th><th>泊船位置及数量</th><th>所属州县（卫所）</th></tr>
<tr><td>唐头寨</td><td>通商处所，山东人、辽东人、永平人、天津人二三四五月间贩运布匹、米豆、面块、鱼虾并临清货物，往来不绝</td><td>乐安县</td><td>牡蛎嘴</td><td>有小海神庙，无村落，东北十里外有拦港沙，洋船千石者亦可乘潮来往，容百余艘，避飓风，直沽海船多来贩粮，贸易之要地也</td><td>利津县</td></tr>
<tr><td>小沙河口</td><td>往里十五里可湾船三十余只</td><td></td><td rowspan="2">绛河口</td><td rowspan="2">可泊八十余艘，避正南、东南、西南风</td><td rowspan="2">沾化县</td></tr>
<tr><td>浑水汪口</td><td>可湾船三十余只</td><td></td></tr>
<tr><td>大沙河</td><td>西北、东南，俱可湾船</td><td></td><td>大沙河口①</td><td>可泊二十余艘，避东北、西北风</td><td>沾化县</td></tr>
<tr><td>套河</td><td>往里二十余里，可湾船三十余只</td><td></td><td>套儿河</td><td>河口宽里许，潮满水深三丈余，沙路黑泥，傍皆铁板沙，可容六十余艘，避飓风</td><td>沾化县</td></tr>
<tr><td rowspan="2">沙头河</td><td rowspan="2">湾船百十余只</td><td rowspan="2"></td><td>大沟河口②</td><td>可泊五十余艘，避飓风</td><td>海丰县</td></tr>
<tr><td><u>大沽河口</u></td><td><u>此口可容船二百余只</u></td><td>海丰县</td></tr>
</table>

说明：左侧加下划线标注的港口为《海运新考·海道口岸》记载而《西园闻见录》王九经奏报中未提及的；右侧加下划线标注的港口为雍正《山东通志·海疆志》“防汛”“南海道”部分的记载，其余为“北海道”（黄中海程）部分的记载。

① 雍正《山东通志·海疆志》“南海道”部分记载“可容船一百五十只”，见《景印文渊阁四库全书》第540册，台湾商务印书馆1986年版，第378页。

② 雍正《山东通志·海疆志》“南海道”部分记载“可容船一百余只”，见《景印文渊阁四库全书》第540册，台湾商务印书馆1986年版，第378页。

山东沿海出水瓷器来源及流通浅析

山东省水下考古研究中心　魏泽华　东营市垦利区博物馆　柴丽平

山东地处我国东部沿海，海岸线漫长，与辽东半岛、朝鲜半岛隔海相望，同时内水面积也十分广大。古代人民在生产生活和贸易运输过程中，在这些水域留下了众多的遗存。随着水下考古的兴起以及三次文物普查工作的进行，考古工作者对水下考古的认识提高，山东地区的出水器物被统计出来。这些器物涉及年代广、类型多、产地各异，是山东地区古代繁荣交流的见证。

本文试图通过分析山东地区出水瓷器的产地及流通状况，对比同时期涉水遗址出土器物，来阐释山东历代对外交流的情况，展现山东在古代中国对外交流中的风采。

一、唐宋时期

南北朝到唐宋时期是山东半岛对外交往的一个高潮。其间，频繁更迭的政权使海路成为南北移民和征伐的重要通路；而大一统国家时期，山东也是对外交往的重要窗口。《新唐书・地理志》载“登州海行入高丽、渤海道”，说明山东的登州港是唐代与日本、朝鲜地区官方交流的必经之路。此前，蓬莱小海发现了巨型木锚①，与之相似的巨型木锚目前仅见于泉州、宁波②，可见当时登州港的发达。到了宋代，因南北对峙，山东半岛南侧位于密州的板桥镇逐渐繁荣，板桥镇遗址内发现了大量淄博窑、定窑、磁州窑、钧窑、耀州窑、龙泉窑、景德镇窑、吉州窑等窑口的瓷器。这一时期，今垦利海北遗址所在地区则承担了山东半岛北面的航运港口重任，遗址内发现了大量的淄博窑、定窑、钧窑、耀州窑瓷器和景德镇的影青瓷③。另外，在海北遗址④、胶州板桥镇遗址⑤和今日照海域⑥还发现了形制基本一致的本地窑口白釉瓷碗（图一）。以上这些都让我们得以管窥唐宋时期山东沿海航运的情景。

---

①　现藏于蓬莱古船博物馆。

②　福建泉州木锚见郭雍：《泉州湾打捞到两具古代大船锚》，《文物》1986 年第 2 期。江苏金湖木锚见记者王孙：《探寻巨型古木锚之谜》，《中国船舶报》2005 年 8 月 26 日第 9 版。

③　王泽冰、柴丽平：《铁门关与海北遗址》，本书。

④　山东大学历史文化学院、山东大学文化遗产研究院、垦利区博物馆：《丝路之光：垦利海北遗址考古与文物精粹》，上海古籍出版社 2017 年版，第 81 页。

⑤　青岛市文物保护考古研究所编著：《胶州板桥镇遗址考古文物图集》，科学出版社 2014 年版，第 20 页。

⑥　白釉瓷碗：高 6.2 厘米，口径 22 厘米，足径8.4厘米，日照海域出水，现藏于日照博物馆，编号 008。

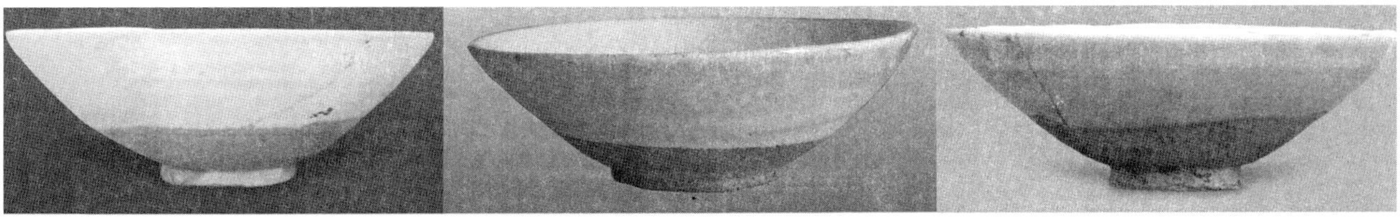
1　　2　　3

图一　白釉瓷碗

1. 海北遗址　2. 日照海域　3. 胶州板桥镇

二、元代时期

元代因疆域急剧扩大，国内的物资转运成为当时统治者极为关注的问题。《元史·食货志》载："运粮则自浙西涉江入淮，由黄河逆水至中滦旱站，陆运至淇门，入御河，以达于京。后又开济州泗河，自淮至新开河，由大清河至利津，河入海，因海口沙壅，又从东阿旱站运至临清，入御河。又开胶、莱河道通海。"①《元史》记载的运粮线路是元代比较方便的河海联运路线，而元代的海运线路，则是从长江口出发，或沿岸北上，或离岸直行，经盐城、成山、芝罘、沙门(庙岛)，从莱州湾海域入界河②。无论内水还是海运，在运输过程中，山东都是必经之地。但是，由于自然原因如河道方向不符、水量不足、半岛东端航线礁多涌急等，导致山东段的运河和海上航线需要不断调整和维护，包括"穿渠导洸汶泗水北流至须城安山入清济故渎，经东阿至利津河入海"③，开会通河，转旱道经东阿、茌平至临清，开胶莱新河等。虽然线路虽几经变动，但航线内船只始终来往不绝。

随着考古工作的推进，许多通过考古发掘和征集获得的文物，可以为我们展示山东参与这些繁忙的南北运输的情景。

蓬莱海域出水征集的磁州窑系褐彩盆④，与绥中三道岗沉船出水同类器物⑤及1978年茌平县肖庄王菜瓜村出土同类器⑥基本一致。蓬莱庙岛海域⑦及蓬莱小海⑧发现的黑釉罐，也与茌平同批发现

---

① 〔明〕宋濂：《元史》卷九十三，中华书局1976年版，第2364页。

② 〔明〕宋濂：《元史》卷九十三，中华书局1976年版，第2365页。

③ 〔清〕嵩山：《东昌府志(一)》，嘉庆十三年刻本，见《中国地方志集成·山东府县志辑》，凤凰出版社2004年版，第130页。

④ 白地酱花草叶纹盆：高22厘米，口径44厘米，底径24.5厘米，蓬莱海域出水，现藏于烟台市博物馆，编号R01193。白地黑花罐：高29.7厘米，口径18.6厘米，底径12.3厘米，征集，现藏于蓬莱古船博物馆，编号DB-99。

⑤ 张威主编：《绥中三道岗元代沉船》，科学出版社2001年版，第88、89、96页。标本LSW0040，盆，口径31.6厘米，底径17.4厘米，高16.4厘米，第89页。标本LSW0042，盆，口径32.8厘米，底径17.4厘米，高16厘米，第88页。标本LSW0001，罐，口径18.8厘米，高29厘米，底径11.2厘米，第96页。

⑥ 刘善沂、李盛奎、孙怀生：《山东茌平县发现一处元代窖藏》，《考古》1985年第9期。

⑦ 双系黑釉瓷罐：高16～16.5厘米，口径13.5厘米，足径9.5厘米，蓬莱海域出水，现藏于烟台市博物馆，编号R01070。

⑧ 黑釉罐：复原后高18.2厘米，口径14厘米，2005年古船发掘出土，现藏于蓬莱古船博物馆，编号DB-1871。

的黑釉罐①形制基本一致。不仅如此，在平同批还出土一件仓式炉②，与韩国新安沉船出水的香炉③、镇江京口闸出土的香炉④以及上海塘郁元明时期码头遗址出土的香炉⑤形制基本一致(图二)。

图二　盆、罐、香炉

1、4、7. 茌平肖庄王菜瓜村　2. 上海塘郁元明时期码头遗址　3. 韩国新安沉船　5. 蓬莱小海　6、8. 蓬莱海域　9. 绥中三道岗沉船

① 刘善沂、李盛奎、孙怀生：《山东茌平县发现一处元代窖藏》，《考古》1985 年第 9 期。标本黑釉瓷罐，高 11.5 厘米，口径 12.4 厘米，底径 8 厘米。

② 刘善沂、李盛奎、孙怀生：《山东茌平县发现一处元代窖藏》，《考古》1985 年第 9 期。

③ 雷国强：《元代龙泉窑青瓷香炉鉴赏与研究(中)——韩国新安海沉船出水的元代龙泉青瓷香炉鉴赏》，《东方收藏》2015 年第 9 期。标本龙泉窑青瓷阳刻八卦纹奁式炉，口径 13.5 厘米，高 9.7 厘米，底径 6.2 厘米。

④ 镇江博物馆：《镇江京口闸遗址》，江苏大学出版社 2015 年版，第 56 页，图版二十五。

⑤ 上海博物馆考古研究部：《上海青浦区塘郁元明时期码头遗址》，《考古》2002 年第 10 期。标本 QT310③:33，樽式八卦炉，口径 13.5 厘米，高 8.1 厘米。

蓬莱海域发现的磁州窑系其他器形也较多[①],同类型器物出现在胶州板桥镇[②]、绥中三道岗[③]、磁县南开河。这些器物可能来自磁州窑系的观台窑[④]或者彭城窑[⑤]。新安沉船上也有磁州窑系产品(图三、图四)。

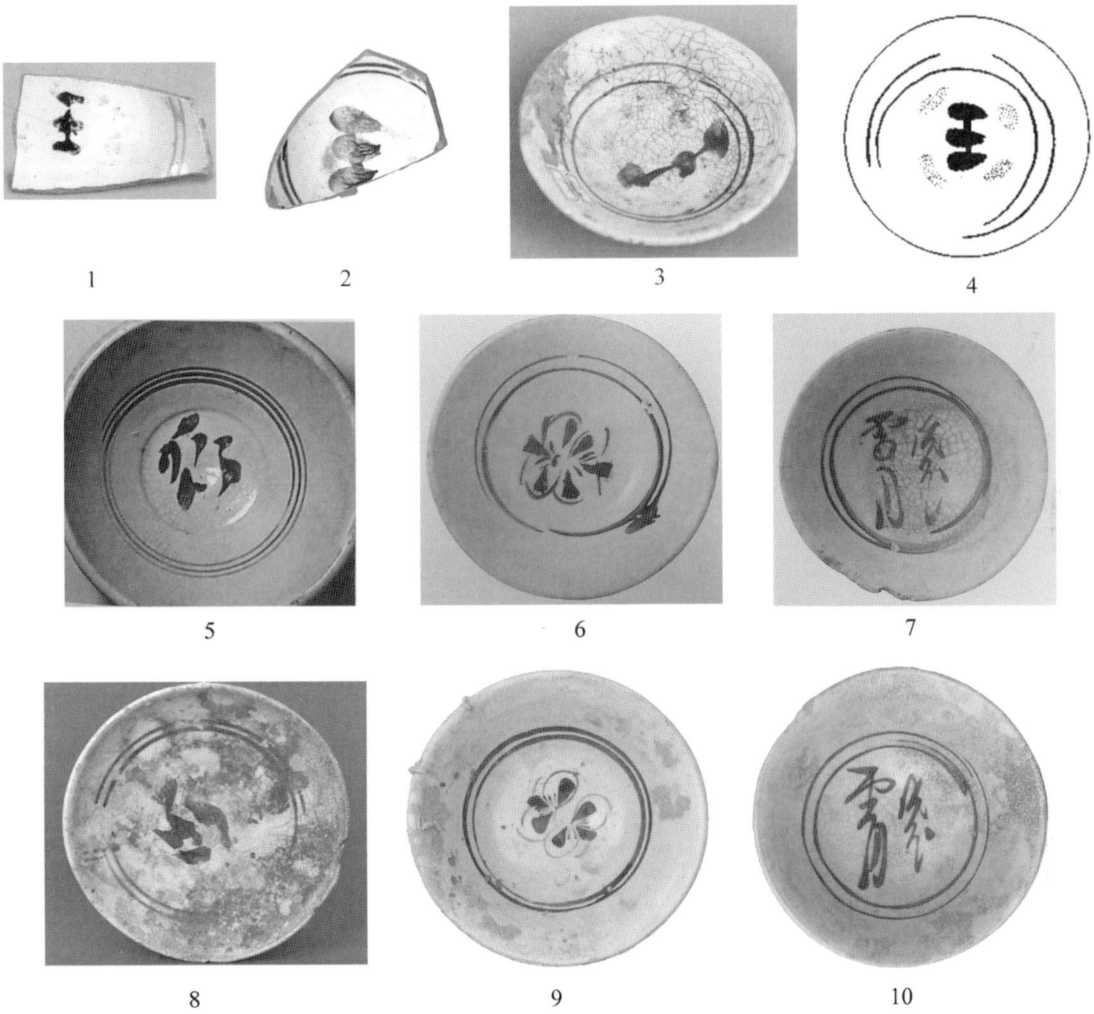

图三　磁州窑系瓷碗

1、2. 胶州板桥镇　3. 蓬莱海域征集　4. 观台磁州窑遗址　5—7. 绥中三道岗元代沉船　8—10. 蓬莱海域征集

---

① (王字心)白釉褐彩瓷碗:高 4.5 厘米,口径 13.5 厘米,足径 5.5 厘米,蓬莱海域出水,现藏于烟台市博物馆,编号 R01112。白釉褐彩瓷碟:高 3 厘米,口径 15.2 厘米,足径 7 厘米,蓬莱海域出水,现藏于烟台市博物馆,编号 R01351。(褐彩花瓣纹)白釉褐彩瓷碗:高 4.8 厘米,口径 12.5 厘米,足径 4.5 厘米,蓬莱海域出水,现藏于烟台市博物馆,编号 R01111。(风花雪月)白釉褐彩瓷碗:高 4 厘米,口径 10.3 厘米,足径 4.3 厘米,蓬莱海域出水,现藏于烟台市博物馆,编号 R01448。

② 青岛市文物保护考古研究所:《胶州板桥镇遗址考古文物图集》,科学出版社 2014 年版,第 39 页。

③ 张威主编:《绥中三道岗元代沉船》,科学出版社 2001 年版,第 116 ~ 117 页。标本 LSW0191,碗。标本 LSW0251,(花卉心)碗,口径 9.6 厘米,足径 3.9 厘米,高 3.7 厘米。标本 LSW0605,(风花雪月)碗,口径 9.8 厘米,足径 4.1 厘米,高 4 厘米。

④ 北京大学考古学系、河北省文物研究所、邯郸地区文物保管所:《观台磁州窑址》,文物出版社 1997 年版,第 81 页。

⑤ 李明琴、张名:《丰富多彩的彭城窑瓷器》,《收藏界》2010 年第 10 期。

图四　磁州窑系瓷罐

1. 蓬莱海域　2. 绥中三道岗

蓬莱海域发现的出水瓷器钧釉碗①,类似器物在河北磁县南开河元代木船②、胶州板桥镇③、天津西青区小甸子遗址、天津武清区十四仓遗址④、内蒙古集宁路古城⑤都有发现(图五)。

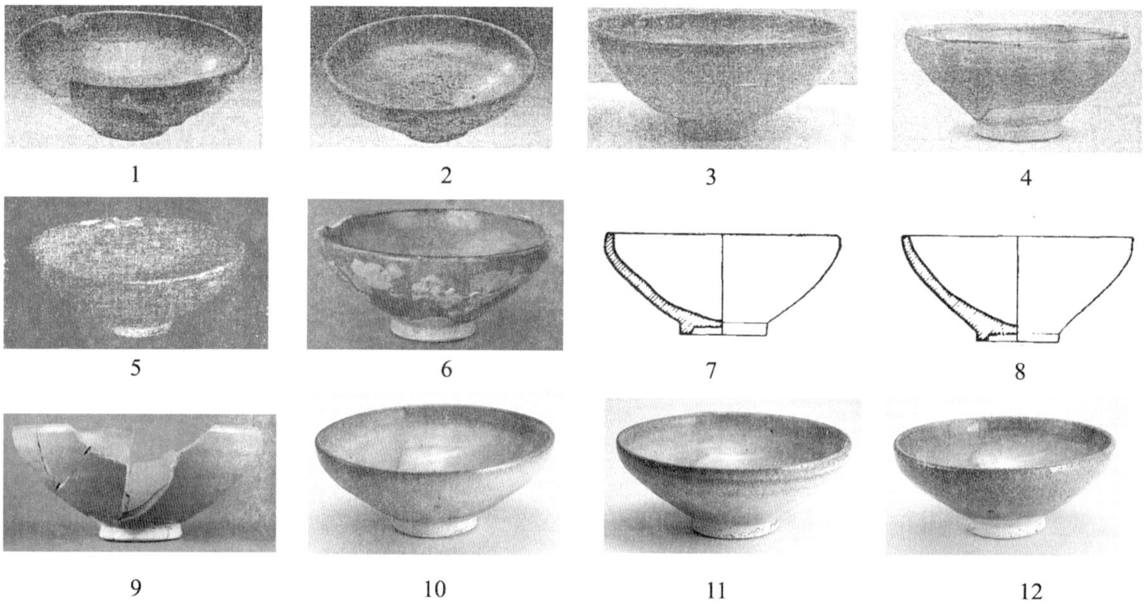

图五　钧釉碗

1—3. 武清区十四仓　4. 西青区北里八口墓　5. 西青区小甸子　6. 蓬莱海域征集　7、8. 河北磁县南开河村元代木船　9. 胶州板桥镇　10—12. 内蒙古集宁路古城遗址

---

① 天蓝釉碗:高 6.8 厘米,口径 15 厘米,足径 5.5 厘米,蓬莱海域出水,现藏于烟台市博物馆,编号 R01498。

② 磁县文化馆:《河北磁县南开河村元代木船发掘简报》,《考古》1978 年第 6 期。出土青兰釉仿钧碗 11 件,高5.8 ~ 7.6 厘米。

③ 青岛市文物保护考古研究所:《胶州板桥镇遗址考古文物图集》,科学出版社 2014 年版,第 106 页。

④ 赵磊:《天津地区出土瓷器初步研究》,图 60 天津地区出土元代钧釉碗,吉林大学 2010 年硕士学位论文。

⑤ 陈永志:《内蒙古集宁路古城遗址出土瓷器》,文物出版社 2004 年版,第 137、139、140 页。

根据嘉庆《东昌府志·建置三》中南北漕运一度“从东阿陆转二百里抵临清下御漳,以道经茌平”的记载,结合上面的发现,可知鲁西的东阿、茌平至临清一线一度是内陆内河的转输节点。属于港口节点的蓬莱小海和蓬莱海域、板桥镇、塘郁,属于内河线路的南开河,属于内陆节点的茌平,属于海上线路的绥中、新安,这几处地点的出土、出水瓷器所具有的一致性,是元代国内转输及对外贸易线路的实证。

南开河沉船的发掘者认为,南开河一号船可能是从观台方向沿漳河顺流航行而来的[①]。绥中三道岗沉船的发掘者认为,绥中三道岗沉船上的器物,可能是磁州窑系彭城窑和观台窑的产品顺流而下,经南开河,北上经新河县、青县入运河到达直沽装大船出海,又或者经漳河,在馆陶入御河,经临清至直沽的[②]。新安沉船上发现了两件“使司帅府公用”铭文盘和一件“庆元”铭青铜权,出水的墨书木简铭文包括“东福寺”“钓寂庵”“筥琦宫”等日本寺社名[③],据此可以推测新安沉船来自庆元港,拟前往日本。通过分析蓬莱、板桥镇、茌平、天津官仓发现的器物,我们对元代海陆联运的完整线路有了更加清晰的认识:

1. 从内陆河北、河南的产地出发,经内河和运河至北方。

2. 从内陆经内河和内陆转运,经山东沿海的登莱密海路前往天津官仓、北方的大都以及东北方向的朝鲜半岛和日本。

3. 从内陆经内河和内陆转运,经南方的上海、宁波等前往朝鲜、日本等。

4. 鲁西的茌平、东阿、临清一带因临近运河和大清河、漳河、卫河,是内河转运的节点。

目前的认识仍然是通过文献结合节点遗址进行的推测,随着考古资料的不断丰富,相信我们对于元代河海陆联运线路的认识会更加深刻。

三、明清时期

明代因沿海倭寇之患日益严重,自洪武起就建立了海防卫所制度,并设海禁,但是这些并没有断绝当时的对外贸易和交流,以郑和下西洋为代表的朝贡贸易影响深远。山东仍是明王朝与东北亚地区进行交流的主要窗口,高丽的朝贡之路多经登莱,朝鲜李朝粉青砂器在今蓬莱地区的出现就是明证[④]。清代的海禁政策更加森严,但康熙朝收复台湾后开放海禁,成立粤海关,开放广州口岸,自此民间贸易飞速发展。

山东沿海发现的出水瓷器,同类器物在整个东部沿海及运河沿线都有发现,这正是山东地区明清时期参与整个贸易体系的重要证据。现就各种器物进行分类论述。

---

① 磁县文化馆:《河北磁县南开河村元代木船发掘简报》,《考古》1978 年第 6 期。

② 张威主编:《绥中三道岗元代沉船》,科学出版社 2001 年版。

③ 梁国庆:《新安沉船与海上丝绸之路》,《中国文物报》2017 年 6 月 30 日第 4 版。

④ 朝鲜李朝粉青砂器:高 8.1 厘米,口径 13.2 厘米,足径 5.7 厘米,2005 年小海清淤出土,现藏于蓬莱古船博物馆,编号 DB-1866。

(一)云气纹碗

登州海道发现的云气纹碗[①],在上海塘郁码头遗址[②]、镇江京口闸[③]、南旺分水龙王庙[④]和吉林扶余[⑤]都有发现(图六)。此种类型的碗,其外壁绘制的纹饰较为写意,皆由大的圆圈纹搭配小的波浪线、弧线和不规则曲线构成,线条粗细不均,碗心有字或花纹。发掘者一般认为这类碗是明代民窑的产品。后文介绍的器物也多为民窑所产,因其产量大、流通广泛,因此常见于码头、运河、自然河流、沿海等运输线路附近,我们可以借此分析器物的流通情况。

1　2　3　4

图六　云气纹碗

1. 登州海道征集　2. 上海青浦区塘郁元明时期码头遗址　3. 南旺分水龙王庙建筑群采集　4. 吉林扶余

(二)松竹梅纹碗

蓬莱海域发现的松竹梅纹碗[⑥],在吉林扶余[⑦]、福建小练岛[⑧]也有发现(图七)。

---

① 青花瓷碗:高 6.5 厘米,口径 14.5 厘米,足径 6 厘米,渔民打捞征集,现藏于登州博物馆,编号 DB-191。

② 上海博物馆考古研究部:《上海青浦区塘郁元明时期码头遗址》,《考古》2002 年第 10 期。标本 QT310③:40,青花云气纹碗,口径 14.6 厘米,底径 6.3 厘米,高 6.2 厘米。

③ 镇江博物馆:《镇江京口闸遗址》,江苏大学出版社 2015 年版,第 70 页。

④ 山东省文物考古研究所等:《汶上南旺——京杭大运河南旺分水枢纽工程及龙王庙古建筑群调查与发掘报告》,文物出版社 2011 年版,第 224 页。

⑤ 郑新城:《吉林省扶余出土的明代民窑青花碗赏析》,《博物馆研究》2006 年第 4 期。

⑥ 蓬莱海域出水,烟台市博物馆征集,现藏于烟台市博物馆,编号 R01417。

⑦ 郑新城:《吉林省扶余出土的明代民窑青花碗赏析》,《博物馆研究》2006 年第 4 期;扶余市博物馆:《扶余市石桥欢迎砖场元墓清理简报》,《文物》1995 年第 4 期。

⑧ 国家文物局水下文化遗产保护中心等:《福建沿海水下考古调查报告(1989—2010)》,文物出版社 2017 年版。

1

2

3

图七　松竹梅纹碗

1. 蓬莱海域　2. 吉林扶余　3. 福建小练岛

（三）菊花纹碗

蓬莱水城村①和南隍城水域②发现的菊花纹碗产自福建窑口，在国内聊城土桥闸③、南旺分水枢纽汶运交汇处④、大运河许建口闸⑤、镇江京口闸⑥，以及肯尼亚⑦等处都有发现（图八）。

（四）灵芝纹碗

蓬莱海域发现的灵芝纹碗⑧，在聊城周店船闸⑨、大运河许建口闸、水明楼北侧清代运河河道、汶运交汇处⑩、泰兴号沉船⑪等处都有发现（图九）。

（五）山水纹碗

蓬莱海域⑫发现的山水纹碗，在福建碗礁二号地点⑬也有发现（图十）。

---

① 青花菊纹瓷碗：高7.6厘米，口径14厘米，足径6厘米，1996年蓬莱市水城村征集，现藏于登州博物馆，编号DB－123。

② 青花瓷碗：高6.9厘米，口径13.6厘米，足径6.7厘米，南隍城水域发现，现藏于长岛县博物馆，编号南隍城001。

③ 山东省文物考古研究所等：《山东聊城土桥闸调查发掘简报》，《文物》2014年第1期。

④ 山东省文物考古研究所等：《汶上南旺——京杭大运河南旺分水枢纽工程及龙王庙古建筑群调查与发掘报告》，文物出版社2011年版，第108页。

⑤ 山东省文物考古研究所等：《汶上南旺——京杭大运河南旺分水枢纽工程及龙王庙古建筑群调查与发掘报告》，文物出版社2011年版，第129页。

⑥ 镇江博物馆：《镇江京口闸遗址》，江苏大学出版社2015年版，第66页。

⑦ 秦大树、徐华烽、（肯尼亚）默罕默德·玛初拉：《肯尼亚蒙巴萨塔纳号沉船出水的中国瓷器》，《故宫博物院院刊》2014年第2期。

⑧ 青花灵芝纹瓷碗：高5.8厘米，口径11.8厘米，足径4.8厘米，蓬莱海域出水，现藏于烟台市博物馆，编号R01429。

⑨ 山东省文物考古研究所等：《山东聊城土桥闸调查发掘简报》，《文物》2014年第1期。

⑩ 山东省文物考古研究所等：《汶上南旺——京杭大运河南旺分水枢纽工程及龙王庙古建筑群调查与发掘报告》，文物出版社2011年版，第107、111、129页。

⑪ 吴艺娟：《简论德化青花瓷的装饰手法及外销问题——以馆藏"泰兴号沉船"青花瓷器为例》，《四川文物》2013年第2期。

⑫ 青花山水纹瓷碗：高5.8厘米，口径14厘米，足径7.5厘米，蓬莱海域出水，现藏于烟台市博物馆，编号R01418。

⑬ 国家文物局水下文化遗产保护中心等：《福建沿海水下考古调查报告（1989—2010）》，文物出版社2017年版，第157页。

图八 菊花纹碗

1. 聊城土桥闸 2. 汶运交汇处古河道内 3. 大运河许建口闸 4. 蓬莱水城村 5. 南隍城水域 6. 肯尼亚 7. 镇江京口闸

图九 灵芝纹碗

1. 聊城周店船闸 2. 泰兴号沉船 3. 蓬莱海域出水 4. 大运河许建口闸 5. 水明楼北侧清代运河河道淤积 6. 汶运交汇处

1　　　　　　　　2

图十　山水纹碗

1. 福建碗礁二号　2. 蓬莱海域

（六）螭龙纹碗

蓬莱水城小海①、日照海域②发现的螭龙纹碗，在青岛即墨县衙③、镇江京口闸④、景德镇御窑厂⑤、吉林扶余⑥也有发现（图十一）。

1　　　　2　　　　3

4　　　　5　　　　6

图十一　螭龙纹碗

1. 蓬莱水城小海　2. 日照海域　3. 江西景德镇御窑厂　4、6. 即墨县衙　5. 吉林扶余

（七）折枝花卉纹碗

日照海域⑦和蓬莱海域⑧出水的折枝花卉纹碗，在福建龙海博物馆也有发现⑨（图十二）。

---

① 青花螭龙纹瓷碗：高 5.5 厘米，口径 13 厘米，足径 5.2 厘米，1984 年蓬莱水城小海出土，现藏于登州博物馆，编号 DB－1820。

② 青花螭龙纹瓷碗：高 5.4 厘米，口径 13.4 厘米，足径 5.9 厘米，日照海域出水，收藏者刘军华，编号 007。

③ 青岛市文物保护考古研究所：《即墨县衙旧址明清瓷器坑发掘报告》，《中国国家博物馆馆刊》2015 年第 6 期。

④ 镇江博物馆：《镇江京口闸遗址》，江苏大学出版社 2015 年版，第 56 页。

⑤ 景德镇市陶瓷考古研究所、北京大学考古文博学院、江西省文物考古研究所、故宫博物院：《江西景德镇明清御窑厂遗址 2014 年发掘简报》，《文物》2017 年第 8 期。

⑥ 郑新城：《吉林省扶余出土的明代民窑青花碗赏析》，《博物馆研究》2006 年第 4 期。

⑦ 折枝花卉纹碗：高 6.5 厘米，口径 13.7 厘米，足径 5.2 厘米，日照海域出水，现藏于日照博物馆，编号 005。

⑧ 折枝花卉纹碗：高 6 厘米，口径 13.5 厘米，足径 5.5 厘米，蓬莱海域出水，现藏于烟台市博物馆，编号 R01420。

⑨ 国家文物局水下文化遗产保护中心等：《福建沿海水下考古调查报告（1989—2010）》，文物出版社 2017 年版，第 261 页。

1

2

3

4

5

图十二 折枝花卉纹碗

1. 福建龙海博物馆 2. 日照海域 3. 蓬莱海域 4. 宁波小白礁 5. 福建北日岩二号

另外，山东蓬莱墟里沉船遗址位于蓬莱的西北侧沿海，年代为清代中晚期。2009 年 9 月调查发现的出水瓷器，调查者认为其中一小部分来自德化窑系，如：酱釉小杯出自德化浔中黄祠窑，青花小杯出自德化龙门滩古洋水尾窑、浔中洋广岭窑，青花梅花纹碟出自德化龙门滩古洋水尾窑、龙浔镇下井亭窑①。

此外还有一种酱釉缸，蓬莱水域②和宁波小白礁Ⅰ号沉船③都有发现(图十三)。

综合运河沿线的聊城土桥闸、周店闸，南旺枢纽、许建口闸、镇江京口闸，以及沿海的墟里、登州海道、塘郁、碗礁、小白礁Ⅰ号、小练岛及龙海博物馆藏出水瓷器，我们可以看出，江西景德镇和福建

1

2

3

图十三 酱釉缸

1、2. 宁波小白礁 3. 蓬莱海域

① 张红兴：《近年来从中国海域出水的 17—19 世纪德化陶瓷》，《海交史研究》2012 年第 2 期。

② 绳纹酱釉陶罐：高 21 厘米，口径 13 厘米，底径 19 厘米，蓬莱海域出水，现藏于烟台市博物馆，编号 R01459。

③ 中国国家博物馆水下考古研究中心等：《浙江宁波渔山小白礁一号沉船遗址调查与试掘》，《中国国家博物馆馆刊》2011 年第 11 期。

诸窑口的瓷器有相当部分通过海路和运河到达山东或者途经山东。万历《江西省大志》记载，景德镇陶瓷更是“自燕云而北，南交趾，东际海，西被蜀，无不至”。据史料记载，明初景德镇御瓷“皆自水运达京”。清代官窑经淮安转运京师，上等陆路，下等水路；后转九江，不再经淮安①。考古发现与文献记载的情况相当一致，如福建发现的折枝花卉纹碗在稍北航线上的宁波也有发现（图十二，4、5）。

碗礁二号的发掘者认为，山水纹碗产地为福建的德化、华安等地，位于福建南部，而碗礁地点位于其北面的航路，这些青花瓷是从福建南部的港口出发北上的；大竹岛的折枝花卉纹碗也可能是运往台湾或者经台湾运往日本的②。蓬莱海域同类器物的发现，说明包括山东在内的北方较大区域都是福建青花瓷的市场，这也是上文关于青花瓷通过海路运输的一个明证。

2008—2009 年第三次全国文物普查对德化古瓷窑址进行调查，德化的青花瓷窑群大多分布在河流两岸，生产的青花瓷器可通过河流直达厦门销往国外③。近年来，在去往国外的航线所在海域及海外国家或地区也发现大量的德化青花瓷器，如西沙群岛④，东非的肯尼亚、坦桑尼亚坦噶尼喀⑤，苏丹墓地⑥等。

目前发现的出水文物与文献记载十分相符。

四、发达的船上用具

由于河海运输的发达，各种船上使用的器物也越来越专业和便利，其中最有代表性的就是韩瓶。韩瓶盛行于宋元明清时期，小口长身，形制相对统一，有的有系（耳），有的没有。器形较大的除了在蓬莱水城⑦发现，在新安沉船⑧、板桥镇遗址⑨、磁县南开河⑩、绥中三道岗⑪、无锡环城河宋代古井等处都有发现；较小的在蓬莱水域⑫、宜兴⑬等处有发现（图十四）。无耳的小韩瓶，在威海沿海⑭和古

① 孙悦：《督陶官制度与清代陶瓷业发展》，见《明清论丛》第十一辑，故宫出版社 2011 年版。

② 国家文物局水下文化遗产保护中心等：《福建沿海水下考古调查报告（1989—2010）》，文物出版社 2017 年版，第 373、382 页。

③ 吴艺娟：《简论德化青花瓷的装饰手法及外销问题——以馆藏“泰兴号沉船”青花瓷器为例》，《四川文物》2013 年第 2 期。

④ 广东省博物馆：《广东省西沙群岛文物调查简报》，《文物》1974 年第 10 期。

⑤ 夏鼐：《作为古代中非交通关系证据的瓷器》，《文物》1963 年第 1 期。

⑥ 《德化古瓷在非洲》，《泉州晚报》1991 年 4 月 19 日。转引自叶文程、林忠干《福建陶瓷》，福建人民出版社 1993 年版，第 318 页。

⑦ 酱釉双系韩瓶：高 32.5 厘米，口径 5.2 厘米，底径 5.8 厘米，蓬莱海域出水，现藏于烟台市博物馆，编号 R01124。

⑧ 李德金等：《朝鲜新安海底沉船中的中国瓷器》，《考古学报》1979 年第 2 期。

⑨ 青岛市文物保护考古研究所：《胶州板桥镇遗址考古文物图集》，科学出版社 2014 年版，第 111 页。

⑩ 磁县文化馆：《河北磁县南开河村元代木船发掘简报》，《考古》1978 年第 6 期。出土韩瓶 3 件，口径 5.3 厘米，高 31.5 厘米。

⑪ 张威主编：《绥中三道岗元代沉船》，科学出版社 2001 年版。标本 LSW0240，口径 5.6 厘米，腹径 17 厘米，底径 6 厘米，高 33 厘米。

⑫ 四系韩瓶：高 27 厘米，口径 6.2 厘米，底径 6.5 厘米，蓬莱海域出水，现藏于烟台市博物馆，编号 R01208。四系韩瓶：高 28.5 厘米，口径 6.5 厘米，足径 7 厘米，1990 年蓬莱市水城村征集，现藏于登州博物馆，编号 DB－598。

⑬ 黄兴南：《宜兴窑唐宋青瓷初探》，《江苏陶瓷》2017 年 S1 期。宜兴瓦屑山窑址，主要烧造时间为宋代。瓦屑山窑的产品主要为四系罐（俗称“韩瓶”）。宜兴筱王村古窑群，位于宜兴市西渚镇五圣村，烧造时代大致在南宋至明代早期，其产品主要有四系罐（俗称“韩瓶”）。

⑭ 酱釉瓶：高 21 厘米，口径 4.8～5.3 厘米，底径 6 厘米，2016 年征集购买，现藏于威海市博物馆，编号威字 3985 号 CTⅡ·328。

图十四 较大韩瓶

1. 新安沉船 2. 板桥镇 3. 磁县南开河 4. 蓬莱水域 5. 绥中三道岗 6. 明代徐钦夫人墓 7. 梁山沉船 8. 威海博物馆征集 9. 绥中三道岗 10. 威海古陌隧道发掘 11. 宜兴窑 12. 明徐钦墓 13. 蓬莱海域 14. 蓬莱水城村征集

陌隧道古墓①及梁山沉船②、绥中三道岗沉船③均有发现(图十五)。另外还有相对矮胖的韩瓶,见于

① 酱釉瓶:高19厘米,口径5厘米,底径4厘米,古陌隧道处施工时发现的被破坏墓葬中出土,现藏于威海市博物馆,编号001057CTⅡ·87。

② 无耳韩瓶:高26厘米,无釉,小口小底,梁山沉船出土,现藏于山东博物馆。

③ 张威主编:《绥中三道岗元代沉船》,科学出版社2001年版。

蓬莱海域[1]及福建小练岛海域、新安沉船[2]、无锡环城河宋代古井[3](图十六)。

图十五 无耳韩瓶

1. 新安沉船 2. 蓬莱海域 3. 福建小练岛 4. 蓬莱海域

图十六 相对矮胖型韩瓶

1. 无锡环城河宋代古井 2. 福建小练岛 3. 蓬莱海域 4. 蓬莱海域

韩瓶的用途,学界推测为酒器、水器[4],或者推测为装油[5]、装酒[6],各说皆有一定的依据。韩瓶因其小口长身,便于储存液体,应当是古代船上用于盛装各种液体的器皿。韩瓶一直流行于各种内河和海洋的船只上,形制变化不大。

五、结语

山东地区自新石器时代起就在古代经济、文化交流中占据了重要地位。充裕的人口、发达的经

---

① 酱釉瓷罐:高 18.5 厘米,口径 8.5 厘米,底径 8.5 厘米,蓬莱海域出水,现藏于烟台市博物馆,编号 R01079。罐:高 19.5~20.5 厘米,口径 7 厘米,底径 6.5 厘米,蓬莱海域出水,现藏于烟台市博物馆,编号 R01150。褐釉四系罐:高 19.5 厘米,口径 7 厘米,腹径 14.5 厘米,底径 7.8 厘米,征集购买,现藏于蓬莱古船博物馆,编号 DB-668。酱釉四系罐:高 20 厘米,底径 8 厘米,蓬莱海域出水,现藏于烟台市博物馆,编号 R01179。

② 李德金等:《朝鲜新安海底沉船中的中国瓷器》,《考古学报》1979 年第 2 期。

③ 薛翘、刘劲峰、陈春惠:《宋元黑釉茶具考》,《农业考古》1984 年第 1 期。

④ 高新天:《韩瓶新考》,《东南文化》2005 年第 6 期。

⑤ 刘铭恕:《泉州宋代沉船陶瓶用途之推测》,《海交史研究》1993 年第 2 期。

⑥ 黄兴南:《宜兴窑唐宋青瓷初探》,《江苏陶瓷》2017 年 S1 期。

济和自古与东北方向的交流传统,使作为产地和消费市场的山东成为一个对外交流的起点、中转站和终点。在这种情况下,不论战乱还是和平,山东地区始终在国内外的交流中占据重要地位。囿于材料,我们结合文献对比山东沿海发现的出水器物与其他涉水地区发现的文物,只能形成比较粗略的交流线路,但也能够从中稍稍窥见山东地区当时河海交流的繁华景象和参与整个国内外交流的情景。

昌邑茧绸与近代海上丝绸之路

昌邑市博物馆　王伟波

一、引言

鸦片战争及中英《南京条约》的签订不但标志着中国近代史的开端，也标志着海上丝绸之路开始了近代历程。之后半个多世纪，中国对外通商贸易基本上是在西方列强制定的条约体系框架内进行的。截至光绪二十一年（1895），中国的外贸口岸已达40余处，这些口岸大多是为履行条约义务被迫开放的。依据开放的背景和方式，一般称这类口岸为“条约口岸”。甲午战争之后，列强对华侵略程度加深，中国面临较战前更加严峻的国家及民族生存危机。在意识到“兵战”力有未逮、难奏肤功的情况下，受方兴未艾的民族主义驱使，由郑观应等思想家提出的“商战”主张在光绪二十四年（1898）开始付诸实践，于是导致了“自开商埠”的出现。所谓“自开”即主动对外开放，虽然仍有客观因素掺杂其间，但基本上可以视为观念转变的产物。在这一转变过程中，国人以尊重传统为重要特征的“认同”发生危机，“变革”成为解决危机的出路。作为一种新型的口岸，自开商埠发展迅速，截至清末，已有36处自开商埠分布在中国南北东西；到1924年，更增至52处，其数量几与条约口岸相埒。实施自开商埠政策之后，条约口岸数量的增长速度大大减缓，民国初年除补开了清季“约定”开放的几个口岸，所有口岸均系中国政府主动开放。这表明，自开商埠已经取代条约口岸，成为中国对外开放、实施通商贸易的主要形式①。因此，从“被迫开放”到“主动开放”、从“被动贸易”到“参与商战”是近代海上丝绸之路发展的主要特征。在“实业救国”思潮的影响下，昌邑的民族工商业者趁势而上，通过对传统茧绸生产技术的改良，开发出了“昌邑茧绸”这一优良国货品种，并使之成为近代海上丝绸之路上与洋人争利的代表商品。它的出现，为近代海上丝绸之路续写了辉煌的篇章。

二、昌邑茧绸的起源

昌邑茧绸与中国传统的家蚕绸不同，它是用柞茧缫丝织就的一种丝绸产品。柞蚕为鳞翅目大蚕蛾科柞蚕属，是一种绢丝昆虫，食性较杂，喜食柞树叶，故名。中国是世界上最早利用和放养柞蚕的

① 杨天宏：《近代中国自开商埠研究述论》，《四川师范大学学报（社会科学版）》2001年第6期。

国家。《尚书·禹贡》载:“海岱惟青州……莱夷作牧,厥篚檿丝。”檿即柞树,檿丝即柞丝,古青州的主体在今天的山东省境内,因此可以说山东自古以来就是柞蚕的原产地。

山东半岛地区对于柞蚕丝的利用最迟在汉代已经出现。东汉伏无忌《伏侯古今注》载:“(汉)元帝永光四年(前40),东莱郡东牟山(今烟台牟平区境内)有野蚕为茧。茧生蛾,蛾生卵,卵著石。收得万余石,民人以为蚕絮。”《宋书·符瑞志下》又载:“汉光武建武初,野茧、谷充给百姓。其后耕蚕稍广。”这里的野蚕就是指柞蚕,但两汉时期还没有正式出现“柞蚕”这一名称,直至晋人郭义恭《广志》载“有柞蚕,食柞叶,可以作绵”,“柞蚕”二字始见于史书。晋代以降,有关野蚕成茧的记载可谓史不绝书,历代地方官吏皆将此视为祥瑞上报。至宋代,山东人民才懂得用柞丝捻线织绸,名“山茧绸”。明代晚期,随着资本主义萌芽的出现,国民的商品经济意识增强,山茧绸的织造在鲁中南地区、胶东地区也已经成为一项生产事业。万历《诸城县志·货币·物产》已出现“山茧绸”的记载,万历《莱州府志·物产》也首列“山茧绸”。民国初年栖霞人孙钟亶《山蚕辑略》载:“山茧之用,虽自汉至明,谓之祥瑞,终未能倡行。降及清初,文明日启,齐东一带,乡人间有以此制线代布者。自此以后,渐多效尤。”这是对山东柞蚕业早期发展历史的真实总结。

明代末年,包括今诸城、五莲①、日照、莒县、沂水等地在内的鲁中南地区首先开始了柞蚕的人工放养。清代初年,柞蚕放养技术日趋成熟,当时的山东益都(今淄博博山)人孙廷铨在《南征纪略》中记载:“野蚕成茧,昔人谓之上瑞,乃今东齐山谷在在有之……弥山遍谷,一望蚕丛。”生动地勾画出鲁中南山区放养柞蚕的盛况。

从清代康熙年间开始,鲁中南诸城一带的柞蚕放养技术开始向省内外广泛传播。省内传播的主要目的地是胶东地区。乾隆《栖霞县志》载:“康熙三十年(1691),诸城人教之植柞树,饲山蚕成茧。”清末宁海(今烟台牟平区)人王元綎《野蚕录》载:“康熙丙戌(1706),学正王汝岩(今潍坊诸城人)始自青州(清代诸城为青州府属县)募人来,教民蚕,并督民植柞。民间以为不急之务,颇病之。数年而后,蚕业大兴,家食其利,始相与歌功颂德于不置。”

最早将柞蚕放养技术向省外传播的是刘墉的祖父刘棨。李元度《国朝先正事略·刘詖子方伯事略》载:康熙三十七年(1698),刘棨莅任陕西宁羌知州,“一日出郭,见山多槲树,宜蚕,乃募里中善蚕者,载茧种数万至,教民蚕。茧成,复教之织,州人利之,名曰‘刘公绸’。其后桂林陈文恭(陈宏谋)为陕抚,请下其法于他州县,由是陕人之蚕者益众”。刘棨之后,在外任地方官的山东人,如诸城王萦绪、胶州王隽、高密郝敬修、潍县(今潍坊)韩梦周等,也纷纷效法推广,影响显著。

山东柞蚕养殖技术的对外传播,对改善当地民生起到了巨大作用,这也引起了最高统治者的注意。《清高宗实录》卷二〇四载:乾隆八年(1743),乾隆帝敕下山东巡抚喀尔吉善编订《养山蚕成法》,令“素产椿、青(青杠,柞树的一种)等树省份,将喂养椿蚕、山蚕之法移咨该省督抚,听其依法喂养,以收蚕利”。

昌邑位于山东半岛北部,渤海莱州湾南岸。历史上该县土地“窳卤脆薄居六”,“人众物乏,无他余赢”,而且“租赋独重他邑”,“故有终岁勤动不免饥寒者”。② 尤其是位于昌邑北乡的今柳疃、卜庄、

---

① 五莲县成立于1947年5月,明清时期,其境域分属今诸城、莒县、日照三地。

② 〔清〕周来邰纂修:《昌邑县志》卷三《田赋》,乾隆七年(1742)刊本。

纷纷重操旧业，做起茧绸、丝线等小本生意。但好景不长，1929 年爆发了“中东路之战”，中苏为争夺中东铁路控制权发生大规模武装冲突，双方相互逮捕对方侨民，滞留当地的昌邑绸商大多被捕入狱。11 月 16 日，中苏签订《中苏伯力会议草约》，两国息战，中东铁路恢复中苏共管的原状，双方释放被捕人员，滞留的昌邑绸商除了少数因“娶妇生子”等原因定居苏联，其余全部回到了祖国。

1934 年春，诸城籍著名文学家王统照乘船赴意大利，遇到同船赴意经商的“利顺公司”（东家为今卜庄镇李家抚宁村李润芬①，地址在潍县西关）伙友、今奎聚街道辛置村魏梅洁等 9 人，通过闲谈，了解到魏梅洁等上北洋的艰辛经历。王统照在他的《欧游日记》中对此做了详细记录：

（三月十七日）与昌邑诸商人闲谈。昌邑人九位魏姓者皆同族也，彼等富有旅行经验，无初次作行旅者。爪哇、新加坡、日本、俄国多曾去过，中有一位前后在俄近十年。俄革命前革命后，彼皆深知，后遇中东路之战偷回，费力不少，三人被俄人拘于狱中。彼等受高等教育者殊少，识字无多，完全一种团体的组织与冒险的精神，使其不顾危难，不图安逸，昌邑人之足迹遍海外，能各国之语者尤多，此真山东人之特点，然他县固不及也。彼等同行中一老者方五十岁，群尊之为掌柜，俄国革命前在俄经商凡八年，名魏梅洁，诚笃老练一望即知。又有最少年者方廿九岁，曾在高小毕业，乃其同行中之账先生，彼与余谈最多。其人聪明精干，自言于民国年方十六岁，随人往莫斯科寻其父，盖其父叔皆在俄久居，娶妇生子矣。彼抵俄都后，值俄人正在提倡小经营，允许人民设小商店，彼原贩棉线，时其父已回，彼乃代为经理，数年后对一切事甚熟悉，而中东路之战始矣，凡在东三省之赤俄被东军拘留，而俄人亦拘华人，惟待遇不平，较之中国之对俄国相差天渊。凡在列宁格勒与莫斯科之华人除已加入共产党者外皆无一幸免，而魏君（号金铸）以早得俄友电告未敢留宿寓所得免，寄住俄人家，出入靡定。有华人流荡与彼商贷款未遂者向俄警局告密，而魏君遂更秘其踪，直至伯力和约成，禁解始得离俄京。然字号中之货物荡然矣，存有数千元美币拟偷携出境，不再返俄，亦不想纳税于俄人，但此非易事，虽有护照而无他种文件，固难由俄境入中国也。彼乃约其号中伙友及他商人共十一人。乘车去海参崴住数日。每人六十元之代价请高丽人之偷税者作导出海参崴，由山中拉荒（意即过边也）昼伏夜行，时二月中祁寒犹重，着破衣如苦工然。携利薄（黑面包干也），将纸币缝于外衣之里，疲则卧山洞草堆中。此等地境荒凉殊甚，无人家住此，惟有劳苦之高丽人与砍柴之中国人耳。道中草莽深密无径可寻，第二夜十时，由高山下渡一河流，过此即国界，而河之彼面有俄哨兵驻守搜查，虽黑夜越此不易。此十一人既过河，穿行深草中，因人多有声，为逻者所闻，初出空枪一响，魏君曰：时余知第二枪必向人行处射来，前行五人尽力飞奔，余在中间势难幸免，不得已，急侧卧草中，枪弹擦面部而过，行者去远，不敢再走，且数日足创，越山无力，遂任运，寐卧其中不敢少动。哥萨克之铁骑数十追至，搜草中而我之号友刘姓者被其擒获，痛窑有声，不久遂缚之马后向回路去，马蹄在我头

---

① 李润芬（？—1944），字馥廷，今卜庄镇李家抚宁村人。他继承祖业，先后在柳疃开办了“利源增”“利源通”两处茧绸商号，在北京东四十条开办了“利源增”分号，在张家口开办了“大德丰”绸布庄，在丹东开办了“远东丝房”“久丰丝房”，在潍县西关开办了“利顺公司”。他还是上海著名的南洋庄“锦成裕”的重要股东。除了茧绸生意，李润芬还投资多种行业，在诸城西关开办酱菜厂，在昌邑城里开办“瑞增恒”钱庄，在东平府开办铸造厂，在青岛开办“五福工厂”“中英汽车行”“大沽路铁行”等。

上过数次竟未见我，时觉疲乏苦痛交集，起步草中不能数寸，痛极睡昏去，醒后则见月色西斜，高山在望，欲觅出径，茫无所从。不得已就前行者踏倒之深草前趋，惟知南向可入国境。走里许，遇歧路，择正南一径过山涧攀登山半，饥寒交集忧痛殊深。忽闻猛兽吼哮，自思如再前行究不知何时出山，路由何往，且糗粮已失无可果腹，冰磴滑溜如失足或为猛兽所害，则谁可知者，无已，复返旧道。不如入俄境，投入俄狱中至重不过四个月之禁期，还可有生还望也。天色既明，行涧中，不知所往，忽山巅有人趋走下，相持痛哭，盖同行之失路者，亦我号友之一也。顷之，遇二人持锯一负他物上山，询之知为河间府之作木活者，住此十余里外之一小屯中，言高丽人某已同其他伙伴先往，派彼二人来觅后行者，余至此方度更生，随其往，峰转径通，固非远也。在小木屋中向火取暖，以生黄米煮饭，食三巨碗。由此往东宁县，雇车赴哈尔滨我叔父处休息四月，待被捉之刘君至（拘禁后释出，又偷过来者）遂回东省。①

从北洋归国的昌邑绸商，大多数凭借丰富的经验，重新招募伙友，背起绸包“上东洋”“下西洋”“下南洋”，继续其冒险历程。

（三）南洋市场

昌邑侨商所谓的“南洋”，是指广义的南洋地区，包括今东盟10国、印度、澳大利亚、新西兰，以及附近的太平洋诸岛、中南半岛沿海、马来半岛等，当时主要是英国与荷兰的殖民地。

昌邑人下南洋的创始者为今都昌街道南裴村杨岱山、杨嵩山兄弟，开拓者为杨茂春、杨玉成叔侄。

光绪四年（1878）正月，杨岱山、杨嵩山筹集本钱路费，带上昌邑茧绸及简单的行李，由青岛登上一艘英国客船。经过3个月的颠簸，经上海、汕头、香港、新加坡来到荷属爪哇岛首府巴达维（也叫巴达维亚，今印尼首都雅加达）及三宝垄（今印尼中爪哇省首府）。因当时尚没有建立供货渠道，货物卖完后滞留当地，致本利皆空。杨岱山郁闷成疾，于光绪七年（1881）病逝于三宝垄。杨嵩山料理完丧事，拟借债回国，再图振兴，不幸感染瘟疫，于次年夏逝世于巴达维。杨氏兄弟相继辞世，但他们带来的昌邑茧绸给当地人民留下了很好的印象。杨岱山之子杨茂春幼读私塾，自励刻苦，十九岁下学务农，得知父亲、伯父二人在印尼去世，便卖掉田地，筹集资金，前后两次去爪哇，带回了父亲、伯父的尸骨。在爪哇居住期间，杨茂春详细考察了当地的风土人情，也总结了先辈经商的经验教训，决心建立供货渠道，拓展昌邑茧绸的南洋市场。

光绪十一年（1885），二十八岁的杨茂春与堂弟杨茂德、侄子杨玉成带了一批昌邑茧绸再次远渡重洋，到父辈曾经经营过的巴达维和三宝垄两地销售。积累一定资金后，杨茂春等在巴达维租房开办了“源兴泰”绸庄。一年后，货物全部售出，杨茂春即回国进货，除了与商户清算账目，又约今都昌街道前埠村隋中堂、中裴村张鸣凤、寒亭区杨家埠村杨秀圣等入股，共同到南洋发展。为了保证供货渠道通畅，他在柳疃投资开办了“源兴恒”绸栈，专供南洋用货，并派侄子杨玉成在广东汕头开办“源

① 王统照：《欧游日记》，《新文学史料》1997年第1期。按：1933年，王统照名著《山雨》遭国民党政府查禁，1934年春，被迫自费赴欧洲考察，旅途中，写有长篇日记。

柳疃银子市所用之“平”称“昌平”。“昌平”比外地“规平”大，“昌平”96.2两等于“烟平”百两，等于“申平”98两，“其银价，比邻境恒低至一二百文，邻境之购银者，无不惟柳疃之是趋，以区区一市镇，而有炉房八家，其输入者可知矣”①。“昌平”因之取得了全国各地银商的信赖，每逢集日，白银交易数量可观，最多可达十几万两，还出现了撞银子②等金融冒险投机生意。后来，随着昌邑绸商遍布世界各地，外汇愈来愈多，柳疃银子市上的交易已经不单纯是白银了。

1914年，国民政府颁发了《国币条例》，规定货币单位为“元”，银块的使用面逐渐缩小，市场上流通的货币多属银元，但大宗交易仍以银两作为计价标准，银元则作为流通手段和支付手段，保持着“两”“元”并存的局面。

1915年，以柳疃为中心，成立了“钱业联合会”。柳疃街的“泰元”（东家为今卜庄镇姜泊村“五大功”）、“天源永”（东家为今柳疃镇姜家寨村姜述贤家族，掌柜为今柳疃镇潮海村孟明武）、“三合堂”（东家为今龙池镇东白塔村“阜盛茂”）、“利盛泰”（东家为今卜庄镇张戈庄村郝子玉），昌邑城里的“德祥合”“福聚信”“德源祥”“裕成祥”，岞山的“瑞丰祥”“华丰楼”“天增长”“源裕兴”，饮马的“德盛泰”，北孟的“宝和泰”，姜泊村的“忠成义”，共15家钱庄，经昌邑县商务会注册，加入了“钱业联合会”。该会发行“本票”“庄票”“乡票”，视同现金，在昌邑、潍县境内流通。柳疃的钱庄多数与绸商集股经营，并以昌邑县商会与钱业联合会的名义来扩大资本、信用和业务范围。此时，柳疃银子市已经发展为金融市场，济南的“义聚隆”钱庄、青岛的“利元”银号、潍县的“德盛昶”汇兑庄、烟台的“福顺德”钱庄等省内较大的钱庄，也纷纷来柳疃开展存款、放款及汇兑业务③。

光绪二十八年（1902），清政府先于昌邑城在柳疃设立邮政局，使信函交流、商业汇兑更加便捷。

宣统三年（1911），“柳疃商务会”成立，以此来管理工商与金融业务，并对设立固定门头的商号登记注册，当时入会商号有63家。商务会设总理1人、协理1人、董事12人。总理由会员推选产生，再呈报官府备案，今柳疃镇姜家寨村姜述贤被推举为第一任总理。为适应昌邑茧绸快速发展的形势，1915年经国家农商部注册，在柳疃商务会的基础上改组成立“昌邑县商务会”，会址仍设在柳疃商务会原址，入会商号71家。随即改选了商会的领导机构，选出会长1人、副会长1人、董事20人。会长由姜述贤继任，陈干被推选为荣誉会长，韩天衢被聘为坐办。姜述贤任职期间，为支持今卜庄镇夏店村“利成”、马疃村“万盛恒”与洋商争夺昌邑茧绸的出口主导权，曾由自己名下的“长春泰”出资白银22万两予以资助。第三任会长姜其泮，今柳疃镇长胡同村人，时为柳疃“利顺德”财东，1919年接任。第四任会长郝子玉，今卜庄镇张戈庄人，时为柳疃“合盛祥”“三义堂”钱庄的股东兼掌柜，1923年接任。本届商会董事增补至26人。1929年，改组成立“昌邑县商会”，入会商号达百余家，选出商会会长1人、执行委员15人、监察委员7人。会长陈聘三，今柳疃镇陈家庄人，时为“裕成”的股东兼掌柜，上任后曾以昌邑县商会会长兼山东省参议员的身份上报山东省政府，请求对昌邑出口茧

---

① 〔清〕王元綎辑，郑辟疆校：《野蚕录》卷四《织绸》，农业出版社1962年版，第89页。

② 撞银子也叫撞两交，具有赌博性质，其特点是买空卖空，银价涨落被大户操控，稍有不慎即血本无归。

③ 王蔚成主编：《昌邑文化博览》，齐鲁书社2000年版，第487页。

绸应纳税金从“关余”[①]中予以照顾[②]。

昌邑县商会于1937年解散，若从柳疃商务会时期算起，共历26年，会员均以绸商为主。通过商会，昌邑绸商加强了与国内各都市商号之间的联系，并可以由商会担保，直接或间接地与外商建立关系，进行大宗交易。

茧绸业的发达使柳疃成为昌邑的商业、金融业中心。1934年前后，柳疃及其附近居民千余户，约六七千人，商界占百分之七十，商号四百余家，仅经营绸业者即有三百家之多，收买附近各村织成之绸，以便运销国内外，“一切商业，亦无不仰承鼻息，随以周转，县城商业视之反若集镇”[③]。不仅如此，柳疃对昌邑周围东到掖县、平度，南到安丘、诸城、日照，西至潍县、寿光等地的金融、经济，也起着一定程度的制约作用。以潍县为例，民国《潍县志稿·实业·商业》载：“前潍县钱业金融来源多仰给于昌邑柳疃、黄县、沙河镇各处”，“潍县共有线庄二十四家，存款、放款及资本均较钱业为多，故范围亦较钱业为大，其资本多来自昌邑柳疃”。

六、织造技术的对外传播

随着昌邑茧绸占国内、国际市场份额的不断扩大，昌邑绸商通过资本与技术输出，将昌邑茧绸的原料基地及生产基地由最初的胶东地区、鲁中南地区，扩展到辽东半岛南部，创造了“所谓昌邑绸者，原产地尚不仅昌邑”[④]的局面，加速了以上地区柞蚕养殖与丝织业的发展。

（一）闯东山——织造技术的省内传播

胶东地区是山东省重要的柞蚕产区，为解决当地织绸原料的短缺问题，昌邑人陆续来到胶东开办纩房、机房，这些丝织业商号雇用的职工中除了少数外籍人，绝大多数是昌邑亦工亦农的村民，他们多数利用春冬两季农闲时间，步行五六百里到胶东做工，名曰“闯东山”。

昌邑人闯东山的历史要追溯到嘉庆年间。那时，今柳疃镇陈家庄人陈念祖即在栖霞唐家泊设有机房。闯东山在光绪初年到民国中期达到极盛。民国初年，烟台成立商务会，按其章程规定，凡拥有10台木机以上的茧绸业商号即可入会，当时入会者有480余家，70%以上为昌邑人出资开办或经营管理的商号。今卜庄镇姜泊村“五大功”财东之一的姜亦楷，曾被推选为会长。

昌邑发明坐纩后，胶东较大的纩房也纷纷到昌邑购机器、学工艺、聘领作，胶东因之出现了纩丝绸。领作相当于现在的技师，根据上机台数，把整套工序所需工人全部带来。昌邑柳疃有一李姓领作，举家被聘于牟平龙泉汤庄一丝织厂，一家人不但能够完成织绸的全部工序，就连产品的销路也承担下来，东家净获纯利。

胶东的柞丝业以栖霞为主，其次是牟平、烟台。

首先看栖霞。1912—1945年间，除去栖霞农村拥有30支纩车以下的约200家纩房与10台木机

---

① 《辛丑条约》签订后，因清政府一时拿不出巨额“赔款”，乃以海关关税作抵押，将海关让给外国人操办，每年从海关关税中拿出大部分支付“赔款”，剩余部分称作“关余”，交由中国政府处理。

② 宋甲其主编：《昌邑织造》，内蒙古科学技术出版社1999年版，第49～50页。

③ 胶济铁路管理局车务处编：《胶济铁路经济调查报告分编》第三册《昌邑县》，青岛文华印书社1934年版。

④ 山东省政府实业厅编印：《山东农林报告·牟平县》，1931年，第203页。

以下的约100家机户，仅昌邑人在栖霞投资或参与管理的拥有30支纩车、10台木机以上的商号就有43家。这些大的商号分布于唐家泊、桃村、南埠、后江、老杜、于杜、青山、卧龙、大壤家、东野、钓台前、钓台后、河波、瓷口等处，仅唐家泊就有12家。唐家泊是栖霞的丝织业中心，也是昌邑人来东山的重要集结地，较有名的柞丝业商号有“东协记”“西协记”“聚丰”等。“东协记”与“西协记”的掌柜分别是李明堂、李清堂，均为今下营镇辛安庄人；“聚丰”的掌柜是今都昌街道刘家辛戈村刘奎元。设在栖霞城里的“公利兴”，东家是国内知名的大地主牟墨林（牟二黑子）；掌柜是林贵友，今柳疃镇后青村人；领作是孙锡泽，今柳疃镇前青村人。

再看牟平。牟平的柞丝业除去家庭小户，大型的商号主要集中在城南的殿后村及城东的龙泉汤庄。1912—1945年间，仅龙泉汤庄就有纩房11家，工人700余名，以“春和成”“广隆绣庄”规模最大，其掌柜、领作、职工均为昌邑人。另据1956年统计，当时牟平有织绸工人620名，其中徒工220名，外地技师4名，其余396名全部是昌邑人，占正式职工的99%。

最后看烟台。1912—1945年间，烟台城内及郊区拥有10台木机和20支纩车以上的柞丝业商号有16家，以下的有六七十家，几乎均以昌邑人为主。规模较大的“玉祥”有纩车100支，木机60台，炼坊1处，领作为今柳疃镇刘家车道村刘宗孝；“惠昌泰”有纩车100支，木机120台，炼坊1处，东家是上海罗坤祥，掌柜兼领作为今柳疃镇高戈庄姜言令；“长盛”有纩车60支，木机50台，炼坊1处，东家是今柳疃镇陈家庄陈聘三，掌柜兼领作为今卜庄镇胡家道口村胡子玉。另外，在烟台城内还有昌邑人开办或担任掌柜的专门做柞丝与茧绸出口贸易的“义聚泰”“同兴公”“同泰利”等丝绸代理店7处（图六）。

图六　烟台著名昌邑茧绸代理店“同泰利”20周年店庆

胶东柞蚕产区还包括乳山、莱阳、文登、荣成、海阳5县。以上5县1912—1945年间，不包括家庭小户，仅木机10台以上、纩车25支以上的以昌邑人为主体的商号就有约21家①。

民国前期，山东全省茧绸年产量约150万匹，约占全国的80%，昌邑年产量约65万匹，两相计算，则昌邑所产约占全省出产额的43.3%，约占全国出产额的34.7%。若将昌邑绸商在栖霞、牟平、烟台等地织造的茧绸计算在内，这个比例还要大得多。

鲁中南地区是昌邑茧绸在山东省内的第二大原料基地，蚕场分属今天的诸城、莒县、日照、五莲、沂水等地，这里是中国柞蚕人工放养技术的发源地。清末与民国时期，鲁中南地区所产柞蚕大部分销往昌邑，“昌邑绸，南山丝”即为这一情况的反映。民国《重修莒志》载：“昌邑绸所用之南山茧，半输自莒。”1931年山东省政府实业厅编印的《山东农林报告》记载，当时诸城县从事柞蚕业的有340户，年产茧213万斤，每斤值洋1.2元，“行销本境及昌邑各地”；日照县“茧之推销限于本境，其丝则售于昌邑”。今五莲石场是当时鲁中南柞茧、柞丝的集散中心，昌邑绸商曾在此设茧庄数十个，坐庄收茧购丝。

（二）闯关东——织造技术的省外传播

东三省南部的辽东半岛是我国重要的柞蚕产地，其柞丝业的发展也与昌邑人息息相关。1935年《工商半月刊》中所载《山东柞蚕业调查》一文称：

> 清初，柞蚕种始传播繁殖于辽宁……至民国十二年，辽宁柞蚕茧的产量已超山东柞蚕茧的产量，但辽宁人民对于柞茧缫丝、织绸技能缺乏，所用工匠仍雇用山东昌邑人。

早在清嘉庆年间，由于胶东一带连年遭灾，为了生计，有着放养柞蚕传统的胶东人民背井离乡，越过边禁，进入辽宁，垦殖、挖参、放蚕，朝廷屡禁不止。到同治元年（1862）边禁放宽后，胶东人民更是大量流入辽东，使辽东柞蚕放养业迅速发展。但其“制丝方法很幼稚，产量不大”，仅“作为农家副业来进行”②，故不能形成产业优势。光绪中叶以后到民国中期，大量昌邑人来到这里，开纩房、办丝栈、设机房，使辽宁迅速成为全国主要的柞丝业基地。

辽宁的柞蚕产区集中在今西丰、宽甸、丹东、凤城、铁岭、辽阳、岫岩、恒仁等地。

首先看西丰。该县设于光绪二十八年（1902），全县丘陵山地都长有柞林。丝行在1926—1927年发展到高峰，年产丝约37500件，每件丝60公斤，能卖到800两银子。据西丰县丝栈统计，当时该县有纩房65家，工人3000多名，多为昌邑人。当时仅西丰县城内昌邑人开办的纩车在50支以上的纩房就有11家，其中“德丰丝房”有纩车240支，掌柜为温希浩，今龙池镇西白塔村人；“复合永”有纩车100支，掌柜为陈贵泽，今龙池镇东白塔村人。凉泉镇在西丰四大镇中纩房最多，规模较大的有16家，均为昌邑人开办。凉泉镇内拥有60支纩车以上的纩房有：“泰兴丝房”，掌柜为魏浩芝，今龙池镇

① 刘汉儒调查整理：《昌邑人在胶东各地开办的丝房》，见中国人民政治协商会议山东省昌邑县委员会文史资料研究委员会编印《昌邑文史资料》第四辑，1989年，第118～120页。

② （日）日本外务省通商局编印：《清国事情》上册，1907年，第302～303页。

马渠村人；“吉兴茂”，掌柜为魏兴林，今龙池镇岱邱村人；“利增福”，掌柜为刘思英，今龙池镇岱邱村人；“同庆昌”，掌柜为迟振久，今龙池镇岱邱村人；“同庆泰”，掌柜为魏甲文，今龙池镇龙北村人。故该镇有“小昌邑”之称。另外，在平岗镇、房木镇、兴隆镇、振兴村、干沟子、神树、野鸡背、大庆阴、高家店、牛河等镇村还有昌邑人开办的大小丝房28处。

再看宽甸。宽甸位于辽宁东部山区、鸭绿江畔，设于光绪三年（1877），被称为辽宁省的蚕乡。到光绪三十四年（1908），全县有蚕区19处，纩房20家，纩车403支。当时就有今龙池镇齐西村齐凤吉、齐树通等人在大川头、老道排一带从事纩丝业。到1916年，又有一批昌邑人来到该县，全县纩房发展到54家，其中著名的“范家丝房”“福兴德”“宋家丝房”等均为昌邑人开办。1928年以后，昌邑及胶东一带人民因自然灾害等原因大量进入宽甸，靠纩丝织绸维持生活，其中昌邑人有千余人。当时全县丝织业商号不下七八十家，分布在长甸、永甸、红石柱子、虎山、毛甸子、大川头等沿江村堡。仅毛甸子一个村就有纩房8家，其中昌邑人开办的占7家，分别为：“协兴和”，掌柜为赵殿庆，今龙池镇瓦城村人，当时有工人200人左右，纩车150支以上；“裕兴东”，掌柜为陶松林，昌邑人；“东祥号”，掌柜为郝新泰，今龙池镇岱邱村人；“新成”，掌柜为刘介明，今柳疃镇刘家车道村人；“康茂泰”，掌柜为李文炳，今龙池镇姚徐邓村人；“利聚昌”，掌柜为温立彦、温立渊，今龙池镇西白塔村人；“大顺号”，掌柜为刘介祥，今柳疃镇刘家车道村人。以上除了“协兴和”，其他商号的从业工人都在七八十人以上，纩车近百支。在宽甸柞丝业发展史上，这一时期最为鼎盛。现在永甸镇的“机匠泊村”、振江镇的“昌邑泊”等，都因当时昌邑从业人员聚居而得名（图七）。

图七　东海关昌邑下营分卡旧址（昌邑人闯关东多由此乘船渡海）

再次看丹东。丹东原名安东,光绪二年(1876)设县,是辽宁省柞蚕业的另一个集中地。光绪年间,昌邑人陆续来此开设圹房;到民国初年,已经拥有多家较大规模的丝织商号,较著名的有:今龙池镇瓦城村人赵乐友在八道沟开设的“复兴店”圹房,今卜庄镇三教堂村人胡纪堂在九道沟开办的“东记号”丝绸厂和“义丰”丝绸厂,今龙池镇龙池村人刘品清在八道沟开设的“同顺栈”代理丝店,今龙池镇岱邱村人张明照在东坎子开设的“聚祥泰”代理丝店(东家为上海罗坤祥),今龙池镇东白塔村人陈贵普等在江崖开设的“阜丰栈”代理丝店,今卜庄镇李家抚宁村李润芬在城区开设的“远东丝房”“久丰丝房”。另外,在昌邑人聚居的蔡家沟还出现了众多的家庭织机户。

在丹东最有影响的当属“义泰祥”丝绸厂,东家是上海的罗坤祥,掌柜是今柳疃镇柳疃街人韩天衢之子韩效思,本金100万两。“义泰祥”的前身为今龙池镇瓦城村人赵乐友在丹东八道沟开设的“复兴店”圹房,1924年被韩效思用3000两银子买下,随即购置设备,并从昌邑、蓬莱、掖县、平度等地招收工人500余名,于1926年正月初五开业。抗战之前,“义泰祥”职工达到近千名,工厂占地约100亩,有厂房200余间,从织机到各种附属设备全是机械操作。1926—1935年是“义泰祥”生产形势最好的时期,每年生产各种茧绸约50000匹。该厂产品主要通过“政记号”轮船公司运往上海业务点,然后发往欧美及南洋各地。“义泰祥”在沈阳、哈尔滨各设有丝绸批发站一处。“义泰祥”是继“合聚成”之后丹东最大的丝绸厂,中华人民共和国成立后发展为“辽宁省丝织业骨干大厂”①。

辽宁的凤城、铁岭、辽阳、岫岩、恒仁等处当时也多有昌邑人开办的柞丝业商号,较集中的是凤城,有“义成信”(掌柜为今柳疃镇柳疃街韩秉衡)、“同顺昌”(掌柜为今柳疃镇辛安庄村王丹桂)等商号17家。

吉林的辽源、集安、柳河、东丰也是昌邑绸商荟萃之地,以辽源最为集中,有“丰盛和”(掌柜为今龙池镇龙北村魏作臻)、“仁德和”(掌柜为今龙池镇瓦东村赵殿芬)等商号18家②。

1934年刊《工商半月刊》载张兆麟《胶东之丝绸业》一文称:

> 胶东柞茧,一部分取给于本地,名之曰“东山茧”,织成之绸名之曰“宁海绸”,英文为Ning-Hai。其余大部分之茧则来自安东,名曰“东北茧”。此类茧丝之织造,多操之于昌邑工人,故名“昌邑绸”,英名为山东(Shantung),实则是二者国人皆称之为“山东绸”。

由此可见,由于资本与织造技术的输出,昌邑茧绸的原料与生产基地规模不断扩大,所谓“昌邑茧绸”的概念已经不仅限于昌邑当地生产的产品了。

七、昌邑茧绸的衰落

昌邑茧绸业是在对外贸易需求的刺激下急剧发展起来的,它的兴衰深受国际政治、经济形势的

① 韩玉恩口述,张桂州整理:《我父亲与义泰祥丝绸厂》,见中国人民政治协商会议山东省昌邑县委员会文史资料研究委员会编印《昌邑文史资料》第四辑,1989年,第87~99页。

② 齐广镒、刘学太:《我们所了解的昌邑人在辽宁、吉林各地开办的丝坊》,见中国人民政治协商会议山东省昌邑县委员会文史资料研究委员会编印《昌邑文史资料》第四辑,1989年,第126~129页。

影响。

晚清以来，政府腐败，列强乘虚而入，他们看到昌邑茧绸在国际国内都拥有广阔市场，便千方百计予以摧毁。光绪二十四年（1898），德国强租胶州湾，借机就近掠夺中国的柞丝原料进行仿制。"法国、意大利又进口山东的柞丝原料，用其织绸，名曰'里昂山东绸'和'意大利山东绸'，来贩卖销售，但其价格低廉方面无法和山东绸比。"①不仅如此，"当时辽产野丝，大半运鲁织绸所用，以致日人馋涎欲滴，颇思染指"②。日俄战争后，日本人为加速掠夺中国东北地区的资源，投资兴建南满铁路。南满铁路建成后，辽东半岛的柞蚕主要产区盖平、海城、安东、西丰等处均在铁路沿线。当时野丝关税每担2两5钱，日本人由南满铁路运出，将关税每担减少1/3。日本人还利用先进的机械制造技术在本国进行仿制，并利用奖励免税的办法运回山东，与昌邑茧绸竞争出口市场。这一时期，昌邑茧绸依仗其价格优势，产销尚能保持旺盛，但已经潜在重大危机。

1914年6月，第一次世界大战爆发，帝国主义列强对中国的侵略态势发生变化，以德、奥、意为首的同盟国集团与以英、法、俄为首的协约国集团在欧洲互相厮杀，暂时无暇顾及远东地区，这就为中国民族资本的发展赢得了一个短暂的"春天"。为庆祝巴拿马运河开通，美国于1915年举办"旧金山巴拿马太平洋世博会"，中国政府为扩张国货而参加。山东省为筹备参展物品，举办了"山东第一次物品展览会"。鉴于昌邑茧绸在世界上的重要影响，山东省实业公司特意致函昌邑县知事王同海与昌邑县商会征集参展产品。

为进一步增强省内工商业者的竞争意识，山东第一次物品展览会进行了严格细致的产品评选，据会后统计，共给予金牌褒奖120名、银牌褒奖295名、铜牌褒奖354名、证书褒奖384名。对于陈列物品中品质精良并宜于海外贸易者，特别选择200余种以备运赴巴拿马参展。昌邑送展产品共获最优等褒奖（金牌）10项、优等褒奖（银牌）7项、一等褒奖（铜牌）8项、二等褒奖（证书）5项，计30项，尤以茧绸类产品居多。最终选送美国参展的昌邑茧绸产品有：烟台杨宝珊出品的昌邑单绸，昌邑"利顺和"出品的二六宽单丝绸、双鹿牌二宽绸，"复盛增"出品的云白川绸，"永兴隆"出品的二五宽单丝绸、二一五宽方格花绸等③。

在巴拿马世博会上，中国商品大获成功，总计获各类奖项1211项，其中大奖章共57枚，山东省荣获3枚，烟台杨宝珊提供的"（昌邑）茧绸及白纺绸"与"山东省纺绸及草帽辫""山东张裕酿酒公司各种酒"同获殊荣。昌邑茧绸优良的品质、低廉的价格再次在海外引起轰动。

欧洲因战火蔓延，生产遭受严重打击，外货需求大增。1915年昌邑茧绸的出口总量约10万匹，总值约400万元。一些东南亚国家也增加了昌邑茧绸的进口，这也是该时期下南洋高潮出现的国际原因。但好景不长，国内的混乱局面与国际局势的转变，很快断送了刚刚出现的贸易生机。

借助第一次世界大战，日本乘机取代德国，占领青岛，并立即展开经济掠夺。1916年以后，日本以低廉的价格向中国倾销人造丝，争夺中国的纺织品市场，其价格只为土丝最低价格的一半。"民国十二年，人造丝之入口量数，仅有八千余担。至十八年，则增至十四万四千余担，其价格日低，销路日

① （日）田原天南：《胶州湾》，满洲日日新闻社1914年版。

② 《鲁豫丝绸业税捐状况》，《中行月刊·财政》第一卷第六期，1930年，第37页。

③ 山东展览会报告编辑处编印：《山东第一次物品展览会审查报告书·丝绸物类》，1915年。

旺……乃于十二年前输入人造丝以来，因其治工容易，成本轻而获利厚，各处织机逐渐改用人造丝……至民国十六年夏，各地织机改用人造丝者竟达十之七八。”①虽然中国工商各界曾奋力抵制，但中国纺织业仍逃脱不了被挤垮的命运。

在人造丝的冲击下，柞蚕产业因亏本而大量关停，昌邑茧绸所需柞丝原料紧张。为了降低成本，商人和织户开始加大用浆，10 两重的纯丝能够加浆织成 70 两重的“浆绸”，若用水冲洗，所加之浆即被冲去，绸的厚度、光泽、硬度也相应丧失，而且受潮后发酵变质，气味难闻；另外，织造过程中短尺少码的现象非常严重，外商所定二十码绸，织成后往往短少一二码；发货过程中还存在用加浆绸充当纯丝绸的现象。以上行为最终导致昌邑茧绸信用尽失，出口日滞。为改善这种局面，昌邑县商会曾出面整顿，但已无法挽回。

与此同时，日本人早已瞄准了昌邑茧绸的欧美市场，经过十余年的努力，其机械织绸技术已经相当成熟，并且克服了昌邑茧绸尺幅较窄、表面不甚整洁等不足，最终取代昌邑茧绸。欧美市场的丧失对于昌邑茧绸来说，后果是致命的。

为扩大出口，1920 年，“东海关税务司以昌邑茧绸销路日滞，曾呈准农、财两部，通令各海关，昌邑茧绸凡出口者一律免税”；1924 年，又经东海关呈请批准，“前项茧绸运往本国在内地行销者，亦一律免税”；1926 年，“张宗昌督鲁，创设货物税局，复经工商等据情呈请，奉令核准援案免税”。但昌邑茧绸江河日下，以上举措已经无力回天，“所以苟延残喘者，一由于地小民贫，舍是以外，别无他项工作，故苟有一线生机，即须奋斗到底”②。

这一时期，昌邑茧绸每年出产总值约 200 万元，约为全盛时的 1/5；出口总量 10000 余匹，总值约 30 万元，尚不及全盛时的 1/10。③

1931 年“九一八”事变后，日本占领东北全境，辽东半岛的柞蚕原料被日本掠夺，昌邑茧绸及山东柞蚕业的主要原料基地丧失。1931 年，烟台纩丝厂几乎全部停工，胶东各县纩房开工者也寥寥无几。《安东丝业》载：“以故所有纩房之能开工者，类皆昌邑丝绸商为机织原料而制丝者，其目的不在于出口也。”

1932 年 10 月刊《山东实业公报》载：“我国出口有昌邑茧绸，应美国总统胡佛宣言邀请，参加美国 1933 年举行的芝加哥百年进步纪念世界博览会展出。”昌邑茧绸虽然再次入选参加世博会展出，但此时此刻，已无异于回光返照。

1937 年“七七”事变后，抗日战争全面爆发，昌邑茧绸的原料来源及销售渠道彻底堵塞。1938 年，日寇占领昌邑，各丝点、绸庄停业，仅有柳疃街的“同祥泰”“裕成”“盛记”“天源号”“复兴店”几家大的商号尚能坚守残业，以所剩存的原料与周围乡村织户保持着原来的生产关系。

中华人民共和国成立后，昌邑茧绸迎来了复兴。进入 20 世纪 80 年代，所用原料扩展到家蚕丝、人造丝、化纤、绢丝等，其产品分绸、缎、绢、纱、绉、锦六大类型 120 多个花色品种，形成了“柳疃丝绸”

---

① 谭家昌、陈德印、程士贵：《建国前临朐蚕茧丝概况》，见中国人民政治协商会议山东省潍坊市委员会文史资料研究委员会编印《潍坊文史资料选辑》第六辑，1990 年，第 252 页。

② 陈鸾：《呈山东省政府》，《山东工商公报 · 公牍》1929 年第 3 期。

③ 胶济铁路管理局车务处编：《胶济铁路经济调查报告分编》第三册《昌邑县》，青岛文华印书社 1934 年版。

这一新的品牌，并催生了昌邑的纺织印染产业。

八、结语

海上丝绸之路是一条延续古今的对外经贸与文化交流之路，友好往来是主流。但在不同历史时期，因为中外形势的不同，有高潮也有低潮，有主动也有被动，这是客观事实。但长期以来，囿于各种争议，"近代海上丝绸之路"这一命题，一直未引起学界的普遍认可和重视。通过梳理昌邑茧绸的百年历史，我们不难发现，自鸦片战争以来，在中国近代社会剧烈变革背景下的中外海上经贸史，不仅是压迫史，也是抗争史，它不是海上丝绸之路的终结，而是海上丝绸之路的延续。当前，随着"一带一路"倡议的推进以及海上丝绸之路申报世界文化遗产项目的提出，我们有责任在更加宏阔前瞻的视野下加强对"近代海上丝绸之路"的相关研究，以便为各项工作提供学术支撑。

长江以南地区出土史前小米遗存的来源和传播路线

中国社会科学院考古研究所 赵志军

一、问题的提出

2013年，中国社会科学院考古研究所、福建省博物馆等单位对福建明溪县的南山遗址进行再次发掘，取得了令人瞩目的丰硕成果，其中一个重要收获是浮选出土的大量炭化小米遗存。南山遗址是一处洞穴遗址，地处明溪县辖区内的一处山间河谷盆地。洞穴位于河谷边缘的石灰岩山丘上，鱼塘溪从山丘前流过。鱼塘溪是闽江的上源支流沙溪的支流之一。此次发掘集中在遗址的4号洞穴和山丘顶部，发现了墓葬、灰坑、火塘、活动面等遗迹，出土了陶器、石器、骨器等遗物。通过对出土遗迹、遗物的类型学分析以及碳十四年代测定的结果判断，南山遗址文化遗存可分为两期，绝对年代在距今5300—4300年间①。

在2013年的发掘过程中，考古队先后采集了近百份浮选土样，浮选出土了异常丰富的炭化植物遗存，包括坚果、核果、植物种子等。经过初步鉴定和统计，从南山遗址浮选出土的炭化植物种子总计多达5.5万余粒，分别属于38个不同的植物种类，其中以谷物为大宗，包括水稻、粟和黍。水稻遗存的出土数量最为丰富，包括炭化稻谷（带壳）、稻米（裸粒）和稻谷基盘；炭化粟粒的出土数量非常多，总计多达近万粒；炭化黍粒的出土数量较少，但也有数千粒。

植物考古以及相关学科的研究成果，曾揭示出中国农业起源存在着不同源流：一是沿黄河流域分布的、以种植粟和黍两种小米为代表的北方旱作农业起源；二是以长江中下游地区为核心的、以种植水稻为代表的南方稻作农业起源。考古发现还揭示出在中国存在着第三条农业起源源流，即分布在华南地区（大体在北纬25度以南）的、以种植芋头等块茎类作物为特点的热带原始农业起源②。

有意思的是，南山遗址所在的闽江流域恰好位于稻作农业起源区和热带原始农业起源区之间。但是，由于福建省的地理环境特殊，背山面海，巍峨绵延的武夷山脉如同一座巨大的屏障遮挡住了由

① 中国社会科学院考古研究所东南工作队、福建博物院、明溪县博物馆：《福建明溪县南山遗址4号洞2013年发掘简报》，《考古》2017年第10期。

② 赵志军：《中国古代农业的形成过程——浮选出土植物遗存证据》，《第四纪研究》2014年第1期。

西北方向南下的寒冷空气，纵贯南北的海岸线使得海洋的温暖气流涌入陆地，所以包括闽江流域在内的福建全省终年气候温暖，降雨量充沛，森林密布，气候环境特点和农业生产条件与华南地区十分相似。因此，虽然在行政区划上福建不属于华南地区，但在自然地理概念上的华南地区实际包括了福建。由此可见，南山遗址所处的闽江流域应该属于热带原始农业起源区域。换句话说，如果南山遗址古代先民已经开始从事农耕生产，其耕种的主体农作物品种应该以块茎类农作物为主。但是，在南山遗址浮选出土的农作物却以谷物为主。不仅如此，在南山遗址浮选出土的谷物还同时包括了起源于长江中下游地区的水稻遗存和起源于黄河流域的粟、黍两种小米遗存，而且这两类谷物的出土数量都很突出，这在华南地区的考古遗址浮选结果中是十分罕见的。

南山遗址浮选出土的水稻遗存十分重要，具有较高的学术价值，因为这是目前在武夷山以东地区考古发现的时代最早的水稻遗存，加之出土数量惊人，为探讨稻作农业的传播和华南地区水稻耕作技术的特点提供了考古资料和证据。

南山遗址浮选出土的粟和黍这两种小米遗存尤为重要，因为这是目前在整个长江以南地区考古发现的时代最早的小米遗存之一，不仅出土数量惊人，而且出土概率很高，我们几乎可以判断这些小米是在当地种植的。粟和黍起源于中国北方地区的黄河流域，黄河流域属于暖温带偏北区域，其气候环境和农业生产条件与地处亚热带南缘的闽江流域大相径庭。南山遗址的考古发现揭示出，早在距今5000年前，粟和黍这两种栽培作物就跨越了长江流域，出现在华南的闽江流域。它们是如何由千里之外的黄河流域跨越长江流域，向南传播到位于闽江流域的南山遗址的呢？粟和黍这两种作物为什么能够在炎热潮湿的闽江流域种植生产？这些都是需要我们认真探讨的重要学术问题。

二、长江以南地区考古发现的史前小米遗存

我们之所以将南山遗址出土的小米遗存称为目前长江以南地区考古发现的时代最早的小米遗存之一，而不是唯一，是因为在浙江省的浦江上山遗址中也曾浮选出早期小米遗存，其年代甚至早于南山遗址。上山遗址的文化堆积分为四个考古学文化时期，即上山文化时期、跨湖桥文化时期、新石器晚期和商周时期，其中小米遗存出自新石器时代晚期浮选样品。上山遗址的新石器晚期相当于宁绍平原的河姆渡文化时期，绝对年代在距今6500年前后①。但是，上山遗址出土的小米遗存的数量极少，仅发现了两粒炭化粟粒②，与南山遗址出土炭化粟粒的数量无法相提并论。

除了上山遗址，长江以南地区考古出土早期小米遗存的还有位于台湾南部的南关里东遗址。事实上，相比上山遗址而言，南关里东遗址出土的早期小米遗存更为重要，与南山遗址出土小米的关系也更密切。

1995年以来，台湾地区考古工作者为配合台南科学工作园区的建设开展了系统的考古调查，在该区域先后发现了约60处考古遗址，其中最为重要的是位于园区东北角的南关里和南关里东两处

① 蒋乐平、盛丹平：《上山遗址与上山文化——兼谈浙江新石器时代考古研究》，见《环境考古研究（第四辑）》，北京大学出版社2007年版。

② 赵志军、蒋乐平：《浙江浦江上山遗址浮选出土植物遗存分析》，《南方文物》2016年第3期。

遗址，这两处遗址的文化堆积都属于台湾地区新石器时代早期的大坌坑文化遗存①。在南关里东遗址的考古发掘过程中，考古工作者采用浮选法发现了大量炭化植物遗存，其中绝大多数属于谷物遗存，包括水稻以及粟、黍两种小米遗存。与南山遗址浮选结果不同的是，南关里东遗址浮选出的炭化小米的数量明显多于炭化水稻。经初步统计，南关里东遗址浮选出的炭化小米总计竟多达12万余粒，其中以炭化粟粒为多，炭化黍粒的数量相对较少②。

大坌坑文化是台湾地区目前所见年代最早的新石器时代考古学文化，有学者曾认为其绝对年代在距今7000—4700年间③。然而根据对出土遗迹、遗物的分析，发掘者认为南关里东遗址的文化堆积属于大坌坑文化晚期遗存，绝对年代应该在距今5000—4300年间，与南山遗址的绝对年代基本吻合。但也有学者认为南关里东遗址的文化遗存的绝对年代应该在距今4800—4200年间④，略晚于南山遗址的绝对年代，但也相差不大。

近期有学者在福建北部沿海地区的霞浦黄瓜山和屏风山两处遗址开展了植物考古工作，采用浮选法和植硅体分析方法，在两处遗址都发现了水稻和粟以及疑似黍的遗存，年代大约在距今4000—3500年间⑤。黄瓜山和屏风山遗址均属于贝丘遗址，地处海岸边，在这种生态环境下生存的古代先民一般主要以渔猎为生，因此在这两处遗址浮选出的农作物遗存所反映的可能是早期文化交流现象。

另外，近些年来发现的位于福建西北部的葫芦山遗址也出土有早期小米遗存。葫芦山遗址位于武夷山市市郊，是一处重要的新石器时代至商周时期考古遗址。在发掘过程中，考古工作者采用浮选法发现了大量炭化植物遗存，其中在葫芦山遗址第二期文化堆积中浮选出了炭化粟粒和炭化水稻。葫芦山遗址第二期的年代在距今4000—3500年间⑥，与黄瓜山和屏风山两处遗址年代相同。

长江以南地区出土早期小米遗存的考古遗址还有江西新干县城北郊的牛城遗址，但是牛城遗址是一处商周时期考古遗址，已经属于历史时期了。通过开展系统的浮选工作，在牛城遗址文化堆积中发现的炭化植物遗存包括了水稻、粟和黍三种谷物遗存，总计达近千粒。其中以炭化粟粒的出土数量最多，达694粒，其次为水稻，计258粒，炭化黍粒的数量很少，仅发现了2粒⑦。牛城遗址位于赣江岸边，从水文地理上讲，与福建的闽江流域存在一定的关联。

---

① 李匡悌：《二十一世纪台湾海峡考古学研究的契机》，见《东亚考古学的再思——张光直先生逝世十周年纪念论文集》，台北“中研院”历史语言研究所2013年版，第37～82页。

② Tsang, Chen - Hwa, Kuang - Ti Li, Tze - Fu Hsu, Yuan - Ching Tsai, Po - Hsuan Fang, Yue - Ie Caroline Hsing. Broomcorn and foxtail millet were cultivated in Taiwan about 5000 years ago. *Botanical Studies*, 2017, Vol. 58, No. 3.

③ 刘益昌、颜廷予：《第一级古迹大坌坑遗址调查研究报告》，2001年。

④ Hung Hsiao - Chun (洪晓纯) and Mike T. Carson. Foragers, fishers and farmers: Origins of the Taiwanese Neolithic. *Antiquity*, 2014, Vol. 88.

⑤ Deng zhenhua, Hsiao - chun Huang, Xuechun Fan, Yunming Huang and Houyuan Lu. The ancient dispersal of millets in southern China: New archaeological evidence. *Holocene*, 2017.

⑥ 福建博物院、厦门大学历史系、武夷山市博物馆：《福建武夷山市葫芦山遗址2014年发掘简报》，《东南文化》2016年第2期。

⑦ 陈雪香、周广明、宫玮：《江西新干牛城2006—2008年度浮选植物遗存初步分析》，《江汉考古》2015年第3期。

三、小米南传的陆路传播路线分析

粟和黍两种小米起源于中国北方的黄河流域，后传入长江以南地区。探讨古代农业文化的传播路线，我们一般首先在陆地上寻找线索。根据现有相关考古资料分析，如果小米通过陆路传播到闽江流域，至少有两种可能：一是南北走向的传播路径，即由浙江的金衢盆地从北向南传播到闽江流域，主要依据是浦江上山遗址中出土有早期小米遗存；二是东西走向的传播路径，即自江西的赣江流域和鄱阳湖平原从西向东进入闽江流域，主要依据是新干牛城遗址中出土有小米遗存，以及位于闽赣交界的武夷山葫芦山遗址中出土有小米遗存。

福建北部与浙江南部的相邻之处崇山峻岭密布，而且其间缺乏大的河谷通道。根据史书记载，福建北部和浙江南部之间的交通路线仅有龙泉至浦城的一条山间小道。另外，由于金衢盆地是一个东北—西南走向的狭长盆地，从地形地貌上分析，如果从金衢盆地通过陆路向南传播，首先进入的应该是鄱阳湖平原地区，而不是闽江流域，所以粟和黍选择南北走向的传播路径的可能性较小。

相比之下，南山遗址出土的小米是自江西鄱阳湖平原从西向东传入闽江流域的可能性要大得多。绵延五百余千米的武夷山脉层峦叠嶂，成为江西与福建之间的一道天然屏障，但是通过一些垭口和众多的河谷地带，自古以来闽赣之间一直存在着文化交流和贸易往来，其中比较著名的有崇安（武夷山市）的分水关、光泽县的铁牛关等。当年通往福建的唯一的一条铁路——鹰厦铁路，就是穿过铁牛关垭口，沿着闽江支流富屯溪河谷由西向东进入福建腹地和沿海地区的。

葫芦山遗址出土的小米遗存为闽赣之间的东西走向的传播路径提供了考古证据。葫芦山遗址位于崇阳溪的岸边，崇阳溪是闽江支流建溪的源头支流之一，与长江水系的信江的源头支流丰溪近在咫尺，这两条水系的源头在武夷山市境内相汇，就为古代文化东西方向的交流提供了可能。但是，葫芦山遗址出土的炭化小米数量极少，需要更多的发现才能增强其作为考古证据的可信度。再则，出土有小米遗存的葫芦山遗址二期文化的绝对年代已经晚至距今4000年，与南山遗址出土的距今5000年前的小米遗存相差近千年。所以，虽然葫芦山遗址出土的小米可以作为古代闽赣之间存在着东西走向传播路径的证据，但是不足以证明南山遗址出土的小米是由鄱阳湖平原传入闽江流域的。按常理，如果说葫芦山遗址出土的小米是由福建内地由东向西反向传播去的，似乎更可信。

牛城遗址出土的小米遗存数量较多，但是牛城遗址文化遗存的年代已经晚到了历史时期的商周时代。商周时代各地区的文化交流已经相当普遍，瑞昌铜岭商周时期铜矿的发现说明，早在商代中期，商人为了获取铜矿资源，已经南下越过长江深入到江西境内①。所以，牛城遗址出土有来自北方地区的商周文化因素不足为奇，包括北方地区旱作农业的小米。再则，牛城遗址的年代与南山遗址相差了近两千年，二者之间不存在任何相互关系，所以牛城遗址的发现也不足以作为东西走向传播路径的证据。

总之，福建三面环山，通过陆路进入十分困难。如果将时间限定在距今4000年以前，起源于中国北方黄河流域的粟和黍两种小米通过陆路传入闽江流域的可能性比较小，不论是东西走向传播途

① 刘诗中、卢本珊：《江西铜岭铜矿遗址的发掘与研究》，《考古学报》1998年第4期。

径还是南北走向传播途径，起码目前缺乏考古资料的支持。

四、小米南传的海路传播路线的可能性

福建是一个沿海省份，东临大海，海岸线漫长，其间不乏优良海港，例如福州港、泉州港、厦门港都是我国的重要港口，所以自古以来，福建地区海路交通十分发达，特别是在历史时期，福建是海上丝绸之路的始发地或重要的中转地之一。那么，4000 年前起源于黄河流域的粟和黍两种小米是否有可能通过海路传入闽江流域呢？

台湾地区南关里东遗址出土的植物遗存给我们提供了一个重要的线索。前面提到，南关里东遗址浮选出的农作物包括了粟和黍两种小米以及水稻遗存，特别是炭化粟粒的出土数量十分惊人，多达十余万粒。而且南关里东遗址文化堆积的年代与南山遗址十分接近，都是在 5000 年前后。由此可知，南山遗址与南关里东遗址隔台湾海峡相望，年代基本相同，又都出土了异常丰富的粟和黍两种小米遗存，二者之间应该存在着某种相关性。据此推测，早在 5000 年前，海峡两岸的古代先民就保持着频繁的文化交流。问题的关键在于，由于这两处遗址隔海相望，所以沟通二者的途径必须要横跨台湾海峡。换句话说，南山遗址和南关里东遗址出土的小米遗存揭示了一个重要的事实，那就是早在 5000 年前，中国古代先民已经掌握了漂洋过海的知识、技能和交通工具，能够自如地在海峡两岸开展文化交流和人员迁徙。

事实上，古代人类漂洋过海的能力和历史超乎我们的想象。大量的考古发现证实，古人很早就掌握了海洋的洋流规律，能够借助洋流稳定的流向，采用独木舟等简易交通工具航行在浩瀚海洋中，在大陆与岛屿之间、岛屿与岛屿之间进行远距离的文化传播、商贸交流甚至移民。例如，一般认为 4 万年前澳洲土著由南亚或东南亚迁徙到澳大利亚的途径存在两种可能：一种是沿着已经沉入海底的萨湖陆棚，长途跋涉到达澳洲大陆；一种是借助洋流，乘坐木筏或独木舟跨海抵达澳洲大陆。新的考古证据揭示，南岛语族先民也可能是乘坐独木舟，借助洋流逐步迁徙和到达美拉尼西亚和波利尼西亚诸岛的。所以，从人类对海洋的认知以及古代航海术的发展历程而言，不仅南山遗址和南关里东遗址可以通过台湾海峡相互交流，而且这两处遗址出土的大量的小米遗存以及由此反映的粟作生产技术，也有可能是通过海洋之路传入闽江流域和台湾岛的。

如果在 5000 年前确实存在着南北文化交流的海洋之路，那么南山遗址和南关里东遗址发现的粟和黍两种小米的源头在哪儿？近期结项的国家科技支撑计划“中华文明探源工程”的研究成果可以提供一些线索。根据该项目长达十余年的综合研究发现，大约在距今 5000—3500 年间，中国南北广阔区域同时存在着六个古代文化区系，即黄河下游地区的大汶口文化、海岱龙山文化、岳石文化，黄河中游地区的庙底沟二期文化、中原龙山文化、二里头文化，西北地区的仰韶晚期文化、齐家文化，长江下游地区的良渚文化、钱山漾和广富林文化，长江中游地区的屈家岭文化、石家河文化、后石家河文化，以及西辽河流域地区的红山文化、夏家店下层文化。根据植物考古研究结果，在中华文明形成时期，这六大文化区系的农业生产特点和发展模式不尽相同，大体可为四种农业生产方式：分布在西北地区和西辽河流域地区的以种植粟和黍这两种小米为特点的古代北方旱作农业，分布在长江中下游地区的稻作农业，分布在黄河下游地区的稻旱混作农业，分布在黄河中游地区的以多品种农作

物种植为特点的农业。其中黄河下游地区即海岱文化区系的稻旱混作农业的特点，是同时种植水田作物水稻和旱地作物小米，即水稻与粟和黍两种小米都是当地的主要农作物。

正如前面一再提到的，南山和南关里东这两处遗址浮选结果的显著特点就是水稻遗存和小米遗存同出。南山遗址浮选结果中水稻遗存的出土数量最多，但小米遗存的出土数量也多达近万粒；南关里东遗址浮选结果中小米遗存的出土数量占绝对优势，但水稻遗存的出土数量也很突出。如果仅从浮选结果来分析，南山和南关里东这两处遗址的农业生产特点属于典型的稻旱混作农业，与同时期的海岱地区古代农业生产特点完全一致。据此可以推测，南山遗址和南关里东遗址出土的粟和黍两种小米，以及由此所反映出的稻旱混作农业生产特点，很有可能源自海岱文化区系的山东半岛，其传播应该是通过海洋之路。

在我国东海岸曾发现了一系列距今5000—3500年的重要考古遗址，例如烟台的庙后遗址和照各庄遗址，日照的尧王城遗址和两城镇遗址，连云港的二涧村遗址和朝阳遗址，上海的广富林遗址，宁波的何家遗址和下王渡遗址，以及前面提到的霞浦的黄瓜山遗址和屏风山遗址等。需要指出的是，这些分布在我国东部沿海地区的早期考古遗址中，凡是开展过浮选工作的，一般都出土有农作物遗存，其中大多数以水稻遗存为主，但也有些遗址出土有粟和黍两种小米遗存。这些重要的考古发现为我们探讨史前南北文化交流的海洋之路提供了重要的线索，值得深入分析和探讨。

五、结语

粟和黍是中国北方旱作农业的主要农作物，起源于黄河流域。但是，福建明溪的南山遗址和台湾台南的南关里东遗址的浮选结果揭示出，早在5000年前，粟和黍这两种小米就已经跨越了长江流域，出现在了华南的闽江流域和台湾岛。根据已有的考古资料分析，粟和黍两种小米通过陆路传入福建闽江流域和台湾岛的可能性较小，起码目前缺乏考古资料的支持。但是，鉴于古代人类很早就具备了征服海洋的能力，中国古代先民应该在史前时期就掌握了航海的知识、技能和交通工具，由此推测，粟和黍两种小米的传播可能通过海洋之路。在我国东海岸发现一系列距今5000—3500年的重要考古遗址，其中一些遗址开展浮选工作的结果，为探讨史前南北文化交流的海洋之路提供了资料和线索。另外，根据浮选结果分析，南山和南关里东这两处遗址的农业生产特点属于典型的稻旱混作农业，这与同时期的海岱地区的古代农业生产特点完全一致。所以，南山遗址和南关里东遗址出土的粟和黍两种小米以及由此所反映出的稻旱混作农业生产特点，很有可能源自海岱文化区系的山东半岛。

日本学者有关东北亚农耕传播过程的研究

——宫本一夫著《东北亚初期农耕与弥生起源》的介绍

山东博物馆 徐 波 天津师范大学历史文化学院 戴 玥

欧亚大陆东部存在着北方畜牧农耕（游牧）型社会与南方农耕型社会的二元对立结构。公元前1千纪北方畜牧农耕型社会转变为初期骑马游牧型社会，并最终于公元前3世纪左右形成匈奴游牧国家。而南方农耕型社会将农耕经济作为社会经济的基础，经历都市国家、领域国家，最终形成秦汉帝国。因此，我们认为农耕经济是国家形成的经济基础，而农耕经济的形成标志着社会系统从本质上发生了变化。

根据野生谷物的生长环境，栽培作物最初在中国大陆呈现出南北不同的分布特点，形成南北不同的栽培格局，即以华北为中心的黍粟栽培和以长江中下游为中心的水稻栽培。有关黍粟栽培的证据，在距今10000年左右的山西吉县柿子滩、北京东胡林、河北徐水南庄头等遗址中出土的石磨盘、石磨棒上已经检测出附着有相应的淀粉颗粒，而距今8000年左右的山东济南月庄遗址、内蒙古赤峰兴隆沟遗址中发现有炭化的黍粟。这些证据表明中国北方地区在距今10000年左右可能已开始了对黍粟的栽培。有关水稻栽培的证据，湖南道县玉蟾岩、江西万年吊桶环、江西鄱阳湖等地发现了水稻的植硅体，浙江浦江上山遗址中发现稻谷压痕、炭化米。这些证据表明长江中下游地区在距今10000年左右可能已开始了对水稻的栽培。不过，通过距今7000年左右的湖南澧县八十垱、浙江田螺山稻粒形态的分析，我们认为栽培稻在河姆渡文化时期所占的比例不高。直至崧泽文化时期，长江中下游地区才正式进入稻作农耕社会。

在栽培作物南北分布格局的基础上，无论是北方的黍粟还是南方的水稻，皆伴随着温暖潮湿的环境而向纬度更高的地方扩散，进而传播至东北亚和中国的西南部。人们将中国大陆作为农耕起源的原生地带，而将东北亚的朝鲜半岛、日本列岛以及中南半岛等称作农耕起源的次生地带，进而形成农耕传播的“中心—周边”模式①。

有关农耕在东北亚地区的传播，尤其围绕稻作农耕从中国大陆向日本列岛传播的具体路径，日

① （日）宫本一夫：《農耕の起源を探る——イネの来た道》（歴史文化ライブラリ—276），吉川弘文馆，2009年，第28～29页。

本的冈崎敬先生将其总结为三点，即“北方说”“直接说”“南方说”[①]。“北方说”指水稻从中国华北地区经朝鲜半岛传播至日本列岛的九州岛北部。“北方说”具体分为三条路径，其一是经辽西、辽东传播至朝鲜半岛、九州岛北部；其二是从山东半岛经辽东半岛传播至朝鲜半岛、九州岛北部；其三是从山东半岛经海路直接传播至朝鲜半岛的中南部或南部，进而扩散至九州岛北部。“直接说”指水稻从长江中下游经中国东海直接传播至日本列岛，具体也可以分为两条路径：其一是从长江中下游直接传播至朝鲜半岛的南部海岸，再由朝鲜半岛的南部海岸传播至九州岛北部；其二是从长江中下游直接传播至九州岛西北部。“南方说”指水稻从中国华南地区经日本西南诸岛传播至九州岛南部。不过，由于“直接说”和“南方说”都缺少相应的考古学证据，因而“北方说”被人们认为最为可信。尤其稻作农耕的传播不可能是单一要素的扩散，而是诸多考古学证据综合性移动的结果，而且这种诸多文化要素扩散的背景是人类集团大规模的移动带来的社会性、文化性的广泛接触。因此，“北方说”中从山东半岛经辽东半岛、朝鲜半岛传播至日本列岛的路线具备了这样的人类集团大规模接触的考古学证据，可以说山东半岛是农耕经济在东北亚传播过程中的肇始之地。

多年来，日本九州大学人文科学府宫本一夫教授持续关注农耕在东北亚传播的问题，希望从考古学的角度对“北方说”进行实证性的论述。2003 年至 2008 年，根据平成 16—19 年度日本学术振兴会科学研究费基盘研究（A）《日本水稲農耕の起源地に関する総合的研究（有关日本水稻农耕起源地的综合研究）》[②]、《農耕の起源を探る——イネの来た道（探索农耕起源——稻传来的道路）》[③]等研究，宫本一夫教授提出了东北亚农耕传播的“四段论”，即农耕技术由山东半岛经辽东半岛、朝鲜半岛传播至九州岛北部的过程可以细分为四个阶段。2017 年，宫本一夫教授出版《東北アジアの初期農耕と弥生の起源（东北亚初期农耕与弥生起源）》[④]一书，又对农耕传播“四段论”的考古学证据作了补充。《东北亚初期农耕与弥生起源》一书将人类集团的大规模移动作为农耕传播的背景，根据石器、陶器、墓葬等诸多文化要素的传播以及环境的变动，更加全面地阐释了东北亚逐步实现农耕化的过程。2019 年出版的平成 27—30 年度日本学术振兴会科学研究费基盘研究（B）《東北アジア農耕伝播過程の植物考古学分析による実証的研究（基于植物考古学分析的东北亚农耕传播过程的实证性研究）》[⑤]，又从水田遗迹的调查、温带粳稻的 DNA 分析、陶器压痕分析、陶器制作技术、炭化米的形态分析等五个方面对东北亚农耕的传播过程进行更加深入的研究。而本文拟就《东北亚初期农耕与弥生起源》一书，结合《基于植物考古学分析的东北亚农耕传播过程的实证性研究》，对宫本一夫教授的“四段论”作一介绍。

第一阶段

公元前 6 千纪，黄河中下游的黍粟作物、栽培技术以及石磨盘、石磨棒等华北型农耕石器向北扩

---

① （日）冈崎敬：《コメを中心としてみた日本と大陸》，见《古代史講座》13，学生社，1966 年。

② （日）宫本一夫：《日本水稲農耕の起源地に関する総合的研究（平成 16—19 年度日本学術振興会科学研究費基盤研究 A）》，九州大学大学院人文科学研究院，2008 年。

③ （日）宫本一夫：《農耕の起源を探る——イネの来た道》（歴史文化ライブラリー 276），吉川弘文馆，2009 年。

④ （日）宫本一夫：《東北アジアの初期農耕と弥生の起源》，同成社，2017 年。

⑤ （日）宫本一夫：《東北アジア農耕伝播過程の植物考古学分析による実証的研究（平成 27—30 年度日本学術振興会科学研究費基盤研究 B）》，九州大学大学院人文科学研究院，2019 年。

散到辽西的兴隆洼文化与辽东的新乐下层文化。公元前4000年至前3300年,黍粟作物由辽东沿朝鲜半岛西海岸向朝鲜半岛南部扩散,另一条线路自辽西、辽东向俄罗斯极东地区南部扩散。向朝鲜半岛南部的扩散,包括栽培作物、栽培技术、华北型农耕石器、柳叶形磨制石镞,形成多种文化要素的综合性传播。黍、粟这样的栽培作物在朝鲜半岛的遗址内发现较多,包括西北部的黄海北道凤山郡智塔里遗址、峰山面马山遗址以及南端的釜山东三洞贝冢等遗址,这些遗址皆沿朝鲜半岛西海岸分布,故而宫本一夫教授指出黍粟型的农耕是沿朝鲜半岛西海岸向朝鲜半岛南部传播的。有关黍、粟向俄罗斯极东地区南部的扩散,包括黍粟作物、绥芬河牡丹江上游亚布力文化中的绳纹陶器以及华北型农耕石器。宫本一夫教授根据陶器形制和纹饰的变化,将公元前3500年至前2000年俄罗斯极东地区南部的考古学文化划分为瀚西文化期和塞萨诺夫卡文化期。瀚西文化期的器物组合以深钵、壶为主,塞萨诺夫卡文化期的器物组合包括深钵、壶、浅钵、盆形钵等。瀚西文化期,极东地区南部接受了绥芬河牡丹江上游的绳纹陶器。塞萨诺夫卡文化期,极东地区南部又吸收了华北型农耕石器和陶器的器物组合。然而,宫本一夫教授根据植物标本的内容,指出极东地区南部的生业仍以坚果采集为主,农耕经济处于次要位置。也就是说,塞萨诺夫卡文化期虽然属于狩猎采集社会,但是接受了初期农耕的技术。

第二阶段

仰韶文化时期,长江中下游的栽培稻伴随着温暖湿润的气候向北扩散至黄河中下游。龙山文化时期,栽培稻又沿黄海沿岸扩散至栽培黍、粟的山东半岛,进而使山东半岛呈现出栽培多种谷物的现象。不过,山东半岛各遗址中所见栽培稻的比例不同,如山东南部日照两城镇遗址中稻谷的占比较高,而山东北部校场铺遗址中稻谷的占比较少。另外,山东日照两城镇、胶州赵家庄、临沭东盘等遗址中还发现了大麦和小麦的种子。这些证据表明,在龙山文化时期,大麦和小麦由西亚经欧亚草原从西北或北方进入中国并传播到黄河中下游地区。公元前2500年至前2000年,栽培稻从山东半岛东部向辽东半岛南部的小珠山上层文化扩散。例如在大连王家村遗址中发现了完整的稻谷,王家村遗址、文家屯贝冢等遗址中还发现了带有稻谷压痕的陶片。此外,扩散的内容不仅包括稻谷,还包括大陆系统的磨制石器以及黑陶器。这一时期,辽东半岛的器物组合以陶器和玉器为主,陶器包括黑陶或红褐陶鬶等,玉器包括牙璧、锥形器等,另外墓葬中还可见双壳贝或螺旋贝。这些习俗均受到山东半岛东南部的影响,说明这一时期辽东半岛在社会系统的规范性方面,特别是标识死者社会身份方面,受山东半岛龙山文化的影响较大。

第三阶段

江苏连云港藤花落遗址中发现了龙山文化时期作为灌溉设施的水沟,山东胶州赵家庄遗址中发现了龙山文化时期的不规则形状的水田。朝鲜半岛中南部也发现了公元前1500年左右的水田等生产遗迹,与此同时,朝鲜半岛还出现了辽东系统的磨制石器,包括扁平片刃石斧、柱状片刃石斧、石刀等。因此宫本一夫教授认为,带有灌溉功能的水田以及辽东系统的磨制石器一同从辽东半岛向朝鲜半岛中南部传播。其中,水田等灌溉设施的形成标志着出现了更加集约的灌溉农耕。关于磨制石器，在以往的研究中已有从辽东半岛经朝鲜半岛向日本九州北部扩散的论述。然而，通过与山东大学东方考古研究中心的联合调查，宫本一夫教授发现胶州半岛的磨制石器，无论形态、类型抑或高宽比等，皆与辽东半岛磨制石器相似。他进一步指出，胶州半岛与辽东半岛的关联可以追溯至龙山文化时期的小珠山上层文化。到了岳石文化时期，山东半岛的影响进一步加强，相关的证据来自辽东半岛的双砣子二期、双砣子三期等。因此，可以说这些磨制石器以胶州半岛作为起点，经辽东半岛向朝鲜半岛传播，最终对日本九州岛北部的弥生文化产生了深远影响。另外，用来制作木质工具的扁平片刃石斧、柱状片刃石斧在这个阶段还存在尺寸大型化、类型多样化的现象。宫本一夫教授推测这种现象的形成可能与人们对木质农具的需求有关——伴随着人们对木质农具需求的增多，扁平片刃石斧、柱状片刃石斧的尺寸逐渐增大，种类也逐渐增多。当然，木质农具又与灌溉农耕具有必然联系。宫本一夫教授推测灌溉农耕技术很有可能在这个时期从山东半岛经辽东半岛、朝鲜半岛传播至日本九州岛，而且在这一过程中很有可能存在木质的农具。

第四阶段

弥生时代早期，日本九州岛北部出现了具有灌溉功能的水田，这标志着农耕技术在东北亚传播第四阶段的肇始。伴随着灌溉农耕的出现，日本列岛的社会系统发生了巨大变化，这其中包括生业形态、生活方式等。作为表现这些变化的考古学现象，九州岛北部在弥生时代早期相继出现了新的陶器，包括瓮、壶、高杯等；出现了新的磨制石器，包括石刀、扁平片刃石斧、柱状片刃石斧等；在制作陶器的技法方面也出现了内倾接合技术，而在聚落的形态方面出现了松菊里型的环壕聚落。公元前1000年，气候逐渐寒冷，朝鲜半岛南部的农耕集团为了寻找新的耕地不得不渡海南下，这是农耕技术在东北亚传播第四阶段形成的背景。也就是说，日本列岛农耕技术的出现是九州岛北部相对朝鲜半岛南部农耕化的连锁反应。

以上内容主要是对宫本一夫教授所著《东北亚初期农耕与弥生起源》一书中关于东北亚农耕化过程的“四段论”所作的简单介绍。《东北亚初期农耕与弥生起源》《基于植物考古学分析的东北亚农耕传播过程的实证性研究》等研究对农耕经济经山东半岛、辽东半岛、朝鲜半岛传入日本列岛的过程进行了实证性和综合性的论述。公元前6千纪，欧亚大陆东部的南方农耕社会开始了黍、粟和水稻的栽培。公元前3千纪，长江中下游地区的水稻开始向北传播，西亚地区的大麦和小麦通过草原地带向东传播，逐渐汇聚于黄河中下游地区。公元前2千纪，黄河中下游地区又掌握了豆类栽培技术。至此，作为国家出现的经济基础，“五谷”逐渐在欧亚大陆东部的南方农耕社会中形成。作为今后研究的方向，我们不仅需要在栽培作物的证据方面做足实证性的分析，更应面向初期国家形成的过程，做足“五谷”这一经济基础的形成与其他考古学材料间的联动分析，综合性地叙述文化与社会的本质性变化。

战国晚期织物分析研究

山东省文物保护修复中心 徐军平 刘 靓 刘芳志

一、前言

2013 年 7 月，山东博物馆征集了一批来源于临淄地区的文物。经中国社会科学院考古研究所、山东大学等单位专家鉴定，这批文物的时代属于战国晚期。在清理过程中，发现一件红色织物残片，残长 21.5cm①，残宽 7.5cm（以最长和最宽处为测量点），其质地柔软、轻薄，色彩鲜艳。为了解该织物的纤维物质属性、组织结构和呈色成分，我们对少量样品进行了分析测试：通过超景深、偏光显微镜对样品的外观形貌、纺织结构进行研究；利用傅里叶变换红外光谱仪对样品进行定性分析；利用扫描电镜——能谱和激光拉曼光谱仪对样品断面和内部结构进行观察测量，同时检测其显色元素成分（图一、图二）。

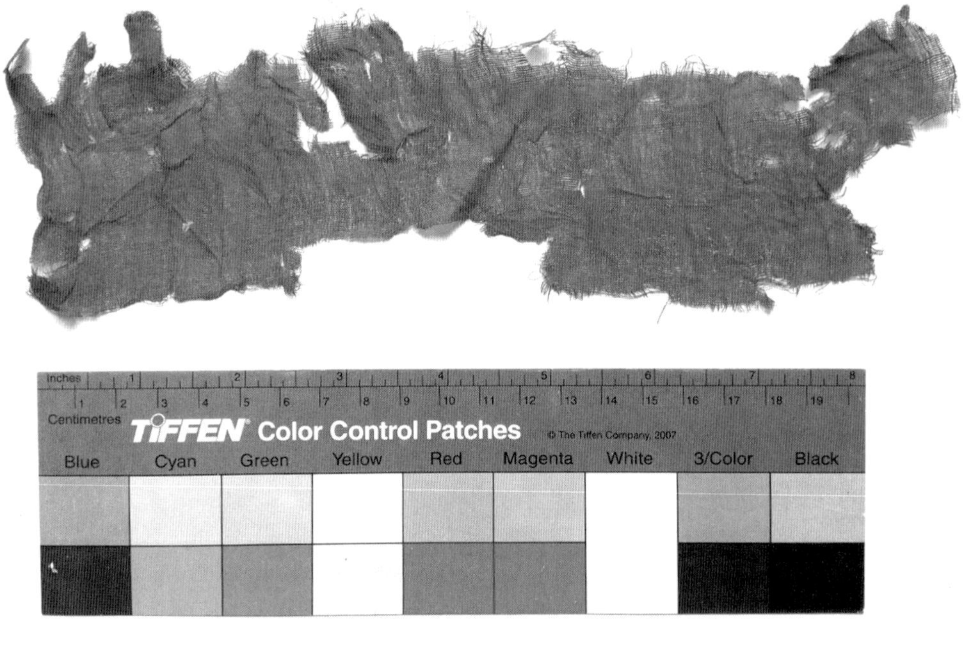

图一 织物正面

① 为叙述方便，本文中的计量单位均用符号表示。

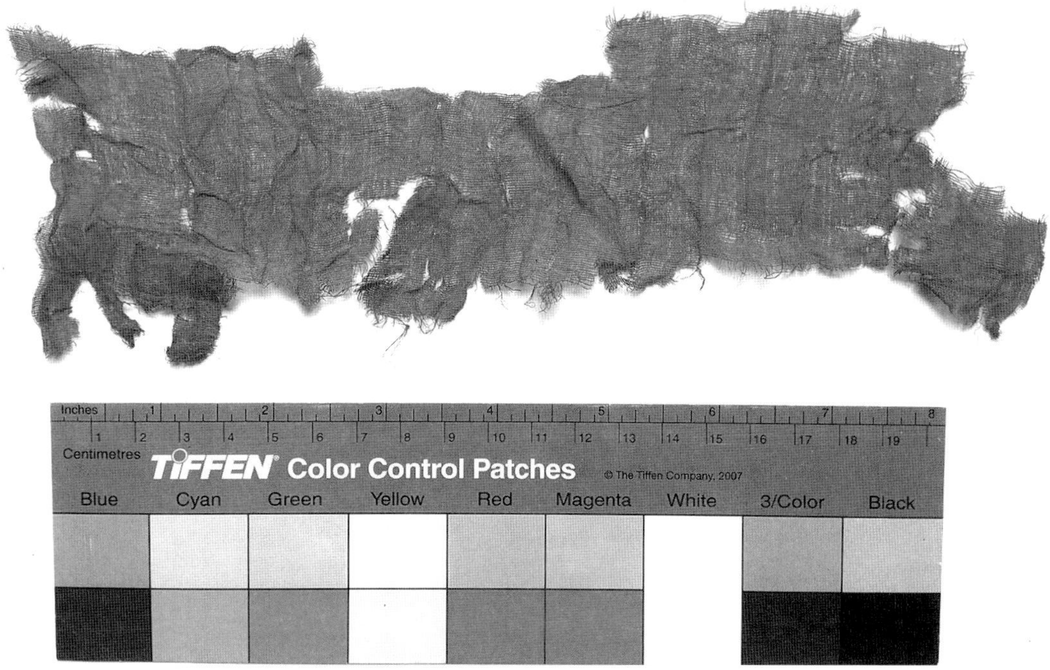

图二　织物背面

二、样品及测试方法

（一）样品

样品主要来源于织物上自然脱落且无法原样复原的残片。

（二）测试方法

1. 超景深三维视频显微观察

使用莱卡（德国）DVM6 超景深三维视频显微镜，放大倍数范围不小于 12—700 倍，并可实现 12—700 倍范围内任意倍数下的显示观察、自动标尺标定和测量，单视野最大观察直径不小于 40mm。本方法主要用于文物样品表面无损形貌观测。

2. 偏光显微观察

使用莱卡（德国）DMLSP 偏光显微镜、Leica Wild 体视显微镜、Meltmount^{TM}固封树脂、巴斯德滴管、直头和弯头钨针、异物镊、载玻片、ϕ12 盖玻片、擦拭纸、无水乙醇。

制样过程：用丙酮擦拭载样面，再用黑笔在背面标出载样区域；据样品的离散状况，滴加无水乙醇至样品边缘后，用钨针研匀样品直至溶剂完全挥发；镊取盖玻片放于样品上，加热至 90℃—100℃；同时，吸取固封树脂，沿盖玻片一侧缓慢渗满整个盖玻片，待冷却后，即可在偏光显微镜下观察。本方法主要用于文物样品显微形貌观测。

3. 扫描电镜——能谱检测

使用飞纳（荷兰）Phenom XL 能谱版扫描电镜，光学放大倍率为 3—16 倍，电子放大倍数为 100000 倍，分辨率小于或等于 15nm。对文物样品使用 15kV 电压和配套电流条件结合能谱进行分析。本方法主要用于文物样品形貌观察、元素测定。

4. 激光拉曼光谱检测

使用雷尼绍(英国)inVia Qontor 共焦显微拉曼光谱仪,最大整体高度范围,28 mm(标准显微镜),支持的物镜为 10—100 倍的标准雷尼绍物镜。532m 激发波长,激光器功率不低于 50 mW,光谱范围为 100—4000 cm^{-1};632.8 nm 激发波长,激光器功率不低于 17mW,光谱范围为 100—6000 cm^{-1};785 nm 激发波长,激光器功率不低于 280mW,光谱范围为 100—3500 cm^{-1}。本方法主要用于文物样品化学性质和表面形貌观测。

5. 傅里叶变换红外光谱检测

使用赛默飞(美国)Nicolet S50 + continuum DTGS 检测器,采用 KBr 压片法进行制样。KBr 片的厚度为 0.3—0.6 mm,将样品研细后与溴化钾混合,装入模具内放在油压机上加压,使其成为透明的晶片。样品的用量为 1—2 mg,溴化钾的用量为 100—200 mg。样品需在真空干燥箱内进行干燥处理,真空度一般为 0.13—0.26 kPa 即可。扫描范围 400—4000 cm^{-1},分辨率为 4 cm^{-1},扫描次数为 32 次。本方法主要用于文物样品定性分析。

三、分析检测结果

(一)样品形貌观察

采用超景深三维视频显微镜、扫描电镜、偏光显微镜对样品形貌进行观察、测量以及定性分析。

从超景深三维视频显微观察可以发现,该织物表面较平整,组织为平纹结构,经线为无捻红色丝线,投影宽度为 0.11 mm 左右,经线密度 38 根/cm;纬线为无捻红色丝线,投影宽度为 0.23 mm 左右,纬线密度 21 根/cm;经纬线都具有较好的丝线光泽,呈扁平状(图三、图四)。通过扫描电镜观察发现,纤维横截面较为致密,呈不规则三角形,纵向呈圆柱形,无鳞片、结节等形态,直径在 6.95—10.20 μm 之间,纤维的微观形态符合蚕丝特征,因此可以推测该织物所使用的纺织原料为蚕丝纤维(图五、图六)。根据偏光显微观察发现,该织物的纤维束平整并行排列,推测应经过人工碾压处理,便于纺织使用(图七)。

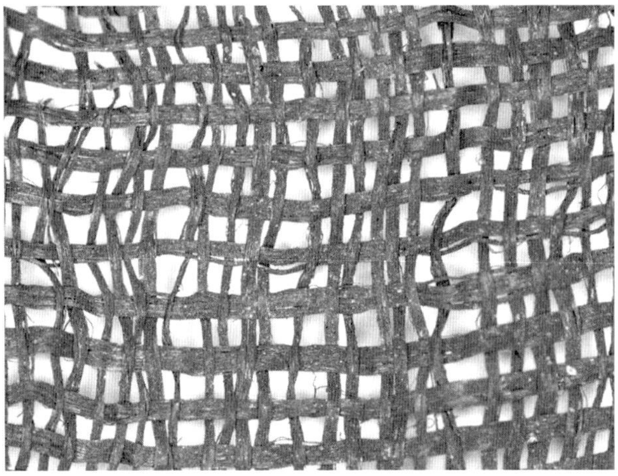

图三　织物组织结构显微图

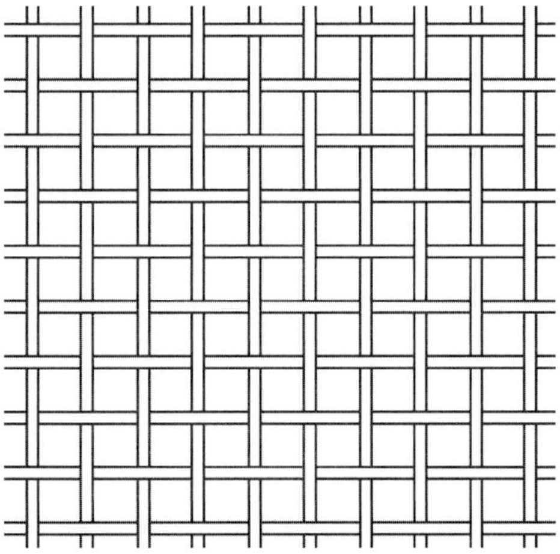

图四　织物组织结构示意图(平纹结构)

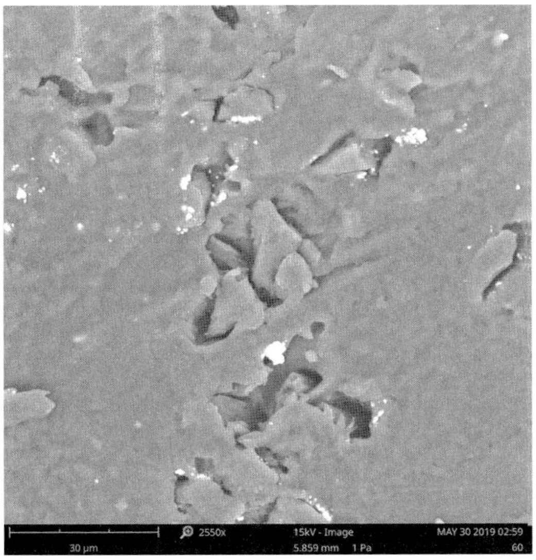

图五 织物纤维横截面扫描电镜图

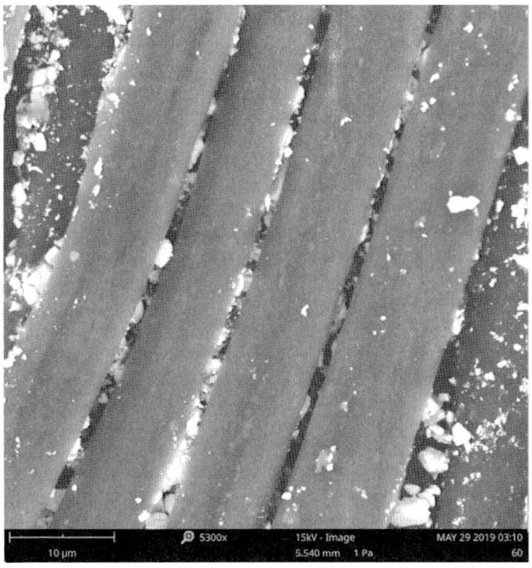

图六 织物纤维纵向扫描电镜图

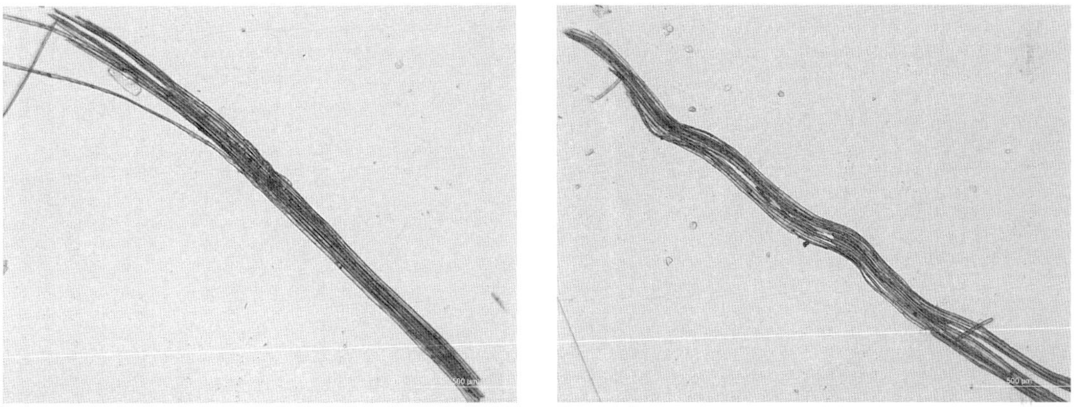

图七 织物纤维纵向偏光显微图

（二）织物纤维定性分析

采用傅里叶变换红外光谱仪对样品纤维进行定性分析，从而推断其物质属性（图八）。

样品的红外光谱图中出现如下特征峰：在 1690—1600 cm^{-1} 处出现 $-C=O$ 伸缩振动所产生的特征吸收谱带（酰胺Ⅰ）；在 575—1480 cm^{-1} 处出现 $-NH$ 变形振动所产生的特征吸收谱带，主要代表形成氢键的 $-NH$ 的振动（酰胺Ⅱ）；在 1301—1229 cm^{-1} 处还有 $-CN$ 和 $-NH$ 的伸缩、弯曲振动所产生的吸收谱带（酰胺Ⅲ），这些都是桑蚕丝的特征峰。因此可以推断，该织物以桑蚕丝纤维作为纺织原料。

（三）织物颜色显色成分定性分析

采用能谱和激光拉曼光谱仪对样品的显色成分进行元素分析，从而推断其可能包含的显色成分属性。

能谱检测结果显示，样品纤维之间夹杂着大量的颗粒物，主要含有 Hg 元素和 S 元素，应是 HgS 化合物。HgS 是朱砂的主要成分，故而推测该织物的红色显色成分中含有朱砂（图九、表 1）。

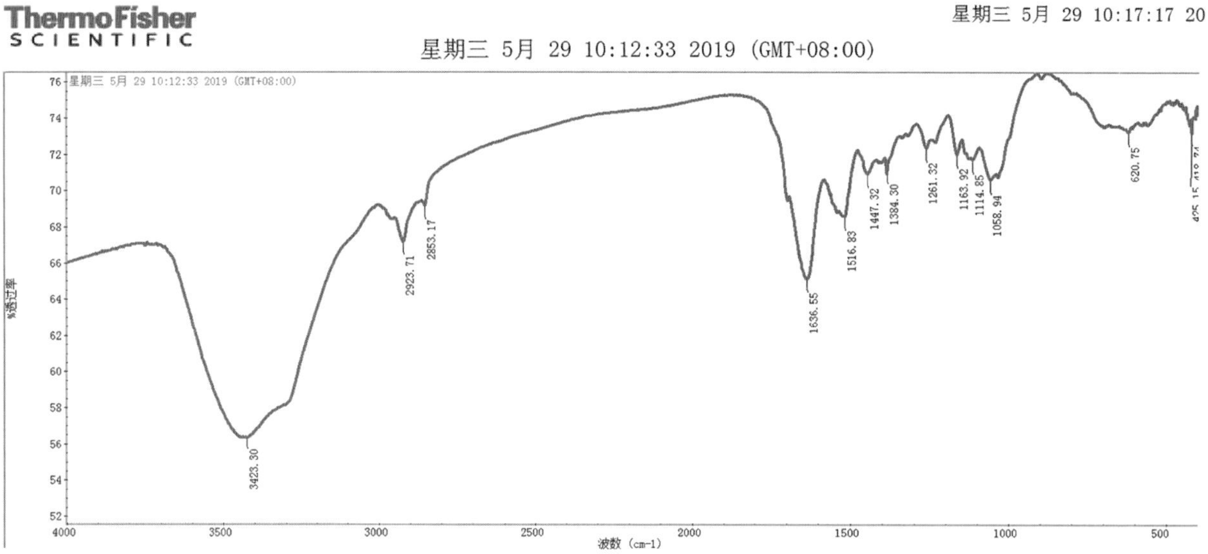

图八　样品的红外光谱图

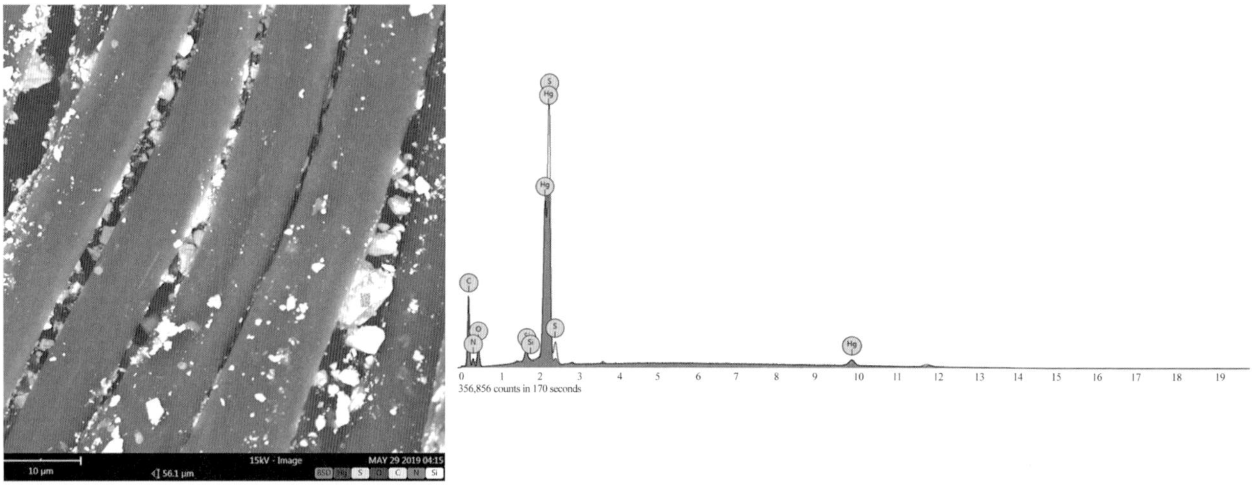

图九　样品显色物质能谱面扫描和元素能谱图

表1　样品显色物质面扫描的能谱数据

元　素	Hg	S	O	C	N	Si
At%	14.17	36.61	25.30	16.28	6.66	0.98
Wt%	60.00	24.78	8.54	4.13	1.97	0.58

通过激光拉曼光谱检测结果分析，样品在254 cm^{-1}、288 cm^{-1}、344 cm^{-1}位置显示出较为明显的拉曼峰，与朱砂（HgS）的标准拉曼散射峰较为接近，从而再次证明该织物的红色显色成分中含有朱砂（图十）。

开始流行，人口呈爆炸性增长，文明国家开始形成。弥生时代的大发展是一个突变的过程。

20世纪90年代，山东省文物考古研究所与日本山口县土井浜人类学博物馆进行了为期三年的合作，利用山东省淄博市临淄区出土的相当于弥生时代的人骨资料同日本西部地区的弥生人骨资料进行比较研究，发现日本弥生时代的繁荣应当与来自中国的人群及其文化的进入有关：(1)日本弥生人和临淄地区的周—汉代人群在体质形态上有相当紧密的渊源关系。(2)稻作农业可能从长江下游经山东半岛、辽东半岛、朝鲜半岛到达日本九州、本州。(3)日本的农耕祭祀和鸟崇拜可能是从中国东部、东南沿海一带传到日本的。(4)日本岛根县古浦、奈良县唐古、佐贺县诧田西分贝冢、壹岐出土的弥生时代卜骨，无钻无凿，只有灼痕。这一做法可能来自山东。章丘城子崖、茌平县尚庄、长岛县南长山岛出土的龙山时期卜骨即无钻无凿，只有灼痕，而且这种烧灼卜骨的方法延续到商代早期。

（五）汉代与西方的交流

1. 关于汉代胡人石雕像

山东发现的胡人石雕像较多，据学者研究统计约有13尊[①]。这些雕像的造型多高鼻深目、头戴尖帽，与中国传统的人像造型并不相同。而且中国汉代以前并没有制造大型石立像的传统，这种雕像更多见于欧亚草原地区。秦汉时期大型胡人石雕像的出现，可以推测是比较普遍地受到欧亚草原文化影响的结果[②]。

2. 山东纺织品与西方

山东地区的纺织业历来比较发达，《禹贡》《史记》《汉书》中都有相关记载[③]。《汉书》还记载汉王朝在临淄设立三服官，发展十分迅速[④]。山东地区的纺织品曾远销各地。秦代时期，李斯提及来自山东的“阿缟之衣”为奢侈品[⑤]。到了汉代，山东的纺织品已到达西域。例如，在敦煌发现的残帛，上书“任城国亢父缣一匹，幅广二尺二寸，长四丈，重廿五两，直钱六百一十八□□元”[⑥]；在武威磨嘴子汉墓中发现的漆缅冠，应当与西汉临淄三服官所制冠有关[⑦]；汉孝文帝时赠予匈奴的绨来自山东，

---

① 朱浒：《山东地区汉代胡人石像研究》，《贵州大学学报（艺术版）》2013年第1期。

② 徐龙国：《山东发现的汉代大型胡人石雕像再研究》，《美术研究》2017年第3期；邢义田：《立体的历史：从图像看古代中国与域外文化》，三民书局2014年版。

③ 《尚书·禹贡》：“济河惟兖州……厥贡漆丝，厥篚织文。浮于济、漯，达于河。海岱惟青州……厥贡盐絺，海物惟错。岱畎丝、枲、铅、松、怪石。莱夷作牧。厥篚檿丝。浮于汶，达于济。海、岱及淮惟徐州……厥篚玄纤、缟。浮于淮、泗，达于河。”《史记·货殖列传》：“太公望封于营丘（今临淄），地潟卤，人民寡，于是太公劝其女功，极技巧，通鱼盐，则人物归之，繦至而辐凑，故齐冠带衣履天下。”《汉书》：“太公以齐地负海舄卤，少五谷而人民寡，乃……织作冰纨绮绣纯丽之物，号为冠带衣履天下。”

④ 《汉书·王贡两龚鲍传》载，琅邪人贡禹给汉元帝的奏言：“故时齐三服官输物不过十笥，方今齐三服官作工各数千人，一岁费数巨万……三工官官费五千万，东西织室亦然。”

⑤ 〔汉〕司马迁：《史记》卷八十六，中华书局1963年版，第2543页。

⑥ 罗振玉、王国维：《流沙坠简》，中华书局1993年版，第186页。罗、王认为亢父缣与军资有关，《后汉书·光武十王列传》载：“任城孝王尚，元和元年封，食任城、亢父、樊三县……节王崇嗣。顺帝时，羌虏数反，崇辄上钱帛佐边费。及帝崩，复上钱三百万助山陵用度，朝廷嘉而不受。立三十一年薨，无子，国绝。”

⑦ 刘曼春：《丝绸之路上的汉唐丝绸》，《丝绸》1982年第8期。《汉书·元帝纪》颜师古注：“李斐曰：‘齐国旧有三服之官。春献冠帻縰为首服，纨素为冬服，轻绡为夏服，凡三。’”

绨的实物在今高昌也有发现①。

(六)魏晋南北朝时期佛教的传播

佛教传入中国是在两汉之际,但佛教在中国兴盛起来则是在魏晋南北朝时期。佛教东传的过程,实现了北方陆上丝绸之路与北方海上丝绸之路的连通以及南方海上丝绸之路与北方海上丝绸之路的连通,如东晋僧人法显的取经求法之路,去程是从中原陆行向西北再转道东南到达天竺,回程则是从今斯里兰卡乘船绕过中南半岛抵达山东崂山②。

北魏、北齐时期,从天竺直达山东半岛的海上之路利用频繁。青州龙兴寺窖藏内出土了大量的北齐笈多式佛教造像,其中单体立姿佛像多衣裙贴身,应当受到了来自天竺的笈多式佛像艺术的影响。龙兴寺佛像作为天竺佛教文化对山东产生直接影响的证据,证实了佛教从海路直传山东的推测③。

公元4世纪时佛教由中国传到朝鲜半岛,6世纪时又由朝鲜半岛传到日本列岛。《续高僧传》记载,泰山朗公谷山寺有来自西域、高丽、北方、南方等地的七尊佛教金铜像,证明佛教传入高丽的路线也当经过山东。

(七)南北朝时期粟特人墓葬

1971年出土于山东省青州市(原益都县)傅家村一座墓葬中的一批北齐画像石,在发现之初并未得到重视,但随着一批北朝至隋代进入中原的西域人的墓葬相继被发现,这些画像石及墓葬才引起了学术界的关注。这些墓葬包括西安北郊北周天和六年(571)车骑大将军大天主康业墓、北周大象元年(579)同州萨保安伽墓、大象二年(580)凉州萨保史君墓、甘肃天水石马坪北朝墓和太原王郭村隋开皇十二年(592)虞弘墓等。傅家画像石图案与虞弘墓出土的石棺上的画像有许多相似之处:傅家画像石的边饰与虞弘石棺的边饰极为相近;虞弘石棺上所见颈上系绶带的鸟,出现在傅家画像石的5个画面中。这种鸟纹即塔吉克斯坦境内著名粟特遗址片治肯特城址(City Site at Pyanjikent)的壁画中表示财富与吉祥的衔环鸟。从画像石图案来看,傅家画像石的主人可能也与粟特人有关。由于目前发现的入华粟特人墓葬主要分布于陆路丝绸之路沿线④,且时代较早的粟特人墓葬分布于西安、太原及其西北,因此可能埋葬在傅家村的粟特人是通过陆路丝绸之路来到山东的。

(八)唐代日本遣唐使及日唐交流

日本前后数十次向唐朝派出使者,沟通政治问题、学习先进文化,前后持续数百年。根据《日本

---

① 《汉书·匈奴列传》记载:“孝文皇帝前六年,汉遗匈奴书曰:‘皇帝敬问匈奴大单于无恙……使者言单于自将伐国有功,甚苦兵事。服绣袷绮衣、长襦、锦袍各一,比疏一,黄金饰具带一,黄金犀毗一,绣十匹,锦二十匹,赤绨、绿缯各四十匹,使中大夫意、谒者令肩遗单于。’”而《管子·轻重戊》记载“鲁梁之民俗为绨”。新疆社会科学院考古研究所:《新疆考古三十年》,新疆人民出版社1983年版,第123页。

② 〔东晋〕法显撰,章巽校注:《佛国记》,商务印书馆2016年版。

③ 王蕊:《魏晋南北朝佛教的播迁与东西丝路的连通》,《东岳论丛》2017年第7期。

④ 目前所见入华粟特人墓葬分布在新疆吐鲁番地区、甘肃天水地区、宁夏固原与盐池地区、陕西西安及邻近地区、山西太原与汾阳地区、河南洛阳与山东青州地区、河北大名与北京地区。

书纪》的记载[①]，早期遣唐使入唐线路以北路为主，即从京都出发，沿海岸到达九州西北，穿过对马海峡和朝鲜海峡到达朝鲜半岛南部，沿朝鲜半岛和辽东半岛南部海岸向西航行，以庙岛群岛为跳板到达山东半岛，在登州附近上岸。唐中宗以后多以南路为主，即从日本向西直接横渡黄海、东海，在今宁波附近一带上岸。

（九）宋代板桥镇与宋—高丽贸易

宋代以前，山东地区的对外港口以登州、莱州为主。到了宋代，辽宋南北对峙，高丽向辽朝称臣纳贡，地处山东半岛东端的登州因同辽朝统治下的辽东半岛隔海相望且位于前往朝鲜的商路上，为"免中国奸细因往高丽遂通契丹之患"[②]，登州港逐渐被废弃。

宋熙宁四年，宋、高丽复交以后，密州（今青岛胶州）板桥镇开始成为宋朝与高丽之间进行官方和民间交流的一个重要港口。宋哲宗元祐三年（1088），密州板桥镇设市舶司，成为当时宋王朝设立的五大市舶司之一，同时是长江以北的唯一市舶司。

1996年，板桥镇发现了30吨北宋时期的铁钱；2009年板桥镇遗址内发现了北宋时期的市舶司及相关建筑群遗迹，以及包含宋代五大著名窑口的各种瓷器碎片，重现了文献记载中密州市舶司的繁华景象[③]。

（十）清以来山东及周边的柞蚕茧绸与对外贸易[④]

清代中期，山东昌邑人首先开辟了柞蚕茧绸的国内市场，道光年间昌邑人又率先发明了柞蚕缫丝技术。昌邑绸商通过资本与技术输出，将昌邑茧绸的原料基地及生产基地由最初的胶东地区、鲁中南地区扩展到辽东半岛南部，开创了中国柞蚕史的黄金时代。昌邑绸商上北洋、上东洋、下南洋、下西洋，将茧绸销售到世界各地。

1. 闯东山与闯关东——渤海南北的柞蚕茧绸生产基地

胶东地区是山东省重要的柞蚕产区，为解决昌邑织绸原料短缺问题，昌邑人陆续来到胶东开办纩房、机房。这些丝织业商号雇用的职工绝大多数是昌邑亦工亦农的村民，他们利用春冬两季农闲时间，步行往返五六百里到胶东做工，名曰"闯东山"。东三省南部的辽东半岛是我国重要的柞蚕产地，但近代辽宁柞蚕缫丝织绸技术缺乏，当时所用工匠多来自山东尤其是昌邑地区。清光绪中叶至民国中期，为扩大原料供应，大量昌邑人来到辽东养蚕缫丝，名曰"闯关东"。这一活动使得辽宁地区尤其是西丰、宽甸、丹东等地迅速成为昌邑茧绸最主要的原料基地。

从山东半岛到达辽东半岛，时人或者经庙岛群岛乘船北行，或者绕渤海湾曲折陆行。

2. 上北洋、上东洋、下西洋、下南洋——茧绸的外销

昌邑绸商以今昌邑都昌街道、卜庄镇和柳疃镇为多。早期昌邑柞蚕茧绸主要销往俄罗斯，即"上

---

① （日）木宫泰彦著，胡锡年译：《日中文化交流史》，商务印书馆1980年版。

② 苏东坡：《乞禁商旅过外国状》，见《苏东坡全集》，中国书店1986年版。

③ 青岛市文物保护考古研究所：《胶州板桥镇遗址考古文物图集》，科学出版社2014年版。

④ 本节内容由昌邑市博物馆王伟波馆长介绍提供。

北洋”。“上北洋”人数最多时约有400人,仅今都昌街道峠埠村就有100余人。从北洋归国的昌邑绸商,有的凭借丰富的经验跨海去往朝鲜、日本,当时称为“上东洋”;有的则转道欧洲各国,当时称为“下西洋”;大部分人则去往昌邑绸商最为集中的南洋地区,当时称为“下南洋”。

(1)上北洋——近代海上丝绸之路的北行路线

当时的绸商从多个途径前往俄罗斯销售绸缎,或经胶济铁路、津浦铁路至北京经张家口然后西行;或经登莱青官道到烟台,从烟台登船到海参崴(符拉迪沃斯托克);或乘船至旅顺、营口,经中东铁路到满洲里然后西行。

(2)下南洋——近代海上丝绸之路的南行路线

昌邑侨商所谓的“南洋”,是指广义的南洋地区,这一地区当时主要是英国与荷兰的殖民地。前往南洋的路程可从当时的青岛或烟台乃至东海关下辖分关出发,沿海岸线南行,经上海、香港,然后到达南洋;也可以从胶济铁路转津浦铁路到达上海,然后出关乘船南行。

(3)茧绸销往日本

茧绸也销往日本等国,但很快日本就开始从中国收购原料进行纺织,因此销往日本的时间很短暂。据1890年1月至1893年12月间的日本驻华领事报告显示:与烟台有直接贸易联系的外国港口主要有日本长崎、神户、横滨,朝鲜仁川、元山,以及俄国所占之海参崴(符拉迪沃斯托克)。烟台对日出口商品以茧绸、牛骨、甘草等为主。

(十一)中国人与美洲

18世纪,一些西方汉学家根据中国古文献提出“中国人最早发现美洲”这一观点。20世纪中叶,这一观点又在中国学术界掀起了一场讨论热潮,其中的重点论题包括:(1)美洲土著印第安部落是远古时经过白令陆桥由中国迁去的中国人,即陆桥移民说;(2)中国殷商时代先民东渡美洲,甚至建立中南美洲最早的奥尔梅克文化并影响到玛雅文明,即殷人航渡说;(3)5世纪时,中国僧人慧深或法显发现美洲,即僧人发现说。这些观点认为中国人发现美洲比欧洲人哥伦布还早一千年乃至两千五百年。这些论题可能存在问题,因为目前的发现还不足以支撑这些观点。但这些观点提示我们,在研究中一定要坚持全球视野,大胆假设,同时需要保持严谨的态度,小心求证。

从考古发现来看,史前鲁中南与胶东半岛以及辽东半岛与朝鲜半岛、日本的文化联系,是后来跨渤海、黄海交流的肇始。西辛战国墓出土的裂瓣纹银器证明战国时期山东已经通过海路与西方发生联系,弥生时代日本的文化繁荣证明山东继续通过海路与东方发生联系。汉代胡人石雕像、纺织品这两类器物,一类来自西北欧亚草原,一类销至西域,一来一往正说明汉代山东与西北方向的通畅交流。魏晋南北朝时期佛教二次传入中国并经中国传至朝鲜半岛和日本,以及入华粟特人的分布,说明古人在海上和陆上的交通是相互联通的。遣唐使在入唐路线上的选择,证明从山东沿海经庙岛群岛至辽东半岛和朝鲜半岛沿海的通道是最具安全性的海上通道。宋代对外关口的设立,也证明山东在北方对外交流中的重要地位。

丝绸之路上交流的不仅是丝绸,这一名称所代表的是一条海路和陆路沟通不同地域,进行经济、文化、政治各种交流的线路。

三、文献中的山东“一带一路”

除了考古发现，山东“一带一路”的存在在文献资料中也有清晰记载。

《新唐书·地理志》记载，唐德宗贞元年间(785—805)宰相贾耽记述的“入四夷之路与关戍走集最要者七”，其中即有“登州海行入高丽、渤海道”：

登州东北海行，过大谢岛、龟歆岛、末岛、乌湖岛三百里。北渡乌湖海，至马石山东之都里镇二百里。东傍海壖，过青泥浦、桃花浦、杏花浦、石人汪、橐驼湾、乌骨江八百里。乃南傍海壖，过乌牧岛、贝江口、椒岛，得新罗西北之长口镇。又过秦王石桥、麻田岛、古寺岛、得物岛，千里至鸭绿江唐恩浦口。乃东南陆行，七百里至新罗王城。自鸭渌江口舟行百余里，乃小舫溯流东北三十里至泊汋口，得渤海之境。又溯流五百里，至丸都县城，故高丽王都。又东北溯流二百里，至神州。又陆行四百里，至显州，天宝中王所都。又正北如东六百里，至渤海王城。

可以看出，这是一条从山东半岛的登州附近出海，“循海岸水行”到达朝鲜半岛东南部的路线，具体线路是沿今天的庙岛群岛向北到达辽东半岛南端，沿辽东半岛东侧航行至鸭绿江口，经陆路到当时的高丽、渤海国和新罗地区。

《明史·朝鲜传》记载的明代朝鲜贡道从登州上岸：

天启元年八月，改朝鲜贡道，自海至登州，直达京师。

《明史·河渠志》记载明代官方运粮也从登州运至朝鲜：

(万历)二十五年，倭寇作，自登州运粮给朝鲜军。山东副使于仕廉复言：“饷辽莫如海运，海运莫如登、莱。盖登、莱度金州六七百里，至旅顺口仅五百余里，顺风扬帆一二日可至。又有沙门、鼍矶、皇城等岛居其中，天设水递，止宿避风。惟皇城至旅顺二百里差远，得便风不半日可度也。若天津至辽，则大洋无泊；淮安至胶州，虽仅三百里，而由胶至登千里而遥，礁碍难行。惟登、莱济辽，势便而事易。”时颇以其议为然，而未行也。四十六年，山东巡抚李长庚奏行海运，特设户部侍郎一人督之，事具《长庚传》。

庙岛古称沙门岛。明洪武年间的郑梦周有诗《沙门岛》，建文时李詹有诗《沙门岛待风》，永乐时的权近与李稷都曾作《沙门岛待风》，天启年间吴天坡曾作诗《过皇城岛》、全湜曾作诗《皇城夜泊》《庙岛偶吟》等，都展示了庙岛作为贡道节点的繁荣景象。

从文献资料来看，山东半岛沿海及庙岛群岛是前往朝鲜半岛与日本的一条主要海上航线。

四、相关问题的思考

文献资料及考古发现证明，山东地区对外贸易及交流非常发达。但在肯定山东发达的对外交流的同时，我们可以看到山东“一带一路”研究还存在很多问题，如缺乏课题意识和课题规划，缺乏“一带一路”倡议下对经济、文化交流的总体规划。学者们提出了很多问题，但缺乏对考古资料、文献等各角度的综合研究，没有从多角度研究山东地区“一带一路”文化交流情况，一些研究成果没有纳入“一带一路”研究的视野，学者没有形成合力等。

未来的研究需要加强课题规划和课题落实，以课题项目为基础，建立多个研究平台，多角度审视“一带一路”与山东的关系，加强国内与国际间的学术交流。“一带一路”的研究对象不是一城一地一遗址，而是几千年来形成的经济、文化、政治交流路线及相关问题。至于山东，该课题可供研究的问题非常丰富且多样，如鲁缟齐纨等纺织品的影响、各种舶来品产地、徐福东渡、瓷器贸易、佛教传播等都需要进一步加强研究；“一带一路”研究涉及的学科也非常广，考古工作者要立足本身，加强与经贸、海洋、地理等相关学科学者的沟通，共同规划“一带一路”倡议下的“一带一路”历史研究。

(续表)

地　点	学术活动主题	举办时间	主办单位
泉州	21 世纪海上丝绸之路高端论坛	2014.9.14	福建省侨办、福建省社科院、华侨大学等
南宁	“汇商聚智,携手圆梦——共建 21 世纪海上丝绸之路·知名企业·专业人士交流会”	2014.9.15	广西壮族自治区人民政府、新加坡工商联合总会
腾冲	21 世纪海上丝绸之路法律研讨会	2014.12.20—22	中国法学会
泉州	“21 世纪海上丝绸之路”国际研讨会	2015.2.11—12	国务院新闻办、新华社、中国社科院、中国外文局、福建省社科院
厦门	“海上丝绸之路:回顾与前瞻”国际学术研讨会	2015.3.21—23	厦门大学嘉庚学院
宁波	“行舟致远:扬帆海上丝绸之路”国际学术研讨会	2015.7.10	宁波市人民政府、中国航海学会
上海	“中国‘海上丝绸之路’与南亚的政治经济学”国际学术研讨会	2015.11.21—22	华东师范大学国际关系与地区发展研究院
厦门	“华侨华人与海上丝绸之路”研讨会	2015.11.27—30	福建省侨办、华侨大学
广州	海上丝绸之路与环南海社会文化史	2015.12.4—6	暨南大学
厦门	中国海上丝绸之路历史文化研究展望学术研讨会	2016.4.23—26	《中国史研究》杂志社、厦门大学人文学院等
武汉	“21 世纪海上丝绸之路与中国印尼战略合作”国际研讨会	2016.4.25—26	华中师范大学
广州	21 世纪海上丝绸之路(广东)国际智库论坛	2016.5.10—11	广东外语外贸大学
厦门	“唐代江南社会经济与海上丝绸之路”学术研讨会	2016.8.26—27	厦门大学
广州	“粤海关与海上丝绸之路”学术研讨会	2016.10.9—10	中国海外交通史研究会、中国海关学会广州分会
上海	“海上丝绸之路与印度洋通道安全建设”学术研讨会	2016.10.30	上海对外经贸大学
泉州	“海上丝绸之路历史上的移民与贸易”学术研讨会	2016.12.23—24	泉州海外交通史博物馆
厦门	“中国与世界:多元视野下的海上丝绸之路”研讨会	2017.5.13	《中国高校社会科学》编辑部、厦门大学国学研究院
青岛	海陆丝绸之路的历史变迁与当代启示学术研讨会	2017.5.21—23	中国中外关系史学会、中国海洋大学
厦门	“远洋群岛法律制度和 21 世纪海上丝绸之路”国际研讨会	2017.11.4	厦门市海洋与渔业局、厦门大学南洋研究院
上海	“中国‘海上丝绸之路’与非洲和中东的政治经济学”国际学术交流会	2017.11.18—19	华东师范大学

（续表）

地 点	学术活动主题	举办时间	主办单位
广州	“海上丝绸之路：研究、保护、合作”国际学术研讨会	2018.6.9	国家文物局、广州市人民政府、广州市广电新闻出版局
广州	“广州十三行与海上丝绸之路”学术研讨会	2018.10.13—14	中国海交史协会、广州市社会科学界联合会
南京	“文献记载与考古发现：海上丝绸之路的新探索”学术研讨会	2018.11.16—19	南京大学、中国南海研究协调创新中心史地平台
福州	“福船、闽商与海上丝绸之路”学术研讨会	2018.11.20—21	福州大学、中国商业史学会

四、“21世纪海上丝绸之路”建设的山东响应

山东在古代海上丝绸之路中占有重要的地位，从中国沿海起航的海上丝绸之路主要有两条：一条是东海（今黄海）海上丝绸之路，也就是今天我们所说的东方海上丝绸之路，这条路又分为北线和南线；另一条是南海海上丝绸之路，这条路也分为东线和南线。中国东部沿海地区是东亚海洋文明的中心，山东半岛是东方海上丝绸之路的始发地和北航线的起点①。早在史前文化时期，山东半岛就通过庙岛群岛与朝鲜半岛、日本列岛有了文化交流，这一现实已经被大量的考古成果证明。据春秋时期《管子·轻重甲》记载，管仲在同齐桓公讨论与“四夷”的关系时说：“八千里之发、朝鲜可得而朝也。”先秦时期的养蚕、缫丝技术以山东半岛地区较为发达，齐国是当时纺织业的生产中心和消费中心，有“齐冠带衣履天下”之称。古代著名的琅琊港、登州港都位于山东半岛，利用季风与朝鲜半岛、日本列岛往来十分便捷。隋唐时期，东方海上丝绸之路空前繁荣，隋唐王朝与朝鲜半岛、日本列岛的往来也愈发频繁，而且层次越来越高、规模越来越大，东方海上丝绸之路也进入了鼎盛时期。北宋时期，密州板桥镇成为北方唯一设立市舶司的港口，其重要地位可见一斑。在数千年的中、日、韩交往历史中，山东半岛由于其特殊的地理位置，始终发挥着重要的、不可替代的历史作用，为中、日、韩友好关系的发展和经贸往来做出了重要贡献。明清时期，受严峻的海防形势和国家海禁政策的影响，山东半岛的对外交往较之前代有所逊色，但不能因此抹杀山东半岛在海上丝绸之路建设中的重要地位。

在当前海上丝绸之路建设的进程中，从全国范围来看，山东的话语权都是比较弱的，没有体现出山东这个“海洋大省”“海洋强省”的地位。这既源于我们对山东半岛海洋文明史的不了解，也受当前中、日、韩关系影响。因此我们更应当把山东半岛在古代、现代海上丝绸之路建设中的地位说清楚，认清自己的区位优势。同时，充分利用自然地理优越、生态环境良好，海上航线发达、基础设施完善，进出口规模不断扩大、经济实力逐步提升，海洋科技实力显著、海洋产业体系完备等优势，在海上丝绸之路建设的进程中发出山东的声音，体现山东的作用。

① 陈炎：《海上丝绸之路与中外文化交流》，北京大学出版社1996年版。

五、"21 世纪海上丝绸之路"建设研究中的问题与思考

从上述回顾中可以看出,近几年来,无论是从政策支持还是从学术研究方面,政府、学界在"21世纪海上丝绸之路"建设上已经算得上是反复耕耘、深耕细作,政府与学界也在密切互动,学界提出的许多建议也都成为政府决策的依据。从整个学术界来看,相应的研究机构先后成立并先后召开了一系列主题会议,这些主题会议既有对"海上丝绸之路"历史遗产的深入挖掘,也有基于现实的一些对策性研究,体现了现实性需求。同时,也存在进一步深化研究的空间,主要体现在以下三方面。

首先,就目前"21 世纪海上丝绸之路"建设研究而言,各地方都能充分发挥地域优势,但要避免地方情节过于浓烈而导致的宏观协调缺乏,从而导致"各自为政",走入恶性竞争当中。而且就研究地域来看,呈现出明显的南重北轻态势,大部分研究机构都分布在南方。在今后的研究中,要进一步对环黄渤海"海上丝绸之路"研究机构及资源进行整合,推动对东方"21 世纪海上丝绸之路"建设的研究。

其次,就学术界目前的研究现状而言,应用性研究偏多,理论性探讨偏少。"21 世纪海上丝绸之路"建设虽然是一个体现时代性的现实问题,但同时又是一个历史性问题,需要在理论上对"海上丝绸之路"的一些基本问题进行厘清。如究竟什么是历史上的"海上丝绸之路"? 历史上的"海上丝绸之路"与当前"21 世纪海上丝绸之路"建设之间关系如何? "海上丝绸之路"历史内涵的基本要素是什么? 这些都是事关"海上丝绸之路"的基本理论性问题,若不对此作出清晰的定义,就会歪曲、误读"海上丝绸之路"的文化内涵。

最后,要对古代"海上丝绸之路"与"21 世纪海上丝绸之路"有清晰的认识,对古代"丝绸之路"优良历史进行传承。"21 世纪海上丝绸之路"并不等同于古代的"海上丝绸之路",也并不是一次简单的"系统升级"。"21 世纪海上丝绸之路"建设贵在"21 世纪",它表明了中国既不走西方列强走向海洋扩张、冲突、殖民的老路,也不走与美国海洋霸权对抗的邪路,而是寻求有效规避传统全球化风险,开创人海合一、和谐共生、可持续发展的新型海洋文明[①]。古代的"海上丝绸之路"是指 1840 年前中国与海外国家之间的政治、经济、文化交往,而"21 世纪海上丝绸之路"建设,就目前而言,则是指新世纪中国与东盟国家之间的合作,两者之间是有巨大差别的。事实上,古代"海上丝绸之路"的内容主要在于政治往来、文化交流、经贸往来等,"21 世纪海上丝绸之路"建设许多新内容是古代"海上丝绸之路"没有的,这就为"21 世纪海上丝绸之路"建设提供了许多新的领域与思考。

---

① 王义桅:《"一带一路"机遇与挑战》,人民出版社 2015 年版。

关于“一带一路”背景下山东海疆历史文化廊道规划建设的调研报告

山东省水下考古研究中心 王守功 张 宾

山东北临渤海，南接黄海，拥有3000多公里的海岸线，约占全国海岸线的六分之一，且近海海域面积略大于陆地面积。广阔的水域、漫长的海岸线，孕育了丰厚的历史文化遗产。为贯彻落实国家“一带一路”倡议和山东蓝黄经济区发展战略，结合山东海上丝绸之路申遗，山东省文物局提出规划建设“山东海疆历史文化廊道”的构想，并成立专项课题调研工作领导小组，制定调研方案，到山东沿海七地市进行调研，对海疆历史文化廊道遗产进行分析、梳理，基本明确了海上丝绸之路申遗和海疆历史文化廊道建设的基本内容、保护展示项目、发展目标及存在的问题。

一、山东海疆历史文化廊道规划建设背景

海疆历史文化廊道是勇挑文化担当，融入“一带一路”建设的重要抓手。2013年，共建“一带一路”倡议提出后受到国际和国内社会的高度关注。习近平指出：“一项没有文化支撑的事业难以持续长久。”文化是“一带一路”建设的重要力量。2019年召开的第二届“一带一路”国际合作高峰论坛上，习近平提出我们要积极架设不同文明互学互鉴的桥梁，深入开展教育、科学、文化、体育、旅游、卫生、考古等各领域人文合作，形成多元互动的人文交流格局。随着“一带一路”建设的加速推进，对“一带一路”沿线文化遗产的认知、保护与传承工作既有紧迫性，又有很强的现实意义。

海疆历史文化廊道是树立文化自信、助推海上丝绸之路申遗的重要途径。在“一带一路”倡议下，2014年，陆上丝绸之路已经成功完成跨国联合申遗，目前国家正在推动海上丝绸之路申遗。山东地理位置优越、海岸线绵长，自古以来就是海上贸易的重要通道，是古代海上丝绸之路的起点之一，也是陆、海两条丝绸之路的交会点，在丝绸之路的起源和发展过程中占有重要地位。实施山东海疆沿线文化遗产整体保护展示、开展遗产周边环境整治，能有效助推海上丝绸之路申遗。

海疆历史文化廊道是落实保护职责、推进国家文物局大遗址保护片区格局建设的要求。为推动大遗址全面保护和利用，国家文物局提出建立以六片（西安、洛阳、荆州、成都、曲阜、郑州）、四线（长城、丝绸之路、大运河、茶马古道）、一圈（陆疆、海疆）为重点，以150处重要大遗址为支撑的大遗址保护新格局。山东海疆沿线古港口、海防设施、盐业遗址等各类文化遗产分布密集，主要遗产点涉及全

国重点文物保护单位36处，省级文物保护单位136处，其他不同级别的文物保护单位1000余处，是"一圈"的重要组成部分。建设山东海疆历史文化廊道，是落实国家大遗址保护片区战略、提升山东大遗址整体保护利用水平的重要手段。

海疆历史文化廊道是服务全省经济社会发展大局、提升区域人文涵养的重要举措。习近平总书记对山东提出了注重经略海洋的要求，山东省委、省政府出台的《山东海洋强省建设行动方案》明确提出了海洋文化振兴行动，要求发挥山东海洋文化历史悠久、海韵深厚和资源富集优势，强化海洋意识、彰显文化自信、打造文化高地，推动优秀海洋文化创造性转化、创新性发展，全面增强海洋文化软实力。同时，《山东半岛蓝色经济区发展规划》与《黄河三角洲高效生态经济区发展规划》相继出台，成为国家区域协调发展战略的重要组成部分，打破了文化遗产保护地域格局，整体推进山东海疆沿线文化遗产保护工作势在必行。

综上，积极推动海上丝绸之路申遗、规划建设山东海疆历史文化廊道，成为山东文化遗产保护对接和推进"一带一路"建设、主动融入国家大遗址保护规划和山东经济发展大局的重要途径。

二、山东海疆历史文化廊道遗产分布情况

山东海疆历史文化廊道的区域范围主要是山东沿海陆域和近岸海域，从北向南分别是东营、滨州、潍坊、烟台、威海、青岛、日照七个城市的沿海地带。这一区域的文化遗产内容广泛，类型多样，主要归为六类：海上丝绸之路文化遗产、沿海海防设施、沿海近现代建筑、近海水下文化遗产、黄河三角洲地区盐业遗产、日照沿海龙山文化（含大汶口文化晚期）遗址群。

海上丝绸之路文化遗产主要包括沿海港口、码头及内陆与丝绸之路相关的文化遗产地点，约50处，其中全国重点文物保护单位9处，省级文物保护单位27处。

沿海海防设施主要包括烟台、威海、青岛、日照等地与海防相关的卫所、炮台、烽燧等，约143处。其中全国重点文物保护单位4处，省级文物保护单位15处。

沿海近现代建筑主要包括烟台、威海、青岛等地的近现代建筑或建筑群，其中全国重点文物保护单位13处，省级文物保护单位76处。

近海水下文化遗产目前已发现疑似文物点100余处，需逐一进行核实。

黄河三角洲地区盐业遗产主要包括东营、滨州、潍坊等地发现的与盐业相关的遗址或遗址群，约1000处，其中全国重点文物保护单位4处，省级文物保护单位8处。

日照沿海龙山文化（含大汶口文化晚期）遗址群所在区域是古代文明起源研究的重要区域，其发现的大汶口文化晚期至龙山文化时期的遗址或城址，对研究中华文明起源具有重要意义。该区域属于这一时期的遗址约183处（含莒县106处），其中全国重点文物保护单位6处（含莒县2处），省级文物保护单位7处（含莒县3处）。

此外，在长期接触海洋、利用海洋和征服海洋的实践过程中，先民们还留下了宝贵的海洋非物质文化遗产，包括海洋自然文化资源、海洋民俗文化资源等。反映胶东地区民俗文化的民居，崂山、昆嵛山等自然山色及道教资源，沿海河流入海口美丽的景色，长岛、荣成候鸟栖息地及沿海适宜人居的气候，都为海疆历史文化廊道的打造提供了条件。

三、山东海疆历史文化廊道文化遗产的保存现状

近年来尤其是党的十八大以来，党和国家高度重视文物保护工作，习近平总书记就文化遗产保护发表了一系列重要论述，做出了一系列重要指示，把文物保护工作提高到前所未有的高度，文物保护理念越来越深入人心，全社会文物保护意识逐步增强，规划建设“山东海疆历史文化廊道”正当其时。但是，从总体调研情况来看，山东海疆文化遗产保护现状不容乐观，制约和影响海疆历史文化廊道规划建设的一系列问题也普遍存在。我们认为，这其中有自然损坏等客观因素，但更多的是主观原因，比较突出的有以下四方面。

（一）保护观念尚未得到社会的广泛认同

主要体现在社会各界对海洋文化遗产缺乏全面、正确的认识。一方面，人们的保护意识淡薄，无论政府、学者还是普通群众，或从发展地方经济、旅游事业，或从保护的方式方法，或从个人喜好等不同侧面对历史文化遗产的保护存在着轻视乃至不屑的状况，对海洋文化遗产的保护力度远不如陆上文化遗产，使保护工作的开展困难重重。另一方面，人们的保护观念存在偏颇。对文化遗产进行保护时，人们习惯于按照行政管理的地域观念划分地盘，各自为战。文化遗产形成、发展时期的地域不同于现在的行政区划，仅按照现在的区划进行保护，往往会割裂文化遗产的整体性，影响对其内涵、价值的发掘与弘扬，甚至有时由于沟通、协调工作不到位，会对一些跨县区、跨市、跨省的文化遗产造成危害。

（二）城镇化给文化遗产保护带来挑战

主要体现在两方面。一是沿海城镇建设对文化遗产造成破坏。改革开放以来，我国经济迅速发展，特别是沿海地区在水产养殖、滨海旅游、房地产、港口扩建或新建、海底矿产资源开发等各个经济产业领域全面发展，使海疆沿线不计其数的历史码头、商埠、渔港、渔村古居、海防设施等文化遗产遭到了不同程度的损害甚至面临消失的危险，给海疆文化遗产的保护带来了严峻挑战。如板桥镇遗址已完全被胶州老城区建筑物覆盖，随着城市的发展及城区的逐步改造，遗址被破坏严重，保护工作始终处于被动局面。二是经济转型对文化遗产造成破坏。随着全球化、信息化的出现和加速，文化标准化、生活城市化以及经济发展的工业化、科技化、产业化给海疆沿线城市带来经济快速发展和繁荣的同时，也冲击了沿海渔民的生活，给海洋文化遗产带来严重破坏。近海渔业枯竭、远洋渔业的产业化发展使得渔民不能再靠传统捕捞维持生计，从而不得不放弃几十年甚至几百年以来赖以生存的谋生手段而另寻他路。渔民职业的转型，导致了海港的废弃以及海洋传统文化的变味甚至消失。

（三）传统文化遗产商业化严重

文化是旅游的灵魂，而文化遗产是文化的载体。在第三产业飞速发展的今天，文化遗产旅游在旅游产业中的比重逐年增加，成为许多旅游目的地的主打品牌。但是文化遗产的发展往往逃脱不了

这样一个发展模式:遗产被发现—遗产包装—推向市场—商业化运营。文化遗产走向市场虽然对地区经济的发展起到了带动作用,但是最终又往往使文化遗产陷入过度商业化的困境。近年来,山东沿海地区的许多城市争相打造旅游城市,有的甚至为了吸引游客而将文化遗产包装成趣味性和娱乐性的旅游项目,使其丧失了本来面貌,失去了原有的意义和价值。

(四)海洋文化遗产保护及海洋考古力量不足

“十二五”期间,山东水下文化遗产保护工作取得了突破性进展:2014 年国家文物局水下文化遗产保护中心北海基地落户青岛,2015 年山东省水下考古研究中心挂牌成立。但是相对于山东广阔的管辖海域及丰富的海疆文化遗产,我省海洋文化遗产保护及海洋考古力量严重不足,全省海洋文化遗产仍然处于家底不清、现状不明的状态。一方面,专业人员、机构不足,尤其是从事一线水下考古工作的人员及队伍缺乏,难以在广大海域有效开展海洋考古研究及保护工作。另一方面,专业技术水平不够。由于海洋考古兴起较晚,现有海洋考古力量和技术条件难以满足考古需求,许多已经初步发现的海洋文化遗产没有得到科学发掘及有效保护。在“海洋世纪”的蓝色开发大潮冲击下,这些海洋文化遗产已经或正在遭到灭顶之灾。面对如此大规模、高强度的持续性开发破坏,系统研究、保护和抢救海疆沿线的文化遗产显得十分紧迫。

四、山东海疆历史文化廊道规划建设需要把握的几个问题

“山东海疆历史文化廊道”“齐长城人文自然景观带”“大运河历史文化长廊”同为山东省文物局重点打造的文化遗产保护线路,但在遗产构成、分布等方面有着本质的区别,齐长城、大运河线路本身就是世界文化遗产,海疆历史文化廊道则是海疆沿线各级、各类文化遗产的串联,线路更长、文化遗产要素更复杂。规划建设海疆历史文化廊道必须把握好以下几个问题。

(一)分类规划,挖掘各类文化遗产的价值

海疆历史文化廊道线长面广、规模庞大,文化遗产要素多样、类型复杂、内涵价值丰厚,需分类进行规划。

一是各类文化遗产的价值多样、侧重不同。规划建设海疆历史文化廊道应在摸清山东海疆文化遗产分布情况的基础上,区分海上丝绸之路文化遗产、沿海海防设施、沿海近现代建筑遗产、近海水下文化遗产、黄河三角洲盐业遗产、日照沿海龙山文化(含大汶口文化晚期)遗址群等不同类型遗产体系,梳理其内涵价值,充分展示山东海疆古代居民生产生活、古代沿海手工业发展、古代海洋科技、海防建设等各方面的历史价值、艺术价值、科学价值、社会价值、文化价值。

二是各类文化遗产的保护级别及保护需求不同。海疆沿线文化遗产形态各异、价值不一,有的综合价值兼具,有的单一价值突出,需针对不同类型遗产面临的主要问题和突出矛盾,统筹科研力量,集中财力物力,突出重点,分类、分级实施保护。对全国重点文物保护单位,要在做好保护工作的基础上,加强展示阐释与合理利用;对其他各级文物保护单位和文物点,要重点解决文物保护与安全问题,进行适度展示利用;对具有较高价值但未列为文物保护单位和文物保护点的,也要参照文物管

理办法，统一造册登记、挂牌保护，未经批准不得随意拆建、改建、添建，其保护工作由财政资金给予一定补助；对位于城乡建设规划区的各类文化遗产，要充分调动当地群众的积极性，鼓励、支持更多的社会力量关注海洋文化，参与文化遗产保护。

（二）重点突出，明确各类文化遗产的代表节点和主题

海疆沿线文化遗产数量众多，将其全部纳入工程保护范围既不科学也不现实，必须突出重点、因地制宜，分批次逐步开展文化遗产保护，不求快求全，不追求规模数量和形象工程，扎实搞好各项保护工作。

一是明确每个遗产体系的保护利用主题和重要节点。弘扬优秀传统文化是文化遗产保护展示的目的所在，有了明确的展示主题，才能促进文化的弘扬。如海上丝绸之路文化遗产要紧紧围绕“海上丝绸之路申遗”这一主题，选取具有代表性的蓬莱水城及蓬莱阁、板桥镇遗址、烟台福建会馆、琅琊台遗址等节点重点打造，做好遗址的保护、展示及环境整治工作，同时对埋藏在地下的港口、码头、窑址进行考古勘探与发掘，编制保护及展示方案，进行系统保护及展示。沿海海防设施应以明清时期海防发展、建设为主题，重点对烟台、威海、青岛、日照等地的卫所、兵营、炮台、烽燧等进行保护与展示，选取蓬莱水城、刘公岛甲午战争纪念馆、戚继光祠堂及戚继光墓等节点重点打造，形成体系完备的爱国主义教育基地。烟台山近现代建筑、威海海草房、青岛八大关等建筑应成片连线进行保护与展示，充分体现沿海近现代文化遗产的特点与传承。水下文化遗产保护起步晚，但要抓住机遇，着重对沿海重要码头港口进行系列调查，对长岛海域、莱州湾、胶州湾及烟台、威海、荣成、日照等港口海域进行重点调查。在摸清这些重要海域水下遗产资源分布的同时，争取做1—2个沉船打捞项目，促进山东水下文化遗产保护快速发展。黄河三角洲盐业遗产保护要以遗址群为单位成片打造，对省级文物保护单位以上的遗址群做好本体保护，完成展示及环境整治工程，争取在寿光、昌邑等地建成2—3个以盐业展示为主题的博物馆，为山东黄河三角洲开发战略提供文化支撑。史前文化遗产保护、展示的重点是日照沿海大汶口文化晚期至龙山文化时期的城址，要做好莒县陵阳河、五莲丹土、日照两城、东海峪、尧王城等遗址的保护与展示工作，同时也要做好烟台白石村、福山邱家庄、长岛北庄等贝丘遗址的保护和展示工作，使社会大众对海疆历史文化廊道源远流长的历史有进一步的了解。

二是明确沿线主要城市的功能定位和节点。海疆历史文化廊道建设既包括对文化价值体系的线状梳理，也包括对海疆文化遗产地理空间的线状梳理，应充分发挥遗产要素集中度较高的城市的示范带动作用，明确其独具特色的功能定位和节点。如青岛市应以国家文物局水下文化遗产保护中心北海基地为依托，建设中国北方水下考古展示中心，以八大关西式建筑群、青岛德国建筑群等为重点，打造成为近代西方建筑博物馆明星城市。烟台市是山东开埠最早的城市之一，蓬莱港也是海上丝绸之路上的重要节点，要以烟台近现代建筑、海上丝绸之路遗产及近现代工业遗产的保护及展示为重点，打造烟台面向海洋文化的城市特点。威海地处山东沿海的最东端，是南部海湾和北部海湾的转折点，应以刘公岛、明清海防设施、威海周围水下文化遗产及近现代民居的保护和展示为契机，打造以沿海明清海防为主题的爱国主义教育基地。日照龙山文化（含大汶口文化晚期）遗存丰厚，应

下编
资料篇

石 岛 港

遗产点名称：石岛港

保护级别：石岛天后宫为省级文物保护单位，法华院为市级文物保护单位

类别：古建筑、古遗址　　时代：春秋至现代　　具体管理机构：石岛管理区、荣成市文物管理局

现状使用功能：天后宫保存良好并对外开放　　属地关系：威海市荣成市石岛管理区

遗产点构成描述及保存状况

据第二次文物普查资料显示，石岛港沿岸多次出土齐国刀币，特别是车脚河（在石岛湾西北部）入海口附近在20世纪六七十年代曾两次出土大批刀币，其中包括成捆的“节墨之法化”。《入唐求法巡礼行记》载新罗人张保皋修建斥山法华院，旧址仍在，地面建筑已不存。石岛天后宫为乾隆年间山西洪洞商人王一德所建，庙宇坐北朝南，为三进庙堂式建筑，布局严谨别致，占地1600平方米。天后宫内建有天后宫、道士祠、火神庙、商会楼四个院落，共有殿宇楼阁48间。其中，天后宫院落内设有观音殿、王母殿、财神殿、龙王殿等多座殿宇，供奉着妈祖、观音、云霄娘娘、琼霄娘娘、碧霄娘娘、王母娘娘、龙王、财神等神灵。

历史沿革

石岛港即斥山口，也称赤山浦，石岛港的历史可以上溯到春秋战国时期。张政烺在《五千年来的中朝友好关系》中认为，《尔雅》所载“东北之美者，有斥山之文皮”与《管子》载“朝鲜之文皮”为同一物，因斥山为沟通中国与朝鲜的海口，故记为斥山，是当时中国与朝鲜交流的证据。《隋书·地理志》载文登县有斥山，《入唐求法巡礼行记》中有大量篇幅介绍当时称作赤山浦的斥山口的贸易盛况。唐以后，赤山浦一度衰落。

火塘寨始建于宋代。1991年，威海市区西部寨子村附近一处施工现场出土“辛汪巡检司创寨记”石碑，碑文记载：“圣朝□有山东以来，选将练卒，分岛屿而环戍之，又距要害地立赤山、温泉、辛汪巡检三所。各给弓兵百人，置立寨□，与戍兵相为犄角。拔才能士，授进义校尉巡检职以□之……自□倭人虽不时徜徉波涛中而不敢登陆者六年。”此碑立于“大明洪武八年”即1375年。至清代康熙十八年（1679），文登北海的辛汪寨巡检司易驻斥山火塘寨，管理斥山港口。乾隆初年，斥山巡检司迁驻石岛街，石岛港重新崛起。

与海上丝绸之路的关系

石岛港是中国北方海上的一处国家对外一类开放口岸，在历史上和现代都发挥着重要作用。石岛港如今的兴盛与古代的繁荣是分不开的，从出土的成捆“节墨之法化”、日本的圆仁法师和新罗的张保皋建院修行以及火塘寨巡检司的设立都可以看出，石岛港如今的兴盛与古代的繁荣一脉相承。

石岛天后宫

石岛天后宫大门

天后宫王母殿

赤山法华院遗址

赤山法华院石刻

琅琊台遗址

遗产点名称:琅琊台遗址　　保护级别:全国重点文物保护单位　　类别:古遗址

时代:秦(始建年代)　　具体管理机构:青岛琅琊台省级旅游度假区管委会

现状使用功能:风景旅游区　　属地关系:青岛市黄岛区琅琊镇东南5公里处(琅琊山上)

遗产构成描述及保存状况

琅琊台遗址位于青岛市黄岛区琅琊镇夏河城村东南5公里处的琅琊山上,为秦代高台遗址。台上夯土层清晰可辨,地表可见秦代砖瓦,并发现先秦时期的陶管道。1992年,胶南市政府于台顶东侧修建了意在保护夯土层的“半壁亭”,台西侧树立秦始皇和秦二世刻石复制品,并修复了“亭子兰炮台”等景观。琅琊台位置重要,台顶至今有军队驻扎。

历史沿革

据《管子》《晏子春秋》载,齐桓公、齐景公曾登游此处。《越绝书·越绝外传记地传》载越王勾践灭吴后,于琅琊台上立观台,以望东海。《史记·封禅书》载:“(齐之八神)八曰四时主,祠琅邪。琅邪在齐东方,盖岁之所始。”秦始皇曾三至琅琊台。《史记·秦始皇本纪》载秦始皇二十八年“登琅邪,大乐之,留三月。乃徙黔首三万户琅邪台下,复十二岁。作琅邪台,立石刻,颂秦德,明得意”。《水经注》记载此台“孤立特显,出于众山,上下周二十里余,傍滨巨海……所作台基三层,层高三丈,上级平敞,方二百余步,广五里”。秦二世时复刻诏书于始皇所立刻石旁。其后,汉武帝三临琅琊台。明万历二十四年(1596),诸城知县颜悦道在琅琊台立登琅琊述碑,万历二十六年(1598)大修琅琊台,在台上建海神庙和礼日亭,并建龙首大碑一座,将秦二世诏书刻石嵌于碑上。清顺治年间,诸城知县程澇磨刻石南面之迸裂痕,刻“长天一色”四个大字,署名而隐其姓。乾隆二十八年(1763),诸城知县宫懋让见刻石裂,熔铁束之。清道光年间,铁束散,刻石碎,后诸城知县毛澄筑亭覆之。1921—1922年,诸城视学王培佑前后两次到琅琊台搜寻琅琊刻石,将散碑石块拼合修复,移至诸城县署。中华人民共和国成立后,刻石先藏于山东博物馆,后藏于中国历史博物馆(今中国国家博物馆)。

与海上丝绸之路的关系

秦始皇统一六国后,从陕西关中迁徙三万户修筑琅琊台。他一生三登琅琊,命丞相李斯刻石表功,两次派徐福入海寻求长生不老之药。汉武帝也多次巡幸琅琊并派人入海求仙。徐福东渡和汉武帝入海求仙标志着由黄岛（古琅琊郡）为起点，经成山、芝罘、辽东半岛到朝鲜半岛、日本的海上丝绸之路已经成熟，中国的先进生产力通过这条路线传播到世界各地。

琅琊台遗址远景

琅琊台遗址全景

遗址局部

遗址出土瓦当

成山头

遗产点名称:成山头　　保护级别:省级文物保护单位　　类别:古建筑、古遗址
时代:秦至现代　　具体管理机构:荣成市文物管理局、荣成市西霞口集团
现状使用功能:属成山头景区　　属地关系:威海市荣成市成山镇西霞口集团

遗产构成描述及保存状况

成山头遗址分布于成山山顶和西南坡,总面积约32万平方米。遗址内曾发现建筑基址和祭祀玉器,地表散布有大量的残砖断瓦。成山头遗址为秦汉时期的始皇行宫、汉武成山观和日主祠遗址所在。

成山头还包括始皇庙、秦代立石、天后宫(海神庙)、灯楼、灯塔、雾笛等地点。始皇庙现存大殿三间,基本保持道光年间的原貌。灯楼根据庄士敦《狮龙共舞:一个英国人笔下的威海卫与中国传统文化》照片可知基本保存原貌,20世纪50年代当地驻军在其四面加上了门窗。秦代立石风化比较严重。

历史沿革

成山头海域的海上活动,最早见于《史记·秦始皇本纪》,始皇东巡“并海上,北至琅邪……自琅邪北至荣成山”。秦代以后,当地群众和过往船只将始皇行宫作为始皇庙,进行祭祀活动。《太平寰宇记》称其为秦宫。又据1985年始皇庙前出土宝元二年石刻可知,北宋中期此处称秦皇祠,元代时重建。道光《荣成县志》载,始皇庙在明代规模较大,正德年间遭焚毁,清代嘉庆、道光年间,来往旅人重修始皇庙并建灯楼。元代开辟海上运粮通道,为了顺利越过成山头海域,皇帝特派使臣到成山头修建海神庙。清同治年间,英国人在成山头上修建了灯塔、雾笛。20世纪90年代灯塔、雾笛停用,但作为文物保存至今。

与海上丝绸之路的关系

成山头是中国南北方海上交通的必经之地,中国南方和南亚、东亚各国的商船到大连、营口、天津必经成山头,中国北方的船只也必须通过成山头到达南方的港口,特别是早期沿岸而行时,古代日本和朝鲜半岛与中国大陆的贸易往来也必经成山头,足见成山头在中国古代海上丝绸之路上的重要性。

位于始皇庙的清代所建的灯楼

成山灯楼

近代灯塔

清代时期始皇庙

始皇殿

秦代立石

寨里窑址

遗产点名称:寨里窑址　　保护级别:全国重点文物保护单位　　类别:古遗址

时代:南北朝至唐代　　具体管理机构:淄博市淄川区寨里镇大张村

现状使用功能:农业生产用地,地下保存基本完好　　属地关系:淄博市淄川区寨里镇大张村

遗产构成描述及保存状况

寨里窑址位于淄博市淄川区寨里镇寨里村南大张村以北两村交界处,窑址主要分布在寨里村与大张村交界的高地上,地表为黄褐色耕土层,其下为瓷片堆积,文化层厚40—100厘米。窑址东西长约480米,南北宽约470米,总面积约22万平方米。

1973年,村民在整修农田时发现窑炉遗迹、窑具、黑白釉罐、青瓷片等,并发现古代石井。1976—1977年,文物部门在遗址东北角选择局部区域进行试掘,发现两处青瓷窑址。

寨里窑是目前唯一已知的北方青瓷窑址,始烧时代为北魏、北齐时期,发展较早,持续烧造时间长,是我国北方青瓷的重要产地。在过去平整土地的过程中,此地多有窑址发现,出土过大量瓷片和器物。1982年,淄川区龙泉镇和庄村古墓中出土的青瓷莲花尊与河北封氏墓中出土的仰覆莲花尊被视为我国北方青瓷的代表作。

寨里窑址的发现,在中国陶瓷史上占有重要地位,具有较高的史料价值和科研价值,为研究中国北方陶瓷的发展提供了实物材料。

与海上丝绸之路的关系

寨里窑的主要烧造年代为南北朝时期的北魏、北齐时期至唐代,宋代以后有小规模窑址烧造。寨里窑烧造时间早、持续时间长,是我国北方青瓷的重要产地,且其周围交通便利(山东境内有大运河经过,水上运输方便),产品可直接运往各海上港口,销往东南亚等地。寨里窑生产的陶瓷器是我国古代与外国经济、文化交流的重要载体。

寨里窑址鸟瞰图

寨里窑址东端

寨里窑址中段

寨里窑址东北角

寨里窑址器物标本

寨里窑址出土青釉莲瓣碗

磁村瓷窑址

遗产点名称:磁村瓷窑址　　保护级别:全国重点文物保护单位　　类别:古遗址

时代:唐代至元代　　具体管理机构:淄博市淄川区昆仑镇磁村

现状使用功能:位于磁村村内及周边,保存较好　　属地关系:淄博市淄川区昆仑镇磁村

遗产构成描述及保存状况

磁村瓷窑址位于山东省淄博市淄川区昆仑镇磁村,属全国重点文物保护单位。该遗址面积约15万平方米,于20世纪70年代后期发现。经小规模试掘,发现窑炉12座和大量瓷片标本。

遗址可以分为四个区域。(1)南北窑洼区:位于村东半公里处。当地人称公路北侧为北窑洼,南侧为南窑洼,实为一处窑场,保存良好。(2)村内区:位于村内东北部。1976年10月至12月,《淄博陶瓷史》编写组曾在窑址北部进行试掘,发现窑炉12座和大量瓷片标本。(3)华严寺区:位于村南250米处,此处原为佛教寺院。窑址分布在寺院内及其周围,区内残片众多,部分地区有挖掘痕迹。(4)苹果园区:华严寺东有一范阳河支流自西南向东北流过,苹果园隔河与华严寺东西相望,该区域现保存较好。

遗址出土遗物共分五期。第一期以黑釉较多,制作工艺原始,年代应属唐代中期。第二期以黑釉为主,尚有茶叶末釉、酱色釉、青釉等,釉色纯正,年代应属唐代晚期。第三期以白釉为主,有少量青釉,器表施护胎釉但白度不高,年代属五代至北宋早期。第四期以白釉为主,有少量黑釉,装饰技法出现划花和剔花,年代为北宋中期至晚期。第五期以白釉为主,其次是黑釉,酱釉、黄釉数量很少;白釉白度高,釉面光洁;器表装饰技法丰富多彩;该期年代定为金元时期。因为第五期的窑炉被元代墓葬打破,所以第五期的下限不会晚于元代,也就是说磁村窑的废弃年代应在元代。

与海上丝绸之路的关系

磁村瓷窑址烧造历史较长,根据出土遗物的造型、釉色、工艺等特点分析,其烧造年代上限在唐代中期,下限在金元时期。由于烧造量大,磁村窑烧造的瓷器除了部分内销,大部分销往海外。窑址周围交通便利,瓷器可以通过陆路或河运运往各海上港口,销往北非、中东、欧洲及东南亚等地,磁村瓷窑址生产的陶瓷器是我国古代与外国经济、文化交流的重要载体。

磁村瓷窑址全景图

磁村瓷窑址华严寺区

磁村瓷窑址出土瓷罐

磁村瓷窑址出土瓷碗

板桥镇遗址

遗产点名称：板桥镇遗址　　保护级别：全国重点文物保护单位　　类别：古遗址

时代：唐代、宋代　　具体管理机构：胶州市文广新局、胶州市博物馆

现状使用功能：主要为胶州老城居民区，埋藏较深　　属地关系：青岛市胶州市阜安街道办事处

遗产构成描述及保存状况

板桥镇遗址位于胶州市阜安街道，属胶州老城区的繁华地段。遗址西至惠州路，东至湖州路，南至徐州路，北至胶州路。遗址东南距胶州湾约15公里，云溪河穿过遗址与胶州湾相通。

青岛市文物局、青岛市文物保护考古研究所、胶州市博物馆分别于1996年、2008年、2009年对板桥镇遗址进行了多次抢救性考古发掘，发现宋、明、清时期文化堆积，各时期的文化堆积层内出土了大量历史遗物。在宋代文化层内揭露出多组规模宏大、布局相对完整的建筑基址，并发现与其相联系的砖砌排水沟、庭院、水井、灶址、东西大道等，出土了北宋各窑系的瓷器碎片和重达数十吨的铁钱。2014年的考古调查和勘探，大致确定了宋金时期板桥镇遗址的分布范围，进一步确定了其地下文化遗迹的分布状况及文化内涵。

历史沿革

板桥镇建于唐代武德年间，属密州。凭借其得天独厚的地理位置，唐代板桥镇的海运和海外贸易逐步发展，高丽和日本的商贾、使臣、僧侣由此到中国，板桥镇的经济、政治地位逐步提高。到了宋代，因宋、辽对峙，宋廷禁止海船入登州、莱州，板桥镇乘势而起。宋哲宗元祐三年（1088），宋廷在板桥镇设置市舶司，成为当时全国五处市舶司之一；同年，“以板桥镇为胶西县，兼临海军使”，板桥镇成为军事重镇。此后，板桥镇天然良港的优势在南北贸易中发挥了重要作用，成为南北货物贸易的中转站，是当时两广、福建、浙江、河南、河北等地商品的集散地。同时，板桥镇海外交通也十分发达，是联系高丽、新罗和日本的要津，同阿拉伯和南洋地区亦有交往。金熙宗皇统二年（1142），又在板桥镇设立了板桥榷场，后改名为胶西榷场，与南宋互市贸易。元明以后，随着云溪河、胶莱河、大沽河等河流的淤积，海岸外移，板桥镇港口逐渐让位于它的外港塔埠头码头。

与海上丝绸之路的关系

胶州板桥镇不仅是贯通内陆南北地区的重要枢纽，同时也是连接东亚及西方诸国的东方海上丝

绸之路中的重要港口。板桥镇遗址市舶司衙署和仓储的发现以及大量铁钱、各类窑口瓷片的出土，充分印证了宋代密州板桥镇港口的繁荣及其在宋代北方港口中的地位，对于研究青岛以及山东半岛地区海上丝绸之路发展历程、海运贸易、军事交通、中外关系等问题，都具有十分重要的价值。

2009 年板桥镇遗址考古发掘全景

甬道上深深的印痕

四连灶址

2009 年板桥镇遗址出土“天会八年”铭文砖

2009 年板桥镇遗址出土瓷器

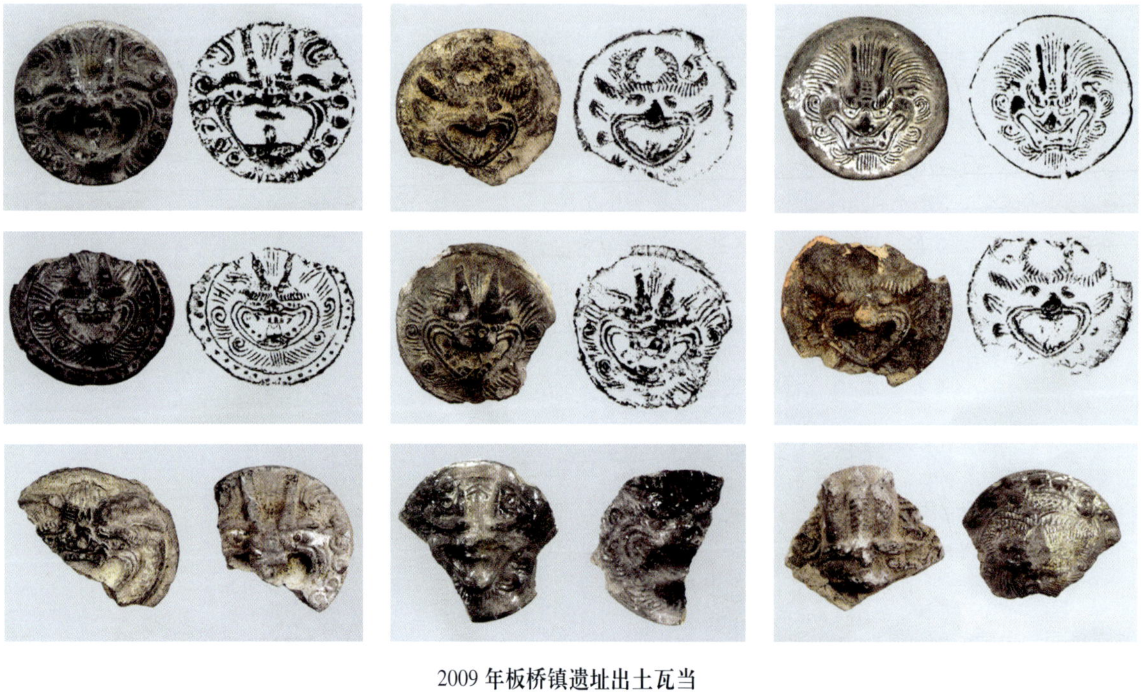

2009 年板桥镇遗址出土瓦当

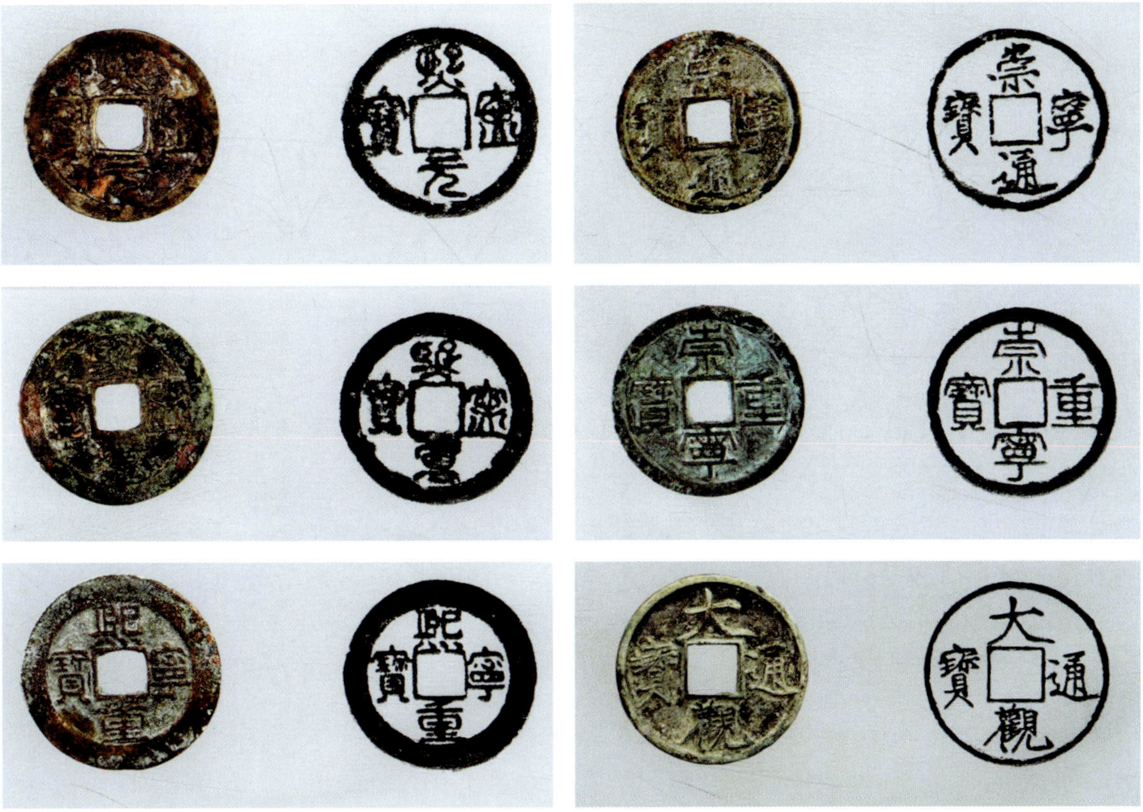

2009 年板桥镇遗址出土铜钱及其拓片

2009 年板桥镇遗址出土各类器物

千八港

遗产点名称：千八港　　保护级别：周边的双石摩崖石刻、武将寨属市级文物保护单位

类别：石刻、古遗址　　时代：唐代、宋代至元代

具体管理机构：荣成市好当家集团、荣成市上庄镇、荣成市大疃镇

现状使用功能：保存较好，千八港仍为现代港口　　属地关系：威海市荣成市好当家集团

遗产点构成描述及保存状况

千八港因南至长江口1800里、北至直沽（天津）1800里而得名，附近有武将寨遗址、双石摩崖石刻。武将寨遗址东、北、西城墙中部以及南门的左右两边筑有九个凸出的方棱墩台，即马台，与荣成沿海防倭军寨明显不同。根据形制推断，武将寨遗址的时代属唐代。

双石摩崖石刻位于大疃镇双石周家村，东石题刻对联，上联为“山拟龙门高应东村英子跃”，下联为“石同雁塔必题此处状元名”，落款为“海运官”。落款所指应为黄花关之海运官。

历史沿革

唐代管理赤山浦（今石岛车脚河的石岛港）及乳山浦的机构为新罗所，主要功能即管理新罗、日本等地区的入关船只与人员。《入唐求法巡礼行记》载，新罗所在文登的东南海边，由法华院至文登步行约半天。由此可推断，武将寨就是唐代的新罗所，其南部10余华里处的千八港作为当时一处重要港口归其管辖。

元代时，武将寨仍在使用，即《废铎呓》中记载的黄花关。《废铎呓》记载，由于成山头礁多涌急，元代海上粮道自千八港转陆运，至辛汪口再上船到直口。黄花关是当时水陆转运的一个枢纽，今蔡官屯村（上庄镇）黄花山上有黄花庙。《废铎呓》中的记载与《文登县志》中记载的元代设黄花关一致。黄花关管理千八港的贸易税收，又临近武将寨，可以推测元代沿用了唐代的建筑和管理制度，元代千八港仍旧繁荣。

大疃周家村双石摩崖石刻对联的落款为“海运官”，为当时这一地区的海运历史提供了佐证。千八港至今仍是我国海上贸易的重要口岸。

千八港周边的唐、元时期新罗所遗址（武将寨遗址）

千八港周边的唐、元时期新罗所遗址（武将寨遗址）局部

千八港周边的双石摩崖石刻

千八港周边的双石摩崖石刻局部

南隍城摩崖石刻

遗产点名称：南隍城摩崖石刻　　保护级别：市级文物保护单位　　类别：石窟寺与石刻
时代：唐代　　具体管理机构：长岛县南隍城乡南隍城村　　现状使用功能：长岛县林场
属地关系：烟台市长岛县南隍城乡南隍城村

遗产构成描述及保存状况

南隍城摩崖石刻位于南隍城岛东南端棋盘山东侧石壁断崖上，棋盘山亦称陀佛山，整个石壁通高71.8米，最大宽度20米，正视略呈长三角形，东、南、北三面临海。山顶面积仅10多平方米，另有坪石一块，上面刻有围棋和象棋两种棋盘。象棋盘与现代棋盘无异，围棋则仅有13格，与现代不同。

南隍城摩崖石刻自古便是一方名胜，但因年代久远，字迹斑驳难辨，自清代起有关石刻文字内容已出现多种说法。光绪《增修登州府志》载："南隍城岛……岛东南一石，壁立海中，水深溜急，舟莫能近，上有南心济宅地阿弥陀佛九字。"1988年长岛县县志编纂委员会、长岛县地名办公室与长岛县博物馆合作对石刻文字进行实地考察，确定为"南无消灾延寿药师佛"九字。石刻为竖书，字形在隶、楷之间，其雕刻方法为双钩成文。字体大小不一，其中"佛"字最大，近3米见方，凿痕也深浅不一。

由于没有发现有关纪年文字，无法准确确定石刻的年代。石刻文字形体在隶、楷之间，但唐楷的风格已非常清晰，文字结构布局、体势笔画等与初唐书写风格相近；隋唐时期，中央政府出于边防军事与海上贸易方面的考虑，始设大谢戍（治所在今南长山岛）和乌湖戍（治所在今北隍城岛），这是长岛历史上首个行政建置，为佛教传播提供了良好的基础。据此推断其年代应在隋唐之间。

历史沿革

唐贞观年间，长岛设大谢、乌湖二戍，南隍城岛属乌湖戍。元朝时，长岛设沙门、牵牛二社，南隍城岛属牵牛社。清道光时设"八岛十三社"，南隍城岛属隍城社。

与海上丝绸之路的关系

南隍城岛是古乌湖岛的一个组成部分，古乌湖岛是古代"登州—高丽—渤海道"线路中的一处重要地标，在海上丝绸之路历史上具有重要意义。

全景

古棋盘

石刻文字

铁门关遗址

遗产点名称:铁门关遗址　　保护级别:省级文物保护单位　　类别:古遗址

时代:宋金至明清　　具体管理机构:利津县博物馆　　现状使用功能:叠压在现村庄以下

属地关系:东营市利津县汀罗镇前关村

遗产构成描述及保存状况

铁门关遗址是一处宋金至明清时期的遗址,位于利津县汀罗镇前关村,遗址绝大部分被叠压在现村庄以下,遗址西侧为古丰国镇和官灶城遗址。光绪《利津县志》载:“铁门关在县北七十里丰国镇,金置,明设千户所,以资防御……国朝裁之。”铁门关控河达海,位置重要,历朝在此设兵房、课税、盐官等机构。

根据历史记载分析,铁门关包含多组建筑,包括兵房机构乐安(武定)守御千户所、“三大码头”(南码头、北码头、灶立码头)、三庙一戏楼、铁门关大门等。铁门关淤塞后,形成今前关村、南码头村、北码头村、灶立码头村。20世纪三四十年代,铁门关尚有三庙一戏楼院落顶部和戏楼上层露出地表。1955年黄河再次决口,铁门关地上建筑物不复存在。中华人民共和国成立后,遗址附近发现古建筑构件、《重修牡蛎嘴》刻石、龙王庙“庆献龙宫”匾额、钱币(日本、朝鲜、越南)等。现通过考古勘探发现面积约26万平方米的城址,以及疑似城墙、建筑、道路等遗迹。

历史沿革

金明昌初年建铁门关。铁门关周边盐场众多,明代形成丰国、永阜、宁海三大盐场,铁门关成为重要盐关。明成化年间在铁门关龙王庙前修建戏楼。清初为铁门关商业鼎盛期,灶立码头专司盐运。清道光时期,铁门关周边有产盐滩池446副,年额引50万包,产量居山东之首,所产食盐运销豫、皖、苏、浙、闽等地66州县;铁门关周边商贾云集、店铺栉比,并吸引日、朝、英、俄及东南亚等国家和地区的商船进出贸易。同治十三年(1874)重修铁门关。

民国《利津县续志》载,昔济水由利津入海,名曰大清河,河门畅通,南北商船由渤海驶入河口,在铁门关卸载,由河内帆船转运而上。彼时物品云集,商人辐辏,为商业最盛时期。清咸丰五年黄河改道北徙,夺道入海,当时尚不为大害,至光绪十二年铁门关被黄河淹没,码头迁至东关,大船不能驶入,仅河内较小帆船来往拨运,商业即见衰落。光绪末年,海陆土匪相继而起,商船停止,河门荒废。

与海上丝绸之路的关系

铁门关繁盛之时控河锁海，是海运重港、商业重镇。清代学者刘学渤《北海赋》云：“清河之口，铁门之关……北连广漠，南通闽滇，西迤神京，东对朝鲜……商市万金，税足国赋。”铁门关成为天津以南海上丝绸之路的一个重要节点。

铁门关航拍图(由东向西)

文物保护标志碑

遗址局部现状 1

遗址局部现状 2

海北遗址

遗产点名称:海北遗址　　保护级别:省级文物保护单位　　类别:古遗址　　时代:宋元
具体管理机构:东营市垦利区胜坨镇人民政府　　现状使用功能:荒地
属地关系:东营市垦利区胜坨镇海北村

遗产构成描述及保存状况

海北遗址位于东营市垦利区胜坨镇海北村北,遗址面积8万余平方米。遗址原为一处高地,当地居民称之为“嘎达顶”,后因取土盖房已被夷为平地,现为荒地,表面分布有大量的陶瓷碎片和砖瓦残块。2006年山东省文物考古研究所对海北遗址进行了抢救性发掘,2011年对其再次勘探;2019年山东省水下考古研究中心对海北遗址进行了二次发掘。

海北遗址内遗迹众多,有夯土建筑、砖瓦建筑、灶、灰坑、灰沟等。其中的大型近“回”字形夯土建筑,发掘者认为可能是城墙或防水设施,或是码头建筑。出土遗物种类包括瓷器、陶器、钱币、建筑构件、动物骨骼等。其中,瓷器产自定窑、耀州窑、景德镇窑、龙泉窑、磁州窑、钧窑,以及山东境内的淄博窑、潍坊窑等。陶器类别多样,多为生产生活用具。钱币包括铜、铁两种质地。建筑构件包括大量宋金时期的青砖、瓦及瓦当,瓦当上饰有龙纹、狮纹、花瓣纹等。从龙纹、狮纹瓦当来看,该地域当时有皇族或高级别官员居住。

与海上丝绸之路的关系

海北遗址历次调查、勘探和发掘获得了大量与陶瓷器贸易、港口海运有关的遗存,说明海北遗址与海上丝绸之路有密切联系。海北地区地处渤海湾腹地、黄河入海口,该区域虽自隋唐时期才脱海成陆,但宋金之际已明确有人居住、开垦(属河北东路滨州渤海郡)。隋唐时期,登州是出入高丽、渤海国的主要口岸。北宋时期,由于战争和统治政策的原因,登州港渐次封闭,密州板桥镇代替登州成为政府北方对外交往的重要口岸。虽然海北遗址并不见于目前的文献记载中,但是海北遗址历次考古工作所获得的材料,时代主要集中于宋金之际,并且海北遗址与登州古港、河北黄骅海丰镇遗址、胶州板桥镇遗址出土的遗物种类较为接近,遗址内涵也存在一定相似之处,说明海北在宋金时期受登州港衰落的影响从而成为山东北部沿海与东北亚古代诸国联系的一个中心。

航拍图(由西向东)

遗址全景

影青高足碗残件

影青高足碗残件

白釉碗残件

白釉刻花碗残件

白地黑花器物残件

酱釉碗残件

黄釉印花碗残件

建筑构件

釉陶狮子灯盏

灰陶扑满

凸线器物残件

青釉碗残件

海北遗址出土的大量瓷器残件

庙岛显应宫及沙门寨故城遗址

遗产点名称：庙岛显应宫及沙门寨故城遗址　　保护级别：省级文物保护单位　　类别：古建筑
时代：宋代　　具体管理机构：长岛航海博物馆　　现状使用功能：长岛航海博物馆
属地关系：烟台市长岛县庙岛街道办事处庙岛村

遗产构成描述及保存状况

根据文献记载及庙岛故城遗址本身特点分析，该遗址为宋代沙门寨寨城，是目前胶东地区唯一一处保存相对完整的宋代寨城。城址东、西、北城墙尚存，以北城墙保存最好，长、宽基本保持原状，但顶部受损严重。北城墙长 90 米，宽 7 米，残高 3—5 米，东半部由一层夯土加一层不规则的石块筑成，西半部则由一层夯土加一层细砾石筑成。东西城墙均建在海滩与山地交接处，西城墙长 63 米，宽 5—6 米，残高 2—5 米；东城墙长 100 米，残宽 7 米，残高 3—5 米。南城墙已全部被破坏，据当地老人回忆，其位置在今庙岛村委会办公室下。

城内原有多座庙宇，现仅存显应宫、三元宫、武德宫、大戏楼和牌坊等，其中显应宫保存较完整。庙岛显应宫分外垣和内庭两部分，外垣包括戏楼、台基和堞墙，内庭则分三进院落。前院有山门、钟鼓楼和前殿。中院以大殿为主体，包括前轩、东西廊房。后院有后宫、穿廊和左右配房等。显应宫内供奉的妈祖为宋代所铸。岛北端凤凰山顶为烽火台。

历史沿革

光绪《增修登州府志》记载："（宋）庆历二年，郡守郭志高奏置刀鱼巡检。水兵三百戍沙门岛，备御契丹。"庙岛显应宫庙志记载显应宫始建于北宋，最初是沙门岛佛院，随着元代海运繁荣，福建人开始在佛院内供奉妈祖，增修庙宇殿堂，改佛院为妈祖庙，北方称海神娘娘庙。明崇祯元年（1628），皇帝下旨扩建庙宇，并赐庙额"显应宫"。至此，庙岛显应宫被立为官庙，沙门岛也因此更名为庙岛。新中国成立以来庙岛显应宫共进行过四次大的维修，当地群众在文物保护工作中发挥了重要作用。

与海上丝绸之路的关系

妈祖信仰与妈祖文化的产生和发展，与我国古代航海业有着紧密的联系。庙岛群岛地处渤海海峡，海上交通便利，自新石器时代起就在与东北亚地区海上交流过程中发挥了巨大作用。庙岛显应宫是中国北方地区第一座妈祖庙，它的建立更成为北宋以来我国南北海上交通繁荣发展的一个重要标志，在古代海上丝绸之路发展史上具有独特地位。

远眺显应宫（由东向西）

万年殿前院

寿身殿

蓬莱水城

遗产点名称：蓬莱水城　保护级别：全国重点文物保护单位　类别：古遗址　时代：明代
具体管理机构：蓬莱阁管理处　现状使用功能：国家5A级景区
属地关系：蓬莱市迎宾路59号

遗产构成描述及保存状况

蓬莱水城位于蓬莱市北部、丹崖山东麓，背山面海，天险自成，既是一个保存完整的对外贸易港口，又是一个部署严密的古代海岸军事防御基地。水城平面呈不规则的长方形，东西最窄处约160米，最宽处约400米，南北长约920米，城周长约2200米，仅开南北二门，南门是陆门，城外为护城河，由迎仙桥、来宾桥陆路相通，北门为水门，由此出海。水城内遗存包括军事防御设施、海港设施、与海神信仰有关的文化史迹三类。蓬莱水城的军事防御设施包括城墙、城门、敌台、炮台、护城河等。海港设施有平浪台、防波堤、码头、沉船（蓬莱1号、2号、3号、4号古船）等遗存。与海神信仰有关的文化史迹主要指丹崖山上的天后宫、龙王宫等古建筑群。

历史沿革

《三国志》中明确记载了曹魏时期与朝鲜半岛、日本列岛的往来线路，《新唐书·地理志》记载了由登州出发，前往新罗和渤海国的“登州海行入高丽、渤海道”，登州城还专门设有新罗馆、勾当新罗所等涉外管理机构。

明洪武九年（1376），登州（今蓬莱）升州为府，环刀鱼寨筑城墙，修建水城，名备倭城，驻重兵防守。至此，水城初具规模。至正德、嘉靖年间，朝廷政治腐败，大陆沿海受倭寇骚扰，海上丝绸之路总是被倭寇或海盗拦截，登州作为军事港口的作用日渐增强，而登州港与朝鲜的官方交往至明末达到顶点。现在的蓬莱水城定型于明万历二十四年（1596），“因倭警，总兵李承勋甃以砖，东北西三面共增敌台三座，南一面仍旧”。《明史》载天启元年（1621）八月正式“改朝鲜贡道，自海至登州，直达京师”，《明实录》载天启三年春正月“朝鲜运务必由（天）津海抵登（州），而后入（朝）鲜……由（天）津入（朝）鲜，以登州为半途”。有学者研究发现，自1617年至1636年，短短的20年时间里，朝鲜贡使先后27次来华，其中25次都是经由登州的海上路线。蓬莱作为官方交往平台和军事护卫港口，在海上丝绸之路体系中发挥着重要的作用，直至清代。

与海上丝绸之路的关系

作为海上丝绸之路的起点，登州（今蓬莱）成为与日、朝官方往来贸易和文化交流的重要地点。留存至今的蓬莱水城，见证了海上丝绸之路对人类文明和文化交流做出的巨大贡献，见证了古代中国通过海上交通与日、朝等周边国家在海洋文化、宗教信仰、礼仪制度、生活方式等方面的相互交流。

蓬莱水城全景

关门口

新建古船博物馆

蓬莱阁天后宫

戚继光祠堂、戚继光牌坊

遗产点名称:戚继光祠堂、戚继光牌坊　　保护级别:全国重点文物保护单位　　类别:古建筑

时代:明代　　具体管理机构:蓬莱阁管理处　　现状使用功能:现开放参观,属于旅游景点

属地关系:蓬莱市紫荆山街道办事处

遗产构成描述及保存状况

戚继光(1528—1588),字元敬,号南塘,晚年号孟诸,山东蓬莱人。明代著名抗倭将领。戚继光自26岁起就投身到沿海抗倭第一线,足迹遍及山东、浙江、福建、广东沿海,转战10余年,创建戚家军,先后取得台州大捷、横屿大捷、平海卫大捷、解仙游之围等重大胜利,平息了东南沿海的倭乱,为保障海上丝绸之路航线安全、护卫海上丝绸之路航线做出了重要贡献。

戚继光祠堂原名"表功祠",系三进院落家庙式建筑,有门房、过堂、正祠各3间以及后花园。现祠堂内正中暖宫中塑戚继光坐像。

戚继光牌坊共有两座,东为母子节孝坊,西为父子总督坊。牌坊始建于明嘉靖四十四年(1565),均系四柱三间式出檐多脊石雕坊,由花岗岩和大理岩雕凿而成,通高9.5米,宽8.3米,进深2.7米,镂雕"丹凤朝阳""二龙戏珠""鱼龙变化""麒麟与丹凤"等花木鸟兽图案。父子总督坊,中间有额书两行,上书"诰赠骠骑将军护国都指挥使前总督山东备倭戚景通",下书"镇守浙福江广郴桂总兵都督同知前总督备倭戚继光"。母子节孝坊中间额书"旌表赠特进荣禄大夫右都督戚宁妻一品夫人贞节阎氏""诰赠特进荣禄大夫中军都督府右都督荐举孝廉戚景通"。

历史沿革

戚继光祠堂始建于明崇祯八年(1635),明崇祯帝为褒扬戚继光的功绩,敕赐专祠,赐额表功,下诏始建"表功祠"。清康熙四十六年(1707)重修,并于祠堂东院建"忠""孝"碑刻及碑亭。

与海上丝绸之路的关系

作为海上丝绸之路的起点之一,登州(今蓬莱)是与日、朝官方往来贸易和文化交流的中心。留存至今的戚继光祠堂和戚继光牌坊,进一步见证了戚继光本人为保障海上丝绸之路航线安全、护卫海上丝绸之路航线做出的重要贡献。戚继光祠堂和戚继光牌坊是中外跨海交流传统的特殊见证。

祠堂门房

祠堂正祠

父子总督坊

母子节孝坊

井口天妃庙及套里古港

遗产点名称：井口天妃庙及套里古港　　保护级别：省级文物保护单位　　类别：古建筑
时代：明代　　具体管理机构：长岛县砣矶镇井口村　　现状使用功能：天妃庙、井口港
属地关系：烟台市长岛县砣矶镇井口村

遗产构成描述及保存状况

天妃庙俗称井口大庙，位于砣矶岛井口村西南部，北部紧靠井口村东西向大街，南距海岸（套里古港）仅 50 米。天妃庙占地约 2000 平方米，为南北三进院落。前院包括山门、东西厢房和前殿；中院为大殿，供奉天妃妈祖，大殿两侧又辅之以东西两个跨院，跨院内建有香积房和僧房；后院则为配殿或配房。前殿供奉有三官神（三元神）、关羽等神祇；东西厢房为十二生祠。该庙除了后院配殿于 20 世纪 70 年代整修马路时被拆除以及西跨院被辟为民居，其余建筑基本保存完好。庙内两株近千年的银杏树，至今生机盎然。

套里古港位于井口村南部，由南北两部分组成，南部即现在的井口前湾，保存有东坝约 140 米，西坝约 190 米，挡浪坝（分波堤）约 90 米。东西两坝为石砌护坡墙，挡浪坝横亘于港湾中部，由大石块堆砌而成。北部旧称“套里”，现已淤塞。据村民介绍，20 世纪 50 年代部队在此建营房时，曾发现海相淤泥层和砾石层，并伴有木船残片出土。

历史沿革

砣矶岛属长岛县（庙岛群岛）北部岛群。唐贞观年间，长岛设大谢、乌湖二戍，砣矶岛属大谢戍。元朝时，长岛设沙门、牵牛二社，砣矶岛属沙门社。清道光时设“八岛十三社”，砣矶岛属砣矶社。井口古称“套里”，清顺治五年（1648）后改称“井口”。自明洪武二十七年（1394）起，长岛居民曾屡次外迁，现代井口居民多为清顺治五年以来迁徙进岛的新移民的后裔，因此顺治五年被视为现代井口村的建村之始。

井口天妃庙的始建年代因未发现纪年文字资料，至今无法确定。据日本江户时代（明万历时期）写本《毛大将军海上情形》载“砣矶岛有天妃庙，在‘套里’”可知，最晚到明万历年间，井口天妃庙即已存在。该庙原有庙额“海慧寺”，20 世纪 50 年代被毁。

与海上丝绸之路的关系

套里古港是古代“登州—高丽—渤海道”线路中的一处重要港口，最初形成于隋唐时期，一直沿

用到清末。以古港为中心约100米半径范围内,分布着唐代石刻、唐代建筑遗迹、金代石刻以及明代天妃庙等多处历史文化遗迹,这些遗迹成为海上丝绸之路繁荣发展的重要标志。

套里古港南部——今井口前湾

井口天妃庙远眺——配殿和大殿

井口天妃庙前院

奇山所

遗产点名称:奇山所　　保护级别:省级文物保护单位　　类别:古建筑　　时代:明代
具体管理机构:烟台市向阳房管处　　现状使用功能:居住、商铺
属地关系:烟台市芝罘区中部

遗产构成描述及保存状况

奇山所位于烟台市芝罘区中部,东临北河街,西靠胜利路,北至南大街,南至南门大街,总面积约9.1公顷。城北去2公里至海,南2.5公里处为奇山,城因山得名。

所城旧址略呈方形,东西长330米,南北宽270米。四周原有城墙,内为土筑,外砌砖石。墙址位于东门里、西门里之南北巷和南门里、北门里之东西巷的外侧,现已改建为平房或楼房。所城旧址内的民居仍然基本保留着明清时期至民国初期的整体布局和古朴风貌,其以明清住宅建筑风格为基调的十字街格局及传统的四合院布局,独具民间传统特色。奇山所是国内仅存的较完整的军事所城,是烟台城市发展史中珍贵的早期遗留,是烟台城市的发源地。民居内改建较多,保存状况一般。

历史沿革

明代洪武三十一年(1398),为防倭寇海患建奇山所,属山东都司直隶之守御千户所。所辖沿海墩台有木作、埠东、熨斗、现顶、清泉五墩,相沿以迄明末。清顺治十二年(1655),同山东其他各卫所一并裁撤。民国七年(1918),曾重修所城西门。抗日战争时期,所城四周的城墙被拆毁。1950年,其余城门又被拆毁。

全景

南门里街

南门里大街 4 号

西城墙南段

镆铘岛海域沉船点

遗产点名称：镆铘岛海域沉船点　　保护级别：纳入荣成市文物保护内容及范畴
类别：古沉船点　　时代：明代　　具体管理机构：荣成市文物管理局
现状使用功能：原地保护　　属地关系：威海市荣成市人和镇朱口村（镆铘岛海域）

遗产点构成描述及保存状况

镆铘岛海域沉船点位于镆铘岛东南30海里处。2015年年初，人和镇朱口村渔民打捞出一船舵，船舵舵柱长6.91米，舵面长3.80米，舵面上端宽度2.57米，舵柱顶端直径0.38米，残存舵柄0.93米，舵面面积14.4平方米。根据船舵的大小与制作工艺尤其是铁柄和穿木铁轴的制作工艺，专家初步断定该沉船为明代海上贸易运输的大风船。

荣成海域是中国古代与现代海上贸易运输的重要通道，未来需要进一步的考古调查和研究。

船舵全照

舵面全照

舵柱、舵石镶固的铁箍、铁柄照

舵柱局部

青岛天后宫古建筑群

遗产点名称:青岛天后宫古建筑群　　保护级别:省级文物保护单位　　类别:古建筑
时代:明成化三年(始建年代)　　具体管理机构:青岛市民俗博物馆
现状使用功能:辟为青岛市民俗博物馆　　属地关系:青岛市市南区太平路19号

遗产构成描述及保存状况

青岛天后宫始建于明代成化三年(1467),距今已有500多年的历史。其占地面积3400平方米,为南北两进院落,是青岛市区现存最古老的明清砖木结构建筑群。青岛天后宫正殿供奉湄洲妈祖木雕像,系由整棵香樟树雕刻而成,是国内最大的妈祖木雕像;东西偏殿供奉文武财神和东海龙王;东配殿供奉六十甲子星宿神像;前院东西厢房供奉送子娘娘和药王。

历史沿革

《太清宫志》载,明代成化年间,青岛村胡姓乡绅捐施土地建成天后殿、龙王殿、财神殿,供奉妈祖、龙王、财神等神祇。自建成后至今,青岛天后宫历经多次维修、扩建,特别是清雍正十一年(1733)、光绪二十四年(1898)两次较大规模的维修与扩建,使天后宫成为规模较大的建筑群。德占青岛时期,青岛天后宫险些被拆除,青岛商人胡存约与傅炳昭等联合众人奋力抗争,才迫使德国人放弃强拆。"文革"期间,青岛天后宫内部遭破坏。1996年,青岛市政府对其进行全面修复,并辟为青岛市民俗博物馆。

与海上丝绸之路的关系

随着海上交通的发展,人们在大海上乘风破浪,历尽艰险,需要精神支柱,所以把林默(妈祖)奉为海神,伫立于青岛前海的天后宫则是妈祖文化传播的最好的见证。青岛地区曾经有7座天后宫,而青岛天后宫是其中保存最完好的古建筑群。

两宋时期,青岛地区的市舶司设在板桥镇,而随着青岛口优越地理位置的凸显,青岛前海作为优良避风港和贸易聚集地的优势使青岛成为经济重镇和军事要地。青岛天后宫由青岛本地乡绅捐施土地、南北方客商捐资修建而成,也说明了当时青岛居民对南北贸易的重视。

青岛天后宫自明代建立以来就是青岛本地商贸聚集之重地。青岛天后宫的庙会也是青岛历史上最繁华的庙会,虽曾一度中止,现在又重新举办,形成惯例。"先有天后宫,后有青岛市"是一句流传在青岛民间的俗语。天后宫内伫立的同治四年《募建戏楼碑记》载“窃闻青岛开创以来百有余年，迄今旅客商人鳞集而至”，说明当时的青岛已经是商旅云集的繁华之地，也说明青岛天后宫是青岛城市建立与发展的见证。

青岛天后宫正门

青岛天后宫前院 1

青岛天后宫前院 2

青岛天后宫正殿

供奉于正殿的由整棵香樟树雕刻而成的妈祖像

清代同治四年石碑

清代同治十三年石碑

拍摄于 1940 年左右的青岛天后宫正门

拍摄于 19 世纪末期的青岛天后宫正门

19 世纪末期自天后宫北侧拍摄的前海的照片，可以清楚地看到海面上林立的桅杆

青岛天后宫古戏楼的民间戏曲演出

丰城雄崖所古城

遗产点名称：丰城雄崖所古城　　保护级别：省级文物保护单位　　类别：古建筑

时代：明清至民国　　具体管理机构：即墨区丰城中心社区

现状使用功能：现代村落　　属地关系：青岛市即墨区丰城中心社区雄崖所村

遗产构成描述及保存状况

丰城雄崖所古城位于山东省青岛市即墨区丰城中心社区最北部的雄崖所村。整个村落依山傍海，历来为兵家重地。雄崖所古城平面近方形，东西宽337米，南北长389米，城墙周长1452米。城墙两面均为砖砌，中间用黄土夯实，现已全部颓塌。古城东西南北各有一门，东门、北门已无迹可寻，西门为明代建筑，保存完好，是整座所城的制高点。西门拱券门洞为夯土包砖结构，城门外题额为"镇威"，内题额遗失。南门经多次修葺，门洞和城楼保存完好，城门外题额为"奉恩门"，内题额为"迎薰"；门楼为正房三间，两侧配以耳房。南门外偏东800米处设有兵马营和校场。城内现有明清古民居300余处、天主教堂1处；东西、南北两条大街即为当年所城的主要街道，李、王、赵、韩、陆、陈等姓氏就是当年所城守卫将士"军户"的后裔。雄崖所古城为山东省仅存的一处明代城堡式古建筑。雄崖所村外有玉皇庙、城隍庙、关帝庙、菩萨庙、九神庙、天齐庙、先农坛等建筑，其中玉皇庙耸立在城外的山坡之上，甚为雄伟。玉皇庙主要由山门和神殿组成，神殿为单檐歇山顶式建筑，分内外两间，内间设神龛、塑玉皇神像，外间塑诸神像；山门为券顶门洞，门额题写"玉皇庙"。

历史沿革

清同治《即墨县志》载："洪武六年夏六月，倭夷入寇，即墨、诸城、莱阳沿海居民多被害。"于是明政府广建卫所，以抵御倭寇之入侵。即墨境内的鳌山卫及雄崖、浮山二守御千户所就是明初设置的。明代雄崖所设正千户2员，戍守兵士数百。清初，朝廷裁减卫所兵员，所署只设千总1员统辖驻军。雍正十二年(1734)，雄崖所随同鳌山卫并归即墨县治，但因这里位置险要、防务繁重，仍设巡检、把总各1员，统领马步军在此驻防。乾隆年间，雄崖所巡检移驻福山县海口，栲栳岛巡检司移至雄崖所城。民国初年，裁撤把总，1916年裁撤栲栳岛巡检司。雄崖所逐渐变成一个村落。

与海上丝绸之路的关系

丰城雄崖所古城为抵御倭寇骚扰、巩固国家海防、保卫人民的生命财产安全发挥了至关重要的作用，即墨境内正是由于包括雄崖所在内的一系列卫所的存在，才保障了金口港的兴盛及其南北航运枢纽的地位，从而保障了南北海上丝绸之路的通畅。从这方面来讲，丰城雄崖所古城是明清时期北方海上丝绸之路的重要组成部分，为海上丝绸之路的通畅提供了重要保障。

古城航拍图

雄崖所南门

雄崖所南门内

东西十字街

天主教堂

玉皇庙全景

两城天后宫

遗产点名称：两城天后宫　　保护级别：市级文物保护单位　　类别：古建筑　　时代：明清
具体管理机构：两城街道　　现状使用功能：开放参观
属地关系：日照市山海天旅游度假区两城街道

遗产构成描述及保存状况

两城天后宫原为两进院落，占地约2000平方米，有戏楼、钟楼、天后大庙、关公殿、菩萨殿、雹泉殿、财神殿等。据当地老人回忆，早前殿内有部分塑像、神龛等，由于缺少保护，逐渐失修坍塌，现只存天后宫大殿。

两城天后宫大殿为明代中后期木结构建筑，平面基本呈正方形，现存占地面积约156平方米。整个建筑框架用杉木架构，灰瓦硬山顶，前出廊，廊东侧有清光绪十七年（1891）重修天齐庙碑。殿内上顶分两层，呈“弓”字形。

历史沿革

两城天后宫为明清时期古建筑，又称两城南庙、两城娘娘庙，是日照地区唯一一座保存较完整的闽南式建筑，始建于明代中期。相传，明朝中叶江南商人遭遇大浪，在两城河入海口得以停泊登岸，脱离险境，并且得到当地人的热情款待。商人回乡后，请能工巧匠设计图纸，筹备梁、椽、砖、瓦及装饰品并运至两城南首，建天后宫。清乾隆年间，重修两城天后宫；清光绪十七年，庙主刘鹤亭等筹款重修两城天后宫；民国初期及1965年再修；2012年，日照市文物局组织人员对两城天后宫进行修缮。

与海上丝绸之路的关系

两城天后宫是发端于闽南的妈祖信仰在日照地区传播的结果。在闽南人民心中，妈祖是保佑航行、拯救海难的神明。所以两城天后宫成为江南商旅自江南到北方海上漕运的必经之地，大批过往船户汇集于此，在此上香祈求平安。此后，两城镇当地渔家船户亦受其熏陶和影响，在出海前后也要祈求妈祖（北方称海神娘娘）保佑。

天后宫修缮前

天后宫修缮后

文物保护标志碑

宫殿内景局部

海上碑

遗产点名称：海上碑　保护级别：省级文物保护单位　类别：石窟寺及石刻
时代：明末清初　具体管理机构：岚山头街道办事处　现状使用功能：开放参观
属地关系：日照市岚山区岚山头街道岚阳路社区

遗产构成描述及保存状况

海上碑位于黄海岸边的自然岩石群上，岩石群东西长150米，南北宽30米，分布面积4500平方米。海上碑位于其中最南部的岩石上，碑刻东西长4米、上下高4米。海上碑在涨潮时会没入海中，退潮时兀立于海滩上，于潮起潮落中见证着历史的变迁。碑上有刻字，西侧上刻“星河影动”“撼雪喷云”，下刻“难为水”三字，东侧上刻“万斛明珠”四字，下刻“砥柱狂澜”四字。海上碑北面为正在建设中的海上碑公园。

历史沿革

海上碑是一处明末清初的海上摩崖石刻，所刻题字分别由明末监察御史苏京、礼部尚书王铎、清代安东卫守备阎毓秀所书。

与海上丝绸之路的关系

海上碑由明末清初地方名人所书，其中清代安东卫守备阎毓秀与日照明清海防历史有着直接关系。中国海防建设始于13世纪，主要目的是确保海上贸易运输的安全。安东卫自明清以来，既是海防要地，又是贸易通商口岸。安东卫内控鲁苏江淮辽阔腹地，外扼大海，是去高丽、日本诸国之咽喉，且海陆交通发达，城内城外店铺林立，南北商客络绎不绝，可谓商贾云集、人市如潮。卫城集市发端于明代。

海上碑

海上碑远景

周村古商业街

遗产点名称:周村古商业街　　保护级别:省级文物保护单位　　类别:古建筑　　时代:明清
具体管理机构:古商城保护开发指挥部　　现状使用功能:旅游、商住
属地关系:淄博市周村区新建中路

遗产构成描述及保存状况

周村是明末清初兴起的鲁中商业重镇。周村现有保存完好的古建筑5万余平方米,主要由大街、银子市街、丝市街、绸市街、芙蓉街等古街组成,街内店铺林立,鲁商代表“瑞蚨祥”“谦祥益”等“八大祥”老字商号均发源于此。街区内既有晋派、徽派建筑,又有欧式风格建筑。

大街形成于宋元时期,明末清初最为繁盛,全长500余米,是周村最大、最古老的商业街。银子市街全长约200米,两侧多为晋陕风格的高大楼房,钱庄票号多聚于此。丝市街总长230米,是明清时期山东蚕丝交易最繁盛的市场之一。

魁星阁古庙群坐落于周村古商城南首,始建于清咸丰二年(1852),由碧霞元君殿、魁星阁、观音殿三座大殿组成,佛、道、儒三种文化共处一地。主体建筑魁星阁系三层高阁,耸立于涿河北岸,巍峨壮观,檐下望砖雕刻精美。

千佛寺古建筑群占地5000平方米,由千佛阁、关帝祠、三义殿、罗汉堂等组成,主体建筑始建于唐代,后经历代不断扩建和修葺。关帝祠始建于清康熙四年(1665),康熙三十四年(1695)重修并增建了三义殿。清乾隆十五年(1750)建成罗汉堂。

历史沿革

据嘉靖《青州府志》载,直到明朝中叶,周村还只是一个有“居民三百家”的村落。明崇祯九年(1636),周村设立了“四、九大集”,赶集之人远者来自百里之外,周村成为商贾辐辏之处。清朝初年,横贯山东境内的东西方向古道改穿王村峪入周村,至“康乾盛世”,周村成为山东区域性贸易中心,号称“齐鲁间巨镇”。嘉庆年间,周村的商业空前繁荣,《周村重修兴隆桥碑记》载:“周村烟火鳞次,泉贝充牣,居人名为旱码头。”光绪三十年(1904),周村辟为商埠,恰逢胶济铁路通车,使周村商业繁盛、百货云集,实为山东唯一市场。周村工商业“驾乎省垣而之上”,人称“金周村”。

与海上丝绸之路的关系

明清时期,周村丝织业大多为手工业。清朝中叶,周村丝绸作坊不断涌现,至清末,各地丝商纷

纷到周村投资办厂，周村发展成为山东丝织业中心。《淄川乡土志》载，清乾隆年间“本境虽能缫丝，而仍售于邻境周村商贾织造。每于夏季，丝市极盛”，可见当时周村丝织业及各种贸易的极端繁盛。

大街门楼

银子市街

丝市街

大街

状元府

大德通票号

瑞蚨祥旧址

千佛寺

渭一窑址

遗产点名称：渭一窑址　　保护级别：省级文物保护单位　　类别：古遗址　　时代：明清

具体管理机构：淄博兴利陶瓷有限公司

现状使用功能：牛拉碾、泥浆池、晾泥池、制瓷车间、烘干车间、馒头窑炉及窑神庙旧址等地上建筑破坏严重，但地下部分保存较完整

属地关系：淄博市淄川区龙泉镇渭一村

遗产构成描述及保存状况

渭一窑址位于山东省淄博市淄川区龙泉镇渭一村，淄博兴利陶瓷有限公司在对其所购买的原淄川国营陶瓷厂的厂区和旧厂房进行清理的过程中，发现石碾三盘（其中一盘完整）及配套泥浆池、晾泥池、制瓷车间、烘干车间、馒头窑炉及窑神庙旧址等，展现了碾石制泥、淘练泥土、扶泥成垛、炼灰配釉、制造匣钵、拉坯成器、旋坯挖足、蘸釉吹釉、成坯入窑、烧坯开窑、祀神酬愿等近代制瓷工艺流程。其中馒头窑和制瓷车间整体布局高效、合理：利用制瓷废弃物作为建材，经济耐用；制瓷车间为两层，上下层间设有通风口，可以调节室温与湿度，充分而巧妙地利用自然力量保持制瓷车间温度与干湿度的稳定。

与海上丝绸之路的关系

明代淄川地区陶瓷生产业日趋兴旺，窑场不断增加，生产规模日渐扩大，至明末，大量生产白釉瓷器。清代中叶，陶瓷生产业逐渐集中到渭头河一带，渭头河一带成为淄川陶瓷生产和销售中心。渭一窑址生产规模大，周围水陆交通便利，渭一窑生产的瓷器是古代淄川地区与外国经济、文化交流的重要研究对象。

渭一窑址鸟瞰图

渭一窑址工作间

下营海关衙署及下营古港全貌

福建会馆

遗产点名称:福建会馆　　保护级别:全国重点文物保护单位　　类别:古建筑　　时代:清代
具体管理机构:烟台市博物馆　　现状使用功能:烟台民俗博物馆
属地关系:烟台市芝罘区毓岚街 2 号

遗产构成描述及保存状况

福建会馆是北方罕见的具有闽南风格的古建筑群,时称“鲁东第一工程”,于光绪十年(1884)起建,光绪三十二年(1906)竣工,坐南面北,为三进庭院。1958 年拓宽南大街时,拆除了后殿和部分东西廊庑,遂成二进庭院。会馆占地面积 3500 余平方米,建筑面积 1340 平方米,大门、戏楼、山门、大殿自北向南沿中轴线对称排列,配以东西廊庑,布局井然。会馆以精美雕刻著称,雕饰彩绘追繁写实,梁枋、斗拱、雀替、云墩、垂柱等均经雕作,可谓有石皆刻,无木不雕,无雕不精。

大门面阔 7 间,主门楼 3 间,两旁各有配房 2 间。紧贴大门南檐为戏楼,坐北面南。与戏楼相对的是山门,面阔 5 间,把会馆分成南北两进庭院。南院大殿面阔 5 间,进深 6 间,重檐歇山式屋面,檐下环以回廊,殿前设月台,殿内供奉海神娘娘(妈祖)。

历史沿革

1858 年中英《天津条约》签订以后,烟台辟为商埠,各地船帮、商贾纷纷来烟台经商,烟台逐渐发展为胶东沿海的商业贸易中心。当时福建船帮、商贾最为兴盛,他们为了祈求海运安全和扩大贸易影响,遂筹划建造福建同乡会馆作为议事和供奉海神的场所。每年农历三月二十三和九月初九是海神诞辰和升天之日,会馆内会举行隆重的祭祀仪式;七月十五则举行盂兰盛会,演戏酬神,同时各地船帮、商贾还会进行物资交流。民国时期,会馆成为南北过往商贾的驿站。

与海上丝绸之路的关系

妈祖在古代海上丝绸之路发展中具有独特作用,在妈祖信仰产生并广泛传播后,海神妈祖成为海上丝绸之路上的一种标志性精神力量。福建会馆是由福建船帮、商贾集资修建的一座供奉海神娘娘(妈祖)的封闭式古典寺院建筑,它不仅是福建船帮、商贾在烟台的活动场所,也是烟台与中国南方海上贸易往来、文化交流的历史见证。

福建会馆全景

福建会馆大殿

盘龙石柱

烟台天后宫戏台

遗产点名称：烟台天后宫戏台　　保护级别：省级文物保护单位　　类别：古建筑

时代：清代　　具体管理机构：烟台市向阳房管处　　现状使用功能：市民休闲场所

属地关系：烟台市芝罘区向阳街道办事处兴隆街

遗产构成描述及保存状况

烟台天后宫戏台位于山东省烟台市芝罘区向阳街道兴隆街，为砖木结构，坐南朝北，平面呈凸字形。戏台为木柱、木抬梁式构架，彩绘梁架，芭砖，筒瓦，卷棚，四面坡。配房为砖木结构，硬山起脊，仰合小瓦，花格窗，清水墙面。该戏台所属的天后宫俗称大庙，位于烟台市中心，现只剩戏台。烟台天后宫戏台对研究胶东宗教建筑形制及妈祖文化具有重要价值。

历史沿革

明初，芝罘海湾已成为南北海上运输和本地区近郊捕捞渔船的重要避风停泊港口，芝罘海湾数家渔民为保出海捕鱼安顺，共同集资筹建了三间草屋，供奉海神妈祖。清雍正年间，人们对其进行了小规模重修、扩建。嘉庆十五年(1810)，当地及外地商家和船帮集资，将海神娘娘庙扩建为天后宫。天后宫于“文革”期间被毁，仅余戏台。

戏台正面

戏台侧面

戏台局部

戏台建筑细部

丰城栲栳古建筑群

遗产点名称:丰城栲栳古建筑群　　保护级别:未定级(新发现)　　类别:古建筑
时代:清末民初　　具体管理机构:即墨区丰城中心社区　　现状使用功能:废弃
属地关系:青岛市即墨区丰城中心社区里栲栳村、外栲栳村

遗产构成描述及保存状况

丰城栲栳古建筑群位于山东省青岛市即墨区丰城中心社区里栲栳村、外栲栳村和栲栳头。栲栳古码头遗址主要分布在即墨区丰城中心社区栲栳头。

清末民初,“栲栳帮”海运发家后,回乡建造了多处具有地方特色的砖木结构的小四合院,部分房屋沿用至今,成为本地区古代传统民居的代表。房屋多为硬山顶两面坡砖木结构,一条正脊,四条垂脊,屋顶多用青色小板瓦,以仰瓦灰梗屋面为主,无吻兽和脊兽,滴水以莲花瓣形为主,饰以简单花卉;门窗皆为木制,部分木窗用格栅组成精美的图案;墙体由毛石干砌而成;整体布局及细部表现匀称精美。栲栳古建筑群中比较有代表性的是外栲栳村杨家祠堂和绣楼。杨家祠堂是“栲栳帮”鼎盛时期富户筹资所建,砖木结构,保存完好。绣楼为方形二层,是杨志君为其女儿建造的闺阁。

历史沿革

明崇祯时期,王姓在栲栳滩以东约 1.5 公里处立村,因更靠近栲栳头,称里栲栳疃。清后期,金口港淤积,大型船只无法驶入,栲栳码头成为金口港中转站,逐渐兴盛。栲栳码头的兴盛成就了以杨志君、王环清为代表的商船队伍。鼎盛时期,金口商船载重 20 万斤以上的木帆船有 27 只,其中丰城就有 26 只,而里外栲栳就有 20 只,故称“栲栳帮”。杨志君的商船“金长生”号被称为“山东第一舟”,其长 60 米,宽 9 米,船员 37 人。民国初期,以栲栳村为主的货运商船队伍几乎包揽了整个金口港的进出口货物,并承揽江浙、闽粤、东北、山东沿海码头的许多土产杂品转运业务。

与海上丝绸之路的关系

金口港是明清时期北方海上丝绸之路的重要组成部分,是北方海上丝绸之路上的重要一环。清后期,栲栳码头成为金口港的中转站,逐渐兴盛。栲栳古建筑群的建立一方面得益于海上丝绸之路带来的巨额利润,另一方面也刺激并推动了海上丝绸之路的发展。

栲栳岛远景

外栲栳杨家祠堂

外栲栳绣楼

里栲栳古民居门眼

后 记

为贯彻落实党的十九大关于推进“一带一路”建设的部署要求，深入挖掘山东地区丝绸之路文化遗产构成与核心价值，彰显山东省历史时期在经济、文化等领域对外交流合作中的地位和作用，为省委省政府“一带一路”建设提供学术支撑，2017年12月7日，山东省文物局在济南召开“一带一路”与山东研讨会，山东省水下考古研究中心承办了此次会议。

参加会议的有省委宣传部、省文物局、省发改委等单位的领导。来自中国社会科学院考古研究所、北京大学、国家文物局水下文化遗产保护中心、山东大学、中国海洋大学、山东师范大学、青岛理工大学、山东博物馆、山东省考古研究院、山东省文物保护修复中心、山东省水下考古研究中心和市县有关文博单位的近50位专家学者参加了此次学术研讨会议。

会后，根据与会专家学者提交的论文，我们编纂了这本论文集。感谢白云翔、赵志军、朱亚非等专家，他们在百忙之中撰写并修改论文；感谢山东省文物局禚柏红副处长为我们提供了论文集下编的相关资料；感谢于海广、王永波、杨爱国、燕生东等先生为论文集进行审稿；感谢齐鲁书社马安钰编辑对论文集的精心编校。

山东省水下考古研究中心也将以此为契机，加强学术研究，为山东地区“一带一路”文化遗产的传承弘扬贡献自己的力量。

编　者

2020年2月

图书在版编目（CIP）数据

海岱丝语 ：“一带一路”与山东研讨会论文集 / 山东省水下考古研究中心编. -- 济南 ：齐鲁书社，2020.5
ISBN 978-7-5333-4337-8

Ⅰ.①海… Ⅱ. ①山… Ⅲ.①文化遗产-保护-山东-文集 Ⅳ.①K295.2-53

中国版本图书馆CIP数据核字(2020)第052979号

海岱丝语 “一带一路”与山东研讨会论文集
HAIDAI SIYU YIDAIYILU YU SHANDONG YANTAOHUI LUNWENJI
山东省水下考古研究中心 编

主管单位	山东出版传媒股份有限公司
出版发行	齊鲁書社
社　　址	济南市英雄山路189号
邮　　编	250002
网　　址	www.qlss.com.cn
电子邮箱	qilupress@126.com
营销中心	（0531）82098521　82098519
印　　刷	山东新华印务有限责任公司
开　　本	889mm×1194mm　1/16
印　　张	22.5
插　　页	2
字　　数	540千
版　　次	2020年5月第1版
印　　次	2020年5月第1次印刷
标准书号	ISBN 978-7-5333-4337-8
审 图 号	GS（2020）896号
定　　价	268.00元